Couvertures supérieure et inférieure manquantes

CORRESPONDANCE

DE

H. DE BALZAC

I

de Balzac

CORRESPONDANCE

DE

H. DE BALZAC

1819-1850

AVEC UN BEAU PORTRAIT

GRAVÉ PAR GUSTAVE LÉVY

I

PARIS

CALMANN LÉVY, ÉDITEUR

ANCIENNE MAISON MICHEL LÉVY FRÈRES

RUE AUBER, 3, ET BOULEVARD DES ITALIENS, 15

A LA LIBRAIRIE NOUVELLE

—

1876

à Monsieur Dutacq, Gérant du Siècle

Toutes les prévisions de ceux qui croient à la non-culpabilité de Peytel se sont réalisées, aussi mon voyage et celui de Gavarni contribueront ~~peut-être~~ puissamment à sauver la vie et à rendre l'honneur au pauvre condamné qui, sans nous, aurait péri par honneur. Nous sommes forcés d'aller à Belley chercher quelques renseignements, et dans quelques heures nous ~~repartons~~ partons pour Paris. Je suis en mesure de démontrer les erreurs commises par la Justice et d'empêcher un de ces malheurs irréparables qui sont une flétrissure pour des époques éclairées, et dans peu de temps, la presse pourra compter dans ses états de services, une victoire de plus, en offrant au pays, une vie exempte de blâme, arrachée à l'échafaud. La famille Peytel vous devra beaucoup pour le concours que vous allez nous prêter et nous aurons tous fait une bonne action.

Agréez mes compliments et l'expression de mes sentiments les plus distingués

de Balzac

P.S. mon cher Dutacq, ce pauvre garçon n'est pas coupable, et il y a mal jugé nous très convaincus — Gavarni, après notre entrevue avec Peytel était tout disposé et ma tâche ne sera pas aussi difficile que je le croyais.

NOTE DE L'EDITEUR

Nous croyons répondre au désir d'un grand nombre d'admirateurs de Balzac en détachant, dès aujourd'hui, de l'édition de ses Œuvres complètes, et publiant dans un format portatif la *Correspondance* qu'il entretint, de 1819 à 1850, avec sa famille et ses amis.

L'extrême difficulté que nous avons eue à recueillir près de quatre cents lettres de l'illustre écrivain, et le temps qu'il a fallu pour assigner un ordre chronologique à chacune de ces lettres, dont la plupart ne portaient point de date, telles sont les deux causes principales et indépendantes de notre volonté qui ont retardé l'apparition de cette *Correspondance*, depuis si longtemps réclamée.

Au moins avons-nous la conviction que le lecteur

n'aura point perdu pour attendre. Si, comme nous le pensons, il est curieux de savoir quel était dans sa vie intime l'homme qui a créé tant de types impérissables, et peint avec une si profonde vérité les mœurs de notre société moderne, cette curiosité trouvera ample satisfaction dans la volumineuse correspondance que nous livrons à l'impatience du public et qui, bien évidemment, n'était point faite pour voir le jour.

En la lisant, on apprendra au prix de quelles fatigues énormes, de quels labeurs inouïs a été conçue et écrite cette œuvre prodigieuse qui a nom *la Comédie humaine*; et, après cette lecture, on éprouvera certainement pour l'auteur autant de sympathie que d'admiration.

CORRESPONDANCE

I.

A MADEMOISELLE LAURE DE BALZAC[1], A VILLEPARISIS (SEINE-ET-MARNE).

Paris, 12 avril 1810.

Tu veux, ma chère sœur, des détails sur mon emménagement[2] et ma manière de vivre, en voici !

J'ai répondu à maman elle-même sur les achats; mais tu vas frémir, c'est bien pis qu'un achat : j'ai pris un domestique !

— Un domestique ! Y penses-tu, mon frère ?

Oui, un domestique. Il a un nom aussi drôle que celui du docteur Nacquart[3] : le sien s'appelle *Tranquille;* le mien s'appelle *Moi-Même.* Mauvaise emplette vraiment !... Moi-Même est paresseux, maladroit, imprévoyant. Son maître a faim, a soif : il n'a quelquefois ni pain ni eau à lui offrir; il ne sait pas même le garantir contre le vent, qui souffle à travers la porte et la fenêtre comme Tulou dans sa flûte, mais moins agréablement.

1. *Les Proscrits* et *un Début dans la vie* lui sont dédiés.
2. Rue Lesdiguières, n° 9, près de l'Arsenal.
3. *Le Lys dans la vallée* est dédié au docteur Nacquart.

Dès que je suis éveillé, je sonne Moi-Même, et il fait mon lit. Il se met à balayer et n'est guère adroit dans cet exercice.

— Moi-même!

— Plaît-il, monsieur?

— Regardez donc cette toile d'araignée où cette grosse mouche pousse des cris à m'étourdir! ces *moutons* qui se promènent sous le lit! cette poussière sur les vitres qui m'aveugle!

— Mais, monsieur, je ne vois pas...

— Allons, taisez-vous, raisonneur!

Et il se tait.

Il bat mes habits, balaye en chantant, chante en balayant, rit en causant, cause en riant. Au total, c'est un bon garçon. Il a mis mon linge en ordre dans l'armoire à côté de la cheminée, après l'avoir bien collée en papier blanc; avec six sous de papier bleu et de la bordure qu'on lui a donnée, il m'a fait un paravent. Il a peint en blanc la chambre, depuis la bibliothèque jusqu'à la cheminée. Quand il ne sera pas content, — ce qui n'est pas encore arrivé, — je l'enverrai à Villeparisis [1] chercher du fruit, ou bien à Alby [2] voir comment va mon cousin.

Assez parlé de mon domestique; parlons du maître, le maître qui est *Moi*.

J'ai fait, ma chère sœur, dorer la cage du moineau le

1. Village où s'était retirée toute la famille Balzac.

2. Lorsque le jeune Honoré vint tenter la fortune littéraire à Paris, on était convenu, chez son père, de dire aux amis de la famille qu'il était allé passer quelque temps à Alby, près d'un cousin, de manière que sa tentative restât ignorée en cas d'insuccès.

mieux possible ; il faut joncher sa vie de fleurs, et j'y travaille quand je t'écris.

— Tiens! comme il est galant, mon frère!

Comment! tu ne vois pas que c'est un petit reste des galanteries que je débite à la demoiselle du second? Mais, hélas! mes amours ont été furieusement troublées, depuis que je me suis aperçu qu'elle aime un domestique! Oui, Moi-Même lui conte fleurette!

Maintenant, je vais bavarder, et, puisque j'en ai fini avec la gazette officielle, voici le feuilleton.

Le père et la mère du second m'ont l'air de braves gens; mais je n'ai pas encore pu deviner ce qu'ils sont. Le père est paralysé de tout le côté gauche.

J'ai aussi dans mon propriétaire un excellent homme. Sa femme est femme de commerce, un peu commune, malgré son bel air. Ils ont deux enfants : un fils — l'aîné, qui est un grand paresseux! — et une fille mariée au marchand de porcelaines de la rue du Petit-Lion chez qui nous avons acheté la soupière du petit service de maman.

Quant au célibataire du troisième, c'est un fainéant!...

Croirais-tu que j'ai été toute une semaine a pensailler, rangeailler, mangeailler, promenailler sans rien faire de bon? *Coqsigrue* [1] dépasse présentement mes forces; il faut le ruminer encore et attendre avant de l'écrire. J'étudie pour me former le goût : je croirais parfois que je perds la tête si je n'avais le bonheur de tenir mon respectable chef dans mes mains!

Une nouvelle! une chose qui te paraîtra bien extraor-

1. Roman dont il avait conçu le projet, mais qui fut abandonné.

dinaire! c'est que je n'ai pas encore une seule fois ouvert mon sucrier...

Comme j'enfantille! Mais, que veux-tu! je ne t'écris pas une lettre méditée : je laisse aller mon esprit, et je bats la campagne.

Ne t'étonne pas si je t'écris sur une moitié de feuille, avec une mauvaise plume, et si je te dis des bêtises : il faut que je retrouve mes dépenses, et j'économise sur tout, même sur mon écriture et sur mon esprit, comme tu vois.

Je suis fâché de n'avoir pas le temps d'écrire à Laurence[1], que j'aime, dirai-je autant que toi?... eh bien, oui, autant que toi!

Adieu, ma chère bonne sœur. Je t'embrasse de tout mon cœur, ainsi que Laurence.

II.

A M. THÉODORE DABLIN[2], NÉGOCIANT, A PARIS.

Paris, septembre 1810.

Perfide petit père,

Il y a seize grands jours que je ne vous ai vu; c'est mal, cela! et moi qui n'ai que vous pour consolation. C'est là un trait des plus noirs.

Sans rancune, je vous attends dimanche matin; four-

1. Laurence de Balzac sa seconde sœur.

2. M. Dablin, lié avec la famille Balzac, fut un des plus fidèles amis d'Honoré, qu'il aida souvent de ses conseils et de sa bourse. C'était un riche quincaillier de la rue Saint-Martin, ayant des goûts d'artiste et un cœur généreux. Lorsqu'il se fut retiré du commerce, M. Dablin

nissez-vous de détails sur les tableaux exposés, je veux vous interroger là-dessus.

Vous vous imaginez que je demeure loin, c'est une erreur philosophique; lisez Newton, et vous verrez que je demeure à un pas.

Et le latin, traître? Je vous attends pour m'y remettre. Adieu.

III.

A MADEMOISELLE LAURE DE BALZAC, A VILLEPARISIS.

Paris, lundi 6 septembre 1819.

Ma chère sœur,

Si j'avais le temps, je t'écrirais d'*Alby* une épître en vers. J'avais même commencé noblement. — Virgile fait dire à Énée, touchant les Grecs, à propos de Sinon : « Jugez des Grecs par celui-là ! » Je te dirai : Juge de mes vers par ceux-ci :

ÉPITRE A MA SŒUR

Dans laquelle je disais... Ah ! que je disais ou que j'aurais dit de choses!).

Tu sais mon peu d'adresse à produire une rime.
Ma muse est très-ingrate, à moins qu'elle n'exprime
Mes tendres sentiments pour ma mère et ma sœur.
Alors, ce n'est plus moi : j'écris ce que mon cœur
Peut penser de vous tous dans sa vive tendresse.
Pour couper court enfin, c'est mon cœur qui t'adresse
Tous ces petits neveux d'un Apollon naissants.

forma une collection d'objets d'art, très-estimée des amateurs, et dont il a légué de précieux spécimens au musée du Louvre.—*Les Chouans* lui sont dédiés.

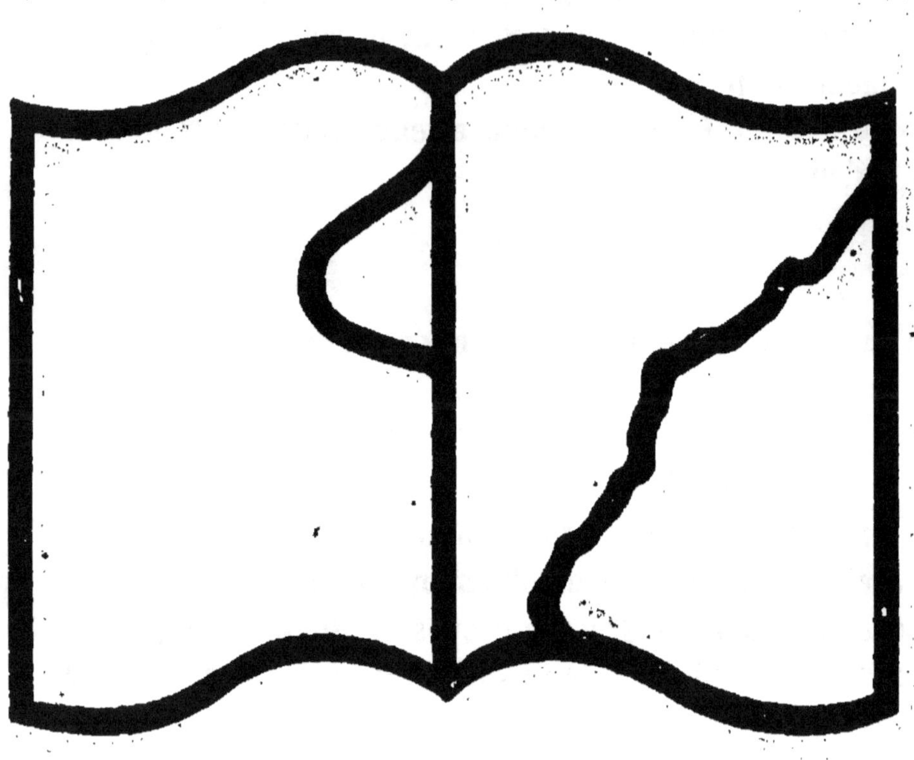

Texte détérioré — reliure défectueuse

NF Z 43-120-11

S'ils caressent leur tante et l'enfument d'encens,
Rappelle-toi, ma sœur, qu'ils viennent de Garonne,
Et que leur chère mère est de race gasconne!

Je me suis définitivement arrêté au sujet de *Cromwell*, et je l'ai choisi parce qu'il est le plus beau de l'histoire moderne. Depuis que j'ai soulevé et pesé ce sujet, je m'y suis jeté à corps perdu. Les idées m'accablent, mais je suis sans cesse arrêté par mon peu de génie pour la versification. Je me mangerai plus d'une fois les ongles avant d'avoir achevé mon premier monument. Si tu connaissais les difficultés de pareilles œuvres! Le grand Racine a passé deux ans à polir *Phèdre*, le désespoir des poëtes. Deux ans!... deux ans!... y penses-tu?... deux ans!...

Mais qu'il m'est doux, en me consumant nuit et jour, d'associer mes travaux aux personnes qui me sont chères! Ah! sœur, si le Ciel m'a doué de quelque talent, ma plus grande joie sera de voir ma gloire rejaillir sur vous tous! Quel bonheur de vaincre l'oubli, d'illustrer encore le nom de Balzac! A ces pensées, mon sang bouillonne! Lorsque je tiens une belle idée, il me semble entendre ta voix qui me dit: « Allons, courage! »

J'ai décidément abandonné mon opéra-comique. Je ne puis trouver un compositeur dans mon trou; je ne dois pas, d'ailleurs, écrire pour le goût actuel, mais faire comme ont fait les Racine et les Corneille, travailler comme eux pour la postérité!... Le second acte, au surplus, était faible, et le premier trop brillant de musique. Et, réfléchir pour réfléchir, j'aime mieux réfléchir sur *Cromwell*. Mais il entre ordinairement deux mille vers dans une tragédie, juge que de réflexions!... Plains-moi. Que dis-je! Non, ne me plains pas, car je suis heureux; envie-moi plutôt, et [illegible], à moi souvent.

Je te promets que, dès que mon premier acte sera presque poli, qu'il n'y aura plus que le dernier coup à donner, je te l'enverrai. Mais motus! Diable! ne badinons pas.

J'ai été singulièrement intrigué; voici pourquoi (cela est de ta compétence) : Strafford amène la reine d'Angleterre à Westminster; mais elle est obligée de se dépouiller de ses vêtements royaux pour traverser le pays, arriver à Londres et s'ouvrir l'entrée du palais. Quel devait être son premier sentiment en cet état? Après bien des hésitations, j'ai donné la préférence à l'orgueil humilié. Il n'y a qu'une femme qui puisse me dire si j'ai trouvé juste.

Ah! ma sœur, que de tourments donne l'amour de la gloire! Vivent les épiciers, morbleu! Ils vendent tout le jour, comptent le soir leur gain, se délectent de temps à autre à quelque affreux mélodrame, et les voilà heureux!... Oui, mais ils passent leur temps entre le gruyère et le savon. Vivent plutôt les gens de lettres!... Oui, mais ils sont tous gueux d'argent, et riches seulement de morgue. Bah! laissons les uns et les autres, et vive tout le monde!

Tu sauras que je me délasse de mes travaux en croquignolant un petit roman dans le genre antique [1]. Mais je le fais mot à mot, pensée à pensée, ou, pour mieux dire, *ab hoc et ab hac*. Je sors rarement; mais, lorsque je *divague*, je vais m'égayer au Père-Lachaise. J'attends l'hiver pour travailler plus assidûment.

1. Ce roman n'a jamais vu le jour.

Voici l'état de situation que tu demandes :

Beaux-Arts.

La musique me manque! Tu me parles peinture, méchante! Comment veux-tu que je me permette d'aller au Musée, quand je suis présentement à Alby? J'attendais hier le traître Dablin pour lui faire rendre gorge sur les tableaux exposés; j'avais apprêté sa chaise... Ça m'a porté malheur, il n'est pas venu!

Extérieur.

J'ai été rencontré par M. de V... et M. F..., de Villeparisis. S'ils m'ont reconnu, dites que ce n'est pas moi. Je voudrais cependant bien ne ressembler à personne!

Intérieur.

J'ai mangé deux melons. Il faudra les payer à force de noix et de pain sec.

Projets.

Si vous me donniez un jour rendez-vous sur les bords du canal de l'Ourcq, près de tel ou tel pont! Il ne faudrait jamais que trois heures de marche pour aller vous trouver, et trois heures pour revenir à ma mansarde; et *l'Albigeois* aurait vu tout ce qu'il a de cher au monde! Avisez.

Maintenant, si tu trouvais des idées pour des situations de *Cromwell,* écris-le-moi. Tiens, ce qui m'embarrasse le plus, ce sont celles de la *scène première* entre le roi et la reine. Il doit y régner un ton si mélancolique, si touchant, si tendre, des pensées si pures, si fraîches, que je désespère! Il faut que cela soit sublime tout du long, dans le genre de l'*Atala* de Girodet en peinture. Si tu as la fibre ossianique, envoie-moi des couleurs, chère petite, bonne, aimable, gentille sœur que j'aime tant!

Adieu. Je t'embrasse et suis ton loup-garou de frère.

Tu sauras que je t'ai écrit en dînant, et qu'après avoir fini ma lettre, j'ai trouvé autour de moi une trentaine de bouchées commencées. Je vais les achever.

IV.

A M. THÉODORE DABLIN, A PARIS.

Paris, septembre 1819.

Je méditais une catilinaire à la Cicéron contre vous, petit père. Comment! un mois sans venir *lesdiguièriser*, tandis que je sèche dans ma peau, que je grille de ne pas vous voir! Ne croyez pas, au moins, méchant, que ce soit à cause de vous. Non; l'amour de la patrie est plus fort; je suis un Brutus en abrégé. Et les députés? la liste des nouveaux nommés[1]? Je ne rêve que députés et Dablin!

Au surplus, je ne me fâche pas de la rareté de vos visites : c'est signe que vous êtes bien occupé. Il paraît que vous n'allez pas souvent non plus à Villeparisis. Mais

1. Les élections pour le renouvellement de la Chambre des députés venaient d'avoir lieu.

vous saurez que je suis, depuis huit jours, comme au fond des enfers; je n'ai rien vu, rien entendu, on ne m'a pas écrit; jusqu'à la mère Comin que je n'ai pas aperçue! enfin, je suis resté seul, avec mon maigre esprit qui bat la campagne. *Cromwell* me fait sauter la tête!

Je suis tellement fatigué de mes régicides anglais, que j'ai pris le parti de me reposer la cervelle une quinzaine, et de n'en prendre qu'à mon aise, afin d'avoir la tête plus fraîche dans le mois d'octobre, qui est le terme que je me suis fixé pour m'engouffrer dans cette tragédie, et n'en sortir que le premier acte à la main.

Mère Comin vous portera ce billet, et je la charge de s'informer si vous êtes mort ou en vie.

Allez donc à Villeparisis, et venez me voir!...

Je vous écris comme à ma maîtresse, sur du papier doré: c'est que je veux vous engager à venir me voir.

Donnez à la mère Comin, je vous en supplie, la liste des députés nouveaux, avec leur opinion.

Adieu, Pylade!

V.

AU MÊME.

Paris, septembre 1819.

Maudit petit père,

Je ne vous ai pas vu hier. Faut-il que je fasse avec vous comme avec le Cerbère des enfers, à qui on jetait un petit gâteau emmiellé, et que, pour vous avoir, je vous écrive à chaque fois?

Je sens bien que, tout le profit étant pour moi, j'ai l'air intéressé; quoique je sois, en amitié, imbu de la maxime qu'il faut se gêner le moins possible, et n'en pas faire un joug, pour ne pas donner envie de le secouer; il me suffit de savoir que l'on m'aime rue Saint-Martin, je n'en demande pas davantage. Le moyen de m'affrioler sera de m'apporter la liste des nouveaux élus. Je sais Grégoire[1], mais le reste? Donnez-moi la liste par département, et que chacun ait une petite indication d'opinion.

Je ne vous écris pas davantage, pour en avoir davantage à vous dire.

Adieu, Pylade-Dablin.

Vous seriez bien aimable de venir mardi, ou, si vous ne pouvez pas avant dimanche, d'envoyer la liste à la mère Comin, qui me l'apporterait.

VI.

A MADEMOISELLE LAURE DE BALZAC, A VILLEPARISIS.

Paris, octobre 1819.

Ma très-chère et honorée sœur,

Je saisis la *godardienne* occasion[1] qui se présente pour vous envoyer des nouvelles de votre pendard de frère.

Voilà quinze jours expirés pendant lesquels je n'ai rien

1. L'abbé Grégoire, ancien conventionnel.

1. C'est-à-dire l'occasion d'un farinier de Villeparisis, nommé Godard, qui, en amenant ses farines à Paris, faisait les commissions de la famille Balzac.

fait du tout; j'ai mis mon champ en jachère. En récompense, voici trois nuits que je passe, et je me suis rembureauté.

Hier dimanche, j'ai dîné chez ma propriétaire, *ousque* j'ai joué aux petits jeux innocents; ils ont été, je t'assure, très-innocents, attendu la stupidité bêtifiante de presque tous les membres de l'honorable compagnie. Les amours vont bien : *Zaïre* commence à écrire lisiblement; mais jamais je ne ferai rien d'elle pour la littérature.

L'infâme petit père n'est pas encore venu! La chaise a encore été placée pour rien! n'est-ce pas abominable? Mais je lui pardonne, je ne suis pas chrétien pour des prunes.

Travailles-tu toujours ton piano? Vous saurez, mademoiselle, qu'on économise pour en avoir un ici. Quand, mère et toi, vous viendrez me voir, vous le trouverez installé. J'ai pris mes mesures; en reculant les murs, il tiendra, et, si ma propriétaire ne veut pas entendre à cette petite dépense, je l'ajouterai à l'acquisition du piano, et *le Songe de Rousseau* [1] retentira dans ma mansarde, où le besoin de songes se fait généralement sentir.

Laure! ô ma chère Laure que j'aime! Comment se fait-il que l'on ne puisse pas décrocher le *Tacite* de papa? Songe que je m'en remets à toi qui es fine comme l'ambre, pour l'escofier au profit de ton frère; car encore si on s'en servait! mais c'est comme un diamant dans une châsse : vous ne faites que le voir. Il me le faut absolument. Mon père n'en a pas besoin, maintenant qu'il est dans la Chine ou dans la Bible. Rien ne doit être plus facile que de trouver

1. Morceau de Cramer, fort en vogue alors.

la clef de la bibliothèque. Papa n'est pas toujours chez lui, il se promène tous les jours, et le farinier Godard est là pour m'apporter le volume.

L'Iris-messagère[1] vient chercher ma lettre; mais, en conscience, je ne t'enverrai pas cette bribe ; ce sera pour un autre jour, et je m'en vais te serrer dans un tiroir : prends garde d'étouffer!

Samedi 30 (puisqu'il est une heure du matin).

La mère l'Antimèche doit venir prendre ma prose ce matin ; et je me *relaurise*.

J'ai reçu la lettre où tu me dis : « Écris, écris, écris! » Tu vois, par ce qui précède, que je pensais aux Villeparisiens.

Maintenant, dis-moi donc où tu lis Montesquieu, dont tu me cites des passages que je ne connais pas! Heureux les frères dont les sœurs sont des Laures!

Tu me donnes des nouvelles comme si je ne lisais pas les journaux et comme si j'étais réellement à Alby ; et tu as vraiment perdu une demi-feuille de ta lettre à m'écrire ce que maman m'avait déjà dit, ce que j'avais lu, ce que je savais. — Parlons d'autre chose.

Je n'aime pas, ma chère, tes travaux historiques et tes tableaux, siècle par siècle. Pourquoi t'amuser (et le mot est mal choisi) à refaire l'ouvrage de Blair? Prends-le dans la bibliothèque, il ne doit pas être loin du *Tacite*, et apprends-le par cœur.

Mais à quoi bon? Une jeune fille en sait assez quand

1. C'est ainsi qu'il désignait sa femme de ménage, la mère Comin.

elle sait le nom des grands hommes anciens et modernes, qu'elle ne fricasse pas Annibal avec César, qu'elle ne prend pas le Trasimène pour un général et Pharsale pour une dame romaine. Lis Plutarque et deux ou trois livres de ce calibre-là, et tu seras calée pour toute ta vie, sans déroger à ton titre charmant de femme. Veux-tu donc devenir une savante? Fi!... fi!...

J'ai fait cette nuit un rêve délicieux : je lisais le *Tacite* que tu m'avais envoyé!

Tu me parles de *Marie Stuart*[1]; *bene!* Je désire que cela réussisse. Le sujet de cette tragédie est assez éloigné pour être mis sur la scène; espérons que l'auteur luttera avec succès contre les difficultés des sujets modernes, qui ne sont jamais aussi favorables à la poésie que les sujets antiques. Ajoute à cela la difficulté de rendre un moderne intéressant! nos hommes d'État sont tous les mêmes; les crimes diplomatiques prêtent peu au théâtre. Excepté deux ou trois grandes catastrophes comme celles de Charles Ier, de Louis XVI, etc., il n'y a rien. Les tragédies d'imagination sont horriblement difficiles, il faut tout créer; le spectateur est neuf sur tout. Voltaire (à peu près le seul qui ait réussi dans ce genre) n'a pu faire accepter que *Zaïre* et *Alzire*, et encore! — Passons.

Que tu apprennes Guéroult, Lhomond, le diable, c'est indifférent pour ton latin (j'aimerais mieux Lhomond) : il suffit, pour le moment, que tu connaisses les cinq déclinaisons, les adjectifs, les verbes, les irrégularités; et,

1. La tragédie de Pierre Lebrun, qui était alors en répétition au Théâtre-Français.

lorsque tu viendras me dire ou que tu m'écriras: « Mon frère, j'en suis à la syntaxe; » lorsque tu sauras tout ce qui précède, comme un perroquet vert qui mange du pain trempé dans du vin, et qui a le bec affilé et blanc, et la tête rouge, alors nous verrons comment nous y prendre pour le reste. Apprends! apprends! apprends par cœur les types des déclinaisons, verbes, etc.; c'est le *goddam* des Latins, le fond de la langue. Je n'ai pas d'autre conseil à te donner.

Dis à maman que je travaille tant, que vous écrire est mon délassement. Alors, sauf vot' respect et le mien, je vais comme l'âne de Sancho, par les chemins, broutant tout ce que je rencontre. Je ne fais pas de brouillon (fi donc! le cœur ne connaît pas de brouillons). Si je ne ponctue pas, si je ne me relis pas, c'est pour que vous me relisiez et pensiez plus longtemps à moi. Je jette ma plume aux bêtes, si ce n'est pas là une finesse de femme!...

Mademoiselle Laure, je monte sur mes grands chevaux, je mets mon rabat et mon bonnet carré d'aîné, pour vous gronder. Comment! méchante, à propos de l'aimable demoiselle du second, tu me rappelles la demoiselle du Jardin des Plantes! Fi! que c'est laid, mademoiselle! — Laure, je ne plaisante pas, c'est sérieux. Si on lisait, par hasard, ta lettre, on me prendrait pour un Richelieu qui aime trente-six femmes à la fois. Je n'ai pas le cœur si large, et, excepté vous que j'aime à l'adoration, je n'aime d'amour qu'une seule personne à la fois. Cette Laure! elle me voudrait voir un Lovelace; et pourquoi, je vous demande un peu! Si j'étais un Adonis encore!

J'ai une fluxion.

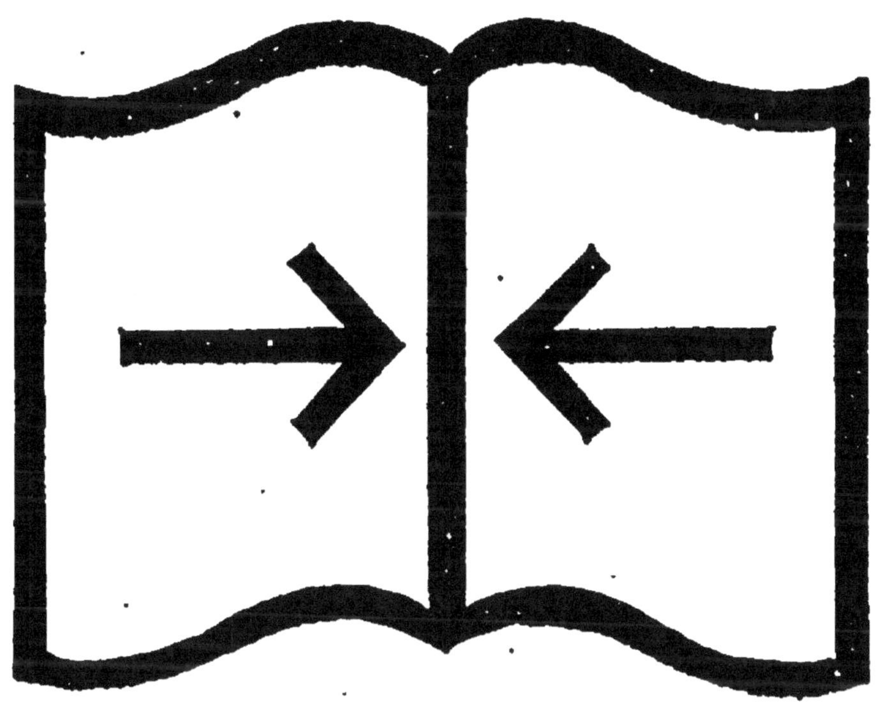

Samedi, 10 heures du matin.

Comme tu veux bien t'intéresser à moi, je te dirai que j'ai parfaitement dormi. Comment cela aurait-il été autrement ! je pensais à toi, à maman, à mes amours, à mes espérances, et, en me réveillant, je te donne ma première pensée.

A propos, la lettre de Laurence était très-gentille, mieux que la tienne ; ce n'est pas étonnant : elle s'est appliquée, et, toi, tu as écrit ta conversation.

Laure, je crois que je ferai la folie d'aller voir *Cinna* en loge grillée [1]. Cette idée me possède depuis que Talma joue *Auguste,* Lafon *Cinna,* mademoiselle Duchesnois *Émilie,* et Michelot *Maxime.* Je finirai par céder... Mon estomac en tremble [2] !... Ce qui pourrait m'entraîner, c'est que je n'ai pas encore vu jouer de pièces de Corneille, notre général ! et j'ignore absolument la manière dont on dit ses vers, qui sont plus rudement faits que ceux de Racine. Mais j'aurais perdu la tête ; ainsi je n'irai pas...

Les nouvelles de mon ménage sont désastreuses : les travaux nuisent à la propreté. Ce coquin de Moi-Même se néglige de plus en plus. Il ne descend que tous les trois ou quatre jours pour les achats, va chez les marchands les plus voisins et les plus mal approvisionnés du quartier ; les autres sont trop loin, et le garçon économise ses pas ; de sorte que ton frère (destiné à tant de célébrité !) est déjà

1. On comprend qu'il parlait de loge grillée, parce qu'il était censé à Alby, et qu'on ne devait pas le rencontrer à Paris.

2. Il avait une très-mince pension et ne pouvait se permettre un plaisir qu'au prix de toute sorte de privations.

nourri absolument comme un grand homme, c'est-à-dire qu'il meurt de faim !

Autre sinistre : le café fait d'affreux gribouillis par terre, il faut beaucoup d'eau pour réparer le dégât ; or, l'eau ne montant pas naturellement dans ma céleste mansarde (elle y descend seulement les jours d'orage), il faudra aviser, après l'achat du piano, à l'établissement d'une machine hydraulique, si le café continue à s'enfuir, pendant que maître et serviteur bayent aux corneilles.

Avec le *Tacite*, n'oublie pas de m'envoyer un couvre-pied. Si tu pouvais y joindre quelque vieillissime châle, il me serait bien utile. Tu ris? C'est ce qui me manque dans mon costume nocturne. Il a fallu d'abord penser aux jambes, qui souffrent le plus du froid ; je les enveloppe du carrick tourangeau que Grogniart[1], de boustiquante mémoire, cousillonna. Le susdit carrick n'arrivant qu'à mi-corps, reste le haut, mal défendu contre la gelée, qui n'a que le toit et une veste de molleton à traverser pour river à ma peau fraternelle, trop tendre, hélas! pour le supporter ! Quant à la tête, je compte sur une calotte dantesque pour qu'elle puisse braver aussi l'aquilon. Ainsi équipé, j'habiterai fort agréablement mon palais !

Je finis cette lettre comme Caton finissait ses discours; il disait : « Que Carthage soit détruite ! » Moi, je dis : Que le *Tacite* soit pris !

Et je suis, chère historienne, de vos quatre pieds huit pouces le très-humble serviteur.

1. Grogniart était un petit tailleur de Tours, chargé jadis d'ajuster à la taille du fils les habits du père, et qui ne s'acquittait pas de ce travail à la satisfaction d'Honoré.

Tu ne sais pas, j'ai un véritable remords de conscience que nous ayons mis M. de Villers[1], qui m'aime tant, en dehors de notre secret. Je ne connais personne auprès de qui il puisse nous trahir, et je crois d'ailleurs à toute sa discrétion. J'ai songé qu'après l'hiver laborieux que je vais passer, quelques jours de campagne me seront bien nécessaires... — « Non, maman, ce n'est pas pour fuir ma bonne vache enragée ; j'aime ma vache! Mais quelqu'un, près de vous, vous dira que l'exercice et le grand air sont bien utiles à la santé de l'homme! Or, puisque Honoré ne peut se montrer chez son père, pourquoi n'irait-il pas chez le bon M. de Villers, qui l'aime jusqu'à soutenir le rebelle?... Une idée, mère : si vous lui écriviez pour arranger ce voyage? Allons, c'est comme si c'était fait, vous avez beau prendre votre air sévère, on sait que vous êtes bonne au fond, et l'on ne vous craint qu'à demi! »

Tu voulais une longue lettre : j'espère que celle-là doit compter. Je ne suis pas avare de bêtises avec vous, et vous, en revanche, vous me privez de votre charmante conversation. Fi! que c'est vilain, mesdames, quand il existe un Godard!

Ah çà! tu sauras encore que je suis quelquefois *bousard* envers moi-même, et que je fais ma lippe. Ma bonne maman n'est pas là pour le dire, mais je suis dupe de moi-même, tantôt gai, tantôt rêvassant. Je suis trop inégal, il faudra que je me défasse de ma compagnie.

J'ai fait en bas un boston, et un boston à piccolo encore,

1. L'abbé de Villers, ami de la famille Balzac, vivait retiré à Nogent, petit village situé près de l'Isle-Adam (Seine-et-Oise).

et j'ai gagné trois francs. Si je n'y prends garde, la société s'emparera encore de moi. Ce boston m'a fait penser aux nôtres, par conséquent à vous aussi; j'ai perdu, tout le temps que j'y pensais!

Mes lettres sont des macédoines; je te parle de trente-six choses différentes dans la même page; mais tu dois facilement excuser cela, vu le caractère de l'individu.

Quand viendrez-vous me voir, vous chauffer à mon feu, boire mon café, manger des œufs brouillés, *raccommodés* sur un plat que vous m'apporterez?

Adieu, *soror!* J'espère avoir une lettre *sororis*, répondre *sorori*, voir *sororem* alors, *o soror!* mais je verrai aussi le départ *sorore!*

Réponds-moi aussi longuement que je t'écris.

Ma fluxion est bien désenflée ce matin. Hélas! dans quelques années peut-être, je ne pourrai plus manger que de la mie, de la bouillie et les mets des vieux; il me faudra ratisser des radis comme bonne maman! Tu auras beau dire : « Fais arracher! » J'aime autant laisser la nature à elle-même; les loups ont-ils des dentistes?

VII.

A M. THÉODORE DABLIN, A PARIS.

Paris, novembre 1819.

Mon cher petit père,

Vous n'êtes pas venu : la chaise a encore une fois été mise pour rien! Ce n'est pas pour vous faire des reproches que je vous écris; mais, ne pouvant pas sortir, je suis obligé de m'en remettre à vous pour un achat bibliographique que votre sagesse saura concilier avec mes moyens pécuniaires.

Je voudrais une Bible très-complète, *latine*, avec le français en regard, si cela se peut. Je ne veux pas du Nouveau Testament je l'ai.

Je crois qu'on a imprimé dernièrement quelque chose dans ce genre-là chez Desoër ou chez Didot. Si le français en regard était difficile à trouver, ou s'il doublait le prix du livre, je m'en tiendrais au latin seul; je ne veux pas du français seul.

Si vous achetez pour votre instruction *les Vêpres siciliennes*[1], je présume assez de vous pour avoir l'espoir de les lire.

Je compte bien aussi sur vous pour les journaux de la session, par huitaine.

A propos, si Girodet met son *Endymion* à l'exposition, ayez l'obligeance de me procurer un billet pour le jour où il est censé n'y avoir personne. J'irai le matin, on ne me verra pas.

Adieu.

P.-S. — Vous me causeriez encore une plus grande joie si vous mettiez en réquisition M. Pepin-Lehalleur et me procuriez et envoyiez un billet de parterre pour les Français, un jour qu'on donnerait *Cinna*. On ne me reconnaît pas dans les rues, et je n'ai pas encore vu une seule pièce

1. Cette pièce venait d'être jouée au Théâtre-Français.

e mon vieux général Corneille. C'est mal à un jeune soldat.

VIII.

A MADEMOISELLE LAURE DE BALZAC, A VILLEPARISIS.

1820.

Ma chère sœur,

Je commence par te dire que je t'aime de tout mon cœur et que je t'embrasse, de peur de l'oublier dans le courant de ma lettre; je puis me vanter comme Petit-Jean et dire :

Ce que je sais le mieux, c'est mon commencement.

Ah! *Laura soror!* que j'ai de tourments! Je ferai une pétition au pape pour la première niche de martyr vacante! Je viens de découvrir à mon *régicide* un défaut de conformation, et il fourmille de mauvais vers! Je suis aujourd'hui un vrai *Pater Dolorosa*. J'ai trouvé un biais qui ne me satisfait pas trop : ah! si je suis un Pradon, je me pends! Lorsque tu verras de mauvais vers, mets en marge : « Gare à la potence! » Je dévore nos quatre auteurs tragiques : Crébillon me rassure, Voltaire m'épouvante, Corneille me transporte, Racine me fait quitter la plume.

Je te dirai que je suis très-fâché contre toi. Comment, mademoiselle, appeler son frère étourdi? on l'appelle nigaud; cela peint mieux. Au reste, je ne sais pas encore pourquoi tu m'as appelé étourdi; je ne sais ce que le petit père[1] m'a ragoté ce matin de vous, de Saint-Cloud, de mois d'octobre, de partie; tout ce que je souhaite, c'est que vous ne fassiez pas tort au petit déjeuner de la rue Lesdiguières.

Je ne vois Iris-Comin qu'à la volée et toujours essoufflée quoique à cheval sur son arc-en-ciel de panier plein de pommes de terre.

Merci de vos tendresses et de vos provisions; je t'ai reconnue dans le pot de confitures et les fleurs. Vos liqueurs réussissent-elles ?

J'ai l'air un peu N... en m'informant comme cela de la balagoinfre; mais c'est que mon mal de dents m'empêche de manger, et je me régale de parler. Pensez-vous à moi comme je pense à vous?... Vous vous *emmalusez*[2], et moi, je m'amuse de votre emmalusement.

Fais un recueil de tous les *hélas* de la *tantante* Malus; redis-moi bien ce qu'elle soupirera... Je m'en remets à toi pour rire, tu es mon Momus, mon bon Momus, car je me suis cru à votre dîner de réception; tes récits sont la manne de mon désert.

Tu veux des nouvelles, il faut que je les fasse; personne ne passe dans mon grenier, je ne peux donc te parler que de moi et t'envoyer autre chose que des fariboles.

Exemple :

Le feu a pris rue Lesdiguières, n° 9, à la tête d'un

1. M. Dablin.

2. Ce mot fabriqué voulait dire que l'on était, à Villeparisis, en possession de la famille Malus. M. Malus était intendant militaire et avait épousé la sœur de madame de Balzac, mère d'Honoré.

uvre garçon et les pompiers n'ont pu l'éteindre. Il a été nis par une belle femme qu'il ne connaît pas : on dit u'elle demeure aux Quatre-Nations, au bout du pont des rts ; elle s'appelle la Gloire.

Le malheur est que le brûlé raisonne, et il se dit :

— Que j'aie ou non du génie, je me prépare dans les eux cas bien des chagrins !

Sans génie, je suis flambé! il faudra passer la vie à entir des désirs non satisfaits, de misérables jalousies, ristes peines !...

Si j'ai du génie, je serai persécuté, calomnié; je sais ien qu'alors mademoiselle la Gloire essuiera bien des leurs !...

Je te quitte pour dormir, j'ai passé la nuit à souffrir mort t passion ! Je vais me rembourrer l'esprit de quelque entil rêve que je te raconterai au sortir des bras de nadame Morphée. Adieu, Laure-Dusseck-Grétry-Balzac, harmante sœur-riri-panpan-croque-note! Je ris comme n bossu et je t'embrasse. Ce que c'est que la philosophie, elle fait oublier les douleurs les plus vives. Je dors.

J'éprouve aujourd'hui que la richesse ne fait pas le bonheur et le temps que je passerai ici sera pour moi une source de doux souvenirs! Vivre à ma fantaisie, travailler selon mon goût, et à ma guise, ne rien faire si je veux, m'endormir sur l'avenir que je fais beau, penser à vous en vous sachant heureux, avoir pour maîtresse la Julie de Rousseau, la Fontaine et Molière pour amis, Racine pour maître et le Père-Lachaise pour promenade !...

Oh ! si cela pouvait durer toujours !

Je n'ai pas d'autre inquiétude que l'envie de m'élever, et tous mes chagrins viennent du peu de talent que je me reconnais. Car, toi, tu peux, en travaillant, augmenter la vivacité de tes doigts; mais tous les travaux du monde ne donnent pas un grain de génie. On peut jouer du piano et bien déclamer les vers, sentir les charmes de la poésie et de la musique; mais composer et versifier?... Au diable la médiocrité! au diable les Pradon et les Bauvarlet! il faut être Grétry et Racine.

Il serait temps encore de faire partie nulle et de devenir un M. ***, qui juge tranquillement les autres sans les connaître, qui jure après les hommes d'État sans les comprendre, qui gagne au jeu même en écartant les atouts, l'heureux homme! et qui pourra bien un jour devenir député, parce qu'il est riche, l'homme parfait!...

Je te quitte pour aller au Père-Lachaise faire des études de douleur, comme tu faisais des études d'écorché. J'ai abandonné le Jardin des Plantes parce qu'il était trop triste. Je pense que vous pouvez m'écrire comme vous voulez par Godard; il ne vous en coûtera que du papier, de l'encre et de l'esprit, à vous, car, moi, je vous fais toujours une graissée de bêtises.

Me voilà revenu du Père-Lachaise, où j'ai piffé de bonnes grosses réflexions inspiratrices. Décidément il n'y a de belles épitaphes que celles-ci : LA FONTAINE, MASSÉNA, MOLIÈRE, un seul nom qui dit tout et fait rêver!... De toutes les affections de l'âme, la douleur est la plus difficile à peindre; nous autres modernes, nous sommes les très-humbles valets des anciens, et cela redouble mes craintes pour le cinquième acte du *Régicide*.

Dis à maman et à papa combien je les aime; il n'y a que toi qui puisses exprimer cela. Sur ce, je t'embrasse et j'ajourne au numéro prochain tout ce qui reste au fond du sac. Adieu, Pétrarque!

Ton grigou de frère.

Bien des amitiés à Laurence.

Je ne veux plus t'écrire; je me laisse aller à bavarder, et je regrette le temps, parce qu'il devrait être mieux employé à notre gloire commune, si !...

IX.

A LA MÊME.

Paris, septembre 1820.

J'ai, ma chère bonne, décidément pris un parti pour *Cromwell:* maintenant que tout est irrévocablement arrêté, j'ai résolu d'y travailler d'une autre manière. Il va être fini en cinq ou six mois, mais grossièrement et d'un seul jet, parce que je veux pouvoir, le tableau une fois dessiné, y mettre le coloris à mon aise. Peut-être t'enverrai-je à la fin de novembre ou au commencement d'octobre *la première acte;* j'espère que tu pourras là dedans rogner, trancher, coupiller, à ton aise.

Je commence à passer assez gentiment les nuits, mais le froid *me pipe* (c'est un mot de papa), et je ferai l'acquisition d'un vieux fauteuil de bureau qui me garantira au moins les côtés et le dos. Ne dis rien à ma chère mère de mes travaux nocturnes et ne m'en parle pas non plus;

je veux enfin, dussé-je en crever, venir à bout de *Cromwell* et terminer quelque chose avant que maman me vienne demander compte de mon temps.

Je suis plus engoué que jamais de ma carrière pour une foule de raisons dont je ne déduirai que celles que tu n'aperçois peut-être pas. Nos révolutions sont bien loin d'être terminées; à la manière dont les choses s'agitent, je prévois encore bien des orages. Bon ou mauvais, le système représentatif exige d'immenses talents; les grands écrivains seront nécessairement recherchés dans les crises politiques; ne réunissent-ils pas à la science, l'esprit d'observation et la profonde connaissance du cœur humain?

Si je suis un *gaillard* (c'est ce que nous ne savons pas encore, il est vrai), je puis avoir un jour autre chose que l'illustration littéraire; et ajouter au titre de grand écrivain celui de grand citoyen, c'est une ambition qui peut tenter aussi! Rien, rien que l'amour et la gloire ne peut remplir la vaste place qu'offre mon cœur, dans lequel tu es logée convenablement.

Ma sœur, ma bonne Laure, je voudrais vous voir tous richement placés, afin qu'on ne me tourmentât pas sur ma destinée; il y a dans cette affaire un peu d'égoïsme peut-être, mais on me le pardonnera en faveur du bien qu'il produirait.

Aussi je désire la réussite de mon dessein sur *Cromwell* avec un grain d'intérêt, et je traite ma pauvre tragédie comme du marc de café : je calcule ce que j'en tirerai pour m'indépendantiser. Je ressemble à Perrette au pot au lait, et ma comparaison ne sera peut-être que trop réelle! Si par hasard on vendait du génie à Villeparisis, achète-m'en le plus que tu pourras; mais, malheureusement, cela ne se vend ni ne se donne, ni ne s'achète, et j'en ai furieusement besoin.

J'avais fait un monologue à la Chapelain, en vers que je trouvais superbes; à force de les relire, j'ai remarqué qu'ils étaient presque tous faux. Quel déchet!...

Chère sœur, pense à moi; voilà tout ce que je te demande. Belle et tendre soupirante du Languedocien-Pétrarque, tâche de le trouver modernisé, ayant cent mille livres de rente et directeur général! Adieu.

X.

A LA MÊME.

(En lui envoyant le plan de la tragédie de *Cromwell.*)

POUR TOI SEULE!

Paris, 1820.

Chère Laure,

Ce n'est pas un médiocre cadeau ni une petite preuve d'amitié que je te donne là, que de te faire assister ainsi à l'enfantement du génie! (Moque-toi!)

Comme ce n'est encore qu'un projet, j'ai laissé une marge, te permettant d'y inscrire tes sublimes observations.

Malgré cette liberté grande que je vous donne, mademoiselle, lisez avec respect le plan de Sophocle jeune.

Dire qu'on lit en une heure ce qui a coûté quelquefois des années à écrire!...

Acte premier.

Henriette d'Angleterre, accablée de fatigue et déguisée sous d'humbles vêtements, entre dans Westminster, soutenue par le fils de Strafford; elle revient d'un long voyage. Elle a été, selon l'ordre de Charles Ier, conduire ses enfants en Hollande et solliciter des secours à la cour de France. Strafford en larmes lui apprend les derniers événements. Le roi, prisonnier dans Westminster, accusé par le Parlement, attend son jugement. Tu comprends l'élan de la reine à ces nouvelles; elle veut partager le sort de son époux.

Entrent Cromwell et son gendre Ireton. Ils ont donné rendez-vous dans ce lieu aux conjurés.

La reine, effrayée, se cache derrière une tombe royale.

Les conspirateurs arrivent et elle entend discuter si on fera ou non mourir le roi. Scène fort vive où Fairfax (un honnête garçon) défend les jours de l'illustre prisonnier et dévoile l'ambition de Cromwell. Celui-ci rassure tout son monde. Après quoi, on conclut à la peine de mort.

La reine se montre et leur fait un fameux discours!...

Cromwell et ses amis la laissent parler, enchantés de tenir une victime qui leur manquait. Il sort avec ses complices pour assurer le succès de leurs projets, et la reine se rend auprès du prisonnier.

Acte deuxième.

Charles Ier, seul, repasse dans sa mémoire les événements et les faits de son règne. Quel monologue!

La reine arrive. C'est encore là qu'il faudra du talent!

L'amour conjugal sur la scène pour tout potage! il faut qu'il embrase la pièce. Il doit régner dans cette entrevue douloureuse un ton si mélancolique et si tendre, que c'est déjà à désespérer; il faut tout bonnement arriver au sublime.

Cromwell vient chercher le roi pour la séance. Scène fort épineuse encore, où il faut mettre en relief les caractères si différents des trois interlocuteurs (étude historique difficile).

Strafford vient avertir la reine qu'une petite armée de royalistes s'est emparée des fils de Cromwell revenant de dompter l'Irlande. En mettant Cromwell entre ses fils et le trône, on sauvera peut-être le roi. L'acte finit sur cette lueur d'espérance.

Acte troisième.

Cromwell attend la reine. Celle-ci lui explique ce que tu sais et le met dans l'alternative de se prononcer. Grand combat dans l'âme du protecteur. Le roi arrive et annonce à Cromwell qu'il a ordonné que ses fils lui soient rendus sans condition. Cromwell, en sortant, laisse le spectateur dans l'attente. Quelques autres scènes entre la reine, le roi, puis Strafford, qui fait observer au roi qu'il se remet sous le couteau.

Tous vont à Westminster.

Acte quatrième.

Cromwell arrive. L'ambition l'emporte. Le parlement est assemblé. Le roi comparaît et parle, pour la première et dernière fois, d'un ton... (C'est là qu'il faut être sublime!) La reine, indignée, se présente et défend (Dieu sait comme!) son diable de mari. Cromwell, voyant le parlement s'attendrir, fait retirer le roi et la reine pour délibérer. Au moment où les gardes les emmènent, la reine tente un dernier effort auprès de Cromwell : elle lui offre honneurs, titres, etc. Cromwell reste froid.

La reine sort désespérée.

Acte cinquième (et le plus difficile de tous).

La sentence n'est pas encore connue; mais Charles Ier, qui ne s'abuse pas, entretient la reine de ses dernières volontés. (Quelle scène!) Strafford sait la condamnation et vient l'annoncer à son maître afin qu'il y soit préparé avant d'entendre son arrêt. (Quelle scène!) Ireton arrive chercher le roi pour le conduire devant ses juges. Charles Ier dit à Strafford qu'il lui réserve l'honneur de le conduire à l'échafaud. Adieux du roi et de la reine. (Quelle scène!) Fairfax accourt; il prévient la reine de son danger, il faut qu'elle fuie sur-le-champ, on veut la retenir prisonnière et lui faire aussi son procès.

La reine, tout à son désespoir, n'entend rien d'abord, puis elle éclate tout à coup en imprécations contre l'Angleterre : elle vivra pour la vengeance, elle lui soulèvera partout des ennemis, la France la combattra, la dominera, l'écrasera un jour.

Ce sera le feu de joie, et je te réponds que ce sera tapé de main de maître!

Puis le parterre, trempé de larmes, ira se coucher.

Aurai-je assez de talent? Je veux que ma tragédie soit le bréviaire des peuples et des rois!

Il faut débuter par un chef-d'œuvre ou me tordre le cou!... Je te supplie, par notre amour fraternel, de ne jamais me dire : « C'est bien. » Ne me découvre que les fautes; quant aux beautés, je les connais de reste.

Si quelques pensées t'arrivent chemin faisant, écris-les en marge; laisse les jolies, il ne faut que les sublimes.

Il est impossible que tu ne trouves pas ce plan superbe! Quelle belle exposition! Comme l'intérêt grandit de scène en scène! L'incident des fils de Cromwell est admirablement trouvé. J'ai aussi inventé fort heureusement le caractère du fils de Strafford. La magnanimité de Charles Ier rendant à Cromwell ses fils est plus belle que celle d'Auguste pardonnant à Cinna.

Il y a bien encore quelques fautes, mais elles sont légères et je les ferai disparaître.

J'ai tellement pris part à tout ce que tu m'écris, que je me sentais attendri comme s'il s'agissait d'un vers de *Cromwell*.

Pourvu que le Château[1] n'aille pas défendre ma tragédie!

Si je m'écoutais, je couvrirais une rame de papier en t'écrivant; mais *Cromwell! Cromwell* qui crie après moi!

Ce qui me coûte le plus, c'est l'exposition. Il faut que ce luron de Strafford fasse le portrait du régicide, et Bossuet m'épouvante.

Cependant, j'ai déjà quelques vers qui ne sont pas mal tournés.

Ah! sœur! sœur! que d'espérances et de déceptions... peut-être!

1. Le *Château* s'entendait alors pour les Tuileries.

XI.

A MADAME LAURE SURVILLE, A BAYEUX[1].

Villeparisis, juin 1820.

Si tu veux connaître exactement notre situation, représente-toi d'abord papa se promenant en long dans sa chambre, immédiatement après la lecture du journal; puis maman dans son lit, encore mal guérie d'une fausse fluxion de poitrine; Laurence auprès d'elle, et enfin ton cher frère écrivant en face de la cheminée, sur le petit meuble qui supportait jadis ton écritoire! Quant au chapitre des observations, il y aurait bien matière à le remplir, mais il faudrait un temps plus calme. D'ailleurs j'arrive de l'Isle-d'Adam, je ne puis encore être au courant des choses et t'en conter bien long.

Ce que je te dirai, c'est que je pense souvent à toi. Tu sais que j'ai des mots favoris que je prends et que je quitte à chaque lune; eh bien, depuis six semaines, mon mot, c'est celui-ci: « Et Bayeux?... » Mais, *mordicus*, il restera en dépit des lunes!

Une nouvelle qui fera sensation dans ta province, c'est l'ensablement du bosquet de Laurence et de notre cour!

Avant-hier, c'était la fête de Villeparisis, assez triste pour nous. Telle ne fut point la fête dernière; il y avait, en ce temps-là, un jeune troubadour qui tournait autour

1. Au mois de mai 1820, mademoiselle Laure de Balzac avait épousé M. Midy de la Greneraye Surville, ingénieur des ponts et chaussées, à qui *la Vieille Fille* est dédiée.

de mademoiselle Laure... Aujourd'hui, absence complète de troubadours.

Ah çà! j'espère que tu nous décriras tes appartements, afin que nous puissions t'y voir tourner, trotter, ranger, fouiller, comme tu nous aperçois en idée, tournant, trottant, grouillant dans la maison. Dis-nous bien ce que c'est qu'une ville qui s'appelle Bayeux; si on y est comme ailleurs, s'il y a des hommes, des femmes; quel est l'habillement des indigènes, leur parler, leurs mœurs, leurs usages.

Nous avons vu hier M. Auguste Perrault, qui se plaint de ce que Surville ne lui a pas écrit un mot au sujet de ses lettres de présentation; il demande si ton mari en a fait usage, s'il pense en recueillir de bons fruits, si..., si..., etc. Ce que je t'en dis, c'est pour ordre. Nous lui avons répondu que les premiers jours d'une arrivée en province étaient consacrés à une foule de choses qui excluent les correspondances, et que Surville était fort occupé.

Chère sœur, on m'a dit que tu m'engageais à aller te voir; tu sais que je suis pris pour l'été, et que je t'ai promis le mois de mars prochain. Je tiendrai ma parole; mais, pour le moment, le docteur Nacquart m'envoie en Touraine. Je ne te remercie pas moins tendrement de ton invitation; sois bien persuadée qu'il faudra des raisons puissantes pour que je n'aille pas te tenir compagnie un petit brin.

Adieu, chère sœur; je t'embrasse de tout mon cœur. Mes amitiés à Surville, que je mets de moitié avec toi.

Laurence réclame sa part de papier : il ne faut pas être *frérâtre* et lui voler ses lignes. Adieu donc!

XII.

A LA MÊME.

Villeparisis, juin 1820.

Chère sœur,

Je reviens de Paris et n'ai pu lire ta lettre qu'aujourd'hui; elle m'a fait grand plaisir, et je quitte, tout exprès pour te répondre et causer avec toi, la correction du premier volume d'un roman dont un exemplaire vous sera transmis à Bayeux, si nous, pauvre hère, le plaçons avec avantage. Maman, se trouvant plus malade, s'est embarquée hier pour Paris afin de se faire soigner. Cependant, nous venons de recevoir une lettre qui nous dit qu'elle se porte mieux, et qu'elle a bien soutenu la route. Je dis *nous*, parce que je suis à Villeparisis avec papa.

Ce que tu me dis de ton chagrin m'étonne; je te croyais plus philosophe que cela! Comment, sœur, ignores-tu que le chagrin n'avance à rien, ne sert à rien? quand tu t'affligerais cent fois davantage, ces cent et une doses de mélancolie ôteraient-elles une seule borne à la route de Bayeux à Paris abrégeraient-elles ces soixante-et-dix lieues que je maudis, non parce qu'elles sont soixante-et-dix, mais parce qu'elles nous séparent? Autant je te blâmerais de nous oublier, — car nous sommes éminemment aimables! — autant je te blâme quand je te vois si triste d'être séparée de nous, parce qu'en un mot comme en cent, cette coquine de mélancolie ne nous rendra pas présents. Oh! que Roger Bontemps fut un grand homme et un honnête citoyen! suis ses préceptes, chère sœur: égaye-toi, console-toi, fais voyager ta brillante imagination, occupe-la, dresse des plans, figure-toi que tu as le cheval d'Astolphe, monte dessus, et pars pour Villeparisis; tu seras tranquille et contente, au moins pendant le chemin. Ne nous écris plus de ces choses tristes, car ça me donne l'envie de prendre mes jambes à mon cou, et d'aller à Bayeux coller tes armoires, voir ton installation, tes parquets, tes lampes, et peut-être même madame Surville!...

N'as-tu pas ton piano à perfectionner? la musique n'a-t-elle pas l'heureux don de calmer l'âme, d'y jeter un baume rafraîchissant et de faire diversion aux peines de la vie? Tu as le chagrin d'être séparée de ta famille? N'avons-nous pas celui de ne plus te voir parmi nous, rire, sauter, jouer, disputer, jacasser? N'ai-je pas celui (car toujours *moi!*) d'avoir vingt-deux ans et d'être sans indépendance, ni sort ni place, avalant des goujons, des bouillons, etc., etc.?

Heureusement que, depuis quinze jours, j'ai eu l'idée de me faire assurer cent mille écus à prendre sur le public; et je vais les recevoir en détail contre quelques romans dont j'aurai bon débit à Bayeux!

A propos de Bayeux, pourrais-tu m'expliquer pourquoi la rue où tu demeures s'appelle rue *Teinture*? Ça ne m'es pas encore entré dans la tête. Je te dirai, de plus, que je n'aime point à te voir aller au marché. Est-ce une raison parce qu'on est simple à Bayeux pour le devenir toi-même? C'est bien assez de te conformer aux choses indispensables, comme de respirer l'air, boire le cidre, manger le pain bayeusois!... Vas-tu pas aller aussi tous les jours à la messe?... Oh! le bon pays à exploiter que ce Bayeux tout plein de dévotes ! Il doit y avoir une furieuse provision d'amourettes et d'intrigues, car la dévotion est l'enseigne de tout cela.

Voici une nouvelle que les journaux ne vous donneront que très-imparfaitement. L'anniversaire de la mort du pauvre Lallemand[1] devait être célébré par un service funèbre ; quand les étudiants vinrent à Saint-Eustache, tout était fermé, et une bande collée, comme quand le spectacle manque, annonçait que, par ordre supérieur, le service n'aurait pas lieu. Les jeunes gens ajoutèrent au crayon que, « vu l'extrême liberté des cultes, » ils invitaient les amis du défunt à se réunir au boulevard Bonne-Nouvelle, d'où l'on irait au Père-Lachaise. Au rendez-vous on se trouva, par le plus grand hasard, sept ou huit mille en habit noir. Mais la garnison de Paris et la gendarmerie gardaient les approches du cimetière. Les étudiants voulurent forcer la consigne. Un officier ordonna de faire feu ; les gendarmes refusèrent d'obéir, et un jeune homme (un enragé, disent les ultras) se fit porter de bras en bras jusqu'à l'officier qui avait commandé le feu ; puis, découvrant sa poitrine, il dit : « Si vous voulez une autre victime, frappez ! je suis prêt, sûr que ma mort sera utile à la liberté de mon pays ! — Bravo ! bravo ! cria la foule. Vivent les soldats ! vivent les gendarmes ! » Alors, on se rendit dans un champ voisin, on forma le cercle, et un étudiant, au milieu d'un silence religieux, prononça un discours à la fin

1. Lallemand était un jeune étudiant en droit qui fut tué, le 3 juin 1820, sur la place du Carrousel, par un soldat de la garde royale, au milieu de rassemblements causés par la discussion du projet de loi sur le double vote.

duquel on jura de revenir l'année prochaine, « portant le deuil de nos libertés ». Tous se retirèrent ensuite deux par deux et saluèrent en passant la porte de M. Camille Jordan, qui était mort la veille, et celle du jeune Lallemand. Cette cérémonie a causé une grande émotion dans Paris...

J'espère que tu iras voir la mer, que tu me donneras des détails sur les réceptions qu'on te fera, sur le ton de Bayeux, sur la beauté des dames de l'endroit. Cherche-moi quelque veuve, riche héritière... Enfin, tu comprends ce que je veux te dire. Ah! mais vante-moi : vingt-deux ans, bon enfant, bonnes façons, l'œil vif, du feu! et la meilleure pâte de mari que le Ciel ait jamais pétrie! Je te donne cinq pour cent sur la dot et les épingles.

J'ai été à l'Isle-Adam, comme je te l'ai dit, mais j'ai eu du mauvais temps pendant toute la durée du séjour que j'y ai fait. Je te promets toujours d'aller, en mars prochain, te tenir compagnie; il faudrait des événements graves et des obstacles imprévus pour m'en empêcher.

Je vois avec bien de la peine que ta santé chancelle toujours; espérons qu'elle sera comme la tour de Bologne, qui depuis sept cents ans chancelle sans tomber. Tu me parles de graine de lin, de colimaçons : eh morbleu! porte-toi bien, aie le bout du nez froid et moque-toi des bouillons!

Je te dirai très-confidentiellement que cette pauvre mère tend à devenir nerveuse comme bonne maman, et peut-être pis. Hier encore, je l'entendais se plaindre comme bonne maman, s'inquiéter du serin comme bonne maman, prendre en grippe Laurence ou Honoré, changer de sentiment avec la rapidité de l'éclair, etc., etc., comme bonne maman! Peut-être est-ce la peur que ma mère ne tombe dans ce travers qui me fait voir ainsi; en tout cas, je souhaite le contraire pour elle et pour nous. Ce qui me choque le plus, c'est cette susceptibilité maladive que l'on a chez nous. Nous sommes une petite ville à nous quatre; on s'observe comme Montécuculli et Turenne. Enfin, l'autre jour, je revenais de Paris très-tracassé; je ne pensai pas à remercier maman, qui m'avait fait faire un habit noir; à mon âge, on n'est plus guère sensible à un pareil cadeau; cependant, il ne m'eût pas coûté grand'chose de paraître touché de l'attention, d'autant plus que c'était un sacrifice, mais j'oubliai ce que j'aurais dû faire... Maman me bouda! et tu sais ce que c'est que son air et son visage dans ces moments-là! Je tombais des nues et cherchais en ma tête ce que j'avais fait. Heureusement Laurence vint m'avertir, et deux ou trois paroles fines comme l'ambre raccommodèrent le visage de maman. C'est là un rien, une goutte d'eau, mais c'est pour te donner un exemple de nos manières. Ah! nous sommes de fiers originaux dans notre sainte famille. Quel dommage que je ne puisse nous mettre en romans!...

J'espère que cela te reportera au milieu de nous mieux que toutes les descriptions du monde. Hélas! comment se fait-il que l'on n'ait pas dans la vie un peu d'indulgence, que l'on cherche en toute chose ce qu'il peut y avoir de blessant? Personne ne veut vivre à cette *bonne flanquette*, comme papa, toi et moi nous vivrions; je crois que Surville en serait aussi. Rien ne me fâche comme ces gens à grandes démonstrations qui vous étouffent pour vous mbrasser, qui crient à l'égoïsme si vous vous gardez de leurs exagérations, et ne conçoivent pas du tout un sentiment interne qui ne se manifeste que quand il le faut!

Goddam! que d'esprit je fais là! je ne me reconnais pas. Nous ne sommes que nous deux, laissons l'esprit et tenons-nous en à l'amitié que nous avons toujours eue l'un pour l'autre.

Dis donc, il me semble que mes pattes de mouche attrapent joliment la poste : elles lui font tort d'au moins trois feuilles de papier; mais notre gouvernement est trop peu libéral pour que j'écrive en gros caractères. Ce n'est pas comme toi : tu fais des lettres qui ressemblent à celles des enseignes d'auberge, si ce n'est qu'elles ne sont pas moulées. Ah! prodigue, tu aurais pu mettre trois fois plus de choses sur tes quatre pages!

Tu ne sais pas que Laurence s'était monté la tête pour Auguste de L... N' dis rien qui puisse faire croire que j'ai trahi le secret, mais j'ai eu toutes les peines du monde à lui faire comprendre que les auteurs étaient de fort vilains partis (quant à la fortune, s'entend). Vraiment, Laurence est romanesque. Comme elle m'en voudrait, si elle savait que je parle avec tant d'irrévérence de ses amours! Ah! maudit argent!... Mais ne t'inquiète pas : si par hasard je me trouve un homme à talent, je compte en ramasser pour nous tous.

Tu pourras m'écrire encore une fois à Villeparisis avant que je parte pour la Touraine : je n'y vais que le 28 ou le 30 de juin. Je t'écrirai moi-même une ou deux fois pendant mon voyage.

Que me reste-t-il à te dire? Que je pense à toi, non pas

toujours, mais assez souvent, surtout à la fin du dîner : c'est mon habitude, et, comme nous dînons à peu près à la même heure que vous, tu peux au dessert te dire : « Honoré pense à nous. C'est un bien brave garçon que cet enfant-là ! Si l'on imprimait sa lettre, cela donnerait au moins trente pages d'impression... » Grand Dieu ! que ne l'ai-je mise dans mon roman ! cela m'eût avancé d'autant ; mais tu sais que, lorsque je t'écris, je deviens pie borgne et quitte ma taciturnité ordinaire. Puisse ma lettre t'égayer ! Fasse le ciel que tu ne sois plus triste !

Allons, adieu, sœur. Lève-toi de ta bergère pour reconduire ton frère, qui est là, à la porte de ton salon. « Tiens, comme les lampes font bien ! — Oui, n'est-ce pas ? — Ah ! la pendule est d'un bon goût ! — Allons, tu reviens dîner ? Prends garde de te perdre dans Bayeux. — Bah ! vous me ferez tambouriner. — A cinq heures, toujours ! — Oui. — Eh bien, dit Surville qui me rencontre, tu vas te promener ? — Oui. — Attends-moi, je vais t'accompagner... »

Quel malheur ! ce n'est qu'un songe.

Adieu donc ; je t'embrasse tendrement.

XIII.

A LA MÊME.

Paris, 1821.

Il est bien difficile, en t'écrivant, de ne pas t'entretenir d'*il troubadouro*[1], et tu auras autant de versions que de

1. Mademoiselle Laurence de Balzac était sur le point de se marier, et Honoré désignait ainsi plaisamment le futur, M. de Montzaigle.

lettres. Apprête donc le tuyau de ta jolie petite oreille pour entendre. Nous avons vu toute la famille, — voire même une nièce qui est charmante.

Procédons par ordre.

La grand'maman est une petite vieille sèche, que l'on dit fort aimable; prends une femme, juste entre madame de Castan et bonne maman, participant de l'une et de l'autre, et tu en auras une idée assez vraie. Quant à la mère, je ne l'ai pas vue de mes yeux, mais il paraît que c'est une femme du meilleur ton, et vive comme la poudre; elle a embrassé Laurence avec une cordialité rare pour une belle-mère; je m'en souhaiterais une pareille! Elle lui a *dit, dit-il,* que tel récit et tel éloge que son fils lui eût fait d'elle, elle la trouvait encore au-dessus. D'après ce que l'on m'en a raconté, je croirais assez qu'elle est nerveuse, et, après les nerveux, ce que je plains le plus, j'oserais même dire davantage, ce sont les alentours.

Il y a une belle-sœur qui a passé l'âge des amours et qui, par conséquent, est dans la dévotion jusqu'au cou, mais que l'on dit ne pas paraître son âge et être fort aimable. Il y en a une seconde, celle qui a épousé un auditeur au conseil d'État, lequel aura un jour trente mille livres de rente; celle-là est fort jolie, aimable, point revêche. Je ne l'ai pas vue de mes yeux, mais j'ai vu le beau-frère, lequel est un fort joli petit homme à mine rondelette; enfin, s'il est un paradis dans le monde, c'est certes la famille dans laquelle Laurence entrera, s'il plaît à Dieu.

Nous avons vu hier la tante future de Laurence, la seconde fille de la grand'mère du prétendu. Tu peux en avoir ouï parler à papa; c'est madame Cassière, la femme du directeur de comptabilité dans les vivres, et c'est elle qui a une fille si jolie, dont il est fait mention au commencement de ma lettre. Si tu veux, dans ton coquin de Bayeux et dans ta scélérate de rue Teinture, en avoir une idée, tu n'as qu'à te mettre les deux mains devant tes deux beaux yeux bruns et à évoquer par la pensée cette petite dame de chez M. de Mésimieux, — une de ses nièces, si gentille, je ne sais comment on la nomme; — pose cette figure-là, embellie par un sourire divin, sur un corps un peu plus grand, plus potelé et mieux fait, tu auras une idée juste de la future cousine.

Reste le futur!... Il est un peu plus grand que Surville; il a une figure ordinaire, ni laide ni jolie; sa bouche est veuve des dents d'en haut, et il n'est pas à présumer qu'elle contracte de secondes noces, car la mère nature s'y oppose; ce veuvage le vieillit considérablement. Du reste, il est plutôt mieux que bien... pour un mari. Il fait des vers; c'est un merveilleux tireur au fusil: sur vingt coups à la chasse, il abat vingt-six pièces de gibier! Il n'a été qu'à deux fêtes et il a eu les deux prix; il est également des plus forts au billard; il tourne, il chasse, il tire, il conduit, il... il... il... Et tu sens que toutes ces sciences, poussées au dernier degré dans un homme, lui donnent une grande présomption; c'est ce qu'il a jusqu'à un certain point, et ce certain point, je crains qu'il ne soit le dernier degré du thermomètre de l'amour-propre. Comme nous en sommes tous assez bien pourvus dans notre céleste famille, et que notre numéro est assez haut, *on* ne s'en aperçoit guère et *on* excuse le prétendu en disant que, lorsqu'*on* fait tout bien, *on* peut avoir de *l'assurance*. — Il veut que Laurence soit heureuse. Le piano sera compensé par des boutons de diamants, la corbeille sera très-belle; enfin, tout va sur des roulettes, et ce sont des roulettes à équerre.

Maman trouve que le gendre futur se conduit très-bien, très-bien : il embrasse toujours maman et n'a encore embrassé Laurence que le jour du parrainage. Au surplus, tu sauras que Laurence est faite à peindre, qu'elle a le plus joli bras et la plus jolie main qu'il soit possible de voir, qu'elle a la peau très-blanche; qu'à l'user, on lui trouve beaucoup d'esprit; que l'on s'aperçoit fort bien que c'est de l'esprit naturel et qu'il n'est pas encore développé. Elle a de très-beaux yeux; quant à son teint pâle, il est une foule d'hommes qui aiment ce teint-là. Je ne fais aucun doute que le mariage ne lui aille très-bien.

Bonne maman est dans l'ivresse, papa est très-content, moi de même, toi aussi; quant à maman, rappelle-toi les derniers jours de ta *demoisellerie*, et tu pourras comprendre ce que son état d'énervement nous fait endurer à Laurence et à moi. La nature entoure les roses d'épines et les plaisirs d'une foule de chagrins. Maman suit l'exemple de la nature.

« Henry est malheureux ! on *tanne* cet enfant-là, il ne fera rien, il faut le changer de pension, il est chez des cafards, c'est une éducation manquée; ils retiennent les enfants, ils les accablent de punitions pour des riens, etc. »

Tu comprends que c'est maman qui parle.

J'ai en vue une petite chambre où je pourrais entrer

le 15 de ce mois; car décidément il faut que je m'isole : mon travail s'en trouvera bien.

J'ai l'espoir de vendre un roman tous les mois six cents francs; c'est assez pour me tirer d'affaire, en attendant la fortune que je partagerai de bon cœur avec vous tous, car elle me viendra, je n'en doute pas.

Je plains beaucoup ma chère maman de sa maladie : il n'y a personne au monde pour le lui dire; elle serait la plus malheureuse des femmes si elle soupçonnait que, croyant tout faire pour le bonheur de ce qui l'entoure, elle ne fait rien.

Adieu; je t'embrasse de tout mon cœur en te recommandant bien de combattre tes affections nerveuses. Mes amitiés à Surville.

Tu m'as dit que tu lisais *Clarisse Harlowe*; tâche de lire ensuite *Julie*. Je t'engage aussi à lire *Kenilworth*, le dernier roman de Walter Scott; c'est la plus belle chose du monde.

Mon roman est fini, je tiens les derniers chapitres. Je te l'enverrai, à condition de ne pas le prêter et de le vanter comme un chef-d'œuvre, bien entendu. Tu sens que, dans les circonstances actuelles, je ne peux pas plus aller à Bayeux qu'en Touraine, et, si je me sépare de la maison paternelle, c'est que je suis obligé de travailler à des romans qui exigent des recherches et de l'assiduité.

XIV.

A LA MÊME.

Villeparisis, 1821.

Ma chère sœur,

Laurence doit t'en exprimer beaucoup plus en deux lignes que je ne le ferais en un discours; étant la partie intéressée, elle trouve naturellement des paroles mieux senties. Moi, je ne suis qu'un simple spectateur, et, jusqu'ici, la seule observation que j'aie faite, toujours de mon parterre, c'est que l'action de ce drame n'allait pas assez vite; il me tardait de voir le dénoûment et par conséquent l'autel.

Enfin, mon impatience a été calmée par la signature du contrat. On a donné à cette occasion une soirée *ousqu'il* y avait des glaces, des parents, des amis, voire même des connaissances, des gâteaux, nougats et autres friandises parmi lesquelles il faut compter Henry[1], quelques raretés comme qui dirait le cousin M... Dans notre petit salon, tout ce monde-là a tenu, viré, remué, causé, joué et admiré la corbeille. Je n'y ai vu qu'une belle-sœur future de Laurence, que je trouve belle comme les anges du paradis, droite comme un jonc et très-avenante; elle m'a séduit... Eh oui, vraiment!

Tu désires connaître les moindres détails et tu t'adresses à moi, à moi l'homme le plus triste, le plus mélancolique,

1. Le plus jeune des quatre enfants de madame de Balzac.

le plus malheureux des malheureux qui vivotent sous cette belle calotte céleste que l'Éternel a brillantée de ses mains puissantes!...

Quels chagrins puis-je avoir? Hélas! c'est une triste litanie que l'on ne peut pas entamer un jour de fête. J'attends pour cela le premier jeûne que me dénoncera le calendrier. Plût aux dieux que je ne fusse jamais né!... Alors, dans cette disposition d'esprit, comment veux-tu que je te parle de cette foule de petites babioles qui se font ici? Quand on se lève, on dit que la journée sera trop courte; le troubadour vient déjeuner, dîner et faire une cour assidue; néanmoins, je t'avouerai que je ne découvre dans toutes ses démarches, sourires, paroles, actions, gestes, etc., rien qui marque l'amour comme je l'entends. Or, je te déclare, en mon âme et conscience, que je ne me marierais jamais à une jeune fille qui ne m'aurait pas inspiré beaucoup d'amour. De tout cela, il résulte dans mon esprit des réflexions très-profondes sur la manière dont on contracte un tel engagement.

Je ne doute pourtant pas que Laurence ne soit heureuse, car elle épouse un aimable homme qui a de l'esprit et un très-heureux caractère; mais, comme je crois que chacun doit ressentir, dans l'état social comme dans la nature, l'effet unique d'une harmonie unique, je conclus que je veux saisir cette harmonie sympathique pour me marier.

Des présents, des cadeaux, des objets futiles, deux, trois ou quatre mois de cour ne font pas le bonheur; c'est une fleur solitaire bien difficile à trouver; et cependant l'on est si malheureux seul, si malheureux en société, si malheureux mort, si malheureux en vie, qu'il faut bien souvent renoncer sur la couleur.

Tu vois que je ne suis pas toujours gai.

Il est arrivé à notre pauvre père bien-aimé un cruel accident. Il était venu à Paris, il y a quinze jours, pour recevoir la visite de madame de Montzaigle et de la grand'mère; il a voulu, malgré nos instances, repartir aussitôt après pour Villeparisis.

Il a eu dans sa voiture l'œil gauche déchiré par le fouet de Louis, triste présage!... Le fouet de Louis toucher à cette belle vieillesse, notre joie et notre orgueil à tous! le cœur saigne! On a cru d'abord le mal plus grand qu'il n'est, heureusement! Le calme apparent de mon père me faisait peine, j'aurais préféré des plaintes, je me serais figuré que des plaintes le soulageaient! mais il est si fier à bon droit de sa force morale, que je n'osais même le consoler, et la douleur d'un vieillard fait autant souffrir que celle d'une femme!

Je ne pouvais ni penser ni travailler; il faut pourtant écrire, écrire tous les jours pour conquérir l'indépendance qu'on me refuse! essayer de devenir libre à coups de romans, et quels romans! Ah! Laure, quelle chute de mes projets de gloire!

Avec quinze cents francs de rente assurés, je pourrais travailler à ma célébrité; mais il faut le temps pour de pareils travaux, et il faut vivre d'abord! je n'ai donc que cet ignoble moyen pour m'*indépendantiser*. Fais donc gémir la presse, mauvais auteur (et le mot n'a jamais été si vrai!).

Si je ne gagne pas promptement de l'argent, le spectre

de la place reparaîtra; je ne serai pas notaire toutefois, car M. T... vient de mourir. Mais je crois que M. G... me cherche sourdement une place; quel terrible homme! Comptez-moi pour mort si on me coiffe de cet éteignoir, je deviendrai un cheval de manége qui fait ses trente ou quarante tours à l'heure, mange, boit, dort à des instants réglés d'avance.

Et l'on appelle vivre cette rotation machinale, ce perpétuel retour des mêmes choses!...

Encore si quelqu'un jetait un charme quelconque sur ma froide existence! Je n'ai pas les fleurs de la vie et je suis pourtant dans la saison où elles s'épanouissent! A quoi bon la fortune et les jouissances quand ma jeunesse sera passée? Qu'importent les habits d'acteur si l'on ne joue plus de rôle? Le vieillard est un homme qui a dîné et qui regarde les autres manger; et moi, jeune, mon assiette est vide et j'ai faim! Laure, Laure, mes deux seuls et immenses désirs, *être célèbre* et *être aimé*, seront-ils jamais satisfaits?...

Tu me demandais des détails de fête et je n'ai aujourd'hui que des tristesses au cœur!

Adieu donc; mille amitiés à Surville.

XV.

A LA MÊME.

Paris, 1822.

Ma chère sœur,

Tu sauras que je suis dans la joie parce que *l'Héritière de Birague* a été vendue *huit cents francs*, et que nous sommes sûrs du débit du premier exemplaire, puisque c'est bonne maman qui doit l'acheter. Mais, d'un autre côté, je suis dans la peine parce que je tombe malade, que je tousse à rendre tout ce que contient mon gentil petit corps; d'autre part, cependant, je suis joyeux, parce que notre roman prochain se vendra mille francs et qu'au lieu de faire quatre-vingt-douze volumes pour douze mille francs, nous n'en ferons plus que quarante-huit. Quoi qu'il en soit, je suis chagrin parce que je suis tellement moulu et que la frégate *la Honoré* a été tellement secouée dans ce premier voyage, que force lui est d'aller au radoub à Villeparisis...

En effet, chère sœur, je suis malade comme un vieux chien, et il faut ce néanmoins travailler...

Je n'ai pas besoin de te demander si tu tournes : tu dois te démener, ayant une hôtesse qui, du reste, paraît se plaire à Bayeux. Je suis en tout cas bien coupable envers bonne maman, à qui je n'ai pas écrit une seule fois; aussi je m'en vais lui adresser une demi-feuille pleine de sentiment. Je forme les plus beaux projets du monde ! Le jour où mes romans vaudront deux mille francs, je prendrai épouse sage et fidèle, si faire se peut, et je m'encaquerai dans un joli petit ménage tout neuf et tout verni comme un joujou d'Allemagne. C'est une vérité qu'il faut qu'un auteur soit marié, pour que l'on se mette à la tête de sa fortune, de sa maison, etc.; aussi madame de Balzac la jeune sera-t-elle très-heureuse. Je t'en prie, reviens à Paris, parce que, quand j'en serai là, tu auras la complaisance de me la choisir taillée sur ton modèle; sans cela je n'en veux pas... Ainsi arrange-toi pour trouver ta semblable dans cinq ou huit ans.

Les travaux du canal Saint-Martin vont s'adjuger incessamment. J'avais envie de souscrire afin d'être plus sûr de faire venir ton mari à Paris; mais, comme je n'avais à donner que quatre cents francs comptant, j'ai renoncé à ce dessein, attendant un temps plus heureux.

Hélas! j'ai oublié que je devais commencer ma lettre par une imprécation sur les sœurs... O sœur scélérate! ô sœur qui n'écris pas! ô sœur qui délaisses ton frère, etc., etc.

La poste presse; je suis bête, je suis malade, et je t'aime : quatre raisons de finir.

Je t'embrasse mille et mille fois.

XVI.

A LA MÊME.

(Fragment d'une lettre sans commencement.)

Villeparisis, 1822.

... Quant à papa, c'est la pyramide d'Égypte, immuable au milieu des éboulements du globe, rajeunissant, etc., etc.; tandis que maman, toujours sur la route de Paris, compense, par son activité, l'immobilité de papa. Henry est un bijou ou un écervelé, comme tu voudras; je déclare n'avoir aucune opinion sur lui.

Prie donc Surville de s'informer dans quelle partie de la Normandie est Château-Gaillard ou le château Gaillard. Ensuite, dis-moi s'il y a une bibliothèque à Bayeux ou à Caen; si ton mari a la faculté d'en avoir les livres, et s'il y a beaucoup de livres sur l'histoire de France, surtout des mémoires particuliers qui donnent du jour sur les époques. Le roman que j'irai faire sera ou la démence de Charles VI et la faction Armagnac ou bourguignonne, ou bien la conspiration d'Amboise, ou la Saint-Barthélemy, ou les premiers temps de l'histoire de France.

Mon voyage est encore subordonné à des considérations pécuniaires très-sérieuses. Il est possible qu'au 15 de janvier, si la presse est esclave, nous fassions un journal. Si les journaux sont libres, nous ne le ferons pas. Ensuite, si notre *Damné* et notre *Mendiant* n'étaient pas faits, il faudrait les finir; s'ils entrent en répétition, il faudra rester ici. Je vois bien des accrocs! Si je puis trouver deux mois de libres, j'accours faire mon roman; si je vends mon *Beau Juif*[1] cher, deux mille francs par exemple, je m'arrête aux romans et je suis libre, parce que six romans par an feront douze mille francs. Mais que d'anicroches!...

Veux-tu que je t'envoie *l'Héritière de Birague*, ou aimes-tu mieux la demander à Bayeux ou à Caen, aux libraires qui la feront venir et nous la feront vendre dans la Normandie? Vante-la bien aux dames de Bayeux, que le libraire n'y perde pas, et signale nos romans comme de purs chefs-d'œuvre!... Je m'occuperai d'avoir l'absolution de tous tes mensonges; certes, ce ne serait pas des mensonges si j'avais ton esprit, ta gentillesse, etc.! J'ai bien ta jolie petite chambre à papier écossais, ce petit lit de sangle, ce petit vent coulis de la porte *à papa*, mais je n'ai pas ce joli petit visage de vierge de Raphaël qui paraissait entre les draps quand mademoiselle Laure y était. A la

1. Roman qui a paru sous le titre de *l'Israélite*.

place, on voit une jaunasse frimousse; c'est celle de ton très-honoré frère.

Je n'ai pas le temps de me relire, ni même d'écrire; si tu trouves deux fois que je t'aime, ce ne sera pas assez.

Je vais finir par un tableau d'intérieur[1].

— Louise, donnez-moi donc un verre d'eau?

— Oui, madame.

— Ah! ma pauvre Louise, je suis bien mal, allez!

— Bah, madame!

— C'est pire que les autres années.

— Dame!... madame!...

— La tête me fend!...

Ces mots, prononcés d'une voix éteinte, sont interrompus par ce cri :

— Louise, les volets battent, à faire éclater toutes les vitres du salon!

Je suppose que, dans ce moment, Surville a ses mains toutes prêtes pour que l'étreinte soit complète; je pense que ce cher ingénieur est toujours gros et gras, bien portant, joyeux, chantonnant pendant qu'il travaille, mangeant vite, buvant bien, dansant d'un pied sur l'autre, ne faisant mouvoir qu'une idée à la fois, et que, pour sa petite femme, c'est *un Amour*, excepté qu'il n'a pas d'ailes et qu'il est armé d'un compas. Je l'embrasse bel et bien et lui souhaite la continuation de mille prospérités qui lui arriveront tôt ou tard.

HONORÉ,

Écrivain public et poëte français à deux francs la page.

1. Pour peindre l'état nerveux de sa mère.

XVII.

A LA MÊME.

Villeparisis, 1822.

Ma chère sœur,

Je t'écris aujourd'hui sur des sujets de la plus haute importance! Il s'agit de savoir l'opinion qu'on aura de nous.

Tu crois peut-être, d'après ce début, que je m'inquiète de ce que Bayeux, Caen et la Normandie tout entière, pensent de mes belles œuvres? Ah bien, oui! C'est bien autrement grave!

Il est question, ma chère, du voyage de notre mère chez toi, et voici les problèmes que tu auras à résoudre dans ta réponse :

Qu'est-ce que Bayeux? faut-il y porter des nègres, des équipages, des diamants, des dentelles, des cachemires, de la cavalerie ou de l'infanterie, c'est-à-dire des robes décolletées ou colletées? la mise est-elle *seria* ou *buffa?...*

Sur quelle clef chante-t-on? sur quel pied danse-t-on? sur quel bord marche-t-on? sur quel ton parle-t-on? quelles personnes voit-on? tontaine ton ton!...

Il ne m'appartient pas d'entrer dans les profondeurs de questions si graves; discute-les, résous-les; de lourdes responsabilités pèsent sur toi dans un avenir très-prochain, je ne puis te le dissimuler, et je me dis ton serviteur en toute chose, excepté en celle-ci.

Maman a tant d'apprêts à faire pour ce voyage, qu'elle

n'a pas le temps de t'écrire, et c'est moi que l'on a chargé de cet aimable soin. Ainsi je dois t'apprendre que Laurence s'est empressée de nous écrire que depuis dix jours son enfant remuait! Papa est toujours bien portant et s'est guéri, il y a quinze jours, d'un anévrisme à la jambe. Bonne maman me prie de te dire toutes les jolies choses qu'elle t'écrirait si cette malheureuse maladie ne prenait pas toutes ses facultés!... Néanmoins, bonne maman commence à sentir que son cerveau se desserre, et, si le printemps arrive, il y a tout lieu de croire qu'elle redeviendra gaie.

J'aurais une grande fertilité d'imagination si je trouvais des événements de famille à te raconter. Figure-toi une des journées d'autrefois, c'est une des journées d'aujourd'hui, à l'exception que nous t'avons perdue, ainsi que Laurence, et qu'il s'en faut de beaucoup que je ne vous remplace.

Il n'y a rien de nouveau dans Paris que vous ne sachiez : c'est la levée de boucliers du général Berton ; les missionnaires et la dispersion des Écoles ; l'enthousiasme pour nommer des députés libéraux ; puis Talma qui représente Bonaparte dans le rôle de Sylla et que tout le monde court voir.

Je te prie de serrer la main de ton mari et de le mettre de moitié dans toutes les tendresses que je t'envoie.

Bonne maman t'embrasse, ainsi que papa ; et maman est aux anges de ce voyage. Adieu ; je t'embrasse de tout mon cœur et je te prie de croire que mon affection n'est en rien diminuée par les distances ou par mon silence. Il y a des torrents qui mènent grand bruit et dont on trouve le lit sec quelque temps après; mais il y a des eaux qui coulent lentement et qui coulent toujours.

Adieu.

XVIII.

A LA MÊME.

Villeparisis, 1822.

A la boîte qui contient tout ce qui plaît; à l'élixir de vertu, de grâce et de beauté; au bijou, au phénomène de la Normandie; à la perle de Bayeux, à la fée de saint Laurent, à la vierge de la rue Teinture, à l'ange protecteur de Caen, à la déesse des enchantements, au trésor d'amitié, — à Laure!...

Ma chère sœur,

Tu as vu de ces comédies où Crispin, Lafleur ou Labranche, ayant fait un tour à ce bon M. Géronte, se mettent à genoux, racontent leurs méfaits te demandent pardon à l'occasion du mariage de mademoiselle Lucile. Eh bien, figure-toi ton pauvre frère à genoux devant toi, roulant des yeux comme un missionnaire en chaire, et te suppliant de ne pas lui en vouloir de ce qu'il ne t'a pas écrit; il tortille son chapeau en attendant que la petite bouche de cette petite Laure se tire vers les oreilles en laissant passer un gros franc rire sur cette attitude du sir Honoré!... Eh bien, est-ce pardonné? oui!...

Section de Villeparisis.

Je te dirai que mademoiselle de B... a manqué de se

casser en trois en tombant; que mademoiselle E... n'est pas aussi bête que nous nous l'étions imaginé; qu'elle a du génie pour la haute peinture et même pour la caricature; qu'elle est musicienne jusqu'au bout des pieds; que M. C... jure toujours, que madame de B... s'est faite marchande d'avoine, de son, de blé et de fourrage, parce qu'elle s'est aperçue, après quarante ans de réflexions, que l'argent est tout. M. de B... n'y voit pas plus cette année-ci que l'autre. Madame Michelin est accouchée d'une Micheline dont M. Michelin est le titulaire.

Nous avons un colonel qui passe pour une bouteille pleine d'essence de chenapan. C'est un danseur d'opéra qui s'est réveillé colonel en 1793, et qui l'est resté jusqu'à présent; à l'entendre, il n'a pas voulu du généralat. La femme de ce colonel est une excellente femme : nous l'avons vue cinq minutes, et elle a parlé comme pour un quart d'heure. C'est ainsi que bonne maman a su qu'elle avait été épicière au détail, vendant de la mélasse aux petits garçons et du gingembre aux vieillards.

Voilà, j'espère, du taffetas à quarante sous!

Maison Balzac.

Si par malheur on attrape la mère Pelletier[1] et qu'on lui dise une parole, il faut rester trois heures en place à apprendre... que dis-je, apprendre!... à *resavoir* qu'elle est sourde, que madame Tomkin est madame Tomkin; que le fils est malade, et Pelletier un joyeux vivant, etc., etc., etc.

1. La servante de la maison.

Louise[1] a toujours une santé de laquelle on pourrait ire ce que madame Dubarry disait du café de Louis XV; ,ouis [2] tourbillonne, commence cinquante ouvrages sans n finir aucun, fume sa pipe, est sale, mais, à cela près, rès-bon domestique.

Madame de Balzac a un pied à Paris et l'autre à la campagne; papa est immobile comme un roc; bonne naman le trouve bien heureux d'avoir le cœur froid avec n si bon estomac, de rire de tout... Papa dit que bonne naman est une habile comédienne qui connaît la valeur l'un pas, d'un coup d'œil, et la manière de tomber dans m fauteuil.

Henry a grandi de quinze lignes en quatre mois!

Honoré ne grandit pas;... hélas!...

Mais sa réputation s'accroît de jour en jour, et on peut n juger par l'aperçu suivant :

L'Héritière de Birague......	Vendue	800	francs.
Jean-Louis........................		1,300	»
Clotilde de Lusignan..............		2,000	»

Tous traités passés et qui deviendront palpables dans un n! Des exemplaires du premier de ces chefs-d'œuvre sont léjà offerts à la rapacité des Bayeusois et des Caenois. 'auteur est gonflé comme une grenouille en pensant que a Renommée prendra les traits de madame Surville et se nettra la trompette du bon côté. (Voir Voltaire dans *a Pucelle.*)

Chère sœur, je m'en vais travailler comme le cheval

1. La cuisinière.
2. Le valet de chambre.

d'Henri IV avant qu'il fût en bronze, et, cette année, j'espère gagner les vingt mille francs qui doivent commencer ma fortune. J'ai à faire : *le Vicaire des Ardennes, le Savant*[1], *Odette de Champdivers* (roman historique) et *la Famille R'hoone,* plus une foule de pièces de théâtre!

Dans peu, lord R'hoone[2] sera l'homme à la mode, l'auteur le plus fécond, le plus aimable, et les dames l'aimeront comme la prunelle de leurs yeux. Alors, le petit brisquet d'Honoré arrivera en équipage, la tête haute, le regard fier et le gousset plein; à son approche, on murmurera de ce murmure flatteur d'un public idolâtre, et l'on dira : « C'est le frère de madame Surville! » Alors, les hommes, les femmes, les enfants et les embryons sauteront comme des collines... Et j'aurai des bonnes fortunes en foule; c'est dans cette vue que j'économise pour user au besoin. Depuis hier, j'ai renoncé aux douairières et je me rabats sur les veuves de trente ans. Expédie toutes celles que tu trouveras « à lord R'hoone, à Paris », cela suffit! Il est connu aux barrières! *Nota.* — Les envoyer franches de port, sans fêlure ni soudure; qu'elles soient riches, aimables; pour jolies, on n'y tient pas... Le vernis passe et le fond du pot reste!

Le pauvre Édouard *** est arrêté dans les ornières de la vie; il commence à envoyer ses gros équipages avec des jockeys en ambassade vers la plus grande souveraine de ce globe sublunaire : la Mort! Ses acolytes, c'est-à-dire mesdames S..., N..., M..., dignes, quant au physique, d'être

1. Publié sous le titre de *le Sorcier* (aujourd'hui *le Centenaire*).

2. On sait que ce fut là un des pseudonymes de Balzac.

les dames d'honneur de Sa Majesté Très-Ténébreuse que leur voisinage fait briller, travaillent à ce tissu qui servira pour le papier du testament...

Le cousin V... s'est retrouvé sur ses deux pieds, faisant plus de tapisserie que jamais. Sa femme est toujours pleine de douceur; mais elle n'a pas encore pu arrêter de domestique; et la cousine R... ne se lasse pas de lui en fournir de nouvelles qui viennent de chez mesdames Lina, Cardon, Poirié, etc., etc., connues ou pas connues, de mesdames B..., C..., D..., H...

La cousine Victoire est venue trois fois manger la soupe grasse, et il y avait toujours quinze jours qu'elle n'en avait mangé...

J'ai été faire visite à madame D... Elle est toujours belle et friande, et M. D... toujours malade; il est sur le flanc, et ne se porte bien qu'en Normandie à cause des pâturages. Aussi madame va l'y aller mettre au vert. Elle a raison de craindre le séjour de Paris; je ne pense pas qu'on l'y laisse longtemps veuve, se plaignant hautement de son mari... Je l'ai trouvée habillée comme un ange; toujours sa jolie taille, sa figure fade, ses yeux langoureux. Elle m'a reproché de ne pas avoir été la voir; nous avons causé de l'amour platonique, puis du physique; et elle a fini par m'inviter à ses soirées du vendredi. — Son salon est orné de deux vastes portraits : d'un côté, M. D... est en pied dans une attitude mensongère; de l'autre, madame D..., peu ressemblante, touche du piano, et le malheur est que l'on n'entend rien. Ce portrait est le dixième que je connais... Puissé-je connaître l'original!

Comment ai-je le courage de t'écrire ces folies quand

nous sommes dans le chagrin?... Eh! ne faut-il pas rire de l'extrême malheur comme de l'extrême fortune? Se moquer sans cesse de tout, comme Démocrite, n'est-ce pas la véritable philosophie, celle qui convient à la France toujours rieuse? Hélas! quand je pense que rien ne peut empêcher le malheur de ne pas être, que c'est folie de pleurer sur un malheur avant qu'il soit venu, alors je ne puis m'empêcher de me ranger sous les étendards de Roger Bontemps.

Le chagrin abat et la gaieté ravive et donne de l'énergie.

Adieu, petite sœur chérie. Serre bien la main de Surville, et vantez *l'Héritière de Birague*, tâchez que Caen et Bayeux en fassent une large consommation!

XIX.

A LA MÊME.

Villeparisis, mardi soir, 1822.

Ma chère bonne petite sœur,

Je vous aime bien et vous le méritez; mais me direz-vous pourquoi vous ne m'écrivez que de petites bouchées qui sont pour moi comme une fraise dans la gueule d'un loup?

Tu recevras incessamment un exemplaire de *Jean-Louis*; je ne te l'envoie qu'à une seule condition: c'est que tu me jures tes grands dieux de ne le prêter à âme qui vive, de ne pas même le montrer, mais de le vanter beaucoup, afin que cet exemplaire ne fasse pas le tour de Bayeux, et ne nuise pas à mon commerce. Je ne t'ai pas envoyé

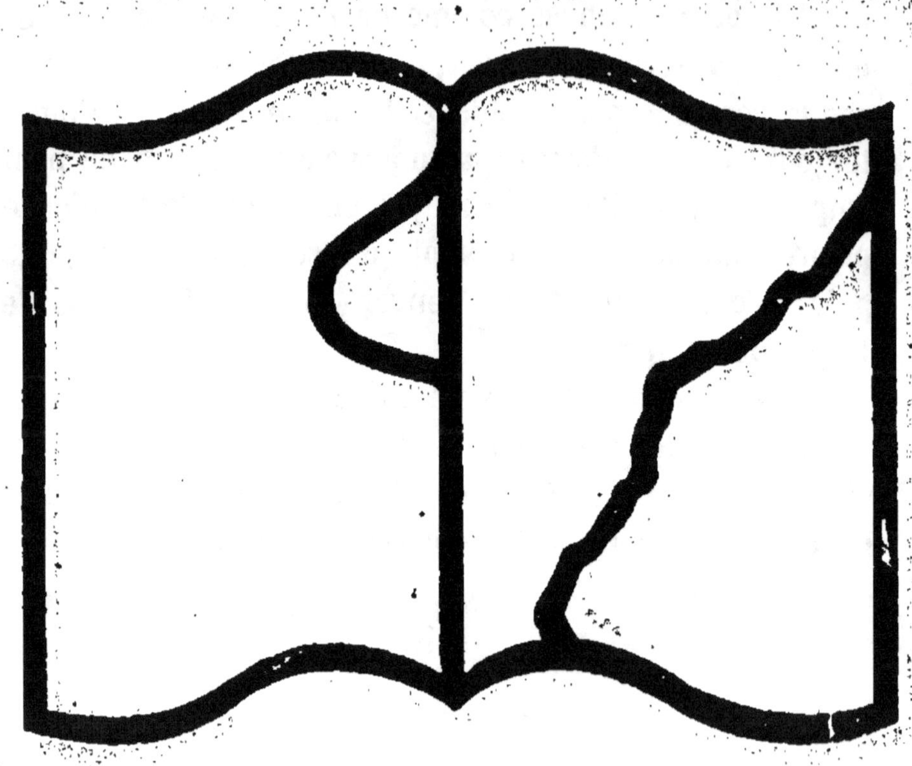

Texte détérioré — reliure défectueuse

NF Z 43-120-11

Birague, parce que c'est une véritable *cochonnerie* littéraire, car maintenant le voile est tombé.

Il ne tombe malheureusement qu'après l'impression, et, quant aux corrections, il n'y faut pas songer, elles coûteraient plus que le livre. Tu trouveras dans *Jean-Louis* quelques plaisanteries assez drôles et des espèces de caractères, mais un plan détestable. Le seul mérite de ces deux romans, ma chère, est le millier de francs qu'ils me rapportent; mais la somme n'a été réglée qu'en billets à longues échéances. Seront-ils payés?...

Je commence toutefois à tâter et reconnaître mes forces. Sentir ce que je vaux et sacrifier la fleur de mes idées à de pareilles inepties! C'est navrant!

Ah! si j'avais ma pâtée, j'aurais bien vite ma niche, et j'écrirais des livres qui resteraient peut-être!

Mes idées changent tellement, que le *faire* changerait bientôt!... Encore quelque temps, et il y aura entre le moi d'aujourd'hui et le moi de demain la différence qui existe entre le jeune homme de vingt ans et l'homme de trente! Je réfléchis, mes idées mûrissent, je reconnais que la nature m'a traité favorablement en me donnant mon cœur et ma tête. Crois-moi, chère sœur, car j'ai besoin d'une croyante, je ne désespère pas d'être un jour quelque chose. Je vois aujourd'hui que *Cromwell* n'avait pas même le mérite d'être un embryon; quant à mes romans, ils ne valent pas le diable, et ne sont pas si tentateurs surtout.

Tu m'engages à venir te voir à Bayeux plutôt que d'aller en Touraine : sans doute je le préférerais aussi; mais il faut d'abord savoir si je voyagerai; et cela me paraît fort douteux d'après les choses que j'entreprends. Au surplus, sois sûre que, si je fais un voyage, ce sera celui de Bayeux!

Vous êtes bien heureux, vous autres, d'avoir maman en portrait et en original! Je n'ai point de nouvelles à vous apprendre, ni de la famille, ni de la politique, ni de rien. Ces quinze jours-ci sont unis comme bonjour. Mais, ma chère sœur, je crois que, quand on a maman, les lettres d'un vieux grigou de frère ne sont pas bien intéressantes, et je me hâte de finir celle-ci en t'assurant que je t'aime toujours beaucoup, mais un peu moins depuis que tu possèdes maman.

Adieu; porte-toi bien et pense quelquefois à nous tous. Aujourd'hui, c'est moi qui suis chargé de te présenter le souvenir du trio villeparisien. Adieu, méchante qui m'écris si peu, qui gardes maman, et qui ne dis rien; adieu, je t'aime.

XX.

A LA MÊME.

Villeparisis, 14 août 1822, au matin.

Laure, *ti* Laure,

Avec la même énergie que jadis tu écrivais à madame Delannoy[1] : « *Étouffez* Montargis! » je t'écris : Envoie-moi le manuscrit du *Vicaire des Ardennes!*

Écoute, tu sais dans quel embarras pécuniaire je me

1. Vieille amie de la famille Balzac, qui vint souvent en aide à Honoré. — *La Recherche de l'absolu* est dédiée à madame Joséphine Delannoy, née Doumerc.

trouvais en arrivant à Paris. A mon débotté, je me vois happé par le citoyen Pollet, et il ne me lâche que lorsque j'ai signé un traité par lequel il faut que je lui fournisse deux romans d'ici au 1er octobre : le premier est *le Savant;* le second *le Vicaire.* Ils seront mis sous presse tous les deux ensemble, et le luron m'a donné deux mille francs dont six cents comptant et le reste en billets à huit mois, le tout distribué selon les remises des volumes. Les deux romans ne seront tirés qu'à mille exemplaires et je n'ai vendu qu'une édition. Vu l'argent comptant et l'échéance des billets, c'est vendu deux fois plus cher que *Clotilde.*

Ainsi nous avons le mois de septembre pour faire *le Vicaire.* Je crois qu'il y a impossibilité pour nous de faire chacun deux chapitres par jour pour que j'aie *le Vicaire* le 15 septembre; encore n'aurais-je que quinze jours pour le refondre. Consultez-vous.

Vous voyez, j'espère, *ti* Laure et Surville, que l'infernal besoin de l'or m'a fait sacrifier notre projet de faire ensemble *le Vicaire.* Mais, d'un autre côté, j'ai fait une chose avantageuse en ce sens que vous êtes sûrs de vendre vos romans à Pollet. Aussitôt que j'aurai reçu les manuscrits du *Vicaire,* je vous enverrai un plan de roman bien expliqué, et je crois que ce sera fondé sur une idée mère que Laure m'a suggérée. Si vous avez quelque pitié pour moi, vous m'enverrez ce diable de *Vicaire;* et, si vous soupçonnez une bourde, je vous enverrai le traité de Pollet qui stipule un dédit, dans le cas où *le Vicaire* ne serait pas imprimé au mois de novembre.

Cela demande d'autant plus de promptitude qu'Auguste Ricard fait un *Vicaire* et qu'il faut que le mien paraisse six douteux d'après les choses que j'entreprends. Au surplus, sois sûre que, si je fais un voyage, ce sera celui de Bayeux!

Vous êtes bien heureux, vous autres, d'avoir maman en portrait et en original! Je n'ai point de nouvelles à vous apprendre, ni de la famille, ni de la politique, ni de rien. Ces quinze jours-ci sont unis comme bonjour. Mais, ma chère sœur, je crois que, quand on a maman, les lettres d'un vieux grigou de frère ne sont pas bien intéressantes, et je me hâte de finir celle-ci en t'assurant que je t'aime toujours beaucoup, mais un peu moins depuis que tu possèdes maman.

Adieu; porte-toi bien et pense quelquefois à nous tous. Aujourd'hui, c'est moi qui suis chargé de te présenter le souvenir du trio villeparisien. Adieu, méchante qui m'écris si peu, qui gardes maman, et qui ne dis rien; adieu, je t'aime.

XX.

A LA MÊME.

Villeparisis, 14 août 1822, au matin.

Laure, *ti* Laure,

Avec la même énergie que jadis tu écrivais à madame Delannoy[1] : « *Étouffez* Montargis! » je t'écris : Envoie-moi le manuscrit du *Vicaire des Ardennes!*

Écoute, tu sais dans quel embarras pécuniaire je me

1. Vieille amie de la famille Balzac, qui vint souvent en aide à Honoré. — *La Recherche de l'absolu* est dédiée à madame Joséphine Delannoy, née Doumerc.

trouvais en arrivant à Paris. A mon débotté, je me vois happé par le citoyen Pollet, et il ne me lâche que lorsque j'ai signé un traité par lequel il faut que je lui fournisse deux romans d'ici au 1er octobre : le premier est *le Savant*; le second *le Vicaire*. Ils seront mis sous presse tous les deux ensemble, et le luron m'a donné deux mille francs dont six cents comptant et le reste en billets à huit mois, le tout distribué selon les remises des volumes. Les deux romans ne seront tirés qu'à mille exemplaires et je n'ai vendu qu'une édition. Vu l'argent comptant et l'échéance des billets, c'est vendu deux fois plus cher que *Clotilde*. Ainsi nous avons le mois de septembre pour faire *le Vicaire*. Je crois qu'il y a impossibilité pour nous de faire acun deux chapitres par jour pour que j'aie *le Vicaire* 15 septembre; encore n'aurais-je que quinze jours pour refondre. Consultez-vous.

Vous voyez, j'espère, *ti* Laure et Surville, que l'infernal soin de l'or m'a fait sacrifier notre projet de faire semble *le Vicaire*. Mais, d'un autre côté, j'ai fait une ose avantageuse en ce sens que vous êtes sûrs de vendre s romans à Pollet. Aussitôt que j'aurai reçu les manus'ts du *Vicaire*, je vous enverrai un plan de roman bien pliqué, et je crois que ce sera fondé sur une idée mère e Laure m'a suggérée. Si vous avez quelque pitié pour oi, vous m'enverrez ce diable de *Vicaire*; et, si vous upçonnez une bourde, je vous enverrai le traité de Pollet ii stipule un dédit, dans le cas où *le Vicaire* ne serait s imprimé au mois de novembre.

Cela demande d'autant plus de promptitude qu'Auguste card fait un *Vicaire* et qu'il faut que le mien paraisse six mois avant le sien. Heureusement que le plan de ces ouvrages-là coûte peu à tracer, les titres des chapitres à écrire et les pages à remplir.

Cette suée de travail est impossible pour toi, Laure; je ne crois pas que tu puisses écrire par jour soixante pages de roman. Au surplus, si vous le pouvez, si vous me répondez de m'envoyer le roman le 15 septembre, faites; mais, attendu le chien de dédit, si le 17 septembre je n'ai pas le manuscrit, je m'y mettrai, et vous savez que, pour Pollet, en un mois on fait un roman.

Ouf! voilà mon grand crime accompli. J'ai commencé par l'intérêt, cet intérêt odieux, crasse, abominable; je le laisse et je vous abandonne aux mouvements de votre générosité. J'ai tout exposé; jugez, et, bien que vous soyez parties dans la cause, je respecterai votre jugement. En tout cas, si vous décidez que vous me renverrez le manuscrit, mettez-le à la diligence en l'adressant « à Villeparisis, sur la route de Metz »; que le paquet soit bien arrangé, bien ficelé, de manière que ce fameux *Vicaire* ne se perde pas.

Alors, je vous riposterai par un plan de roman sur la ruine d'une grande maison par un petit ennemi.

J'ai été très-bien reçu à Villeparisis. Maman n'avait pas encore lu ta lettre. Maman était à Paris. Je suis resté jusqu'au lundi matin avec de la besogne comme un beau diable, car *le Savant* est sous presse et je le corrige à mesure. Chaque minute est pour moi d'une valeur précieuse.

Je n'ai rien à vous écrire sur la maison, tout y est de même, aujourd'hui comme autrefois.

Dieu me pardonne, j'allais oublier de te remercier de ta touchante hospitalité; mais que le diable m'emporte si mon cœur n'est pas la moitié de la journée sur cette ottomane sacrée où je me vautrais, avec le petit pantalon, sans bas et sans cravate !

Terre! ciel! mer! ô sacrilége! ô abomination! ô calamité! fléau! peste! j'ai laissé chez toi mon couteau, le cher couteau qui ne m'abandonne jamais! Maman prétend que j'ai oublié aussi une serviette à liteaux rouges et un mouchoir. Tu débrouilleras le tout.

Je n'ai pas eu le temps d'aller à l'adresse que M. Varin m'a donnée : j'ai eu des affaires par-dessus la tête. Pendant huit jours, je vais faire à Paris le métier d'un cheval de poste pour les articles de journaux. Si Surville va à Caen, qu'il demande partout *Clotilde;* la pauvre polissonne de fille reste en boutique... J'ai l'âme en paix pour mes affaires d'argent, mais je suis sur le gril pour livrer les volumes aux époques fixes.

J'ai lu le commencement de *Wann-Chlore*[1] : il a plu à Villeparisis.

Papa est bien portant; tout à l'heure il a manqué me faire étouffer de rire par ses saillies. Bonne maman frise sa maladie de nerfs; maman est très-bien. Bonne maman prétend qu'il fallait lui envoyer deux chemises à faire, et elle a commencé ce matin celle que j'avais apportée.

Au total, s'il y a chez vous quelque étincelle de pitié, de grandeur d'âme, vous m'enverrez *le Vicaire*, car un dédit de mille francs m'épouvante.

1. Cet ouvrage porte aujourd'hui le titre de *Jane la Pâle*.

Je vous écris de bric et de broc; j'ai la tête pleine de choses, et la possibilité de gagner sur-le-champ mon pain pour l'année prochaine me brouille la cervelle.

Adieu; je vous embrasse de tout mon cœur et je vous écrirai en détail dans quinze jours, lorsque je serai revenu de mes fatigues parisiennes.

XXI.

A LA MÊME.

Paris, 20 août 1822.

Chère sœur,

Tu me mets dans un affreux pétrin! Auguste fait un *Vicaire*, comme je te l'ai dit; le mien est vendu, Pollet attend chaque jour l'envoi, car il faut que ce qui en est fait soit mis sous presse; je le composerai à mesure qu'on l'imprimera.

Ainsi, par tout ce qui t'est cher, et si tu as quelque souci de l'intérêt, de la gloire, de l'amour-propre de ton frère, envoie, aussitôt cette lettre reçue, envoie les manuscrits à la diligence. Mets-les dans deux ou trois feuilles de papier gris, recouvre avec de la toile cirée et adresse « à M. Honoré de Balzac, à Villeparisis, route de Metz ». Déclare des papiers, ce que tu voudras.

J'ai déjà été voir trois fois au passe-debout de la diligence pour savoir si tu avais envoyé. Je suis sur des charbons ardents! Je me trouve en ce moment à Paris, mais je retourne demain à Villeparisis; je suis venu pour les journaux, etc.

J'ai vu Laurence : elle va bien.

J'avais oublié la lettre de recommandation de M. Varin, et je n'ai pas encore pu voir son frère. — Mais je reviens au mois de septembre livrer la fin du *Vicaire des Ardennes* et du *Centenaire*, et toucher mon argent.

Je ne sais en vérité ce que je t'écris, car je suis bourrelé d'affaires, et, d'ici à un mois et demi, je suis incapable de vous écrire une ligne : j'ai *Wann-Chlore* à fournir pour octobre à Hubert; j'ai à faire *le Vicaire des Ardennes* à mesure qu'on l'imprime et à corriger *le Savant* sur les épreuves. Ajoutez que j'ai une classe à faire à mon frère et au petit de Berny. Jugez !

Dis à M. Varin que, s'il écrit à son frère, il veuille bien lui dire que j'ai été trop occupé pour faire un pas, que l'on m'imprime à la fois trois ouvrages et que je ne puis, d'ici à quelques semaines, aller le visiter.

Soignez bien l'affaire des journaux : on m'a vendu jusqu'à deux francs les numéros qui me manquaient ! Maintenant, soyez sûrs que, si abominable que soit le roman que vous ferez, j'ai la certitude qu'il sera vendu. Je vous enverrai le plan, et je vous engage à le travailler promptement, parce que plus tôt il sera fait, mieux il sera vendu. Il y a disette de romans.

Je vous répète encore : expédiez-moi *le Vicaire* courrier par courrier; Auguste n'a pas commencé, mais il est homme à me gagner de vitesse.

Je vous envoie encore une moisson de remercîments pour votre hospitalité, et j'ai à réparer quelque chose que j'ai oublié, mais je vais instrumenter au 1er septembre.

J'ai acheté un superbe *Lavater* qu'on me relie.

Si tu as besoin de quelque chose, adresse-toi à moi.

J'embrasse Surville de tout mon cœur; toi autant que je le puis sans nous faire mal, et, aussitôt que j'aurai un moment de libre, je t'écris une longue lettre, écriture serrée, sur tout ce qu'il y a de nouveau dans la famille.

J'ai vu le Diorama; Surville n'a plus de perspectives à faire. Daguerre et Bouton ont étonné tout Paris; mille problèmes sont résolus depuis que, devant une toile tendue, on croit être dans une église à cent pas de chaque chose. C'est une des merveilles du siècle, une *conquête de l'homme* à laquelle je ne m'attendais nullement. Ce polisson de Daguerre a fait une libertine d'invention qui va lui donner une bonne partie de l'argent de ces lurons de Parisiens, et *conte* ton *conte !*

Adieu, je t'embrasse.

Le Vicaire! le Vicaire! le Vicaire! le Vicaire! courrier par courrier; car je vais y travailler. Je commencerai le deuxième volume.

Adieu encore.

Ta main dans ma main, personne ne nous écoute, amis nous deux, envoie-moi *le Vicaire!...*

XXII.

A M. GODART FILS, GRAVEUR, A ALENÇON (ORNE).

Paris, mardi matin, 19 avril 1825.

Monsieur,

Je viens de communiquer à M. Urbain Canel[1] le traité que nous avons souscrit ensemble dimanche dernier, et

1. Libraire éditeur à Paris.

ous trouverez ci-jointe sa ratification. J'ai fait voir ujourd'hui même vos gravures à M. Devéria[1], qui en a té très-content, et il nous a félicités d'avoir su trouver en ous un digne traducteur de ses dessins. Il m'a dit qu'il ui était impossible de vous donner d'avis sur les gravures ue je lui soumettais, parce qu'il n'en connaissait pas le essin primitif; mais il est persuadé qu'en travaillant vous eviendrez, au bout de deux ou trois de nos gravures, le lus redoutable adversaire de Thompson et des Anglais.

Aussitôt que vous nous retournerez les bois du *Molière*[2] ue le sieur Delongchamps[3] a dû vous remettre, M. Devéria 'empressera de vous communiquer ses observations, car l adopte votre talent avec d'autant plus de plaisir que vous tes Français.

Il est hors de doute alors que vous coopérerez par vos alents à nos éditions de la Fontaine, de Racine et de orneille, et nous serons flattés, monsieur, d'avoir été les remiers à seconder votre essor; nous ne négligerons rien our augmenter et propager votre renommée, persuadés ue ce service sera léger au prix de celui que vous nous endrez par votre exactitude et votre travail.

Vous pouvez d'autant mieux vous occuper de la vignette

1. Les relations qui s'établirent à cette occasion entre Devéria et alzac furent l'origine de leur intimité. — *Honorine* est dédiée à evéria.

2. Il n'est pas besoin de rappeler qu'en 1825, Balzac, dans l'espoir sortir de la position précaire où il se trouvait, entreprit de publier s œuvres des classiques français en éditions compactes, mais qu'il ut abandonner cette spéculation malheureuse après la publication du *olière* et du *la Fontaine,* en un volume chacun.

3. Libraire-éditeur à Paris.

du *Molière*, que M. Devéria ne pourra nous remettre de bois pour le *la Fontaine* que d'aujourd'hui en huit, et vous avez alors une dizaine de jours devant vous pour travailler. Mais, à compter du 27 de ce mois, nous vous enverrons force dessins.

Vous pouvez préparer une vingtaine de bois exactement pareils à celui que Delongchamps aura dû vous remettre, et nous les envoyer en même temps que la vignette du *Molière* quand elle sera gravée.

J'ignore comment vous aurez débrouillé la fusée de Delongchamps, mais je l'ai laissé dans une grande anxiété quand je lui ai appris notre traité. Vous sentez que M. Urbain et moi ne nous opposerons jamais à ce que vous travailliez pour le *Molière*, puisque nous y sommes intéressés; mais nous voulons nous réserver le droit de faire passer telle ou telle vignette avant telle ou telle autre; ainsi j'espère que Delongchamps ne vous aura pas effrayé.

Recevez, monsieur, l'assurance des sentiments d'estime et de considération avec lesquels j'ai l'honneur d'être

Votre très-humble et très-obéissant serviteur.

P.-S. — Présentez, je vous prie, mes civilités à monsieur votre père, que M. Urbain prend volontiers pour correspondant. Sous peu, vous recevrez des livres avec les dessins. De la persévérance et du courage, et vous acquerrez gloire et profit.

XXIII.

A MADAME LAURE SURVILLE, A VERSAILLES.

Paris, 1827.

Ma chère Laure,

Ta lettre m'a donné deux détestables jours et deux étestables nuits. Je ruminais ma justification de point en int, comme le mémoire de Mirabeau à son père, et je n'enflammais déjà à ce travail; mais je renonce à l'écrire. e n'ai pas le temps, ma sœur, et je ne me sens d'ailleurs ucun tort.

On me reproche l'arrangement de ma chambre; mais les neubles qui y sont m'appartenaient avant ma catastrophe[1] ! e n'en ai pas acheté un seul! Cette tenture de percale leue qui fait tant crier était dans ma chambre à l'impri- ıerie. C'est Latouche et moi qui l'avons clouée sur un ffreux papier qu'il eût fallu changer. Mes livres sont mes utils, je ne puis les vendre; le goût, qui met tout chez oi en harmonie, ne s'achète pas (malheureusement pour es riches); je tiens, au surplus, si peu à toutes ces choses, ue, si l'un de mes créanciers veut me faire mettre secrè- ement à Sainte-Pélagie, j'y serai plus heureux: ma vie ne e coûtera rien, et je ne serai pas plus prisonnier que le ravail ne me tient captif chez moi.

Un port de lettre, un omnibus sont des dépenses que e ne puis me permettre, et je m'abstiens de sortir pour e pas user d'habits. Ceci est-il clair?

1. Il venait de céder, après des pertes considérables, l'imprimerie u'il avait fondée rue des Marais-Saint-Germain (aujourd'hui rue isconti).

Ne me contraignez donc plus à des voyages, à des démarches, à des visites qui me sont impossibles; n'oubliez pas que je n'ai plus que le temps et le travail pour richesse, et que je n'ai pas de quoi faire face aux dépenses les plus minimes.

Si vous songiez aussi que je tiens toujours forcément la plume, vous n'auriez pas le courage d'exiger des correspondances. Écrire quand on a le cerveau fatigué et l'âme remplie de tourments! Je ne pourrais que vous affliger, à quoi bon?... Vous ne comprenez donc pas qu'avant de me mettre au travail, j'ai quelquefois à répondre à sept ou huit lettres d'affaires?

J'ai encore une quinzaine de jours à passer sur *les Chouans*; jusque-là, pas d'Honoré; autant vaudrait déranger le fondeur pendant la coulée.

Ne me crois aucun tort, chère sœur; si tu me donnais cette idée, j'en perdrais la cervelle. Si mon père était malade, tu m'avertirais, n'est-ce pas? Tu sais bien qu'alors aucune considération humaine ne m'empêcherait de me rendre près de lui.

Il faut que je vive, ma sœur, sans jamais rien demander à personne; il faut que je vive pour travailler, afin de m'acquitter envers tous! Mes *Chouans* terminés, je vous les porterai; mais je ne veux en entendre parler ni en bien ni en mal; une famille, des amis sont incapables de juger l'auteur.

Merci, cher champion dont la voix généreuse défend mes intentions. Vivrai-je assez pour payer aussi mes dettes de cœur?...

XXIV.

A MADAME ZULMA CARRAUD[1], A SAINT-CYR (SEINE-ET-OISE).

Paris, samedi matin, 1828.

Madame,

J'ai le regret de partir pour un voyage assez long, sans voir pu aller vous remercier en personne de votre aimable lettre et de toutes les bontés que vous avez pour moi. A peine ai-je même le temps de prendre ainsi congé de ous par écrit; mais j'espère, madame, que vous serez ssez indulgente pour excuser un poëte dont l'allure est aussi capricieuse. Je vais travailler. Si vous alliez en erry, écrivez-moi un mot à Tours, poste restante, et, ans le mois de juillet ou d'août, je reviendrais par Issoudun; car, comme vous savez, tout chemin mène à Paris. Ayez la bonté, madame, de me rappeler au souvenir e ces messieurs et de leur présenter mes compliments ffectueux.

Si je ne reviens pas par Issoudun, je reviendrai toujours par Saint-Cyr.

Adieu, madame, et soyez bien certaine que votre sou-

1. Madame Carraud, née Tourangin, femme d'un grand cœur et 'une haute intelligence, avait été l'amie d'enfance de mademoiselle aure de Balzac, et, en souvenir de cette liaison, elle fut toujours profondément dévouée à Honoré. — *La Maison Nucingen* lui est dédiée. on mari, M. le commandant Carraud, était, en 1830 et 1831, directeur es études à l'École militaire de Saint-Cyr. Il fut ensuite inspecteur e la poudrerie d'Angoulême.

venir ne sera pas fugitif au milieu de toutes les impressions que je vais chercher.

Agréez mes hommages respectueux.

XXV.

A MADAME LA DUCHESSE D'ABRANTÈS[1], A VERSAILLES.

Villeparisis, 22 juillet 1828.

Madame,

La lettre que ma sœur a dû vous remettre est la seule que j'aie reçue de M. de Dillon. S'il ne vous a pas écrit, ne vous en prenez qu'à lui, madame, et non pas à votre pauvre courrier. Si étourdi que je puisse paraître, je ne le suis pas encore au point de semer sur la route des papiers que vous m'aviez recommandés comme des plus importants. Ainsi, malgré votre envie de vous fâcher contre moi, rendez-moi encore vos bonnes grâces, et tâchez de ne jamais me gronder que sans sujet, je ne vous accuserai point de susceptibilité.

Quelle idée aviez-vous donc de ma discrétion pour m'ordonner si sévèrement de garder pour moi seul la traduction de *Casti et Inès?* Plus que personne, je vous jure, je connais les exigences et la pudeur des auteurs, et je ne suis pas homme à déchirer le voile dont vous couvrez vos écrits, comme ces fleuristes qui jettent une gaze sur leurs guirlandes commencées.

Maintenant, je vous demanderai : Pourquoi n'avoir pas raconté l'histoire d'Inès comme elle était arrivée? pourquoi

1. *La Femme abandonnée* lui est dédiée.

avoir mis entre vos sensations et la vérité un glacial vieillard? Vous savez sans doute Sterne par cœur; souvenez-vous de l'histoire de Marie. Je trouve que la troisième personne de ce vieillard ôte du charme, surtout dans un récit fait d'une oreille à l'autre, et où le *je* ne peut avoir que de la grâce. Ne sommes-nous pas tombés d'accord, un jour, que le naturel était le seul attrait que l'on dût priser; et la Fontaine n'a-t-il pas tracé les devoirs des voyageurs dans ces vers que le pigeon dit à l'autre:

« ... J'étais là; telle chose m'avint:
Vous y croirez être vous-même. »

Quant à me moquer, j'admire avec quelle bonne foi l'on parle et l'on écrit; quel flux et reflux d'opinions contraires se balancent incessamment. Vous m'aviez fait l'honneur de me croire un esprit distingué, un de ces gens qui, sans être marqués pour de hautes destinées, savent néanmoins s'élever au-dessus des idées communes; ne sont pas de ces niais qui, ôtez-leur la pluie, le beau temps, la chaleur, le Jockey, les actrices, la mode et les caquets, restent comme des assiégés à qui l'on a coupé les vivres. Je vous remercie humblement de cette opinion. Je ne vous dirai pas si j'en suis flatté, si elle est juste; je vous ferai remarquer seulement que vous l'avez écrit, que vous êtes franche, et qu'alors vous le pensiez. Croyez-vous maintenant qu'un esprit dont les idées ont quelque largeur, qui rassemble de grands rapports, qui voit les choses en masse, descende jusqu'à se moquer? La moquerie est ce qu'il y a de plus froid dans le monde; elle annonce toujours quelque sécheresse dans le cœur, et le grand va rarement sans le bon. Ensuite, je vous demanderai en quoi je pourrais me moquer, et sur quoi. Rousseau vous aurait dit brutalement : « Pourquoi supposiez-vous que l'on pût se moquer de vous? » L'histoire d'Inès est bien, mais comme accessoire d'un grand récit; comme nouvelle seule, elle perdrait tout; ce sont de ces fleurs qui brillent au milieu d'un bouquet.

Je vous demanderai encore qui a pu vous dire que j'étais dans des chaînes fleuries, et quel génie me vaut votre recommandation d'aller sans bourrelet, ni lisières, ni bonne? Je puis vous assurer, madame, que, si j'ai une qualité, c'est, je crois, celle que vous me verrez le plus souvent refuser, celle que tous ceux qui croient me connaître me dénient, je veux dire l'énergie. Vous devez avoir éprouvé vous-même combien les malheurs développent chez nous cette terrible faculté de se raidir contre la tempête et d'opposer à l'adversité un front calme, immobile. Moi (excusez-moi de toujours parler à la première personne, mais vous m'y forcez malgré toute ma répugnance), j'ai contracté l'habitude d'y sourire. Et il n'y a qu'une seule occasion pour moi de me *moquer :* c'est quand le sort me tourmente, et il n'a pas encore cessé. Je suis vieux de souffrances, et vous n'auriez jamais présumé mon âge d'après ma figure gaie. Je n'ai même pas eu de revers, j'ai toujours été courbé sous un poids terrible. Ceci peut vous paraître une exagération, une manière d'attirer sur moi votre intérêt; non, car rien ne peut vous donner une idée de ma vie jusqu'à vingt-deux ans. Je suis tout étonné de n'avoir plus à combattre que la fortune. Vous interrogeriez tout autour de moi, vous n'obtiendriez aucune lumière sur la nature de mes malheurs. Il y a des gens qui meurent sans que le médecin ait pu dire quelle maladie les a emportés.

Tout ceci n'est à autre fin que de vous assurer que, de la dure contrainte dans laquelle j'ai vécu, il est au moins résulté une sauvage énergie et une horreur pour tout ce qui sent le joug dont vous ne pouvez pas avoir l'idée. L'habitude du commandement doit vous faire souffrir un refus comme le plus grand mal ; eh bien, je ne parle pas des refus (il n'y a rien de philosophique au monde comme un refus ou un mépris non mérité), mais d'une domination: une domination m'est insupportable; j'ai tout refusé, en fait de places, à cause de la subordination, et, sur cet article, je suis un vrai sauvage. Et c'est moi que vous imaginez *mené,* ou qu'on vous a dit mené! Rien n'est plus faux.

Au surplus, madame, comme je ne veux plus avoir à vous parler de moi, car rien ne m'est plus à charge et n'est plus ridicule, je vous dirai que vous ne pouvez rien conclure de moi, contre moi; que j'ai le caractère le plus singulier que je connaisse. Je m'étudie moi-même comme je pourrais le faire pour un autre : je renferme dans mes cinq pieds deux pouces toutes les incohérences, tous les contrastes possibles, et ceux qui me croiront vain, prodigue, entêté, léger, sans suite dans les idées, fat, négligent, paresseux, inappliqué, sans réflexion, sans aucune constance, bavard, sans tact, mal-appris, impoli, quinteux, inégal d'humeur, auront tout autant raison que ceux qui pourraient dire que je suis économe, modeste, courageux, tenace, énergique, négligé, travailleur, constant, taciturne, plein de finesse, poli, toujours gai; celui qui dira que je suis poltron n'aura pas plus tort que celui qui dira que je suis extrêmement brave, enfin savant ou ignorant, plein de talents ou inepte; rien ne m'étonne plus de moi-même. Je finis par croire que je ne suis qu'un instrument dont les circonstances jouent.

Ce kaléidoscope-là vient-il de ce que, dans l'âme de ceux qui prétendent vouloir peindre toutes les affections et le cœur humain, le hasard jette toutes ces affections mêmes, afin qu'ils puissent, par la force de leur imagination, ressentir ce qu'ils peignent? et l'observation ne serait-elle qu'une sorte de mémoire propre à aider cette mobile imagination? Je commence à le croire.

Quoi qu'il en soit, permettez-moi de vous assurer que personne au monde plus que moi n'abhorre le joug, le joug même dont vous prétendez parler dans votre lettre.

En voilà assez sur moi! J'espère qu'après une telle confession, vous ne me ferez plus parler de moi-même. Mais vous, comment se fait-il que vous vous portiez mal avec toutes les livrées de la santé? Je n'accorde pas ce crachement de sang avec vos fraîches couleurs. Platon appelait le corps *l'autre;* alors, je vous dirai que je plains l'autre de ses souffrances, car votre âme doit être toujours la même.

Je compte aller à Paris, et, malgré mon envie, il me sera presque impossible d'aller à Versailles : j'ai un monde d'occupations, de courses, d'opérations. N'y a-t-il pas jusqu'à trois dents qu'il faut que je me fasse arracher! Vous voyez que nous sommes l'un et l'autre entre les mains de la chirurgie, vous sous le pouvoir de la lancette, et moi du davier. Si votre sang pouvait me donner mes dents, ou mes dents vous donner, à vous, la santé, nous pourrions ne subir qu'une opération à nous deux. Ainsi, pour le coup, vous vous fâcherez, et cependant Versailles n'est bien qu'à cinq lieues de Paris; mais je puis vous assurer une chose, c'est qu'il est sur la route de Paris à Tours.

La rapidité avec laquelle j'écris m'a forcé de relire ces trois pages, et j'ai ri en voyant avec quelle facilité nous donnons des armes contre nous. Vous vous moquerez de moi et de mon horreur pour tout ce qui est ordre et commandement. Vous ne vous étonnerez plus qu'il ne faille à monsieur que des Bianca Capello, comme si les Bianca Capello se trouvaient communément. Au moins, promettez-moi de ne rire qu'entre nous deux, et, si vous pouvez me démontrer que j'ai tort, nul n'est plus disposé que moi à quitter le sentier de l'erreur.

Adieu, madame; j'espère que vous serez sans inquiétude sur votre santé lorsque vous recevrez cette lettre, et je vous prie d'accepter mes sincères et respectueuses amitiés.

XXVI.

A MADAME ZULMA CARRAUD, A SAINT-CYR.

Paris, janvier 1829.

Madame,

J'espère que vous ne manquerez pas de charité envers un malheureux qui travaille jour et nuit jusqu'à ce que mort s'ensuive. Si vous venez à Paris, vous ne m'oublierez point, n'est-ce pas? Figurez-vous que j'ai entrepris deux ouvrages à la fois, outre nombre d'articles. J'ai promis que ces deux ouvrages paraîtraient, l'un au milieu de février, l'autre en avril, et je les commence. Les jours me fondent entre les mains comme de la glace au soleil. Je ne vis pas, je m'use horriblement; mais périr de travail ou d'autre chose, c'est tout un. — J'ai vingt fois pris mon chapeau et mes gants pour aller à Saint-Cyr, et j'ai eu autant de fois la route barrée par des affaires.

Mais, au risque de perdre une occasion d'argent, j'irai, j'espère, ces jours-ci, respirer auprès de vous, loin des travaux, des tracas. Vous m'avez bien puni, du reste, de mon propre malheur, car vous ne m'avez pas récrit de ces paroles consolantes qui soutiennent. J'ai appris que vous aviez éprouvé un grand chagrin et j'y ai pris part. M. Borget[1] m'a dit aussi que vous aviez été malade et je vous ai excusée de m'avoir laissé sans lettres, mais non pas de m'avoir laissé dans l'ignorance de votre indisposition.

Si vous veniez à Paris, dites-moi le jour, afin que je me procure ma propre liberté pour cette journée. Puis, si les épreuves, les manuscrits à donner me prêtent vie, j'irai du 3 au 6 à Saint-Cyr, vous rendre ma tardive visite du jour de l'an.

Rappelez-moi au souvenir de ces messieurs et agréez les sincères expressions d'une vive amitié et d'une inaltérable reconnaissance.

1. Auguste Borget, peintre de genre, auteur de *la Chine ouverte*, de *la Chine et les Chinois*, et l'un des premiers artistes qui nous aient initiés aux mystères du Céleste Empire. Auguste Borget habitait, à

XXVII.

A MADAME LAURE SURVILLE, A CHAMPROSAY, PRÈS CORBEIL (SEINE-ET-OISE).

Château de Saché, 1829.

Qu'est-ce que tu dis donc, ma chère sœur, que je te délaisse et que je ne t'écris pas, tandis que voilà deux lettres que je t'envoie, contre toi une petite liche de rien! — Ce n'est pas que je compte, du reste!

J'aurais beaucoup à te dire; mais figure-toi que M. de Margonne[1] part demain; que, dans le désir de te pouffiner une petite lettre qui ne coûte pas de port, j'ai quitté mon travail, et que je n'ai qu'un quart d'heure pour écrire à papa, à maman et à toi. Mais patience : dès que mon roman me laissera un peu de répit, je te promets, et tu peux compter dessus, une grande coquine de lettre qui n'en finira pas, et aussi à ton mari, auquel je dois une réponse, et je te jure qu'alors tu seras contente.

Tu as l'air triste dans ta petite lettre. Est-ce que Sophie n'irait pas bien, qu'elle n'aurait plus dit *ga*, qu'elle aurait déchu de la gentillesse que tu lui devinais *in futurum?* Je pourrais te dire aussi que tu ne me dis presque rien. Si tu savais comme je suis affairé, plus que le légat, comme dirait bonne maman. J'ai visité tout Saint-Lazare[2] et vu bien des choses à faire.

cette époque, rue Cassini, près de l'Observatoire, le même appartement que Balzac. — *La Messe de l'Athée* lui est dédiée.

1. Son hôte de Saché, auquel est dédiée *une Ténébreuse Affaire*.

2. Ferme que madame de Balzac possédait aux environs de Tours.

P.-S. — Je suis à Tours aujourd'hui et vais ce soir au bal chez madame d'Outremont, *ousque* je vais danser avec Élisa B..., qui est toujours rousse, et Claire D..., qui est si petite qu'on ne l'épousera que pour en faire une épingle de chemise.

Je vais aller à Saché et retourner bientôt vous voir à Champrosay; car, excepté l'air et le ciel qui sont tout d'azur, la Touraine a des habitants bien mous!

Adieu, chère sœur. Mille amitiés à ton mari.

Le reste au prochain numéro, je te le jure.

Ton frère qui t'aime.

XXVIII.

A LA MÊME.

1829.

Ah! Laure, si tu savais comme je raffole (mais motus!) de deux écrans bleus brodés de noir (toujours motus!).

C'est, au milieu de mes tourments, un point sur lequel revient toujours ma pensée! Alors, j'ai dit : « Je vais confier ce désir à sœur Laure. Quand j'aurai ces écrans, je ne pourrai rien faire de mauvais! n'aurai-je pas toujours sous les yeux le souvenir de cette sœur si indulgente... pour ses pensées, si sévère pour les miennes?... » Tout à l'heure, je viens de faire devant mon feu ce geste contractile de bras et de mains que tu as et qui ressemble assez à un battement d'ailes, quand tu es contente de toi, d'un bon mot, de tout ce que tu voudras; alors, j'ai pensé à toi et j'ai dit : « Il faut que je lui écrive pour lui dire que je l'aime bien et Surville aussi. » Et voilà.

Un quart d'heure de mon temps et une pensée d'amitié valent bien quatre sous? Et en avant Flore vers la boîte de M. le directeur des postes!

Une poignée de main au *Canal*[1]; et dis à madame de F... que je ne pense à elle que juste ce qu'il faut pour rester dans les bornes d'un sentiment décent. Comme cette douceur vient par la poste, elle doit gagner de poids ou de vitesse en raison du carré des distances; par conséquent, cette douceur-là pourrait l'écraser si tu la lui disais trop vite.

Adieu, sœur.

Les dessins des écrans comme tu voudras; ce serait *je ne sais quoi*, que je les trouverais toujours jolis, puisqu'ils me viendront de mon *alma soror*.

Je rouvre ma lettre, chère sœur; tu verras, par les dates, que j'avais écrit pendant que ta lettre m'arrivait. Je souffre bien amèrement d'être l'objet de perpétuels soupçons. Je crois que ma lettre doit répondre à tout. Je suis pourtant assez malheureux! il me faut, pour gagner de l'argent, la tranquillité du cloître et la paix! Quand je serai heureux, peut-être me rendra-t-on justice; il sera trop tard, car je ne serai heureux que mort.

Croit-on que cinquante placards et quarante épreuves à revoir, un manuscrit à refaire, soient des jeux d'enfant? que

1. M. Surville s'occupait du projet d'un canal latéral à la basse Loire que Charles X voulait faire construire, dans l'hypothèse d'une guerre avec les Anglais.

quatre volumes à faire imprimer du 15 janvier au 15 février (ce qui fait un volume par semaine, et il y en avait un tout entier à écrire) se corrigent par la baguette d'une fée ? Oh ! Laure, Laure, je pleure...

Nous passons la vie à nous faire des peines inutiles; quand on ne se comprend pas plus que cela, l'éloignement est un bien, et des rapprochements donnent un supplice atroce.

Toujours mes écrans ! j'ai plus besoin encore d'une petite joie au milieu de tels tourments !

XXIX.

À MADAME ZULMA CARRAUD, A SAINT-CYR.

Paris, 17 avril 1820.

Madame,

Avez-vous dit quelquefois : « M. Honoré tarde bien à m'envoyer cette gravure oblongue qu'il m'a promise pour ma boîte à gants ! Et mon écran ! Et mon porte-allumettes ! Il promet facilement et ne tient guère ! » etc., etc.

Je n'ose pas me flatter de ces reproches ; mais, en cas que vous ayez pensé à moi, je me confie en votre bonté pour être excusé de mon apparente insouciance. Si vous voulez que l'on pense toujours à vous, donnez des commissions à ceux que vous aimerez, car je vous dirai qu'il n'y a rien de si éloquent et de si tyrannique au monde que le souvenir d'une chose que l'on doit faire et que l'on ne fait pas.

Ce matin, j'étais au coin du feu, occupé à cacheter des

lettres, et, chaque fois que je prenais une nouvelle allumette, les deux chiens que vous avez mis autour de mon joli petit meuble aboyaient après moi. C'est pour la centième fois.

Non, M. Honoré n'est pas un étourdi; mais, depuis un mois, il est obligé d'achever en hâte un ouvrage auquel il ne met pas son nom; car les artistes font des tableaux pour vivre qu'ils ne signent pas, et des tableaux qu'ils exposent au Salon pour se faire un nom. J'en suis là.

Vous aurez un écran! j'ai contracté cette dette avec trop de plaisir pour que ce ne soit pas un plaisir pour moi que de m'en acquitter. D'ailleurs, si vous mettez votre porte-allumettes et votre écran à Frapesle[1] parmi tous les jolis meubles que vous y portez, il y a là une amorce d'amitié à laquelle je ne saurais résister. Être un souvenir pour une belle âme est une de mes plus chères illusions.

Je suis en procès pour avoir des exemplaires de mon livre, et, tant que l'affaire ne sera pas jugée, je suis privé de vous l'envoyer, car je ne rougis pas de vous avouer que je ne suis pas assez riche pour l'acheter.

Rappelez au souvenir de M. Carraud un auteur qui devient de jour en jour plus soucieux et plus misanthrope, mais qui se souvient parfois qu'il oubliait ses peines à Saint-Cyr.

Présentez mes amitiés à M. Périollas[2], et prenez pour vous, madame, tout ce qu'on peut offrir de plus doux et de plus sincère dans un compliment.

1. Nom d'une campagne que M. Carraud possédait, près d'Issoudun.

2. Alors capitaine, sous-directeur des études à Saint-Cyr; plus tard chef d'escadron d'artillerie. — *Pierre Grassou* lui est dédié.

XXX.

A MADAME LA DUCHESSE D'ABRANTÈS, A VERSAILLES.

Paris, 1820.

Madame,

Il serait bien désagréable pour moi de me présenter devant vous chargé de quelque iniquité. Je pourrais, quant à la force et à la sensibilité, me rejeter, comme les orateurs de la Chambre, sur la chaleur de l'improvisation, car ma réponse vous fut écrite à la hâte et avec une plume d'auberge, impatient que j'étais de vous détromper.

Sans vouloir non plus, comme les commentateurs, trouver autre chose que ce qui est écrit au texte, il serait facile de vous répondre que, de ce que la force étouffe la sensibilité, il n'y a pas lieu d'induire que la sensibilité n'existe pas, et vous m'avez répondu comme si je vous eusse dit : « Vous n'êtes pas sensible ; » ce qui est la plus forte injure que l'on puisse faire à une femme ; n'est-ce pas la dépouiller, d'un mot, de tout ce qui constitue la femme, puisque vous n'êtes, ne vivez, ne plaisez, n'attrayez que par la sensibilité?

Permettez-moi une comparaison qui vous rendra mon idée inoffensive et claire. Voltaire avait prodigieusement d'esprit, il avait du génie ; mais, dans la masse totale du caractère, la dose d'esprit était plus forte que celle du génie, tandis que, d'un autre côté, il n'y avait presque pas d'esprit chez Rousseau, et beaucoup de génie.

Maintenant, raisonnant en thèse générale, je vous dirai

que nous ne nous donnons pas nos caractères, nous les subissons, en naissant, de la conformation bizarre de nos organes (voilà pourquoi j'ai toujours trouvé absurde d'accuser l'orgueil d'un homme de génie, comme d'en vanter la modestie); mais je ne vois pas qu'on puisse refuser comme outrageant un caractère aussi extraordinaire pour une femme : il a ses avantages, ses brillants reflets, son attrait comme celui qui ne brille que par une exquise sensibilité. Il y a deux grandes classes de caractères chez les femmes : les Isidora[1] (permettez-moi de prendre ce touchant emblème de la grâce et de la soumission) et les Staël, dont les mâles idées, les conceptions hardies, la force enfin se trouve bizarrement unie à toutes les faiblesses de votre sexe. Clarisse, dans Richardson, est une fille chez qui la sensibilité est à tout moment étouffée par une force que Richardson a nommée vertu. Enfin, il y a là, à mon avis, deux sensibilités comme deux douleurs. La sensibilité de cette Espagnole dont l'amant se battait et qui lui servait de témoin; elle arrive la première, l'adversaire lui demande pourquoi elle vient là : « Pour vous enterrer! » dit-elle. Et la sensibilité de Bianca Capello, qui quitte honneurs, richesses, patrie, père, religion, tout, pour suivre son amant, et, nouvelle Isidora, de ses blanches mains apprête les divins repas de son bien-aimé.

Croyez-vous que les deux tableaux ne sont pas également beaux? Pour tel caractère, celui de l'Espagnole sera séduisant; pour tel autre, Bianca semblera supérieure. Des

1. Héroïne d'un ouvrage de madame d'Abrantès; de même que Belvidera et Bianca Capello, dont les noms reviennent plusieurs fois dans ces lettres.

réflexions que m'ont suggérées toutes les bizarreries nées de la sensibilité développée de tant de manières, j'ai formé pour moi cet axiome que « la femme n'est jamais si touchante et si belle que lorsqu'elle renonce à tout empire et s'humilie toujours devant un maître ». C'est vous dire que Bianca Capello, Isidora et Mademoiselle sont mes héroïnes.

N'allez pas croire que ce soit par fatuité et je ne sais quel sentiment que vous supposez toujours aux hommes; je parle en ce moment comme un artiste, comme un sculpteur qui prétendrait que les nus sont plus beaux que les draperies; car je vous avouerai, entre nous, que Bianca Capello, Belvidera et toutes ces femmes qui se prosternent dans une obéissance perpétuelle et guettent les sourires, les regards, les désirs, comme les fleurs attendent la rosée, celles-là exercent sur nous l'empire le plus despotique et le plus entier qui jamais ait pressé le cœur sous un seul sentiment, unique, impérissable.

L'autre caractère a cet attrait incontestable qu'il flatte sans cesse l'amour-propre de l'homme. Quelle satisfaction pour l'homme qui règne sur un cœur indompté par les autres! Voir une fière et terrible créature qui foule aux pieds toute la terre, domine tout ce qui a vie, et régner sur elle! C'est le roi qui s'assied sur un trône, c'est la jouissance enfin des maîtresses de Jupiter, qui riaient avec ses sourcils devant lesquels tremblait le globe; et Henri III certes ne méritait guère l'amour de cette héroïne de son temps qui, fière et sauvage, foulait aux pieds de ses chevaux les seigneurs qui avaient osé dire un mot sardonique sur elle.

Après ces explications, je crois, madame, que vous

reconnaîtrez mon innocence, et laissez-moi croire que les agitations terribles de votre vie ne vous ont été mesurées que sur la force de votre caractère; que cette force vous donne de hautes et de belles pensées sur le changeant spectacle au milieu duquel vous vous êtes trouvée; que, dans ce moment, la retraite au sein de laquelle vous vivez n'est pour vous qu'une nouvelle nuit qui attend son jour. En effet, plus j'ai réfléchi à votre destinée et à la nature de votre esprit, plus j'ai été poursuivi de cette idée, que vous étiez un de ces génies de femme qui peuvent prolonger leur règne plus loin que ne le veulent les lois ordinaires; que vous pouviez faire sur une époque brillante ce que madame Roland n'a qu'essayé sur un temps de douleur et de gloire. Je ne sais si souvent vous n'avez ressenti de ces mouvements impétueux qui sortent du fond du cœur et vous maîtrisent, à l'aspect de la multiplicité des scènes, des figures héroïques, des grands caractères, mais j'aime à le croire, car il me semble que la nature vous a marquée d'un sceau choisi. Le hasard seul vous aurait-il lancée à travers toutes les contrées de notre vieille Europe, remuée alors par un titan entouré de demi-dieux!

Voilà, madame, ce que je pensais sur vous et ce que je n'avais pas le loisir de vous exprimer à Tours; mais ajoutez-y que c'est l'expression de mes sentiments, et qu'ils sont vrais. Je puis m'être trompé; mais, pour votre mérite même, je ne saurais rien retrancher, rien ajouter. Il y a chez moi une franchise étourdie qui ressemble beaucoup à celle de mademoiselle Joséphine[1]; j'ai trop d'insou-

1. Mademoiselle Joséphine Junot d'Abrantès.

ciance pour prévoir, trop de vivacité pour mentir.

L'amitié que vous daignez m'offrir, madame, est une chimère que je poursuis toujours, malgré les fréquents désappointements qui me sont échus. Depuis le jeune âge, au collége, j'ai cherché non pas des amis, mais un ami. Je suis de l'avis de la Fontaine et je n'ai point encore trouvé ce qu'une imagination romanesque et exigeante me montre sous de si brillantes couleurs. Le phénomène de l'amitié s'explique toujours à mes yeux par une comparaison physique; il faut en quelque sorte que deux êtres aient le temps de s'attacher l'un à l'autre par des accidents d'âme, comme ces insectes qui ne tendent leur toile qu'après avoir été sonder chaque fois le terrain pour chaque fil qu'ils posent, et encore y reviennent-ils à plusieurs reprises; mais il y a aussi, j'aime à le croire, certaines âmes qui se sentent et s'apprécient d'un seul jet.

Votre proposition, madame, est si belle, si flatteuse, que je n'ai garde de retirer ma main.

XXXI.

A M. ALPHONSE LEVAVASSEUR, LIBRAIRE ÉDITEUR, A PARIS.

Paris, novembre 1829.

Mon pauvre et malheureux éditeur!

La plus belle fille du monde ne peut donner que ce qu'elle a. Je travaille toute la journée à la *Physiologie du Mariage*, je ne donne que six heures de nuit (de neuf heures à deux) aux SCÈNES DE LA VIE PRIVÉE, dont je n'ai qu'à corriger les épreuves ; et ma conscience est nette.

Je suis tout prêt à envoyer la copie nécessaire pour terminer le 15, si vous voulez ; mais ce serait l'assassinat le plus odieux que nous eussions, vous, Cariel et moi, commis sur un livre !

Il y a en moi je ne sais quoi qui m'empêche de faire consciencieusement mal. Il s'agit de donner de l'avenir au livre, d'en faire un torche-cul ou un ouvrage de bibliothèque ; il s'agit de vendre ce papier noirci sept francs la rame, ou cinquante francs.

Si, comme les Nodier, — car le Nodier est un sous-genre dans l'histoire naturelle de la littérature, — je flânais, je faisais des prospectus, des vieux souliers, des parties de billard ; si je buvais, mangeais, etc. !... Mais je n'ai pas une idée, je ne fais pas un pas qui ne soit la *Physiologie ;* j'en rêve, je ne fais que cela, j'en suis féru ! Je comprends toute votre impatience commerciale, car la mienne est décuple.

J'ai la copie sur mon bureau ; mais je suis arrêté par une histoire à raconter, par des idées à trouver, par... Il y en aurait jusqu'à demain à dire par quoi l'auteur de cet ouvrage-là est entre un succès et l'échafaud, à chaque ligne. Je n'en ai jamais si bien compris l'importance. Je voulais faire une plaisanterie, et vous m'êtes venu demander, un matin, de faire en trois mois ce que Brillat-Savarin avait mis dix ans à faire. Il ne parlait que de godailleries ; et moi, je parle de ce qu'il y a de plus sérieux en France. Il avait un sujet neuf ; et moi, j'ai le sujet le plus usé.

Il y a un miracle dont je me vanterai : c'est que le

premier volume de la *Physiologie* a été refait tel qu'il est, du 1er septembre au 10 novembre 1829 ; car, le 10, l'*Ite missa est* sera dit.

Ne croyez pas que cette lettre soit une excuse ; je travaille aussi ardemment et d'une manière aussi suivie qu'aucune créature humaine le puisse faire ; mais je ne suis que le très-humble serviteur de la muse, et cette catin-là a des moments d'humeur.

Ne vous désespérez pas ; car, le 15, je vous dirai franchement sur quoi vous pouvez compter. Ce n'est qu'alors que j'aurai sondé l'étendue de la plaie, dans le second volume.

Tout à vous.

XXXII.

A MADAME ZULMA CARRAUD, A SAINT-CYR.

Paris, 1830.

Le sentiment de répulsion que vous avez éprouvé, madame, à la lecture des premières pages du livre que je vous ai apporté[1], est trop honorable pour vous et trop délicat pour qu'aucun esprit, fût-ce celui de l'auteur, puisse s'en offenser. Il prouve que vous n'appartenez pas à un monde de fausseté et de perfidie, que vous ne connaissez pas une société qui flétrit tout et que vous êtes digne de la solitude où l'homme devient toujours si grand, si noble et si pur.

Il est peut-être malheureux pour l'auteur que vous n'ayez pas résisté à ce premier sentiment qui saisit tout

1. La *Physiologie du Mariage.*

être innocent à l'audition des crimes, à la peinture de tout malheur, à la lecture de Juvénal, de Rabelais, de Perse, de Boileau; car je crois que, plus tard, vous vous seriez réconciliée avec lui, en lisant quelques leçons fortes, quelques plaidoyers vigoureux en faveur et de la vertu et de la *femme;* mais comment vous reprocher une répugnance qui fait votre éloge! comment vous en vouloir d'être de votre sexe! Je vous demande donc humblement pardon de cet outrage involontaire contre lequel je m'étais prémuni, s'il vous en souvient, et je vous supplie de croire que le jugement le plus rigoureux que vous ayez porté sur cette œuvre ne pourra jamais altérer en rien la sincérité de l'amitié que vous m'avez permis de vous porter.

Et daignez en agréer les témoignages nouveaux, car je vous assure que le sentiment vrai conçu par un ami, sur une action qu'il croit blâmable, ne peut que resserrer les liens de l'estime et de la confiance.

XXXIII.

A LA MÊME.

Paris, 14 avril 1830.

Madame,

Vous m'avez tenu rigueur à désespérer! Je ne sais rien de tout ce qui se passe d'heureux ou de malheureux à Saint-Cyr, de manière que je n'ai pu sympathiser avec vous que de la manière la plus vague et comme un homme qui travaillait jour et nuit à soutenir sa malheureuse existence. L'encre, les plumes et le papier me font horreur, et tout ce qui a couleur d'idée me donne le frisson, de sorte que c'était un peu à vous de m'écrire.

Quoi qu'il en soit, j'irai vous voir cette semaine, afin de vous porter les Scènes de la Vie privée, qui ont paru hier. J'ai à vous remercier de vous être abonnée au *Feuilleton*[1]; mais je comptais aller vous voir tous les jours et vous dire que c'était un abonnement de faveur, une offrande comme celle d'un livre ; seulement, vous savez ce qu'est Paris, un monceau de sable comme ceux qui roulent dans la Loire : une fois qu'on y met le pied, on y reste. Hier, c'était une affaire à conclure; demain, ce sera une délicieuse soirée où l'on entendra la Malibran; ce matin, c'est un déjeuner de garçons; le soir, un travail urgent. Et le gouffre dévore une vie qui, passée dans la solitude, serait pleine ou glorieuse.

Cependant, ne croyez pas que je sois si dissipé. J'ai travaillé horriblement et mes débauches sont des volumes. En juin, j'espère vous offrir *les Trois Cardinaux*[2], œuvre qui peut-être ne sera pas indigne d'attention.

Si j'en ai le loisir, je viendrai de bonne heure, et, si je n'écoutais mon plaisir, je resterais à ce Saint-Cyr que vous trouvez si triste.

Agréez, madame, les hommages d'une sincère et respectueuse amitié.

Mille compliments à M. Carraud et au capitaine Periollas.

1. *Le Feuilleton des journaux politiques.*

2. Balzac n'a jamais écrit cet ouvrage. Il s'agissait de mettre en scène le Père Joseph, dit l'*Éminence grise*, Mazarin et Dubois.

XXXIV.

A MADAME LAURE SURVILLE, A CHAMPROSAY.

Paris, 1830.

Il est venu jusqu'à moi que ma chère sœur avait écrit que « Honoré semblait ne pas exister pour Champrosay ». J'ai sous les yeux vos gronderies, madame; il vous faut encore, je le vois, quelques renseignements sur le pauvre délinquant.

Honoré, chère sœur, est un étourdi criblé de dettes sans avoir fait une seule *bamboche*, prêt quelquefois à se frapper la tête contre le mur, quoiqu'on ne lui accorde pas de tête!...

Il est en ce moment prisonnier dans sa chambre avec un duel sur le corps : il faut qu'il tue une demi-rame de papier et la transperce d'une encre assez passable pour mettre sa bourse en joie et liesse.

Cet étourdi a du bon; on le dit insouciant et froid; ne le croyez pas, sœur chérie! il a un cœur excellent et il est prêt encore à rendre service à chacun, si ce n'est que, n'ayant pas crédit chez *messer Chaussepied*, il ne peut plus courir comme jadis pour les uns et pour les autres; on le lui impute à mal, comme on criait après Yorik pour avoir acheté le brevet de la sage-femme!...

En fait de tendresses, il est en fonds et sûr de rendre au double tout ce qu'il recevra; mais il est ainsi fait, qu'un mot sévère ou blessant efface tout ce qu'il a de joie en l'âme, tant il est susceptible pour tout ce qui est délicatesse de sentiment! Il lui faut des cœurs qui sachent vivre à la grande, qui comprennent l'affection et ne la fassent pas consister en visites, cérémonies, souhaits et autres fariboles de ce genre; il pousse la bizarrerie jusqu'à recevoir un ami qu'il n'a pas vu depuis longtemps, comme s'il était venu la veille.

Cet étourdi peut oublier le mal qu'on lui a fait, jamais le bien! Il le graverait sur l'airain si son cœur en contenait!

Quant à ce que les indifférents peuvent penser et dire de lui, il s'en soucie comme du sable qui s'attache à ses pieds! il tâche d'être quelque chose, et, quand on bâtit un monument, on s'inquiète peu de ce que les effrontés écrivent sur les barrières.

Ce jeune homme, tel que je vous le dépeins, vous aime, chère sœur, et ces mots seront compris de celle à qui je les adresse.

XXXV.

A M. THÉODORE DABLIN, PROPRIÉTAIRE, A PARIS

Paris, 1830.

Mon cher Dablin,

Ma sœur m'a dit hier que vous étiez venu la voir, et vous vous êtes souvenu de quelques expressions vives qui me sont échappées dans la dernière visite que je vous ai faite, et qui avait pour objet de vous prier de prendre une garantie que je crois nécessaire, au cas où un accident m'enlèverait. Si quelqu'un peut recevoir des éclaboussures d'une colère purement artiste, c'est assurément un vieil ami qui m'a connu avant 1817, et qui m'est venu voir rue Lesdiguières quand je souffrais mon premier martyre;

mais, comme je n'ai de ma vie jamais blessé personne, pas même un ennemi, j'ai vivement regretté de m'être échauffé dans cette discussion littéraire ou à propos de littérature, puisque vous avez gardé si longtemps le souvenir de mes brutalités de parole. Cette irritation ne vient ni de mon âme ni de mon cœur : elle est causée par l'état nerveux où me met le café quand, au lieu de se répandre sur le papier, elle s'épanche dans le vide, c'est-à-dire quand, au lieu de travailler, je sors. Une vieille amie à moi s'est aperçue de cet effet, il y a dix ans, et, si quelquefois je le réprime, il y a des moments où la contradiction que j'éprouve m'en empêche. Vous aurez pensé que mon amitié vous était doublement onéreuse, tandis que j'éprouve assez de chagrin de vous voir en cela si mal partagé, que, jusqu'à présent, c'est moi qui suis l'obligé.

Vous me connaissez peu, mon cher Dablin, et, si vous m'aimez, vous prouvez qu'on peut aimer son ami comme on aime une femme, sans la connaître ; mais il n'y aurait pas de déception si vous me cultiviez. Un homme qui se lève, depuis quinze ans, tous les jours dans la nuit, qui n'a jamais assez de temps dans sa journée, qui lutte contre tout, ne peut pas plus aller trouver son ami qu'il ne va trouver sa maîtresse ; aussi ai-je perdu beaucoup de maîtresses et beaucoup d'amis, sans les regretter, puisqu'ils ne comprenaient pas ma position.

Voilà pourquoi vous ne m'avez vu que quand il s'agissait d'affaires. Je suis fâché que vous ne m'ayez pas répondu au sujet de l'assurance, car plus je vais, plus les travaux augmentent, et je n'ai pas la certitude de pouvoir résister à ce travail sans relâche. E[illegible]m ment, un voyage de deux mois en Belgique, je ne sais où, rafraîchirait ma cervelle embrasée, fatiguée, me rendrait des forces au retour, et je n'ai ni l'argent ni le temps nécessaires pour l'accomplir. Voilà cinq ans que je n'ai voyagé, et le voyage est ma seule distraction. Je prévois donc pour moi la plus sinistre destinée : ce sera de mourir la veille du jour où tout ce que je désire m'arrivera. C'est pour cela que, vous, ma mère et madame Delannoy, je voudrais vous mettre à l'abri d'une perte, car vous êtes privilégiés dans mes intentions; M. Gavault[1] l'est par la nature des services qu'il me rend avec un dévouement qui m'endette de cœur comme avec vous et avec madame Delannoy.

J'attends bien certainement des jours heureux qui ne peuvent me faillir que par la mort; aussi mon épuisement, combiné avec la nécessité du travail, m'effraye-t-il, et serais-je plus calme en voyant mes vrais amis garantis contre un événement qui ne serait triste que pour eux.

Mille amitiés.

XXXVI.

A M. VICTOR RATIER, DIRECTEUR DE *LA SILHOUETTE*,
A PARIS.

La Grenadière, 21 juillet 1830.

Mon cher Ratier,

Figurez-vous d'abord qu'il m'a semblé, en voyant votre lettre, vous apercevoir entr'ouvrant la porte de mon

1. M. P.-S. Gavault, avoué à Paris. — *Les Paysans* lui sont dédiés.

cabinet, tant vous m'apparaissiez sous la forme d'un remords!...

Oh! si vous saviez ce que c'est que la Touraine!... On y oublie tout. Je pardonne bien aux habitants d'être bêtes, ils sont si heureux! Or, vous savez que les gens qui jouissent beaucoup sont naturellement stupides. La Touraine explique admirablement bien le lazzarone. J'en suis arrivé à regarder la gloire, la Chambre, la politique, l'avenir, la littérature comme de véritables boulettes à tuer les chiens errants et sans domicile, et je dis : « La vertu, le bonheur, la vie, c'est six cents francs de rente au bord de la Loire. »

Eh! venez ici trois jours; voyagez par Caillard, sur l'impériale, cela vous coûtera trente francs pour aller et venir (dix francs par jour); et vous aurez approuvé ma rédaction, en vingt-quatre heures, si vous mettez le pied en ma maison de la Grenadière, près Saint-Cyr-sur-Loire, maison sise à mi-côte, près d'un fleuve ravissant, couverte de fleurs, de chèvrefeuilles, et d'où je vois des paysages mille fois plus beaux que tous ceux dont ces gredins de voyageurs embêtent leurs lecteurs... La Touraine me fait l'effet d'un pâté de foie gras où l'on est jusqu'au menton, et son vin délicieux, au lieu de griser, vous bêtifie et vous béatifie. Aussi ai-je loué une maisonnette pour jusqu'au mois de novembre, car, en fermant mes fenêtres, je travaille, et je ne veux revoir ce luxurieux Paris qu'armé de provisions littéraires.

Figurez-vous ensuite que j'ai fait le plus poétique voyage qui soit possible en France : aller d'ici au fond de la Bretagne, à la mer, par eau, pas cher, trois ou quatre sous par lieue, en passant par les plus riantes rives du monde; je sentais mes pensées grandir avec ce fleuve, qui, près de la mer, devient immense. Oh! mener une vie de Mohican, courir sur les rochers, nager en mer, respirer en plein l'air, le soleil! Oh! que j'ai conçu le sauvage! oh! que j'ai admirablement compris les corsaires, les aventuriers, les vies d'opposition; et, là, je me disais: « La vie, c'est du courage, de bonnes carabines, l'art de se diriger en pleine mer et la haine de l'homme (de l'Anglais, par exemple). » Oh! trente gaillards qui s'entendraient... et mettraient bas les préjugés comme M. Kernock!

Revenu ici sans argent, l'ex-corsaire est devenu marchand d'idées, et il s'est mis en devoir de pêcher ses goujons pour en vendre. Figurez-vous maintenant un homme aussi *vagabonnant* qui part d'un article intitulé *Traité de la Vie élégante* pour faire un volume in-octavo que *la Mode* va imprimer et quelque libraire réimprimer. Cette entreprise comique et tuante me tient dans un étau depuis que j'ai écrit à M. Varaigne[1]. Ma compagne, qui s'absente d'ici pour douze ou quinze jours, emporte à Paris cette lettre et un tiers environ de ce volume, et vous me direz, avec votre rare et précieuse franchise, si le livre est digne de moi. Quant à *la Vie de château*, Émile[2], en l'insérant, a commis un véritable assassinat. C'était la première épreuve d'un article broché sur le bout de la table, et j'en avais ici un article fait en conscience, quand

1. Victor Varaigne, directeur associé du *Feuilleton des journaux politiques.*

2. Émile de Girardin, alors directeur du journal *la Mode.*

j'ai vu la trahison de *la Mode!* Si vous pouviez me trouver pour *la Silhouette* un sujet aussi fécond que celui de *la Vie élégante* et me laisser un peu le temps de le cuver, vous verriez!... Oh! oh! oh!

Votre *Silhouette* est bien avec les caricatures de la semaine. C'est une heureuse idée. Mais vous vous tuez en donnant de mauvaises caricatures. C'est une bonne chose que de composer le numéro avec l'explication des lithographies et cet article; *Caricatures hebdomadaires.* Vous devriez faire faire, par un homme spirituel, un compte rendu des événements, comme le fait *le Journal rose,* en prenant d'autres faits que lui, et avec cela un article spécial sur les arts, la critique d'un tableau, d'un livre, d'une gravure, etc. Vous auriez une configuration excellente et vous devriez n'en pas sortir (conseil d'ami). Vous savez qu'un bon conseil vaut un œil dans la main et ne se paye jamais. Un bon conseil est une idée, et une idée est une fortune.

Venez passer ici trois ou quatre jours, nous aurons la liberté de deux Iroquois qui n'ont que la même case et le même gibier. J'ai ici une esclave comme ma Flore de Paris. A propos, vos *Esclaves du sérail* sont bien bêtes. Dites donc à celui qui a commenté la caricature qu'on ne fait jamais de plaisanteries qui fassent rire si elles ne portent pas sur le vrai. Il est plus facile de faire rire de l'homme qu'on mène pendre que d'un fœtus. Si Voltaire a été si spirituel, c'est qu'il appuyait ses plaisanteries sur Dieu, sur la Bible, sur la société.

Ah! que les caricatures de Monnier sont spirituelles: *un Souvenir d'Alger* est admirable. Dieu veuille que sa prévision soit fausse, que nous ayons là une colonie et que nous rendions à la civilisation ces beaux pays !

Vous m'avez parlé de vous, je vous ai parlé de moi ; voilà comment j'entends les lettres et l'amitié. Seulement, vous ne m'avez pas dit ce que vous faisiez.

Sacredieu ! mon bon ami, je crois que la littérature est, par le temps qui court, un métier de fille des rues qui se prostitue pour cent sous : cela ne mène à rien, et j'ai des démangeaisons d'aller vaguer, chercher, me faire drame vivant, risquer ma vie ; car, pour quelques misérables années de plus ou de moins !... Oh ! quand on voit ces beaux cieux, par une belle nuit, on est prêt à se déboutonner pour pisser sur la tête de toutes les royautés. Depuis que je vois ici les splendeurs véritables, comme un beau et bon fruit, un insecte d'or, je prends des allures bien philosophiques, et c'est surtout en mettant le pied sur une fourmilière que je dis comme cet immortel Bonaparte : « Ça, ou des hommes !... qu'est-ce devant Saturne ou Vénus, ou l'étoile polaire ? » Et mon philosophe vient achever des pointes pour un journal. *Proh pudor !* Et il me semble que l'Océan, un brick et un vaisseau anglais à démolir, quitte à s'engloutir, c'est quelque chose de mieux qu'une écritoire, une plume et la rue Saint-Denis.

Adieu, mon cher Ratier ; puisque nous avons ou croyons avoir deux cœurs bien palpitants, donnons-nous une poignée de main.

Mes respects à madame Ratier.

Ah ! j'ai bien du regret de n'avoir pas avec moi un camarade qui puisse développer tous les textes que je conçois et qui viennent trop en foule pour que je fasse tout.

XXXVII.

A MADAME ZULMA CARRAUD, A SAINT-CYR.

Paris, 15 octobre 1830.

Attachez-vous à l'École polytechnique, car il est à peu près certain que Saint-Cyr sera détruit. Voilà le bulletin pour aujourd'hui.

Vous m'avez fait du bien en m'apprenant que le capitaine va mieux ; depuis la dernière fois que je l'ai vu, sa situation et son image me revenaient comme des fantômes. Voilà ce que c'est que d'être susceptible d'attachement, et de conserver une pudeur qui vous empêche de dire aux gens combien on les aime ; on perd tous les bénéfices de l'amitié et l'on en garde tous les malheurs !

Vous m'écrivez bien peu. Si vous saviez combien de misère m'entoure et de combien de courage il faut que je m'arme, soit pour vivre, soit pour travailler, vous seriez plus prodigue des mots consolateurs. C'est quelque chose que de s'entendre dire : « Courage ! allons ! »

Votre note a été remise en mains utiles ; mais j'ai à ce sujet à vous dire des choses qui ne doivent pas se confier au papier.

Quant à l'affaire du *Temps,* elle est très-délicate ; je n'obéis guère aux préjugés pour estimer un homme ; mais j'avoue qu'en voyant M. C... et en l'examinant, j'en ai pensé tout le mal qu'on en dit. J'ai considéré la fortune de M. Odilon Barrot comme fortement compromise, et j'ai plaint madame Barrot d'être sous la puissance d'un être que je suppose aussi profondément *politique*. Alors, mon rôle serait difficile; je ne suis pas encore assez avancé dans la vie pour savoir taire mes sentiments. J'ai donc mis votre lettre sous enveloppe et je l'ai adressée à votre amie, en lui disant que je l'avais gardée en son absence, mais que l'accueil que m'avait fait M. C... me dispensait d'aller l'importuner pour un intérêt personnel. Madame Barrot a gardé le silence huit jours; puis, hier, j'ai reçu une invitation d'aller à ses soirées. J'irai pour ne pas refuser, mais avec l'intention de n'y être qu'un indifférent. Je vous devais compte de cela, madame, puisque vous aviez eu la bonté de me servir d'introductrice, et j'espère que vous m'approuverez en cette circonstance.

Adieu, madame; je suis si occupé, si gravement entraîné dans plus d'un orage, que je compte sur votre bienveillante amitié pour excuser toutes mes irrégularités. J'aurais dû aller vous voir à Saint-Cyr; je devrais avoir plus de sept minutes à consacrer à cette lettre, qui ne vous dira jamais assez combien je vous suis attaché et dévoué.

XXXVIII.

A LA MÊME.

Paris, vendredi matin, novembre 1830.

Madame,

J'ai encore le regret de vous prévenir que je ne puis aller demain à Saint-Cyr. Je m'étais bercé toute la semaine de ce doux espoir, et voilà qu'hier au soir je reçois une lettre de convocation pour assister à une assemblée d'actionnaires pour une affaire dans laquelle je représente un intérêt appartenant à ma mère. C'est une des propriétés que je lui ai cédées, faible à-compte sur les sommes qu'elle a sacrifiées pour me conserver un nom intact. J'aurais mauvaise grâce à ne pas tout remettre quand il s'agit d'elle. Ce serait de l'ingratitude.

Puis, en ce moment, obligé, pour vivre et pour soutenir même quelques amis encore plus malheureux que moi, de faire des efforts inouïs, je travaille nuit et jour, ne dormant que deux heures à peine. Or, j'ai à revoir samedi un long article pour la *Revue de Paris*, et à faire *la Mode*, avec laquelle je suis en retard. Pardonnez-moi donc, avec votre bonté habituelle, de remettre ainsi le plaisir de vous voir. Il faut que ce soit bien impérieux, ce besoin du moment, car nous allions, M. Borget et moi, pour vous consulter sur notre affaire et tâcher de vous y conquérir. Mais, si cela peut vous agréer, nous viendrons sûrement un jour de la semaine prochaine.

Notre pays, madame, entre dans des circonstances bien graves. Je suis effrayé de la lutte qui se prépare. Cette fois (c'est entre nous deux que je parle), je vois de la passion partout et de la raison nulle part. Si la France lutte, je ne serai pas de ceux qui lui refuseront leurs bras et leurs talents, quoi qu'en puissent dire quelques amis. Et c'est alors que la science, dont nous avons porté si loin les ressources, et le courage pourront aider la France à triompher. Mais où sera le dénoûment, et pouvons-nous être les maîtres de la révolte des intérêts froissés qui sont au dedans du corps politique? Ah! madame, le nombre de ceux, parmi les patriotes, pour lesquels le mot patrie n'est rien, est bien grand ! Personne ne veut l'unir aux principes mitoyens dont je vous ai tracé en deux mots le plan constitutif. Nous sommes entre les exagérés du libéralisme et les gens de la légitimité, qui vont s'unir pour renverser.

Ne m'accusez pas de non-patriotisme parce que mon intelligence me sert à faire le décompte exact des hommes et des choses. C'est s'irriter d'une addition qui vous démontre le malheur d'une fortune à chaque révolution. Le génie gouvernemental consiste à opérer une fusion des hommes et des choses ; et voilà ce qui a fait de Napoléon et de Louis XVIII deux hommes de talent. L'un n'a pas été compris, et l'autre s'est compris tout seul. Tous deux ont contenu en France tous les partis, l'un par la force, l'autre par la ruse, parce que l'un montait à cheval et l'autre en voiture. Aujourd'hui, nous avons un gouvernement sans plan, pour notre malheur. Cet état de choses me ruine et m'enlève chaque jour une espérance. Ainsi, voyez si je ne suis pas pour la consolidation des choses ! Oh ! si vous étiez à Paris, au milieu des hommes et des affaires, votre politique de solitude changerait bientôt. Vous ne seriez pas une minute sans être froissée.

Adieu, madame ; comptez en tout temps sur mon affection sincère et sur un cœur dont la plus douce étude est de vous comprendre.

Mille amitiés au capitaine et à M. Carraud.

XXXIX.

A LA MÊME.

Paris, samedi matin (fin de 1830).

Madame,

J'ai reçu votre lettre, et, toute grondeuse qu'elle est, elle m'a fait plaisir, puisqu'elle prouve tout l'intérêt que vous prenez à moi. Sans chercher à vous démontrer combien il est peu généreux de juger un édifice par une pierre, de m'accuser à propos d'une opinion qui doit être formulée comme le veulent les abonnés d'un journal, et de ne pas séparer en moi l'ouvrier et l'homme, je vous avouerai que mes *Lettres sur Paris* disent avant tout la vérité sur les hommes et les choses, et qu'elles sont destinées à représenter moins une opinion qu'un tableau exact des mouvements politiques et des idées qui se combattent. A part la nécessité d'esquisser ce portrait, il y a des pensées dues aux ministres et aux gens qui font le gouvernement. Si vous avez cru que c'était moi, vous vous trompiez : ce sont les hommes que vous voulez voir aux affaires qui parlent ainsi. Telle phrase, telle pensée est due aux gens les plus influents. J'avoue franchement que je ne conçois pas qu'on puisse accepter le gouvernement représentatif sans la lutte d'opinions qu'il consacre. La tempête qui existe aujourd'hui existera toujours. Vous prenez le mouvement même du gouvernement pour les malheurs du gouvernement.

Votre observation sur l'usurpation est bien singulière!

Les gens les plus forts du *National*, du *Globe*, du *Temps* disent que, si le duc de Broglie n'existait pas, il faudrait l'inventer. Mais, sans vouloir défendre les idées que j'ai exprimées, permettez-moi de vous dire en peu de mots le système de gouvernement auquel se rapportera ma vie entière. C'est une profession de foi aussi invariable que possible; c'est en un mot ma conscience politique, mon plan et ma pensée, pour laquelle j'ai droit à tout le respect que j'accorde aux autres opinions; ma vie politique sera entièrement consacrée au triomphe de cette pensée, à ses développements, et, quand je parle sérieusement sur l'avenir de mon pays, il n'y a ni écrit ni parole qui ne s'y rapporte.

La France doit être une monarchie constitutionnelle, avoir une famille royale héréditaire, une chambre des pairs extraordinairement puissante, qui représente la propriété, etc., avec toutes les garanties possibles d'hérédité et des priviléges dont la nature doit être discutée; puis une seconde assemblée, élective, qui représente tous les intérêts de la masse intermédiaire, qui sépare les hautes positions sociales de ce qui s'appelle le peuple.

La masse des lois et leur esprit doit tendre à éclairer *le plus possible* le peuple, les gens qui n'ont rien, les ouvriers, les prolétaires, etc., afin de faire arriver le plus possible d'hommes à l'état d'aisance qui distingue la masse intermédiaire; mais aussi le peuple doit être laissé sous le joug le plus puissant, de manière que ses individus trouvent lumière, aide et protection, et qu'aucune idée, aucune forme, aucune transaction ne le rende turbulent.

La plus grande liberté possible à la classe aisée; car

elle possède, elle, quelque chose à conserver, elle a tout à perdre, elle ne peut jamais être licencieuse.

Au gouvernement autant de force que possible. Ainsi gouvernement, riches et bourgeois ont intérêt à rendre la classe infime heureuse et à agrandir la classe moyenne, où est la puissance véritable des États.

Si les gens riches, les fortunes héréditaires de la chambre haute, corrompus par leurs mœurs, engendrent des abus, ils sont inséparables de l'existence de toute société; il faut les accepter avec les avantages qu'ils donnent.

Voilà mon plan, ma pensée; elle réunit les conditions bonnes et philanthropiques de plusieurs systèmes. Qu'on me plaisante, qu'on m'appelle libéral ou aristocrate, je n'abandonnerai jamais ce système. J'ai longtemps et profondément médité sur les institutions des sociétés; celle-ci me paraît non la meilleure, mais la moins défectueuse.

Le temps et l'espace me manquent pour développer plus largement mes idées, qui ne sont qu'énoncées ici. J'irai probablement vous voir à Saint-Cyr, mardi prochain.

Pardonnez-moi d'être si bref, mais je suis accablé d'ouvrage et passe les jours et les nuits à travailler.

Dévouement et amitié.

XL.

A MADAME LA DUCHESSE D'ABRANTÈS, A VERSAILLES.

Paris, 1831.

Vous avez été bien injuste et bien mauvaise! Il n'y a ni Ladvocat[1] ni préméditation; il y avait qu'un de mes

1. Le libraire éditeur de ce nom.

libraires est venu me proposer un marché, qu'il a fallu le discuter; et, comme il s'agissait d'argent, et que je suis très-pauvre, je suis resté à conférer sur mes intérêts relativement aux SCÈNES DE LA VIE PRIVÉE, dont je vais faire le quatrième volume, le troisième étant prêt.

Je n'ai pas pu venir ce soir, parce que je n'ai pas un traître mot d'écrit de *l'Auberge rouge* et que je vais travailler ce soir et demain pour la finir. Alors, mardi, nous serons à temps, ou même mercredi, pour lire *Catherine*, car l'imprimeur de la *Revue* va vite.

Rien n'est donc changé, et Rabou [1] est au contraire si désireux de tenir l'article, que je l'ai empêché de vous aller voir, en lui disant que j'allais passer la journée avec vous pour son service.

Ainsi, je vous en supplie, soyez charitable pour moi. Ne fallait-il pas une circonstance aussi sérieuse que l'était celle-là pour me faire manquer à un engagement aussi sacré!

Daignez agréer mes respectueux hommages et amitiés tendres.

XLI.

A M. BARTHÉLEMY, AUTEUR DE *NÉMÉSIS*, A PARIS.

Paris, mardi, ce 3 mai 1831.

Monsieur,

N'ayant pas l'honneur de vous connaître personnellement, je vous prie d'abord d'excuser ma liberté; puis

1. Directeur de la *Revue de Paris* à cette époque.

permettez-moi de vous soumettre quelques observations sur votre satire de dimanche dernier, *la Statue de Napoléon*.

Avant tout, je vous féliciterai d'une chose : quand je vis apparaître votre journal, je craignis sincèrement qu'un homme de votre trempe et de votre talent ne s'engouât des idées révolutionnaires et jacobines, qui redeviennent à la mode et forment chaque jour de nouveaux prosélytes, idées qui nous feraient rétrograder jusqu'au charnier fangeux des Hébert, des Chaumette, des Marat, et que tout homme de cœur et d'intelligence doit combattre et repousser vigoureusement. Votre numéro de dimanche m'a pleinement rassuré là-dessus; il met *Némésis* d'accord avec vos précédents ouvrages; il en fait le pendant polémique de *Napoléon en Égypte*, de *Waterloo*, du *Fils de l'homme*. Vous donnez un organe de plus au parti bonapartiste et non pas aux gens qui voudraient voir revivre les beaux jours de la Convention et de la Terreur. Encore une fois, monsieur, je vous en félicite.

Mais est-il nécessaire, pour défendre la cause que vous servez, d'attaquer sans cesse et sans relâche une famille malheureuse et exilée? Vous avez fait à la monarchie légitime une guerre assez rude, vous lui avez porté des coups assez éclatants pour être généreux après la victoire. Aujourd'hui, l'adversaire est désarmé et à terre, et votre vers incisif le poursuit encore. Dès le début de votre pièce, vous montrez votre haine terrible pour cette famille que l'exil frappe pour la troisième fois. Vous leur faites vos sanglants reproches avec la même acrimonie et le même fiel que s'ils étaient encore sur le trône.

Prenez garde, monsieur! sur ce chemin on dépasse

aisément le but, et, si vous frappez fort, vous pourriez bien ne pas frapper juste. Quand les Bourbons revinrent, on renversa la statue de Napoléon; ce fut un acte malheureux à mon sens; mais, aujourd'hui que seize ans ont passé sur cet événement, est-ce une raison pour oublier tout ce que Louis XVIII fit dès le premier jour pour arrêter les dévastations des soldats des puissances étrangères, ses alliées, qui restauraient son trône?... Je ne le crois pas. La haine ne devait pas remonter si haut. La justice veut qu'on flétrisse ces hommes qui se montrèrent *plus royalistes que le roi*, et qui, dans leur zèle insensé, compromirent de tout leur pouvoir la dignité royale.

Pour ma part, je méprise souverainement ces hommes. On les rencontre à la queue de tous les partis et aucune infamie ne les arrête; ils feraient détester la meilleure des causes et haïr le plus juste des hommes. Réservez vos foudroyants anathèmes pour ces êtres vils, monsieur, et tous les gens de cœur applaudiront aux coups de fouet de votre *Némésis* vengeresse. Vous pourrez bien rester encore l'organe d'un parti, mais ce parti sera grossi de tous les honnêtes gens.

C'est vraiment dommage, monsieur, qu'une poésie aussi vigoureuse que la vôtre s'égare de la sorte. Ne soyez pas étonné de la franchise de ma parole. Vos stigmates sont durs à subir et à supporter, et, nonobstant mes opinions bien arrêtées, je sais admirer et louer en dehors d'elles.

Otez de votre livraison de dimanche dernier quelques vers d'une rudesse et d'une brutalité offensante et injuste, et vos vers, sans rien perdre de leur énergie et de leur chaleur, prennent un caractère monumental tout à fait digne du sujet que vous avez traité. Vous y dites de fort belles et fort magnifiques choses sur le peuple et sur ses instincts et ses goûts artistiques. Votre appel sera entendu sans doute et aussi ce que vous demandez, qu'on équipe une flotte qui nous rapporte les cendres de l'empereur.

A propos de cette installation de la statue impériale, vous parlez de l'exil de la famille Bonaparte. Dieu me garde, monsieur, de toute mauvaise pensée qui pourrait vous froisser! Mais cet exil, pour lequel vous voulez le respect sans doute, n'eût-il pas dû vous conseiller le respect de cet exil plus récent, du moins en ce qui concerne les reproches aux personnes, reproches que je pourrais appeler dynastiques? Cet exil de la famille de Napoléon, je voudrais le voir cesser, monsieur; mais je trouverais injuste qu'elle accusât les Bourbons de tout ce qui s'est passé en 1815. Les temps de troubles permettent aux scélérats de tout ordre et de toute nuance de se livrer à leurs vilenies et à leurs scélératesses, et ils en profitent.

Je terminerai cette lettre, déjà trop longue, en formant un désir: c'est que nous n'en arrivions jamais au remède héroïque par lequel vous avez terminé votre poëme. Nous avons eu assez de grandes guerres; je crois que le temps des grandes paix est arrivé, nonobstant les avis contraires des politiques qui prennent pour vérités leurs rêveries et ne consultent jamais les nécessités populaires.

Agréez, monsieur, l'hommage des sentiments avec lesquels j'ai l'honneur d'être votre dévoué serviteur.

XLII.

A M. VICTOR RATIER, A PARIS.

Nemours, mai 1831.

Mon cher Ratier,

Je suis assez en train sur cette terrible *Peau de chagrin*, que je voudrais, au rebours du héros, voir diminuer, et j'espère en être quitte à la fin du mois. Je vous ai promis de vous écrire et je tiens parole, mieux que vous qui ne me répondrez pas un traître mot et qui irez teter le bout de votre canne dans les foyers de théâtre en délaissant un pauvre ami qui se tue à travailler.

Quand vous venez me voir, — car je reconnais en toute humilité que je suis bien en retard avec vous sur les visites, — nous mettons nos imaginations tellement au galop, que nous n'avons pas un moment pour parler raison, et alors nous *vagabonnons* (je trouve l'irrégularité plus élégante); si bien que du diable si les chiffres de la vie nous apparaissent; or, je veux vous parler raison. C'est un diable qui en prêche un autre, n'importe! Mon judicieux ami, à mon retour, je ne demande pas mieux, toute spéculation à part, que de travailler avec vous pour le théâtre, en vous laissant tout l'honneur de nos compositions androgynes, de nous donner l'un à l'autre à tour de rôle la canne de l'argousin pour frapper sur le torse du fainéant. Mais, mon bon Ratier, voilà la Raison qui va s'avancer, raide, vieille fille et impérieuse!... mais c'est à une condition: vous travaillerez, vous travaillerez comme un forçat, vous n'emporterez pas un sujet, pour me rendre au bout de six mois une feuille de papier blanc, et j'aurai les moyens de vous rudement fouetter, da!... car je veux que vous soyez riche malgré vous. Le moyen serait sûr et il m'en coûterait, mais j'en userai.

Ce sera, après le terme fixé pour qu'un travail soit fait, de passer le drame à un autre, et de vous en tailler un nouveau; puis, quand vous aurez épuisé le peu de conception que j'ai dans le ventricule droit ou gauche de mon cerveau, dans cette petite fraction de mie de pain et de lait nommée cervelle, je vous souhaite le bonjour.

Votre rival est trouvé; c'est un honnête jeune homme, pauvre et malheureux comme vous et moi, ayant soif et faim comme moi et vous, plein de courage comme moi et non comme vous, qui êtes un véritable Indien sur sa natte.

Enfin, mon bon ami, je vous demanderai beaucoup d'indulgence pour mes façons despotiques et ma sincérité. Vous savez si je rejette facilement ce qu'un ami trouve mauvais!... Ainsi croyez que, si le hasard me faisait tenir à une erreur, je le reconnaîtrais le lendemain. Bref, je m'instituerai le démolisseur de ce que vous ferez, et je monterai sur vos épaules pour voir plus loin. Ne croyez pas que je ne sente pas comme vous ce qu'il y a de ridicule à un pareil marché; mais, quand vous y trouverez un mécompte d'argent, vous le cesserez, et je ne vous cache pas que, si votre idée est meilleure, elle dominera, puisque nos travaux ne doivent avoir pour but que notre bien-être pécuniaire, et qu'ici il s'agit plus de *chaircuiterie* littéraire que de réputation. Si nous avons le bonheur de faire un bon *Scribe* de notre raison sociale Ratier, ce sera tant mieux et je le désire bien vivement. Je ne joue pas au maître, et j'abhorre la tyrannie; j'aime mieux être aimé qu'admiré de mes amis; si je revendique le rôle de polisseur, c'est qu'il est le plus rude, que c'est une forte tâche.

Voilà ce que je voulais vous dire, et, si vous avez du courage, le talent vous viendra nécessairement, car il y a tant de courage dans le talent que la patience y est presque tout.

Mille choses à Chabot[1], et prenez pour vous une poignée de main sincère et l'expression d'une vraie amitié.

Mon adresse : à Nemours, poste restante, jusqu'au 22, jour auquel je partirai. Tâchez de faire les théâtres du plus grand nombre de journaux que vous pourrez; surtout ne dédaignez pas les choses de bon ton, parce qu'elles sont nécessaires en tout, et que, même en faisant des vaudevilles, il ne faut pas manquer aux convenances.

Tout à vous.

XLIII.

A M. CHARLES RABOU, DIRECTEUR DE LA *REVUE DE PARIS.*

Nemours, mercredi 18 mai 1831.

Mon cher maître,

Vous êtes bien outrageusement mauvais! Je vous avais humblement prié de me dire si *l'Auberge rouge* paraîtrait

1. Chabot de Bouin, auteur dramatique et romancier, un des collaborateurs de *la Silhouette*.

à la Trinité, vous n'avez pas répondu à votre très-humble serviteur. Il est vrai que ma lettre vous a été adressée au n° 240. Je baise votre ergot de diable afin d'obtenir un petit mot de réponse.

Je suis en ce moment à cheval sur un crime, et je mange, je me couche dans *l'Auberge rouge,* de manière à donner, mardi matin, à mon débotté, le premier paragraphe à notre ami Foucault, un joli petit manuscrit fait à la campagne, une copie sans ratures, léchée, pourléchée, coquettement corrigée... Ah! ah! je ne voudrais pas tromper mon ami Gosselin et donner un coup de canif dans sa *Peau de chagrin* pour Sa Majesté Frédéric-Guillaume.

Ayez la bonté d'écrire « à M. Balzac, à Nemours (Seine-et-Marne), *bureau restant* », un petit mot caressant comme la patte d'une maîtresse et qui me dise *oui* ou *non.*

Je sais bien, traître de directeur, que vous me direz oui à tout hasard, quitte à me repousser de dimanche en dimanche, comme une fête que le pape est embarrassé de mettre dans le calendrier. Mais, je vous en supplie, *te imprecor!* par les mânes de je ne sais qui, ne vous jouez pas de ma crédulité de romancier, dites-moi vrai, si jamais directeur de marionnettes le dit...

Si vous étiez un ami, vous auriez la complaisance de me faire une petite recherche dont j'ai besoin pour *l'Auberge rouge;* à savoir en quel mois, en quelle année, et sous quel général républicain les Français ont pénétré, au commencement de la Révolution, en Allemagne, à Düsseldorf, ou plus loin; et quel corps.

Je suis ici sans un pauvre livre, seul, dans un pavillon au fond des terres, vivant avec *la Peau de chagrin,* qui,

Dieu merci, s'achève. Je travaille nuit et jour, ne vivant que de café. Aussi j'ai besoin, pour trouver une distraction à mon travail habituel, de faire *l'Auberge rouge*, comme on va caresser la femme du voisin.

Mille compliments; tout à vous de cœur.

XLIV.

A MADAME ZULMA CARRAUD, A SAINT-CYR.

Paris, juin 1831.

Bon Dieu, madame, j'ai bien des torts envers vous, car je vous avouerai que je n'ai pas encore trouvé un moment pour lire le manuscrit de notre cher lieutenant Duparc que vous m'avez envoyé, et je sais comme vous combien il est utile et urgent de le placer[1].

Ce manuscrit est toujours sur ma table, comme un reproche éloquent que je m'adresse à moi-même.

Cependant, la librairie n'est point encore assez calmée pour que nous puissions espérer de placer cette traduction. Ainsi je ne suis pas très-coupable, et je dois attendre encore quelque temps avant de m'en occuper effectivement, utilement et activement.

Mes nuits et mes jours ont été employés à des travaux extraordinaires, et je vous aurai tout dit en vous confiant que je n'ai pas écrit une ligne de *la Peau de chagrin* depuis le peu de pages que j'ai écrites à Saint-Cyr.

Les travaux politiques que m'imposent mes obligations

1. Il s'agissait d'une traduction allemande faite par un pauvre officier de l'armée, ancien compagnon d'armes du commandant Carraud.

de candidat dans deux arrondissements[1] absorbent tout. Il faut mener de front mes occupations littéraires, qui, comme vous le savez, me font vivre, et mes études politiques, de sorte que souvent je succombe; car, maintenant, je suis forcé de faire quelques sacrifices au monde, et j'y vais beaucoup plus que je ne le voudrais. Mais vous, vous ne m'avez pas écrit une pauvre ligne, pas un mot qui vienne me consoler et me soutenir dans la lutte qui me dévore! Pour ne pas leur écrire, je ne pense pas moins à mes amis.

Vous avez dû recevoir trois exemplaires de ma brochure, afin de les remettre à qui de droit[2]?

Ne croyez pas, madame, que je puisse jamais oublier mes amis de Saint-Cyr; mais, depuis que je vous ai vue, je n'ai fait qu'écrire, penser et courir. J'en suis presque malade, et je vais aller passer une quinzaine de jours à la campagne pour me calmer et achever ce malheureux ouvrage, qui n'en finit pas.

Présentez, je vous prie, mes compliments affectueux au capitaine Périollas et à M. Carraud; rappelez-moi au souvenir de mes joueurs de reversi, et daignez agréer les témoignages de ma respectueuse amitié, comme de mon profond dévouement.

1. Lors des élections législatives complémentaires qui eurent lieu en 1831, Balzac posa, en effet, sa candidature dans l'arrondissement d'Angoulême et dans celui de Cambrai.

2. *Enquête sur la politique des deux ministères.*

XLV.

A M. HENRY BERTHOUD, A CAMBRAI.

Paris, juin 1831.

Mon cher Berthoud,

Vous avez dû quitter Paris avec une bien mauvaise opinion de moi; car, quoique j'aie été fidèle au second rendez-vous pour aller chez Véron, je ne parais pas avoir mis de persistance à vous chercher; le fait est que je suis parti le lendemain pour un petit voyage.

Vous ne savez pas dans quelle bagarre se trouve votre article. Véron a envoyé au diable la *Revue*, comme on pousse une échelle après s'en être servi pour grimper sur un mur. Cette pauvre *Revue* est tombée aux mains de M. Rabou. Véron m'a promis que celui-ci viendrait me voir. Je l'ai relancé (Véron) au milieu d'une répétition de Paganini pour lui parler du *Prestige*[1]. Il ne se souvenait plus de vous, le barbare!... J'ai dit à Véron que je le priais d'influencer Rabou, et, quand je l'ai instruit de l'intérêt mercantile que je vous portais (vous verrez plus bas), il a souri et j'ai bien auguré de sa grimace. Aussi je m'engage à vous faire lire votre article prochainement dans la *Revue* et à vous faire écrire par Rabou, ou je ne serai qu'un sot.

Vous allez voir, du reste, avec quelle fidélité je suis obligé de faire vos affaires. Ce que vous m'avez dit de

1. Nouvelle de Henry Berthoud, qui dirigeait alors la *Gazette de Cambrai* et désirait collaborer à la *Revue de Paris*.

Cambrai m'a suggéré l'idée de m'y présenter comme candidat. — Ouf! tout est dit. Alors, vous allez vous écrier : « Ce vil flatteur!... » Entre deux journalistes, toute finesse est, je crois, inutile, et le contrat que je signe avec vous en ce moment est d'une étendue que je ne méconnais pas. Je commencerai par faire assez pour vous, ici, pour que vous me pilotiez là-bas.

En ce qui vous concerne, je vous prierai de tenir tout prêt quelque article dans lequel vous mettiez toutes voiles dehors; je vous dirai confidentiellement, sans faire la croix, d'arrondir votre pensée et vos périodes, de donner je ne sais quel vernis à vos phrases, d'opposer des phrases courtes à des phrases cicéroniennes, etc., et de jeter de la poésie et de l'observation dans quelque sujet neuf.

Vous verrez dans six semaines pourquoi je vous demande de tenir cela prêt.

Maintenant, quant à moi, écrivez-moi quelle espèce d'ouvrage politique pourrait appuyer ma candidature à Cambrai. L'Assemblée future peut être fort orageuse; elle est grosse d'une révolution. Il est possible que les gens de votre arrondissement préfèrent voir au jeu une tête parisienne plutôt que les leurs; une ville aime toujours assez à se voir représentée par un orateur, et, si j'aborde l'Assemblée, c'est avec la pensée de jouer un rôle politique et d'en faire profiter la patrie adoptive dans laquelle j'aurai reçu le baptême politique de l'élection. Tous mes amis de Paris fondent, à tort ou à raison, quelque espérance sur moi. J'aurai pour appui : vous, si cela entre dans vos vues, la *Revue de Paris*, *le Temps*, les *Débats*, *le Voleur*, un petit journal, et ce que, d'ici là, je ferai.

J'attends de vous même confiance. Vous voyez que je brûle ma flotte avec vous!

XLVI.

A M. CHARLES GOSSELIN, LIBRAIRE ÉDITEUR, A PARIS.

Paris, juillet 1831

Mon cher Gosselin,

J'ai promis d'acquitter le compte de Levavasseur aujourd'hui; auriez-vous la complaisance de remettre au porteur du présent un effet à trois mois, de deux cent cinquante francs?

Je vous ai dit, dans le temps, la difficulté que j'aurais de placer des effets; mais celui-là me paye une dette, et il peut vous être indifférent de me le remettre aujourd'hui ou dans vingt jours, puisque cela n'anticipe pas réellement le payement.

Votre neveu a dû vous dire que je me suis renfermé et que je ne quitte pas *la Peau de chagrin* qu'elle ne soit finie. J'ai bien préparé le succès. Madame Récamier a réclamé une lecture; en sorte que nous aurons encore une immense quantité de prôneurs dans le faubourg Saint-Germain.

Vous ferez bien de mettre dans les journaux un avis pour les libraires de province, afin qu'ils vous envoient à l'avance leurs demandes, parce que je sais, par plusieurs personnes, que cela sera d'un bon effet.

Vous pouvez annoncer maintenant hardiment pour le 25 ; nous arriverons à peu près.

Tout à vous.

Et mille compliments affectueux à madame Gosselin.

XLVII.

A MADAME LA DUCHESSE D'ABRANTÈS, A VERSAILLES.

Paris, juillet 1831.

Nous n'avions pas pensé aux fêtes des 27, 28 et 29 juillet ! Il m'est impossible d'avoir le plaisir de dîner avec vous ; je suis mis en réquisition par le feu d'artifice et le concert et la *donna*. Vous comprenez et me pardonnez.

Vous me devez un autre jour, mais avant samedi ; car j'irai pour un mois à la campagne.

Mille amitiés.

Mardi, si vous voulez. J'aurai une lettre à remettre à mademoiselle Joséphine.

XLVIII.

A LA MÊME.

Paris, 1831.

Pardonnez-moi de vous envoyer ainsi incongrûment votre argent ; mais les *placards* pourraient me faire oublier ma dette ! Il n'y a qu'une chose qu'ils me laissent en mémoire, c'est notre délicieuse soirée et toutes vos bonnes gracieusetés, dont j'ai toujours le goût au cœur.

Mille douceurs et tendresses ! Et que sœur Joséphine[1] ne m'oublie pas en ses prières, moi qui me souviens d'elle en mes bouquins !

Hommages et amitiés dévouées.

XLIX.

A M. CHARLES DE BERNARD[2], A BESANÇON

Paris, 25 août 1831.

Monsieur,

Permettez-moi de vous remercier cordialement de la promptitude avec laquelle vous avez parlé de mon livre[3]. Un critique du *Journal des Débats* m'a communiqué votre article ; j'ai été agréablement surpris en me trouvant si heureusement compris, bonheur assez rare à Paris. L'analyse de mon livre y est faite avec une rapidité merveilleuse, sans raillerie ni prétention à l'esprit, aux dépens de l'auteur, bon goût de critique dont je vous félicite. Personne plus que moi ne désire voir s'établir en province des organes de l'opinion, et les votes des départements sont beaucoup aujourd'hui pour les auteurs consciencieux. Ils dirigent.

J'agis avec trop de franchise pour que vous ne me

1. Mademoiselle Joséphine Junot avait été sœur de charité pendant quelques années.

2. *Sarrazine* lui est dédiée.

3. *La Peau de chagrin*, feuilleton de la *Gazette de Franche-Comté* du 13 août 1831. Ce journal avait été fondé par Charles de Bernard.

laissiez pas vous soumettre une considération dont j'ai été frappé. Vous accusez peut-être légèrement la jeune littérature de viser à l'imitation des chefs-d'œuvre étrangers. Croyez-vous que le *fantastique* d'Hoffmann n'est pas virtuellement dans *Micromégas*, qui, lui-même, était déjà dans Cyrano de Bergerac, où Voltaire l'a pris? Les genres appartiennent à tout le monde, et les Allemands n'ont pas plus le privilége de la lune que nous celui du soleil, et l'Écosse celui des brouillards ossianiques. Qui peut se flatter d'être inventeur? Je ne me suis vraiment pas inspiré d'Hoffmann, que je n'ai connu qu'après avoir *pensé* mon ouvrage; mais il y a dans ceci quelque chose de plus grave. Nous manquons de patriotisme entre nous, et nous détruisons notre nationalité et notre suprématie littéraire, en nous démolissant les uns les autres. Les Anglais ont-ils été dire eux-mêmes que *Parisina* était la *Phèdre* de Racine, et vont-ils se jetant à la tête les littératures étrangères, pour étouffer la leur? Non. Imitons-les.

Ceci, monsieur, n'est point une question personnelle, parce que j'espère qu'à la seconde édition de mon livre, le public reconnaîtra l'immensité, la nouveauté de l'entreprise sous le faix de laquelle je succomberai peut-être, ou que j'exécuterai mal, mais que j'ose tenter. L'ouvrage aura doublé d'étendue, et le plan en sera largement exposé par une plume plus habile que n'est la mienne. Je me félicite, monsieur, d'avoir un sujet d'entrer en correspondance avec vous; je souhaite succès à votre entreprise honorable et bonne, et vous prie d'agréer mes compliments et les sentiments de considération distinguée avec lesquels j'ai l'honneur d'être votre tout dévoué.

L.

A MADAME LA DUCHESSE D'ABRANTÈS, A VERSAILLES.

Paris, 1831.

Madame,

M. Mame aura l'honneur de vous aller voir ce soir, à huit heures précises. J'ai, comme nous en étions convenus avant-hier, posé les bases du traité : trois mille francs par volume, pour deux mille cinq cents exemplaires; reprise du marché de *l'Amirante*[1]; toute sécurité pour l'imprimeur et pour vous; payement *en écus*, à la remise de chaque volume; enfin, toute satisfaction pour vos intérêts. Je verrais votre accord avec un vif plaisir, parce que vous vous épargneriez bien des ennuis.

Si j'avais pu sortir, j'aurais, avec tout le dévouement dont je fais profession pour vous, assisté à cette discussion; mais, si M. Mame a bec et ongles, vous trouverez en lui un homme très-aimable par-dessus le marché du libraire.

LI.

A LA MÊME.

Paris, 1831.

Rabou a votre article; vous le recevrez en épreuves dans deux ou trois jours, et alors vous le lirez plus à votre

1. *L'Amirante de Castille*, roman de madame d'Abrantès.

aise. Vous avez du succès. Rabou l'a trouvé au-dessus de ce que je lui disais.

Mon Dieu, pouvez-vous souffrir ainsi!...

Je vous remercie mille fois de votre café; il est délicieux. J'irai vous voir toute une soirée, la première dont je disposerai.

J'ai une grande occupation pour compléter un de mes volumes.

Mille affectueuses choses et amitié dévouée.

LII.

A LA MÊME.

Paris, 1831.

Mais M. Mame, par qui j'ai appris votre maladie, ne vous a donc pas dit que j'étais au lit?... Mais vous le saviez! On ne vous a donc pas dit que je suis venu pour vous voir à plusieurs fois, et que l'on m'a répondu que vous ne receviez personne? J'ai alors envoyé prendre de vos nouvelles, quand Mame ne m'en a pas donné.

Maintenant, j'irai vous voir aussitôt que je serai sorti d'un travail que le susdit Mame attend avec angoisse.

Non, ne doutez pas de moi. A bientôt! Je suis heureux d'avoir reçu votre billet, puisqu'il m'apprend que vous êtes hors de danger.

Amitié sincère.

LIII.

A LA MÊME.

Paris, Jeudi, 1831.

Je suis revenu de la manière la plus malheureuse. J'ai attendu une demi-heure à la porte de Versailles, et alors j'ai vu poindre dans l'avenue un malheureux coucou, qui n'a pu me transporter qu'à Sèvres. A Sèvres, j'ai espéré pouvoir rencontrer un second coucou, et j'ai cheminé vers Paris à la lueur de ces belles et magnifiques étoiles que vous contempliez, et, comme vous, j'ai joui de ce silence imposant qui remplit l'âme. Mais je marchais! Enfin, devers Auteuil— et, là, je pensais au pavillon mystérieux, — j'ai derechef entendu le bruit salutaire et nasillard d'un autre coucou, qui m'a jeté à minuit sur la place Louis XV; et, faute de voiture, je me suis servi de mes pauvres pattes pour regagner mon logis.

En entrant dans mon lit, je me suis avoué à moi-même que le quart d'heure de plus passé sur votre fenêtre compensait toutes ces tribulations, et, comme je me suis endormi à près de deux heures et demie, je m'étais flatté de cette vague ressemblance entre nous, à savoir que vous dormiez aussi peut-être, et vous m'écrivez que vous avez souffert!

Ici, ce matin, l'on m'a donné votre dernière lettre. Je ne vous en dirai rien; celle que je reçois à l'instant m'a tout à fait remué le cœur. Vous souffrez, dites-vous, et sans avoir l'espoir de revivre dans un beau matin. Songez donc que, pour l'âme, il y a des printemps et de fraîches matinées à toute heure; que votre vie passée n'a de nom dans aucune langue; elle est à peine un souvenir, et vous ne pouvez juger votre vie future sur votre vie passée. Que d'êtres ont recommencé de belles et de suaves vies, plus loin que vous encore dans l'âge! Nous ne sommes que par l'âme; savez-vous si la vôtre a reçu tous ses développements, si vous respirez l'air par tous vos pores, si tous vos yeux voient? La plante, la fleur elles-mêmes ont une gradation, et que de tiges qui, dans les forêts, n'ont pas vu le soleil!

Il règne, dans votre lettre, une mélancolie qui semble échappée d'une âme qui n'aurait pas connu le bonheur, et je ne crois pas qu'il en soit ainsi. Il me semble que le bonheur, ce bonheur brillant, laisse une longue trace lumineuse, une voie lactée dans notre vie et que ses reflets se multiplient dans toutes nos situations, même les plus terribles. L'ange tombé ne parle pas comme l'homme; n'a-t-il pas vu le paradis? Il y a dans mes paroles une contradiction apparente dont vous n'accuserez pas ma pensée; en y réfléchissant, vous verrez que je m'accorde et qu'on peut avoir été heureux, sans connaître le bonheur le plus parfait.

Je vous remercie de votre noble et belle confiance, et je vous prierai, avec l'accent de la plus vive ferveur, de ne jamais voir autre chose que ce que j'écris; car, quoique je me sois interdit de vous parler de cette terrible lettre, elle m'annonce clairement un défaut d'indulgence, dirai-je; grondez-moi tant que vous voudrez, mais ne vous mettez pas en colère. Partir pour cette terre! Et où est-elle? car, si vous y alliez, en vérité, il faut que je puisse vous y suivre, pour que le soleil ne se couche jamais sur votre colère.

J'irai vous voir lundi, et je viendrai de bonne heure; mais il faut encore que ma sœur ne le sache pas, et je ne puis vous en dire la raison que de vive voix; il y aurait des explications si longues, que vingt pages ne suffiraient pas. Puis, à Versailles, nous irons partout où vous voudrez, et je vais vous satisfaire en vous avouant que je ne connais rien de ce qui est à Versailles, Trianon, Marly, etc.

Pour vous remercier de votre aimable coopération, je ne puis, en vérité, que tirer du fond de mon cœur un de ces *merci* que je compte parmi mes trésors de tendresse, et je vous l'adresse avec une sainte reconnaissance. Permettez-moi de rester dans l'effusion de ce sentiment, surtout en pensant à cette soirée que je garde en mon cœur comme un cher souvenir. Je dirai comme vous : adieu et au revoir.

LIV.

A LA MÊME.

Paris, 1831.

Eh! mon Dieu, non, je ne suis pas ingrat. Vous m'aviez promis de m'avertir, et vous m'avertissez après. Vous ne saviez pas que je me couche maintenant à six heures du soir, que je me lève à minuit, et que je travaille ainsi seize heures de suite; je suis plongé dans des travaux si cruellement despotiques, que je ne saurais avoir de torts. J'accepte volontiers la revanche. Je n'ai qu'une heure à donner au monde, de cinq à six heures, pendant mon dîner. J'ai juré d'avoir ma liberté, de ne devoir ni une page ni un sou, et, dussé-je crever comme un mousquet, j'irai courageusement jusqu'à la fin. Je n'ai même pas l'excuse d'un souvenir, car je ne me doutais pas plus de madame Wyse[1] que de la maîtresse que j'aurai, si Dieu le veut! — Que madame Wyse me pardonne; elle est si belle, qu'un pardon devient royal chez elle. Ainsi, je serai chez vous à six heures, car, par aventure, je suis forcé de sortir à quatre heures.

Mille amitiés bien tendres et mille gracieusetés pour votre bonne fâcherie et votre doux pardon.

A vous.

LV

A LA MÊME.

Paris, 1831.

Vous vous trompez sur moi : j'ai été vous voir; vous étiez à la campagne. Il est un fait qui domine mon existence, c'est un travail continu, sans relâche, un travail de quinze à seize heures par jour; avec cette hydre, rien n'est possible. Les amitiés faibles s'en vont, il leur faut le *picotin* de Bugeaud; les vraies restent, et j'ai compté sur la vôtre.

Écrire, je ne le puis! la fatigue est trop grande. Vous ignorez ce que je devais, en 1828, au-dessus de ce que

1. Née Lætitia Bonaparte, et fille de Lucien; elle était alors à Paris, et voyait beaucoup madame d'Abrantès.

je possédais : je n'avais que ma plume pour vivre et pour payer cent vingt mille francs. Dans quelques mois, j'aurai tout payé, j'aurai reçu, j'aurai arrangé mon pauvre petit ménage; mais, pendant six mois encore, j'ai tous les ennuis de la misère, je jouis de mes dernières misères. Je n'ai imploré personne, je n'ai tendu la main ni pour une page, ni pour un liard; j'ai caché mes chagrins, mes plaies. Et vous qui pouvez savoir si l'on gagne facilement de l'argent avec sa plume, vous devez sonder de votre regard de femme l'abîme que je vous découvre et le long duquel j'ai marché sans y tomber. Oui, j'ai encore six mois bien difficiles à passer, d'autant plus que, si Napoléon s'est lassé de la guerre, je puis avouer que le combat avec le malheur commence à me fatiguer.

Je suis donc une exception, un pauvre ouvrier qu'il faut venir voir, ou qu'il faut prendre quand il s'endimanche. Personne au monde ne sait le prix d'une de mes visites et je ne le dis pas par fierté; mais à une amie sincère, je puis dire ces choses, certain qu'elles ne nous fâcheront pas. D'ailleurs, quoi de plus honorable, de plus grand, que de relever son nom, sa fortune, avec son esprit? cela ne peut qu'exciter l'envie, et je ne plains guère les envieux.

Ainsi, ne croyez rien de mauvais de moi; dites-vous : « Il travaille nuit et jour; » et ne vous étonnez que d'une seule chose : de ne pas avoir déjà appris ma mort. Je vais digérer à l'Opéra ou aux Italiens, voilà mes seules distractions, parce qu'il ne faut là ni penser ni parler, qu'il suffit de regarder et d'écouter. Encore n'y vais-je pas toujours.

Mille tendresses. Et ne me grondez plus, car vous savez bien que je vous aime.

LVI.

A MADAME LA DUCHESSE DE CASTRIES, A PARIS.

Paris, 5 octobre 1831.

Madame,

Votre lettre m'a été envoyée en Touraine quand je n'y étais plus; et, comme je me suis croisé avec ma correspondance, elle ne m'est parvenue que fort tard, en sorte que je n'ai pu vous lire qu'aujourd'hui. Ne m'accusez donc ni de négligence ni de fatuité; vous me couvrez d'assez de crimes pour que je me défende de celui qu'il y aurait à ne pas agir courtoisement avec une dame, même inconnue[1].

Permettez-moi maintenant d'user de quelque franchise en répondant à vos franches attaques, et daignez, avant tout, agréer mes remercîments sincères pour la flatterie indirecte de vos plaintes, puisqu'elles m'annoncent des impressions vives, produites par mes ouvrages. Vous m'avez malheureusement placé dans la triste nécessité de parler de moi, et c'est fâcheux quand je m'adresse à une femme dont je ne connais ni l'âge ni la situation.

La *Physiologie du mariage* fut un livre, madame, entrepris dans le but de défendre les femmes; je compris que,

1. En écrivant cette lettre, Balzac ignorait, en effet, le nom de sa correspondante, à laquelle il devait dédier plus tard *l'Illustre Gaudissart.*

si, pour commencer à répandre des idées favorables à votre émancipation et à une éducation plus large, plus complète, je m'y prenais vulgairement et en annonçant d'avance mon dessein, je passerais tout au plus pour l'auteur ingénieux d'une théorie plus ou moins estimable; qu'il me fallait donc envelopper mes idées et les rouler, pour ainsi dire, dans une forme nouvelle, acerbe et piquante, qui réveillât les esprits en leur laissant des réflexions à méditer. Donc, pour une femme qui a passé par les orages de la vie, le sens de mon livre est l'attribution exclusive de toutes les fautes commises par les femmes à leurs maris. C'est, en un mot, une grande absolution. Puis je réclame les droits naturels et imprescriptibles de la femme. Il n'y a pas de mariage heureux possible si une connaissance parfaite des deux époux, comme mœurs, habitudes, caractères, ne précède leur union, et je n'ai reculé devant aucune des conséquences de ce principe. Ceux qui me connaissent savent que j'ai toujours été fidèle depuis l'âge de raison à cette idée, et, pour moi, la jeune fille qui a fait une faute est plus digne d'intérêt que celle qui reste ignorante et prête aux malheurs de l'avenir, par le fait même de son ignorance. Aussi, célibataire pour le moment, si je me marie plus tard, ce ne sera jamais qu'avec une veuve.

Comme vous voyez, madame, voilà donc mon premier crime changé en une courageuse entreprise qui aurait dû me valoir quelques encouragements; mais, soldat avancé d'un système à venir, j'ai eu le sort de toutes les sentinelles perdues : j'ai été mal jugé, mal compris; les uns ont vu la forme, les autres n'ont rien vu du tout. Je mourrai dans mon idée comme le soldat dans son manteau.

Immédiatement après la *Physiologie*, je fis, pour développer mes pensées et les jeter dans les âmes jeunes par de frappants tableaux, les SCÈNES DE LA VIE PRIVÉE. Dans ce livre, tout de morale et de sages conseils, rien n'est détruit, rien n'est attaqué; je respecte les croyances, celles même auxquelles je n'ai pas foi. Je suis simplement historien, conteur, et jamais la vertu ne fut plus vénérée et préconisée que dans ces scènes.—Maintenant, madame, s'il s'agit de *la Peau de chagrin*, je me défendrai contre vos accusations par un seul mot : cet ouvrage n'est pas destiné à rester seul; il renferme, pardonnez-moi cette pédantesque expression, les prémisses d'un ouvrage que je serai fier d'avoir tenté, même en succombant dans cette entreprise, et, puisque vous avez pour moi tant de bonté, car je puis mesurer ce sentiment à l'étendue de votre sollicitude, qui m'a vivement touché, lisez la deuxième édition sous le titre de *Romans et Contes philosophiques*; j'ai un peu avancé dans le plan. Un des meilleurs écrivains de notre époque[1] a bien voulu soulever le voile de ma pensée intime et future dans une introduction. Vous verrez là que, si parfois je détruis, j'essaye parfois aussi de reconstruire. *Jésus-Christ en Flandre, l'Enfant maudit, Étude de femme, les Proscrits, les Deux Rêves*, vous prouveront peut-être que je ne manque ni de foi, ni de conviction, ni de douceur; je trace mon sillon consciencieusement. Je tâche d'être l'homme de mon sujet et d'accomplir

1. Philarète Chasles.

mon œuvre avec courage et persévérance, voilà tout. *La Peau de chagrin* devait formuler le siècle actuel, notre vie, notre égoïsme; les reproductions de nos types ont été méconnues; mais ma consolation à moi, madame, est dans les approbations sincères qui me sont données, dans les critiques faites comme l'est la vôtre, amicalement et de bonne foi; aussi ne croyez pas que votre lettre, pleine de touchantes élégies naturelles à un cœur de femme, me soit indifférente; ces sympathies excitées au loin sont un trésor, — toute ma fortune; ce sont mes plaisirs les plus purs, et peut-être le sentiment que vous m'avez fait éprouver eût-il été plus vif si, au lieu de voir dans mon livre la peinture obligée d'une femme célèbre pour n'avoir pas aimé, vous vous fussiez attachée à celle qui consacre les beaux dévouements de la femme, son amour naïf et les riches poésies de son cœur. Pour moi, Pauline existe, et plus belle même. Si j'en ai fait une illusion, ce fut pour ne rendre personne maître de mon secret.

Pardonnez-moi, madame, d'essayer à me rétablir dans votre estime, mais vous m'avez mis dans une position fausse et mal séante; vous vous êtes fait une idée de moi par mes livres... Et de vous, que possédé-je? une lettre, un acte d'accusation! — Vous vous êtes constituée mon juge, je ne pouvais vous répondre que par un plaidoyer. Mais, quoi que vous en pensiez, laissez-moi croire que, plus tard, nous correspondrons à propos d'une composition où je saurai, pour mon honneur, faire vibrer dans votre âme les cordes que j'ai laissées muettes; ce sera pour moi le plus grand, le plus précieux de tous les triomphes, le seul triomphe que j'ambitionne, car vous vous tromperiez si vous me supposiez autrement que solitaire, vivant de la pensée et jaloux d'être compris par les femmes.

Agréez, madame, mes plus respectueux hommages.

P.-S. — De pressants travaux ne m'ont pas permis de vous répondre à loisir. En relisant ma lettre, je m'aperçois qu'elle pourrait être mieux; que je devais vous dire tout autre chose, vous remercier de l'intérêt que vous me marquez et qui sera un des plus touchants épisodes de ma vie littéraire; mais, si je l'envoie, c'est vraiment pour vous prouver le peu d'apprêt et le naturel d'une âme assez dissemblable de celle dont mes livres me donnent l'apparence aux yeux de bien des gens.

LVII.

A MADAME LAURE SURVILLE, A CHAMPROSAY.

Saché, 23 novembre 1831.

Ma bonne sœur,

Je t'envoie une lettre que madame Carraud a mise pour toi dans la mienne; cela me procure le plaisir de t'écrire. Il y a des instants où nous sommes si heureux de pouvoir nous réfugier dans un cœur à nous depuis l'enfance! Je commence déjà à regarder en arrière! Aujourd'hui, je suis tout triste, sans savoir pourquoi. Je me suis figuré qu'il y avait quelque sympathie là-dessous et qu'un de ceux que j'aime était malheureux. Je voudrais bien être rassuré, savoir où vous en êtes tous; si mon cher Surville réussit, si tu es bien de corps et d'âme; comment va ma mère, si vous avez des nouvelles d'Henry.

Ma mère m'a écrit un petit bout de lettre de rien du tout; c'était court comme une lettre administrative. Moi, je n'ai pas le temps d'écrire comme je le voudrais. Si l'on savait ce que c'est que de pétrir des idées, de leur donner forme et couleur, et quelle lassitude cela produit! toujours penser comme la Fontaine sous son arbre! Si l'on faisait du la Fontaine encore! Mais non, ce n'est que du Balzac; sera-ce quelque chose?... Comme ce doute me tourmente dans mes mauvais jours! plus encore que mon état d'oiseau sur la branche, je t'assure; et cependant, n'est-ce pas triste, après tant de travaux, de n'avoir encore rien dans l'avenir que l'avenir lui-même! quel sera-t-il, Laure? Qui peut résoudre cette question pleine d'anxiété? Mon seul bien aujourd'hui gît dans quelques affections vraies et dévouées; mais, les expressions n'étant pas les mêmes dans les sentiments, s'il y a des personnes avec qui je m'entends toujours, il y en a d'autres avec qui je suis moins heureux. Tu es l'une des premières, chère, bien chère sœur!

LVIII.

A M. URBAIN CANEL, LIBRAIRE ÉDITEUR, A PARIS.

Saché, 25 novembre 1831.

Mon cher Canel,

J'ai déjà répondu à Rabou relativement aux deux volumes; et aujourd'hui part pour lui un conte sur le deuxième volume. Mais, mon cher gentilhomme, envoyez moi donc promptement une épreuve du *Dôme des Invalides;* par le renvoi de ladite épreuve vous recevrez *le Départ*, pour votre livre carliste; mais je ne le donne qu'à la condition expresse d'être en tête du volume. Ainsi, au reçu de cette lettre, mettez sous bande à la poste l'épreuve du *Dôme*.

Quant aux gants, que je vais tâcher de vous payer avec *le Départ*, remettez-les pour moi chez madame de Berny[1]. Comme chez moi tout est sens dessus dessous, ils seront là en sûreté, parce qu'il y a des boîtes à gants, et que ceux-là me sont d'autant plus précieux qu'ils me viennent d'un libraire au fond duquel il y a pour moi un ami.

Rabou vous parlera de ma détresse, et je ne vous en dirais pas plus qu'il ne vous en dira; car vous savez que, connaissant votre bourse comme la mienne, je ne m'adresse à vous que parce que je ne puis pas faire autrement.

Le fait est que je néglige même la *Revue* pour les *Contes bruns*[2]; que, d'ici à quelques jours, ma juste part des

1. Balzac, au milieu des embarras matériels où il fut engagé dès le début de sa carrière, eut du moins l'heureuse chance de trouver des encouragements, des conseils et souvent des inspirations non-seulement près de sa noble sœur, mais encore dans la société de plusieurs autres femmes d'une rare distinction d'esprit. Madame de Berny, qui était des premières parmi celles-là, fut enlevée de bonne heure à l'affectueuse reconnaissance de son jeune ami. M. et madame de Berny habitaient à Villeparisis, en même temps que la famille Balzac; ils allèrent ensuite s'établir à Saint-Firmin, petit village du département de l'Oise.—*Madame Firmiani* est dédiée à M. Alexandre de Berny.

2. Ouvrage anonyme fait en société avec Philarète Chasles et Charles Rabou.

deux volumes sera faite, et que, sans vanité, j'ai tâché de vous donner du bon. Je voudrais bien voir à ce livre un grand succès.

Envoyez-moi promptement Barbier; c'est, avec Lamartine, le seul poëte vraiment poëte de notre époque; Hugo n'a que des moments lucides.

Mille gracieusetés à la *miss*. Entrez chez l'élégant Chasles; dites-lui que je lui écrirai par le premier envoi à la *Revue*, et présentez-lui mon souvenir ami avec cette grâce qui vous caractérise.

Quant à l'impression des *Contes bruns*, j'ai envoyé mes épreuves, et elles étaient chez Éverat, bonnes à mettre en pages, au moment où vous m'écriviez; elles n'attendaient plus que le *bon* de Chasles ou de Rabou. Mais, si vous mettiez du *cicéro* (et vous auriez grandement raison, j'ai trouvé cette *philosophie* interlignée détestable), vous auriez à recomposer quelque chose.

Adieu; je vous souhaite toute prospérité.

LIX.

A M. LE BARON GÉRARD, A PARIS.

Paris, 1831.

Je crois, monsieur, vous avoir envoyé *la Peau de chagrin;* mais, comme le système général de mon œuvre commence à se démasquer, permettez-moi de ne pas vous donner la première assise sans la seconde; vous me feriez grand plaisir si, pour allumer vos cigares, vous mettiez les précédents volumes sur votre cheminée, de manière à les *consommer* page à page.

Faites agréer mes hommages à madame Gérard, et dites, je vous prie, à mademoiselle Godefroy que j'aurai le plaisir de prendre jour avec elle pour la palingénésie de mon pauvre et bien-aimé père. Si j'avais su l'autre jour que vous ne fussiez pas occupé, je vous aurais dérobé avec grand plaisir une leçon de bonne et spirituelle conversation; car, si je vous aime autant que qui que ce soit, je vous admire mieux que tous.

Votre dévoué serviteur.

LX.

A MADAME LA DUCHESSE DE CASTRIES, A PARIS.

Paris, 28 février 1832.

Daignez agréer, madame, mes remercîments affectueux et l'expression de ma profonde reconnaissance, pour la marque de confiance qu'il vous a plu de me donner. Il est si rare de rencontrer de nobles cœurs et de véritables amitiés; moi surtout, je suis si dénué d'appuis sincères sur lesquels je puisse me reposer, que j'accepte, au risque de perdre beaucoup à être connu personnellement, votre offre gracieuse.

Si je n'étais pas embarqué dans un travail pressé, j'eusse été vous présenter mes hommages avec cette franchise de cœur qui vous est si chère; mais, après bien des luttes et des malheurs honorables, de ces malheurs dont on est fier, j'ai encore quelques pas à faire pour arriver à conquérir quelques bonnes heures où je ne sois plus ni littérateur ni artiste, où je puisse être *moi;* et ce sont de ces heures-là que je voudrais vous consacrer, si vous le permettez. Vous êtes heureuse, madame, de pouvoir embellir votre solitude par de la poésie sans travail; moi, je la remplis par le travail sans la poésie. J'espère devenir meilleur auprès de vous, et je suis persuadé que je ne puis que gagner dans le commerce d'une âme aussi noble, aussi bien douée que l'est la vôtre.

Donc, à bientôt, madame, et qu'il me soit permis de déposer ici un hommage aussi amical que respectueux.

LXI.

A MADAME ÉMILE DE GIRARDIN[1], A PARIS.

Paris, 1832.

Ma chère écolière,

Ne vous moquez pas de votre pauvre maître, qui ne sait rien que par théorie. Il a dit, dans je ne me rappelle plus quel conte drolatique, qu'un quintal de mélancolie ne payait pas une once de frippe; eh bien, les milliers de quintaux de plaisir qu'on peut récolter dans le monde ne payent pas les billets de la fin du mois.

Ergo, le maître est esclave, et, comme il n'attend rien que de lui, le pauvre maître travaille, et il est toujours couché à six heures, au moment où vous allumez la vie, les bougies de votre élégante cage; où vous faites briller, de plus, votre esprit; où la poésie brûle et scintille; puis il se lève à minuit et demi, pour travailler douze

1. *Albert Savarus* lui est dédié.

heures, pendant que vous reposez, après vous être balancée dans mille gentillesses de rêves. *Ecco!*

Jugez si cela me semble dur; car, enfin, je n'ai qu'une écolière. Personne ne vient,

En la cabane où le coton me couvre,

me consoler; et, quand on ne voit personne, qu'on ne peut rien savoir, ces choses que l'on nomme gloire et réputation ne sont que des coups d'épée dans l'eau. — Je suis comme l'enfant qui a oublié de mettre des pois dans sa vessie au carnaval, et qui n'entend aucun son en frappant sur le public.

Je vous remercie donc beaucoup de votre bonne lettre, de votre cher souvenir.

Mille gracieusetés à madame O'Donnell; mes hommages à madame Gay; mes amitiés à Émile, et à vous mille affectueuses obéissances.

LXII.

A MADAME LA DUCHESSE D'ABRANTÈS, A VERSAILLES.

Paris, 1832.

Ne vous fâchez pas, je vous en supplie! j'étais si fatigué de travail, que je suis tombé à l'Opéra en sortant de voiture. Depuis mon retour, je me suis remis à écrire, et je ne bouge pas de ma table. Aussitôt que j'aurai un moment de liberté, je vous en consacrerai deux; mais, pendant toute cette semaine, je suis cloué par des *épreuves*. En conscience, j'ai à faire l'article de la *Revue* pour les deux derniers dimanches du mois, un ouvrage pour Mame, et le deuxième dizain des *Drolatiques*, sans compter deux réimpressions; n'y a-t-il pas là de quoi occuper trois ou quatre hommes?

Agréez donc les hommages, l'affection, les mille tendresses de votre dévoué serviteur, qui voudrait bien être libre, afin d'épuiser ce monde de choses que vous lui promettez si gracieusement.

LXIII.

A M. LE BARON GÉRARD, A PARIS.

Paris, 1832.

Monsieur,

J'ai vu hier un artiste dont le nom n'est pas encore célèbre en France, quoiqu'il ait beaucoup de talent: c'est M. Gros-Claude[1], de Genève. Il désire, avec cette ferveur qu'inspire votre talent, vous faire voir ses tableaux qu'il expose au Musée. J'ai osé faire les honneurs de votre bienveillance, et il doit venir vous les apporter entre midi et une heure aujourd'hui, car le terme de rigueur expire demain pour l'admission; il n'a rien autre chose à vous demander que votre avis et celui de mademoiselle Godefroy; il est grand ami de Schnetz, et professe pour vous cette admiration que nous avons tous.

1. M. Gros-Claude s'est fait connaître à quelques-uns de nos Salons, vers le commencement du règne du roi Louis-Philippe, par des compositions familières. Ses *Buveurs* ont été gravés et ont eu un succès populaire.

Je comptais vous le présenter mercredi, s'il n'avait pas la chance plus aimable de recevoir de vous-même ce droit de bourgeoisie que vous rendez si précieux par cette grâce et cet esprit que, pour mon compte, j'envie chaque fois que j'ai le plaisir de passer une soirée près de vous.

Veuillez agréer l'hommage de ma sincère admiration.

LXIV.

A M. LAURENTIE, RÉDACTEUR EN CHEF
DU *RÉNOVATEUR*, A PARIS.

Paris, mai 1832.

Cher monsieur,

L'article de M. de Peyronnet m'a tellement épouvanté comme talent, que j'ai senti le besoin de travailler beaucoup l'article sur le serment[1]; il aura tout autant d'opportunité la semaine prochaine. Le duc[2] se sera décidé pour sa candidature, et nous serons mieux à même de juger l'article et ses convenances en famille. Mais j'ai fait *la Vie d'une femme*. Je vous prie de ne point mettre de signature au bas : elle serait fastueuse; mais parlez-en dans le courrier si vous voulez. L'article est si mal barbouillé, qu'on le recopie. Il sera à dix heures et demie à l'imprimerie.

Mille compliments.

1. Cet article ne fut pas écrit.
2. Le duc de Fitz-James.

LXV.

A MADAME ÉMILE DE GIRARDIN, A PARIS.

Paris, mai 1832.

Depuis deux jours, je suis en flanelle et en douillette, attendu que je suis malade. Je l'étais déjà mardi soir, et je me suis fait, à la figure, l'enflure que vous avez eue à la main. J'en ai encore pour trois jours de souffrance et de désespoir; mais ce n'est pas le choléra, et personne ne peut dire : « M. de Balzac a le choléra, nous allons le perdre ! »

Ma maladie est ignoble; c'est un abcès qui a son cours prévu.

Mille remercîments de votre aimable souvenir; mais j'aurais voulu un mot de votre main, sur l'état de votre main, dont j'ai la responsabilité[1].

Amitiés dévouées pour tous les vôtres, et pour vous.

LXVI.

A M. CHAPELAIN, MÉDECIN, A PARIS.

Paris, mai 1832.

Monsieur,

La puissance du somnambulisme m'attire. Comment n'avez-vous pas encore cherché quelque somnambule

1. Peu de temps auparavant, madame de Girardin avait eu la main contusionnée par suite d'un accident de voiture.

bien lucide pour la mettre aux prises avec les causes du fléau[1]? la science est intéressée à cela. Ce serait notre honneur éternel. Si je n'étais pas depuis huit jours au lit, et dans un état qui ne me permet pas de sortir, j'aurais, moi théoricien, descendu, ou plutôt monté aux honneurs de la pratique, cherché une somnambule et tâché de me convaincre du néant ou de la puissance de notre découverte, afin de savoir si elle est bornée ou infinie.

Excusez-moi, monsieur, mais pardonnez à ma curiosité cette lettre, et attribuez-la au désir que j'ai de savoir si nous ne nous abusons pas nous-mêmes.

Agréez, je vous prie, mes compliments affectueux.

LXVII.

A MADAME ÉMILE DE GIRARDIN, A PARIS.

Paris, 31 mai 1832.

Nous étions, madame, destinés l'un et l'autre à connaître les effets du tilbury dans tous leurs développements; et, non loin de ce même endroit où vous fûtes si indélicatement traitée, j'ai été mis en contact avec les héroïques pavés de juillet. Cette tête, cette belle tête, enfin cette tête... que vous connaissez, a porté de la manière la plus malheureuse, et je ne sais si quelque rouage de la mécanique ne s'est pas détraqué dans mon cerveau.

1. Le choléra.

Cependant, comme votre souvenir a été ma première pensée au moment de ma chute, j'en ai conclu que mon intelligence ne devait pas être attaquée; car vous tenez certes par des liens secrets à tout ce qu'il y a de plus noble dans mon intelligence et dans mon cœur. (Ça ne se dirait pas, mais ça s'écrit.)

Plaisanteries à part, je suis au lit. J'ai été, pour la première fois de ma vie, saigné très-copieusement. Il m'a été ordonné de ne pas écrire, et même de ne pas penser; de demeurer dans un calme parfait; et voilà que votre lettre est venue réveiller toutes les idées gracieuses et mondaines qui vous suivent ou vous précèdent; vous m'avez rappelé les délices des fétiches, et même une dette que j'aurais été acquitter le soir même de ma chute; mais, comme j'espère ne pas mourir encore, j'aurai le bonheur de vous voir aussitôt que je pourrai sortir; et je regrette bien vivement de ne pas pouvoir célébrer ce doux anniversaire, et me rendre à votre soirée, où, malgré tout ce que vous voulez bien me dire, je n'aurais pu voir que vous.

Ayez la bonté de faire agréer à madame Gay mes remercîments pour son envoi; je lui aurais bien écrit; mais, obligé de me servir d'une main amie, je suis forcé, par le médecin et la politesse, d'écrire et de faire écrire le moins possible.

Mille affectueux hommages.

LXVIII.

A MADAME ZULMA CARRAUD, A ANGOULÊME.

Paris, 1er juin 1832.

Madame,

J'avais remis à vous répondre au moment où je vous enverrais à la fois mes *Contes drolatiques* et mes SCÈNES DE LA VIE PRIVÉE; mais voilà que je suis tombé de tilbury; j'ai échappé à la mort comme par miracle. Cependant, je suis au lit, saigné, à la diète, et sous la défense la plus sévère de lire, d'écrire et de penser! J'avais vu notre bon et grand et cher capitaine Périollas; j'ai peur qu'il ne vous alarme, et je vous écris à la dérobée, bien marri de ne vous avoir rien répondu quand j'étais en retraite, occupé à terminer mon ouvrage. L'égoïsme de l'auteur a tué, pour le moment, l'égoïsme de l'amitié.

Et cependant votre lettre m'a ému aux larmes. Je voudrais vous écrire sur tous les points. Je vais le faire, au risque d'aggraver mes douleurs, car ma tête a porté sur le pavé de juillet d'une rude manière, et je suis resté, pendant vingt minutes, sans pouvoir rassembler mes idées.

Quant à la politique, soyez sûre que je ne me conduis que par l'inspiration d'une probité haute et sévère, et, malgré l'anathème porté par M. Carraud sur les journalistes, croyez bien que je n'écrirai et n'agirai que par conviction. Mon plan et ma vie politiques ne peuvent pas être appréciés en un moment. Si je suis pour quelque chose dans le gouvernement du pays, plus tard je serai jugé; je ne crains rien; je tiens plus à l'estime de quelques personnes parmi lesquelles vous êtes au premier rang, comme une des plus belles intelligences et une des âmes les plus élevées que j'aie connues, qu'à l'estime de toutes les masses, pour lesquelles j'ai du reste un profond mépris. Il y a des vocations auxquelles il faut obéir, et quelque chose d'irrésistible m'entraîne vers la gloire et le pouvoir. Ce n'est pas une vie heureuse. Il y a chez moi le culte de la femme et un besoin d'amour qui n'a jamais été complétement satisfait; désespérant d'être jamais bien aimé et compris de la femme que j'ai rêvée, ne l'ayant rencontrée que sous une forme, celle du cœur, je me rejette dans la sphère tempétueuse des passions politiques, et dans l'atmosphère orageuse et desséchante de la gloire littéraire.

J'échouerai peut-être dans l'une et dans l'autre; mais croyez bien que, si j'ai voulu vivre de la vie du siècle même, au lieu de passer heureux et obscur, c'est que précisément le bonheur pur et médiocre m'a manqué. Quand on a une fortune entière à faire, il vaut mieux la faire grande et illustre, car, peine pour peine, il est préférable de souffrir dans une haute sphère que dans une basse, et j'aime mieux les coups de poignard que les coups d'épingle.

Vous avez raison dans tout ce que vous dites, d'ailleurs. Si je rencontrais une femme et une fortune, je me résignerais très-facilement au bonheur domestique; mais où trouver cela? quelle est la famille qui croirait à une fortune littéraire? Je serais au désespoir de tenir mon avenir d'une femme que je n'aimerais pas, aussi bien que de la devoir à des séductions; je reste donc forcément isolé.

Croyez bien qu'au milieu de ce désert, des amitiés telles que la vôtre et la certitude de trouver un asile dans un cœur aimant sont les plus douces consolations que je puisse avoir. Votre lettre a été bien précieuse pour moi; elle a été exactement rafraîchissante pour mon âme tendue, occupée, mais irritée plus qu'attendrie. Mon souhait le plus vif est encore pour la vie de campagne, mais avec de bons voisins et un intérieur heureux. En quelque pays que ce soit, j'irais l'accepter, et ne ferais plus que de la littérature d'amateur, par besoin, et pour ne pas être désœuvré, si jamais on peut l'être quand on voit des arbres et qu'on en plante. Me consacrer au bonheur d'une femme est pour moi un rêve perpétuel, et je suis désespéré de ne pas le réaliser; mais je ne conçois pas le mariage et l'amour dans la pauvreté.

J'ai fait mettre à la diligence des Messageries Notre-Dame-des-Victoires un paquet adressé, « bureau restant, à madame Carraud »; envoyez-le prendre. Quant au paquet perdu, l'administration fait ses recherches, car elle a déclaré l'avoir reçu et s'en est souvenue à cause de mon nom. La littérature a été bonne à quelque chose en cette affaire.

Adieu. Je désespère presque de vous voir cette année; car j'irai, si l'argent le permet, en Suisse et en Italie, après de nouveaux travaux que je vais achever et pour lesquels le capitaine m'a servi avec sa bonté accoutumée.

Vous ne m'oublierez auprès de personne, et vous devinez tout ce que je dois dire. Ma tête et ma main se fatiguent. Ma mère est là, qui compte mes lignes.

Trouvez ici mille tendres amitiés de votre tout dévoué.

LXIX.

A MADAME ÉMILE DE GIRARDIN A PARIS.

Paris, 1832.

Figurez-vous que j'ai été, moi si beau! cruellement défiguré pendant huit jours, et cela m'a paru curieux, d'être plus laid que je n'étais.

Je ne suis sorti qu'hier, mais vous devinez bien pour qui était cette première visite. Aujourd'hui ou demain, j'aurai le bonheur de vous remercier des gracieuses amitiés que vous m'avez écrites, et de vous revoir. Nous rirons un peu des bien portants, et bénirons les morts.

Ma sœur est en Touraine. Ma mère va mieux; elle m'a fait peur, il y a eu une journée où j'ai tremblé pour elle.

Vous êtes bien aimable pour moi, et je vous en remercie du plus profond de mon cœur : *de profundis!* comme dit le psaume fatal. Cela est-il de bon goût par le choléra qui court? Oui, car c'est vous placer aussi haut que Dieu, et, entre lui et vous, je n'hésite pas.

Aussi je me mets à vos pieds.

J'ai horriblement souffert, et maintenant il faut réparer le temps perdu, il faut travailler pour ces gredins de chevaux, que je ne puis parvenir à nourrir de poésie. Quelle belle application ce serait de la poésie! Ah! une douzaine de vers alexandrins en guise d'avoine : cette découverte tuerait la vapeur!

N'oubliez pas de présenter à madame Gay mes hommages respectueux. Elle doit avoir reçu le *livre*.

Et vous ne m'avez rien dit de votre main! Souffrez-vous encore? Vous n'avez personne de malade? Madame O'Donnell va bien, n'est-ce pas? Mille vœux pour vous.

LXX.

A MADAME DE BALZAC[1], A PARIS.

Saché, 10 juin 1832.

Ma chère mère,

Je suis arrivé à bon port, mais horriblement fatigué! On demandait les passe-ports aux voyageurs à tous les endroits où il y avait de la gendarmerie[2]. Aujourd'hui, je suis reposé; cependant, je me ressens encore de quelques contusions, principalement au bras gauche; il y a certains mouvements qu'il m'est impossible de faire. Mais enfin je suis ici, bien reposé maintenant; deux jours ont à peine suffi. Mes papiers sont rangés; demain, je me mets à travailler.

Tu enverras la lettre ci-jointe par Paradis[3]; puis, écoute bien toutes les recommandations qui suivent :

1° D'abord, copie-moi l'article de *l'Épicier* dans le

1. *Le Médecin de campagne* lui est dédié.

2. Une des mesures de police prises à la suite de l'insurrection des 5 et 6 juin 1832.

3. Son domestique.

volume de *la Silhouette* qui se trouve sur la deuxième planche aux in-quarto, du côté de la porte de ma chambre.

2° Il faut m'envoyer ton exemplaire des *Contes bruns*. Comme ce que j'y ai fait sera réimprimé dans les *Causeries*[1], tu dois peu tenir aux articles de Chasles et de Rabou. D'ailleurs, arrache seulement de ton exemplaire la *Conversation entre onze heures et minuit* et *le Grand d'Espagne*.

Madame de Berny te remettra des corrections indiquées; puis peut-être un volume des *Chouans* avec ses corrections; fais un paquet de tout cela et envoie-le-moi promptement avec ce que je vais te dire.

Tu prendras un exemplaire des tomes III et IV des SCÈNES DE LA VIE PRIVÉE, et tu y mettras : *Offert par l'auteur à M. de Manne*; puis tu iras chez M. de Manné, qui demeure à la Bibliothèque, et tu lui diras que je suis tombé et que je ne puis pas sortir. (Fais-toi belle !) Et voici ce que tu lui demanderas, écoute bien.

Tu chercheras d'abord, dans une grande *Biographie universelle*, l'article *Bernard Palissy*, qui est au B ou au P (tu m'enverras même ce volume); tu liras cet article, tu prendras note de tous les *ouvrages cités*, qu'ils soient l'œuvre de Bernard Palissy lui-même, ou qu'ils soient faits par d'autres sur lui. Prends cette note bien exacte, et tu demanderas à M. de Manne ces ouvrages pour moi.

Va également lire la notice sur Bernard Palissy dans la

1. Il s'agissait d'un livre qui n'a jamais paru, *Causeries du soir*. *Le Grand d'Espagne* se trouve aujourd'hui dans *la Muse du département*, et la *Conversation entre onze heures et minuit* fait partie des ŒUVRES DIVERSES.

Biographie de papa chez Laure, et vérifie s'il n'y aurait pas dans cette biographie-là des ouvrages cités qui ne seraient pas dans la mienne. Prends-en note pour les demander également à M. de Manne.

Si M. de Manne n'avait pas tout, et que ces ouvrages ne fussent pas très-chers, il faudrait les acheter. Tu verrais Gosselin et tu lui dirais que, six jours après la réception de ces livres que j'attends avec impatience, il aura le manuscrit qui doit terminer le quatrième volume des *Contes philosophiques.* Il me les faut pour faire un grand et bel ouvrage qui achève ce volume, où il est besoin que la seule chose inédite soit très-remarquable [1].

Il faut et j'entends (dis cela à Leclercq) que mes chevaux sortent chacun une demi-heure *tous les jours.*

J'aurai peut-être quelques voix; mais, hélas! par ici, on ne veut rien faire; il aurait fallu s'occuper exclusivement de mon élection, et j'aurais toujours succombé.

Adieu, ma bonne mère; je vais travailler comme un cheval afin de nous liquider parfaitement.

Prends ici un bon baiser de fils et sache bien que tout mon cœur est à toi.

1. Il s'agissait de *la Recherche de l'absolu;* mais cet ouvrage ne parut qu'en 1834. Les *Contes philosophiques* furent terminés par *Louis Lambert.*

LXXI.

A LA MÊME.

Saché, 24 juin 1832.

Ma chère mère aimée,

Je n'ai pas encore reçu aujourd'hui samedi le paquet que tu m'annonçais avoir mis à la diligence le 17.

Dans cette anxiété, comme M. de Margonne est allé à Tours, je l'ai prié de s'informer du paquet et de vouloir bien me le rapporter ce soir, s'il le trouve. Tu comprends bien qu'aussitôt je ferai ce que veut Dumont. Il n'y a certes pas de ma faute dans tout cela. J'attendais le paquet pour t'écrire.

Ta lettre m'a fait bien plaisir; les nouvelles que tu me donnes sur Henry me comblent de joie. M. de Margonne n'en sait encore rien, il ne revient que ce soir de Tours; je le lui dirai. Brave garçon! il a pensé à toi, et je lui envie bien le bonheur d'être le premier à te rendre plus heureuse; cela m'a fait cruellement regretter la voie que j'ai prise et de n'être même pas dans le devoir avec toi; mais enfin j'espère que le jour n'est pas loin où je pourrai, comme lui, te rendre une petite partie de ce que tu as fait pour moi. Pauvre mère! voilà un événement qui nous donnera du courage à tous deux.

Je te mettrai à la diligence, mercredi matin, un paquet qui contiendra le manuscrit du conte qui manque à Gosselin; c'est assez te dire que je travaille jour et nuit, car le manuscrit aura bien soixante feuillets. Aussi je suis bien fatigué d'écrire. Il a fallu répondre glorieusement aux gens qui disent que je suis fou.

Tu sais bien où est le petit papier sur lequel sont inscrits mes billets; il est dans le deuxième carton du cartonnier, à la chemise *Dettes courantes;* il faut le chercher, vérifier ce que j'ai marqué fin juin et 1er juillet, et, courrier par courrier, me l'écrire, afin que je te donne les lettres pour avoir de l'argent.

Le messager attend le paquet. Mercredi prochain, tu en auras plus long : ceci est seulement pour répondre à ta lettre. Adieu, ma bonne mère; je t'embrasse de tout mon cœur. Tâche d'avoir les numéros de *l'Artiste*[1].

Mille choses à Laure et à Surville.

LXXII.

A LA MÊME.

Saché, 28 juin 1832.

Ma chère mère aimée.

J'ai les deux paquets; mais le premier n'est arrivé que le 26, et le second sera aujourd'hui à Azay; je l'envoie chercher en t'adressant cette lettre pour calmer les inquiétudes que mes deux précédentes ont dû te donner. On attend de jour en jour madame D... Tu comprends que cela me prend beaucoup de temps, car il faut préparer les voies. Aussi, je ne puis pas courir les champs et travailler autant que je le voudrais.

1. *La Transaction (le Colonel Chabert)* venait d'y paraître.

M. Dumont m'a demandé toute une journée. Je lui ai renvoyé les pièces par la poste, et cela a retardé Gosselin : au lieu de lui mettre son paquet à la diligence aujourd'hui, je ne le mettrai guère que samedi; j'ai encore trente pages à faire. Les correspondances me tuent, il faut écrire à deux personnes à la fois; en outre, j'ai d'autres lettres à faire.

Je voudrais pourtant savoir à quoi m'en tenir sur une chose qui changerait si grandement ma situation et modifierait tous mes plans[1]. Le travail souffre de cette incertitude; car, comme *elle* est attendue de jour en jour, je vais trois fois par semaine à Méré; or, il est impossible de concilier cela et le travail. Néanmoins, Gosselin satisfait, — et il le sera cette semaine, — je ferai vivement *la Bataille,* à moins que celle des amours ne commence; mais, alors, je ne perdrais pas pour attendre et je pourrais bien faire la loi aux libraires. Je veux mettre Claire dans mes intérêts, et, pour cela, il faut m'attirer ses bonnes grâces en s'occupant d'elle, car c'est par elle que je ferai savoir tout ce qu'il faudra que l'on sache sans me compromettre.

Adieu, ma bonne mère; par le paquet, je te dirai où j'en suis de tout; j'attends ta lettre sur mes affaires. Mille tendresses de cœur.

J'écrirai aussi à Laure par le paquet. Peut-être ferai-je venir Leclercq et mes deux chevaux; ce sera selon les choses, tu entends.

1. On comprend qu'il s'agissait de quelque projet de mariage.

LXXIII.

A MADAME ZULMA CARRAUD, A ANGOULÊME.

Saché, 2 juillet 1832.

Chère amie,

Votre lettre est venue me trouver en Touraine, où j'ai été me réfugier pour achever les trois ouvrages que je dois donner avant de pouvoir voyager; je ne suis qu'à une soixantaine de lieues de vous; n'est-ce pas tentant?... Aussi les pieds me démangent. N'étaient les travaux commencés et dont vous témoignera la goutte de café tombée sur cette page, je serais déjà à la Poudrerie; mais, pour le moment, il faut me contenter de vous répondre; car, parmi toutes mes lettres, la vôtre a été lue la première.

Croiriez-vous que la gloire se traduit pour moi par des ports de lettres, et que je reçois jusqu'à trois et quatre lettres de femme par jour? Elles viennent du fond de la Russie, de l'Allemagne, etc. Je n'en ai pas eu d'Angleterre! Puis des lettres de jeunes gens. Ç'en est devenu fatigant. Aussi avec quelles délices j'ouvre une lettre d'amitié, vieillie, bien certaine, connue! J'ai eu la bonne fortune d'une lettre du capitaine; c'est un riche cœur.

Merci mille fois du fond de l'âme de votre amitié précieuse. Mon Dieu! votre lettre est venue au moment même d'un petit spleen que me causait la triste perspective d'un renversement probable de ma petite fortune, amassée à coups de plume. Décidément, il faut attendre la paix pour tenter notre entreprise[1]. D'ici là, que devenir?

Si vous saviez comme je travaille; je suis un galérien de plume et d'encre, un vrai marchand d'idées. J'achève en ce moment le quatrième volume des *Contes philosophiques*; je n'ai plus que quelques pages à écrire; vous l'aurez dans une quinzaine; et, à ce sujet, je voudrais bien savoir si vous avez les trois premiers. On réimprime *les Chouans*, etc.; il faut les corriger nécessairement. En outre, je prépare un grand ouvrage, intitulé *la Bataille*; puis j'ai à achever un livre en deux volumes in-octavo, *Conversations entre onze heures et minuit*. A peine me restera-t-il de quoi aller voyager. Vous m'avez fait bien plaisir d'être contente du quatrième volume des SCÈNES DE LA VIE PRIVÉE; j'y tenais, ce volume-là ne pouvant plus se faire aujourd'hui : il faut de la jeunesse et de l'observation.

Mais être à soixante lieues de vous, à moitié chemin!... Irai-je? n'irai-je pas? Je voudrais bien savoir si madame Nivet[2] a fait toucher sa traite. Elle m'a bien prévenu de l'époque, et j'ai fait les fonds; mais je n'ai pas répondu, parce que j'économise l'écriture le plus possible, j'en suis avare; peut-être a-t-elle pris le silence du consentement pour le silence de la faillite; je suis parti de Paris ayant toujours quatre-vingt-dix-huit francs à manger, et n'y touchant pas. Si ma mère les emploie et que la traite vienne! cela m'inquiète.

1. Cette entreprise consistait à éditer lui-même ses propres œuvres.

2 Belle-sœur de madame Carraud, qui était établie à Limoges. Balzac lui avait acheté des émaux.

J'ai fait tourner la tête aux gens des messageries !... mais, Dieu soit loué, mon innocence est reconnue !

Adieu ; n'oubliez pas de faire savoir au commissaire[1] que je suis bien sensible à son souvenir, que le *Voyage à Java* est fait, qu'il le lira dans les *Conversations entre onze heures et minuit*, et que je conserve de bons souvenirs du temps où je l'ai vu et entendu.

Mille amitiés à M. Carraud. Quant à vous, il n'est pas besoin de grandes paroles, et vous comprenez tout ce qu'un cœur ami vous offre de tendre et de délicat ; vous êtes une des âmes privilégiées auxquelles je suis fier d'appartenir par quelques-uns des liens que nous choisissons, et je ne pense jamais à vous que pour retrouver dans ma pensée de doux souvenirs. Ah ! si l'on avait voulu aller aux Pyrénées, je vous aurais vue ; mais il faut que j'aille grimper à Aix, en Savoie, courir après quelqu'un qui se moque de moi, peut-être ; une de ces femmes aristocratiques que vous avez en horreur, sans doute ; une de ces beautés angéliques auxquelles on prête une belle âme, la vraie duchesse, bien dédaigneuse, bien aimante, fine, spirituelle, coquette, rien de ce que j'ai encore vu ! un de ces phénomènes qui s'éclipsent, et qui dit m'aimer, qui veut me garder au fond d'un palais, à Venise... (car je vous dis tout à vous !) et qui veut que je n'écrive plus que pour elle ; une de ces femmes qu'il faut absolument adorer à genoux quand elles le veulent, et qu'on a tant de plaisir à conquérir ; la femme des rêves ! jalouse de tout ! Ah ! il vaudrait mieux être à Angoulême, à la Pou-

1. M. Grand-Besançon, commissaire des poudres à Angoulême.

drerie, bien sage, bien tranquille, à entendre sauter les moulins et à s'empâter dans les truffes, à apprendre de vous comment on met une bille en blouse, et à rire et à causer... que de perdre et son temps et sa vie !

Adieu ; pensez qu'il y a en moi une âme, et que cette âme aime à penser à vous.

Je suis ici pour quinze jours ; si je puis, si vous êtes à la Poudrerie, si..., si... J'essayerai enfin !

LXXIV.

A MADAME DE BALZAC, A PARIS.

Saché, juillet 1832.

Ma chère mère,

Voici tous les détails que je puis te donner et que tu m'as demandés.

Depuis que je suis arrivé ici, j'ai constamment travaillé à l'ouvrage de Gosselin ; car j'éprouve le besoin, pour arriver à une réputation, de toujours faire mieux, et, n'ayant pas reçu assez promptement mes matériaux pour les deux contes qui étaient faciles, j'en ai entrepris un au-dessus de mes forces ; mais enfin il est achevé en manuscrit, et je n'ai plus que le travail des épreuves. Du reste, jusqu'aujourd'hui, ce travail-là, le mémoire de Dumont, ma correspondance et mes visites à Méré ont absorbé tout mon temps.

Quant à madame D..., elle m'a écrit un mot poli pour me remercier des Scènes. Claire m'a dit en dernier lieu qu'elle ne viendrait en Touraine qu'au mois d'octobre ;

alors, je vais aller à Angoulême pour ne pas être six mois chez M. de Margonne. Je vais sans désemparer finir *la Bataille*, et, comme j'ai peu de chose à faire pour terminer les *Conversations entre onze heures et minuit*, tout sera prêt en même temps, et je reviendrai en Touraine au mois d'octobre.

Mais, ma pauvre mère, je suis dans des chagrins et des appréhensions continuelles. Je ne puis envoyer à M. Dieulouard[1] du manuscrit que le 1er août; comment faire?... Ce n'est ni l'imagination ni le courage qui me manquent, c'est le temps, que diable! Cette année, j'aurai publié huit volumes in-octavo. Je ne puis plus rien donner, quand même j'aurais quelque chose; aussi j'ai pris bien à contre-cœur, et dans le but de me tirer tout d'un coup d'affaire, le parti de composer deux ou trois pièces de théâtre! C'est le plus grand malheur qui puisse m'arriver; mais la nécessité est plus forte et il m'est impossible de m'en tirer autrement. Je verrai si je ne pourrais pas me servir de quelqu'un pour ne pas compromettre mon nom.

Mais, que je réussisse ou non avec la dame en question, il est impossible que l'affaire arrive à temps pour mes intérêts. Plus nous irons, moins la librairie réussira. Je te laisse maîtresse de faire tous les sacrifices que tu jugeras nécessaires. Si tu peux vendre les chevaux, vends-les; si tu veux même renvoyer Leclercq, paye-le et renvoie-le. Je voyagerai jusqu'à ce que j'aie refait mon affaire. Ce qui a tout dérangé, ç'a été les deux journaux

1. Administrateur de la *Revue de Paris*.

qui se sont brouillés avec moi, poussés par les petites intrigues de mes ennemis. J'ai été bien désolé pendant huit jours! Il me faudrait au moins six semaines de tranquillité parfaite pour te remettre les quatre mille huit cents francs des deux ouvrages que je vais faire. Si tu ne trouves aucun moyen d'arriver à cela, écris-le-moi : je suis déterminé à tout fondre et à recommencer sur nouveaux frais. Ce serait absurde, car, sauf cette gêne de six mois environ, je ne me suis jamais trouvé dans une plus belle position. Tôt ou tard, la littérature, la politique, le journalisme, un mariage ou une grande affaire me feront une fortune. Il nous faut encore un peu souffrir. Si je souffrais seul!... Voilà quatre ans que vingt fois j'ai eu l'idée de m'expatrier. Mais tu es maintenant bien souffrante et la nécessité te force à devenir une des causes de mes tourments secrets. Je t'ai donné presque tous mes embarras, outre les tiens; cela me fait un mal affreux.

Tu me demandes de t'écrire en détail; mais, ma pauvre mère, tu ne sais donc pas encore comment je vis? Quand je puis écrire, je fais mes manuscrits; quand je ne fais pas mes manuscrits, j'y pense. Je ne me repose jamais; comment mes amis ne savent-ils pas cela? Je finirai par fermer mes oreilles aux reproches, parce que j'ai la conscience de ce que je fais.

Aussi je vais te mettre bien succinctement par écrit les choses les plus nécessaires à faire.

Va, si cela t'est possible, trouver M. Pichot pour obtenir de lui que nous allions ensemble voir Mame; car que lui écrirais-je? Comment, ma pauvre mère, tu demandes que j'écrive des *cinq lettres* obligeantes et instructives à cinq juges! et que veux-tu donc que je fasse? Mieux vaut de ce pas m'aller jeter dans l'Indre! Songe donc que j'ai trois cents pages de manuscrit à faire, à penser, à écrire pour *la Bataille!*... que j'ai cent pages à ajouter aux *Conversations,* et qu'à dix pages par jour, cela fait trois mois, et, à vingt, quarante-cinq jours, et qu'il est *physiquement* impossible d'en écrire plus de vingt, et que je ne demande que quarante jours; et que, pendant ces quarante jours, j'aurai les épreuves de Gosselin!

Je n'écris qu'une fois par semaine à madame de Castries et à madame de Berny; encore ne sont-ce que des mots.

Tout ce que je puis faire, c'est de te donner une lettre pour M. Pichot.

C'est précisément pour éviter toutes ces affaires et tous ces dérangements que je suis venu ici et que je vais à Angoulême. Tu ne saurais pas imaginer ce qu'une lettre d'affaires m'enlève de temps. Huit jours, c'est peu dire. Madame de Berny a bien vu, à Saint-Firmin, ce que c'était que le travail de tête. Il m'a fallu dix jours avant d'inventer et de penser *les Célibataires*[1]. Avoir tous les chagrins de mes travaux d'artiste et ceux que me causent les embarras de mes affaires, c'est à quitter la vie!...

Je ne vois personne à Tours.

Tu trouveras, ci-joint, un effet pour Tournier. Tournier a un billet qui échoit en août. Il est convenu qu'il le

1. Balzac veut parler ici de la première histoire des *Célibataires* : *le Curé de Tours.*

remboursera et que je lui en ferai un nouveau; il te remettra les fonds pour payer le billet d'août et tu lui donneras celui que je t'envoie; c'est ce qu'on appelle un renouvellement.

Je pars demain lundi pour Angoulême, réponds-moi là. Pendant quarante jours, je n'écrirai ni ne répondrai à personne, qu'à toi. Envoie-moi cependant mes lettres par mes paquets d'épreuves.

Précise-moi bien les choses sur lesquelles tu voudras une réponse; que j'aie peu à écrire, car je serai livré à un travail excessif. Dans mon désir de nous tirer d'embarras, je ferai l'impossible. Si le bonheur veut que je puisse travailler comme les deux derniers jours de Saint-Firmin, *je nous sauverai!* Il faudrait, pour nous mener jusque-là, un emprunt à rembourser le 1er ou le 15 septembre.

Adieu, ma bonne mère aimée; je t'embrasse de cœur, comme un pauvre enfant bien malheureux et qui a bien besoin de serrer sa mère sur son cœur. Adieu; tu m'as bien inquiété par ta maladie et tu ne me donnes *aucun détail sur toi;* c'est toi qui devrais écrire!...

LXXV.

A LA MÊME.

Angoulême, 19 juillet 1832.

Ma chère mère,

Tu as dû cependant recevoir une lettre de moi relativement à tout ce que tu me demandes, par celle du 16, que je reçois aujourd'hui. Je t'ai expliqué pourquoi je n'écris plus de lettres et ne puis plus en écrire; je ne recommencerai pas l'explication. Ce que tu me dis sur mon silence est une de ces choses qui, à moi aussi, me font, comme tu le dis, tenir mon cœur à deux mains; car il est incroyable que je produise autant que je le fais, et j'obéis à la nécessité dans toute sa rigueur; aussi, pour écrire, ai-je besoin de plus de temps que je n'en ai; et, quand je me repose, ce n'est pas pour reprendre la plume. Il faudrait pourtant bien, ma pauvre mère, qu'entre nous cela fût compris une fois pour toutes, oui sinon, je serais obligé de renoncer à tout commerce épistolaire.

Que veux-tu que je te réponde sur le marchand de fourrages? Bon Dieu! je travaille nuit et jour pour faire de l'argent et le payer. Je t'ai indiqué, sauf le cas de maladie, le moment où les *Conversations entre onze heures et minuit* et *la Bataille* seraient finies; après ces deux livres, je ferai *les Trois Cardinaux*. Ces trois ouvrages suffiront largement à tout, avec un volume de *Contes drolatiques* et un volume de *Contes philosophiques*.

Or, n'ayant de l'argent que dans quarante jours, je ne puis rien faire avant ce terme; c'est une réponse générale; car, à moins de tout vendre pour rien et de me mettre nu comme un saint Jean, je ne vois pas d'autre moyen de faire de l'argent.

La dame au manuscrit est une intrigante: tu peux répondre que je n'ai pas le temps de me consacrer aux ouvrages des autres.

En thèse générale, pourquoi ne réponds-tu pas à tout par mon absence et mon retour?...

Maintenant, ma bonne mère, je suis arrivé avant-hier soir ici; hier, je me suis reposé, parce que la route, par cette chaleur, m'avait horriblement fatigué, d'autant plus que j'avais fait à pied, à midi, le chemin de Saché à Tours.

Et j'allais ce matin entamer mon travail avec courage, lorsque ta lettre est venue me désorganiser complétement! Crois-tu qu'il soit possible d'avoir des pensées artistiques en voyant tout à coup le tableau de mes misères comme tu me les traces? crois-tu donc que, si je ne le sentais pas, je travaillerais ainsi?...

Je t'ai dit, les larmes aux yeux et le cœur serré, qu'il était impossible que mon manuscrit fût prêt avant le 10 août, et, le 10 août, nous aurons dix-huit cents francs. Vois si tu peux à Paris arranger tout pour cette époque. Si je n'ai pas d'argent, eh bien, je me laisserai poursuivre et je payerai des frais; ce sera de l'argent bien cher!

Tu vois que tout se résout par mon travail le plus assidu, et mon travail par la tranquillité.

Si Gosselin s'avisait de ne pas m'envoyer d'épreuves, ce serait du joli! Mais ce serait à ruiner ma réputation! Je déchirerais tous nos traités à la face de la terre. L'œuvre que je lui ai envoyée m'a coûté trente jours et quinze nuits, et il me faut au moins deux épreuves. Je les attends avec impatience.

Je me lève à six heures, je corrige *les Chouans,* puis je travaille à *la Bataille,* de huit heures à quatre heures du matin, et, pendant le jour, je corrige ce que j'ai fait la nuit; voilà ma vie! en connais-tu de plus occupée?...

Adieu, ma bonne mère. Fais l'impossible, c'est ce que

je fais de mon côté. Ma vie est un miracle perpétuel. Je t'embrasse de tout mon cœur et avec bien du chagrin, car je te rends aussi malheureuse que je le suis.

LXXVI.

A MADAME ÉMILE DE GIRARDIN, A PARIS.

Angoulême, 20 juillet 1832.

Voulez-vous me permettre de vous confier un secret? De loin, puis-je faire la demande et la réponse, et ne présumerai-je rien de faux en vous supposant bonne, ingénieuse et complaisante?

Premièrement, ne dites pas où je suis, ni qui vous écrit, ni ce que je vais avoir l'impertinence, l'outrecuidance de vous demander. — Si vous me refusez, dites-moi l'un des plus jolis *non* que vous ayez formulés, et gardez-moi encore le secret.

J'ai achevé un livre intitulé *Études de femmes;* il me faut une préface écrite par une femme : voulez-vous me la faire?

Si vous me trouvez digne de quelques plumées d'encre, si vous voulez vous mettre un peu de noir aux doigts, si..., si..., il y a mille *si!* répondez-moi un petit mot. Je vous écris d'Angoulême, où je suis venu me faire couper les cheveux, et, jusqu'au 20 août, je puis y recevoir votre gracieuse réponse, quoi qu'elle dise. — Alors, si vous m'accordez ma requête, je vous enverrai un petit mot touchant cette préface, qui serait pour les neuf cent quatre-vingt-dix-neuf millièmes dans le succès de mon livre, et mon chagrin sera de ne pouvoir jamais vous rendre un service de ce genre.

Avez-vous songé que je pensais à vous et à Émile, quand la bougie a scintillé? Quand votre oreille a résonné, quand vous avez été gaie, avez-vous cru que j'étais près de vous en esprit? Non, vous vous serez moqués tous de moi, peut-être, si vous m'avez mis au nombre des gens sans mémoire, et Dieu sait si j'en manque! Savez-vous qu'il est impossible, en province, de ne pas tourner les yeux vers ce salon où tout est esprit et pensée?... où l'on fait payer l'éloge par de la raillerie, où cependant l'on vient toujours se faire duper, parce que tout y est joli et que nous aimons mieux de ravissantes illusions que d'amères vérités? — Du moins, moi, je suis ainsi, prêt à grimper sur une parole comme Astolphe sur son hippogriffe.

Vous ne m'oublierez pas auprès des personnes à qui je dois des souvenirs, et vous les formulerez en me faisant dire tout ce que je dois penser.

Répondez-moi sincèrement, et, si c'est *oui,* laissez-moi prendre toute l'exigence de l'amitié; car vous, *Delphine divine* — comme disait le pauvre cher fou Gérard — et Émile ne pouvez pas douter de la sincérité des sentiments de votre affectionné.

LXXVII.

A MADAME DE BALZAC, A PARIS.

Angoulême, 29 juillet 1832.

Ma *ti* mère, comme dit Laure, je reçois aujourd'hui le paquet d'épreuves; mais explique donc à Gosselin qu'il me faut *toute la composition*, l'œuvre entière sous les yeux, pour que je la corrige; car cela sort des habitudes ordinaires des autres ouvrages. Que diable! M. Crapelet a bien assez de caractères pour tenir à la disposition de Gosselin cent vingt ou cent quarante malheureuses pages dont se compose cette *Notice*[1].

Quant à moi, si je corrige placard par placard, je perdrai quinze jours à ce travail, et, si j'ai tout sous les yeux et que je corrige tout d'un coup, je n'y emploierai que trois jours; or, mes heures sont si précieuses, que tout doit plier devant une économie de temps. Explique bien cela audit Gosselin.

Maintenant, chère mère, je vais te surprendre par un envoi très-prochain d'une *partie de manuscrit*, comme disent les commerçants, dont tu pourras retirer cent louis. La nécessité m'a inspiré pendant huit jours et j'ai saisi l'occasion et l'inspiration aux cheveux. C'est Mame qui sera chargé d'arranger tout cela. En temps et lieu, je te dirai comment, car il s'agit de trois articles qui paraîtront, sans que je sois compromis, dans trois journaux et qui feront un livre à Mame.

Adieu; je me jette sur ton cœur et t'embrasse avec effusion. Paye tout comme tu dis; moi, de mon côté, je vais faire de l'argent à force, et nous balancerons, dans un temps donné, la dépense par la recette.

La correction des *Chouans* va son train : j'ai un volume de prêt.

1. La première édition de *Louis Lambert*, dont il s'agit ici, parut sous le titre de *Notice biographique sur Louis Lambert*.

Tu as dû voir que nous nous sommes rencontrés en idée pour le tilbury et le cheval et pour Leclercq. Quant à ce dernier, tu pourrais l'envoyer ici, car j'y suis comme un enfant de la maison.

Adieu; il faut que je retourne à la besogne pour achever mon tour de force. Je t'embrasse de tout cœur.

Bien entendu, si tu trouvais du cheval ce que je t'en dis, vends-le. En tout état de cause, il faut garder tout ce qui est sellerie et vendre le cheval nu.

Les numéros de *l'Artiste* qui contiennent *la Transaction* me sont toujours bien utiles.

Adieu.

LXXVIII.

A LA MÊME.

Angoulême, 30 juillet 1832.

Ma mère chérie,

Aussitôt cette lettre reçue, cherche dans ma bibliothèque, dans la rangée d'en bas, aux in-douze, *le Jeune Irlandais,* et envoie-le-moi par la diligence; obtiens qu'il parte immédiatement, car j'en ai le plus grand besoin. N'oublie pas un peu d'argent (je dois trente francs déjà) ni la lampe *locatelli :* c'est une surprise que je veux faire à madame Carraud.

Dieu! que Gosselin m'irrite! il ne sait pas ce qu'il me cause de perte de temps en ne m'envoyant pas d'un coup tout *Lambert* composé. Il ne voit donc pas que je suis dans une veine de travail et capable de faire des merveilles

Maintenant, je réponds de ma *Notice*, cela fera vendre un jour des mille exemplaires de *Contes philosophiques*.

Adieu, *ti* mère; je ne resterai pas ici plus que jusqu'au 20 août. *On* s'est arrangé à Aix pour que je puisse venir y rester incognito.

J'ai jusqu'au 1er octobre avant de pouvoir revenir à Saché, puisque milady n'y revient qu'à cette époque. Alors, j'aurai bien ajouté à ma réputation, tu verras comme!

Adieu; je n'ai pas le temps de t'en dire davantage. Gagne mes procès! Mille caresses de cœur.

Ton fils bien aimant.

LXXIX.

A LA MÊME.

Angoulême, août 1832.

Ma chère mère,

Je ne puis pas t'écrire aujourd'hui en détail. Il est onze heures du soir, je suis extrêmement malade, par suite d'un travail excessif, et, si je n'avais pas craint de t'alarmer, je t'eusse fait écrire par madame Carraud; mais ce que j'ai à te dire est trop confidentiel.

J'ai travaillé cent soixante heures sur l'ouvrage de Gosselin. Je te prie, ma mère bien-aimée, de le lui porter toi-même aujourd'hui; de me faire écrire par lui l'assurance que j'en aurai une épreuve nouvelle à Lyon, poste restante.

Veille à ce que cette épreuve soit *sur papier blanc* et que tout soit en pages.

Fais-lui observer de ma part que le moins coûteux et le plus expéditif sera de *tout composer à nouveau*, et de mettre immédiatement en pages.

Ma bonne mère, il s'agit de ma réputation et de mon avenir; fais en sorte que je n'aie pas risqué une maladie en pure perte; il me faut cette épreuve et l'assurance que je l'aurai.

Enfin, renvoie-moi, par les Messageries royales, bureau restant, à Lyon, la copie nouvelle que j'envoie à Gosselin, et veille à ce que ce manuscrit parte en même temps que les épreuves par la poste, afin que, s'il y a des mots oubliés, je puisse les rechercher dans mon manuscrit.

Voilà tout ce que j'ai à te dire sur l'affaire de Gosselin. Passons à autre chose.

Tu enverras les deux lettres ci-jointes à leur destination. Tu ne feras rien dire à Buloz. S'il venait, tu lui dirais de revenir te voir vendredi 17 août, à quatre heures. Ce jour-là, tu auras, bureau restant, un paquet où sera le manuscrit pour la *Revue des Deux Mondes* et les conditions; dans ce paquet, une lettre où je répondrai en détail à toutes tes demandes. J'espère être mieux et tout t'expliquer.

Maintenant, en envoyant la lettre à M. Pichot (rue du Gros-Chenet), tu lui feras dire par Paradis, *en grande tenue*, que tu as reçu de moi des manuscrits et que tu le pries de passer jeudi à telle heure ou pendant toute la journée, comme tu voudras.

Tu ferais bien de le recevoir chez moi, s'il vient.

Or, s'il vient, voici ce que tu lui diras succinctement :

Qu'il faut, par une lettre écrite, que la *Revue de Paris*

s'engage à me payer deux cents francs par feuille, sans contestation de blancs;

Que je sois imprimé en *philosophie;*

Et que, par cette lettre, il me dise que, tant qu'il dirigera la *Revue,* rien n'y sera dit sur moi de désagréable; enfin, que, s'il me plaît de réimprimer en livres mes articles, cela me soit permis, parce que j'entends n'en donner la propriété à la *Revue* que pour une première publication, c'est-à-dire que mes articles qui lui seront donnés ne puissent reparaître dans aucun journal.

Si tout cela lui convient, tu lui remettras le manuscrit en lui faisant observer qu'il faut faire tout composer sur-le-champ et t'envoyer l'épreuve *sur papier blanc* avec le *manuscrit,* de manière que tout me parvienne à Lyon, bureau restant, le 21 août.

Si M. Pichot ne voulait pas, tu lui dirais : « N'en parlons plus. » Tu recevras, par le *paquet Buloz,* d'autres explications sur mon voyage, l'argent à m'envoyer, etc.

Pardonne-moi, mère bien-aimée, ma brièveté : voilà deux nuits consécutives que je passe, et il faut me lever à trois heures demain, pour aller, de la Poudrerie à Angoulême, porter ce paquet, afin d'être sûr qu'il parte.

Tu recevras les livres de Saint-Cyr par l'autre envoi; on me copie les cartes, ce qui me coûtera cher.

Adieu; je t'embrasse de cœur. Jamais je n'ai été aussi fatigué et tu ne sauras jamais ce qu'il m'a fallu de force pour t'écrire; j'aurais dû le faire d'avance.

Je t'embrasse de tout cœur, ma mère bien-aimée.

LXXX.

A MADAME LAURE SURVILLE, A PARIS.

Angoulême, août 1832.

Ma bonne et bien-aimée Laure,

Je reçois ton petit mot, et, malgré ma fatigue, il m'est impossible de ne pas t'écrire. Tu m'as ému aux larmes en me parlant de ma pauvre mère. Je n'ose lui écrire; car, hier, je lui ai répondu un peu brièvement, et je ne pourrai jamais lui exprimer tout ce que j'ai dans le cœur pour elle.

Merci, ma sœur; le dévouement des cœurs aimés nous fait tant de bien! Tu m'as rendu cette énergie qui m'a fait surmonter jusqu'ici les difficultés de ma vie! Oui, tu as raison, je ne m'arrêterai pas, j'avancerai, j'atteindrai le but, et tu me verras un jour compté parmi les grandes intelligences de mon pays!

Mais quels efforts pour arriver là! ils brisent le corps, et, la fatigue venue, le découragement suit!

Cette *Notice biographique sur Louis Lambert* est une œuvre où j'ai voulu lutter avec Gœthe et Byron, avec *Faust* et *Manfred,* et c'est une joute qui n'est pas encore finie, les épreuves ne sont pas encore corrigées. Je ne sais si je réussirai, mais ce quatrième volume de *Contes philosophiques* doit être une dernière réponse à mes ennemis et doit faire pressentir une incontestable supériorité. Aussi faut-il pardonner au pauvre artiste sa fatigue, ses découragements et surtout son détachement momentané de toute sorte d'intérêts étrangers à son sujet. *Louis Lambert* m'a coûté tant de travaux! que d'ouvrages il m'a fallu relire pour écrire ce livre! Il jettera peut-être, un jour ou l'autre, la science dans des voies nouvelles. Si j'en avais fait une œuvre purement savante, il eût attiré l'attention des penseurs, qui n'y jetteront pas les yeux. Mais, si le hasard le met entre leurs mains, ils en parleront peut-être!...

Je crois *Louis Lambert* un beau livre! Nos amis l'ont admiré ici, et tu sais qu'ils ne me trompent pas!

Pourquoi revenir sur son dénoûment? tu connais la raison qui me l'a fait choisir! Tu as toujours peur. Cette fin est probable, et de tristes exemples ne la justifient que trop : le docteur n'a-t-il pas dit que la folie est toujours à la porte des grandes intelligences qui fonctionnent trop?...

J'espère avoir achevé bientôt *la Bataille* et les *Conversations entre onze heures et minuit.* L'argent qui m'en reviendra doit suffire à tout. Après ce grand et exorbitant travail, je ferai un voyage à pied. Il le faudra pour ma santé. Puis, au lieu de repos, là où j'aurai trouvé un gîte, je commencerai *les Trois Cardinaux,* que j'entrelacerai de petits contes drolatiques. C'est tout ce que je puis faire d'ici à cet hiver; et, cet hiver, si ma position n'est pas changée, je suis décidé à faire du théâtre, et à sortir ma pauvre mère de sa situation. Je lui sacrifierai mon avenir politique; ne lui en dis rien.

Encore merci de ta lettre, et pardonne au pauvre artiste le découragement qui l'a rendue nécessaire. La partie engagée, je joue si gros jeu! Il faut toujours progresser. Mes livres sont les seules réponses que je veuille jamais faire à ceux qui commencent à m'attaquer.

Que leurs critiques ne te préoccupent pas trop; elles sont de bons pronostics : on ne discute pas la médiocrité!...

Oui, tu as raison, mes progrès sont réels, et mon courage infernal sera récompensé. Persuade-le aussi à ma mère, chère sœur; dis-lui de me faire l'aumône de sa patience; ses dévouements lui seront comptés! Un jour, je l'espère, un peu de gloire lui payera tout! Pauvre mère! cette imagination qu'elle m'a donnée la jette perpétuellement du nord au midi et du midi au nord : de tels voyages fatiguent; je le sais aussi, moi!

Dis à ma mère que je l'aime comme lorsque j'étais enfant. Des larmes me gagnent en t'écrivant ces lignes, larmes de tendresse et de désespoir, car je sens l'avenir, et il me faut cette mère dévouée au jour du triomphe! Quand l'atteindrai-je?

Soigne bien notre mère, Laure, pour le présent et pour l'avenir.

Quant à toi et à ton mari, ne doutez jamais de mon cœur; si je ne puis vous écrire, que votre tendresse soit indulgente, n'incriminez jamais mon silence; dites-vous : « Il pense à nous, il nous parle. » Entendez-moi, mes bons amis, vous, mes plus vieilles et mes plus sûres affections!

En sortant de mes longues méditations, de mes travaux accablants, je me repose dans vos cœurs comme dans un lieu délicieux où rien ne me blesse!

Quelque jour, quand mes œuvres seront développées,

vous verrez qu'il a fallu bien des heures pour avoir pensé et écrit tant de choses; vous m'absoudrez alors de tout ce qui vous aura déplu, et vous pardonnerez, non l'égoïsme de l'homme (l'homme n'en a pas), mais l'égoïsme du penseur et du travailleur.

Adieu, ma bonne sœur. Aujourd'hui, je t'ai donné le temps que je voulais consacrer à une lettre pour madame de Castries. Elle s'en passera; toi avant tout.

Tu diras à maman que, si je ne lui ai pas écrit, il y a ici pour elle la plus tendre effusion de cœur; tu diras bien des choses tendres et amicales à ton mari, de la part de son frère de cœur, et je te remercie bien de m'avoir appris où en étaient ses affaires.

Je t'embrasse, chère consolatrice qui m'apportes l'espérance, baiser de tendre reconnaissance; ta lettre m'a ranimé; après sa lecture, j'ai poussé un hourra joyeux et crié :

« En avant, troupier! jette-toi en travers dans la bataille! »

LXXXI.

A MADAME DE BALZAC, A PARIS.

Angoulême, 21 août 1832.

Ma bonne mère,

Je reçois ta lettre et je t'en remercie bien, ma chérie, parce que j'étais fort inquiet, je te croyais malade.

Donc, je pars demain 22 pour Lyon et n'y serai que le 25. J'emprunterai cent cinquante francs à M. Carraud et tu les lui renverras par la messagerie, attendu qu'ils n'ont rien à faire payer à Paris. Il n'y a pas besoin de lettre d'avis, c'est chose convenue.

En même temps que je partirai, ma mère aimée, j'expédierai à ton adresse un paquet contenant les effets, une lettre, les livres pour Saint-Cyr, *à rendre à M. Villemejane, bibliothécaire, de la part de M. Périollas;* puis le manuscrit pour Buloz de la *Revue des Deux Mondes,* avec les conditions.

J'ai beaucoup travaillé; j'aurai en janvier prochain pour Mame trois volumes in-octavo. J'ai changé complétement d'avis sur ce que je lui ai écrit. J'ai fondu les *Études de femmes,* les *Conversations,* etc., en une collection de trois ou quatre volumes originaux que je lui destine; mais, avant tout, il faut que *la Bataille* paraisse.

Les cartes copiées : vingt francs; le passe-port : dix francs. Je devais ici quinze francs d'escompte; puis il a fallu des bouquets pour des fêtes : quinze francs, et dix francs au jeu; total, soixante et dix francs. Je devais quinze francs sur ma place. Ainsi, avec les ports de lettres, j'ai dépensé les cent francs que tu m'avais envoyés.

A peine les cent cinquante francs que j'emprunte me conduiront-ils à Lyon. Enfin, si les trois cents francs de Lyon ne me mènent pas loin, malgré mon économie, nous verrons à correspondre. Aussitôt arrivé à Aix, je t'écrirai.

Le 25, je serai à Lyon, où je resterai au moins deux jours.

Passer à Clermont sans pouvoir flâner dans les campagnes..., hein!

Je reviendrai bien chargé d'ouvrage, et, ma foi, les

dettes s'acquitteront et les ennemis auront un pied de nez.

Ah çà! toi, mère, je te recommande encore de veiller à ce que mes épreuves de Lyon soient sur *papier blanc*, que j'en aie *deux*, et que tous les manuscrits me soient renvoyés, même celui des épreuves premières de *Lambert*.

Tu ne me dis rien de Pichot?...

Quant à Buloz, je te dirai par quelle voie on pourra m'envoyer les épreuves à Aix.

J'ai encore de prêt un article pour chaque *Revue*, et de fameux!

Adieu! Je t'écrirai encore ce soir par le paquet; mais, puisque je t'avisais de l'envoi du susdit paquet, il a bien fallu causer avec sa mère. Un bon baiser sur tes yeux, mère chérie, et adieu.

Lambert est une bien belle chose et qui fera sensation. J'attends Lyon pour donner le dernier coup de peigne avec impatience à cette grande œuvre qui a failli me tuer.

Ton fils tendre.

LXXXII.

A LA MÊME.

Angoulême, mardi à midi, 22 août 1832.

Je pars pour Lyon; je suis pressé, puisque nous sommes à la Poudrerie et que la voiture part à deux heures; ainsi, ma mère chérie, je serai bref.

Je te supplie de tenir un compte bien exact de la somme de dix mille francs, et de bien noter chaque emploi, même le moindre. Puis, en regard, il faudra ouvrir un compte des recettes successives que je te ferai faire, suivant chaque provenance. *Observation:* Pour les journaux, point de crédit; l'article passé, envoie demander l'argent et le compte. Je t'enverrai une autorisation pour toucher à chaque journal.

Affaire de la *Revue des Deux Mondes:* Tu prieras M. Buloz de passer chez moi (toujours chez moi); tu lui montreras le manuscrit, sans le lui laisser emporter, parce que tu es *mandataire* et que tu ignores les usages. Beaucoup de politesse.

Tu lui diras que je désire une lettre où il s'engage à ne rien laisser mettre qui me soit désagréable dans la revue qu'il dirige, et ce, soit directement, soit indirectement;

Qu'il donne quittance de tous comptes antérieurs et les apure au 1er septembre 1832, entre moi et la *Revue;*

Que je sois imprimé dans le caractère le plus gros;

Puis payé deux cents francs la feuille sans contestation de blancs.

A ce prix, tout cela écrit et convenu, donne *les Orphelins*[1].

Buloz fera faire un bel article sur les Scènes et sur le quatrième volume des *Contes philosophiques.*

Puis, pour m'être agréable, il insérera la pièce de vers ci-incluse, qui m'est venue de la Martinique et qui est

1. Aujourd'hui *la Grenadière.*

d'un de mes meilleurs amis; qu'il dise la tenir de moi.

Si la *Revue de Paris* et la *Revue des Deux Mondes* sont mes amies, je les servirai bien, et j'ai appris en province toute la puissance de mon nom.

J'indiquerai d'Aix par quelle voie Buloz pourra m'adresser les épreuves.

Réponds-moi sur tout en détail.

Je t'embrasse de cœur, et, si j'ai oublié quelque chose, je t'écrirai de Lyon. J'ai passé la nuit à finir *le Maudit*[1], article pour Buloz.

J'espère t'envoyer tout le manuscrit de *la Bataille* et *les Chouans* corrigés, pour Mame, par une occasion, le 1er octobre. D'ici là, je veux être tranquille.

Un bien bon baiser à la mère bien-aimée. Soigne-toi et dresse-moi Paradis.

Adieu.

Si tu ne t'accordes pas avec Buloz, garde le manuscrit; je te dirai plus tard ce qu'il en faudra faire.

LXXXIII.

A LA MÊME.

Lyon, 25 août 1832.

Ma chère mère adorée,

Je suis arrivé ce matin à Lyon et je pars ce soir pour les eaux.

La route d'Angoulême ici se fait à raison d'une lieue

1. N'a jamais paru.

par heure. On couche en route; si bien que j'ai été quatre jours en voyage; mais quel admirable voyage! et quel malheur de l'avoir fait en courant!

La France a manqué perdre un bien grand homme en ma personne. J'avais choisi l'impériale pour demeure; or, à Thiers, dans le Puy-de-Dôme, le pied m'a glissé sur le marchepied d'en haut, et le fer m'a fait un petit trou à l'os de la jambe droite. Comme il faudra rester tranquille, la jambe étendue, j'aime mieux être à Aix, où je serai mieux soigné que par des mains étrangères. Si ce bobo doit devenir quelque chose, ce n'est rien pour le moment; la plaie s'est fermée en route. J'ai seulement la jambe enflée et je marche difficilement. Ne t'inquiète pas; si c'était grave, je te le dirais, foi d'Honoré.

Je t'écrirai au sujet de Pichot en arrivant à Aix. Je n'ai eu que le temps de relire les dix feuilles de Gosselin, de les corriger en bon à tirer et de te les renvoyer par la diligence des Messageries Notre-Dame-des-Victoires. Mais, d'ici à trois jours, l'article de la *Revue de Paris* se trouvera en route, et il t'arrivera quatre jours après la réception de celui-ci. Préviens-en Éverat ou Pichot.

Tu peux garder *les Orphelins* pour la *Revue de Paris*. Buloz n'aura rien. Tu recevras de nouvelles instructions par mon prochain paquet d'épreuves, où il y aura une lettre pour toi.

Tu as bien fait de vendre *Smogler* et le cabriolet; mets bien l'argent à part en l'intitulant : *Remonte de chevaux et voitures*. Tu vas rire!...

Fais mettre en état *in fiocchi* le tilbury et enveloppe-le bien, roues et tout.

J'ai de l'ouvrage fait pour quatre mois; ainsi, d'après ce que nous signerons, voilà deux mille francs de rente; puis *la Bataille*, les *Contes drolatiques* nouveaux, et les quatre volumes destinés à Mame, feront bien de l'argent, et ce ne sera pas tout; ne nous désespérons pas.

Supplie le prote de Crapelet de bien vérifier les corrections pour Gosselin; il recevra à son adresse, avant dix jours, l'exemplaire corrigé qu'il demande : je l'ai laissé à Saché, et j'écris à M. de Margonne de le lui expédier. Il est exact, le sire de Saché; ainsi calme Gosselin.

Mais Gosselin ne m'a pas envoyé les premières feuilles des *Bons Propos des religieuses de Poissy*[1], dont j'ai un urgent besoin, ainsi que des numéros de *l'Artiste* que je t'ai déjà demandés.

Adieu, bonne mère. A après-demain; je t'écrirai d'Aix, mais la lettre sera dans le paquet des épreuves de la *Revue*.

Un bon baiser, mère.

Lambert est tout corrigé, j'en suis toujours content. M. Chambellant en pâlira, ainsi que tous les swedenborgistes. Le paquet des épreuves *Lambert* est à ton adresse; va vite à la diligence.

Si tu fais mettre un drap neuf au tilbury, qu'il soit marron.

1. Ce récit fait partie du deuxième dizain des *Contes drolatiques*.

LXXXIV.

A LA MÊME.

Aix, 27 août 1832.

Ma bonne et excellente mère,

Après t'avoir écrit si à la hâte hier, je suis tombé dans l'attendrissement le plus profond en relisant ta lettre, et je t'ai adorée !... Comment te rendrai-je, quand te rendrai-je et pourrai-je jamais te rendre en tendresse et en bonheur tout ce que tu fais pour moi? Je ne puis aujourd'hui que t'exprimer ma profonde reconnaissance. Ce voyage que tu m'as mis à même de faire m'était bien nécessaire, j'avais un besoin absolu de distraction. J'étais accablé de la fatigue que m'a causée *Louis Lambert;* j'avais passé beaucoup de nuits et fait un tel abus de café, que j'éprouvais des douleurs d'estomac qui allaient jusqu'aux crampes. *Louis Lambert* est peut-être un chef-d'œuvre, mais il m'a coûté cher : six semaines d'un travail obstiné à Saché et dix jours à Angoulême. Pour le coup, *certains amis* me prendront peut-être pour un homme de quelque valeur.

Je te remercie du fond du cœur de toutes les peines que tu prends pour me sauver les ennuis de la vie matérielle; ma tendresse toujours plus vive n'est pas de celles que les mots expriment. Des travaux si opiniâtres seront peut-être couronnés par la fortune; je l'espère d'autant plus que je vois aujourd'hui peu de talents sans récompense.

Quant à la gloire, je commence à n'en plus trop désespérer non plus.

Ma mère chérie, il faut que je te console comme je me console moi-même, par des rêves!... Un jeune homme a fait quatre lieues pour me voir en apprenant que j'étais à la Poudrerie, et les gens du Cercle constitutionnel ont dit que, si je voulais être député, ils me nommeraient malgré mes opinions aristocratiques.

Est-ce vrai? m'a-t-on attrapé? je ne sais, mais cela augmente mon espoir; il ne s'agit plus que de faire encore quelques efforts, de ne pas manquer de courage.

Je suis mieux depuis huit jours; j'ai retrouvé ces inspirations qui, depuis ma chute, m'avaient abandonné; le café ne me faisait plus rien. Je suis dans une grande veine et j'espère beaucoup travailler ici, où je suis tranquille.

Il est probable que je ferai le tour de la Suisse à pied, après toutefois avoir publié *la Bataille* et les *Conversations*. Va donc voir Gosselin pour qu'il presse l'imprimeur. J'ai un désir dévorant de publier le quatrième volume des *Contes philosophiques*.

Soigne ta santé, ma mère; il faut que tu vives pour que je puisse m'acquitter envers toi. Oh! comme je t'embrasserais si tu étais là! Quelle gratitude n'ai-je pas pour les bons cœurs qui arrachent quelques épines de ma vie et adoucissent le chemin par leur affection! Mais, forcé de lutter sans cesse contre le sort, je n'ai pas toujours le temps pour exprimer un sentiment. Je n'ai pas voulu toutefois qu'un jour se passât sans que tu saches quelle tendresse tes derniers dévouements excitent en moi. On met plusieurs fois ses enfants au monde, n'est-ce pas, ma mère? Pauvres chéries, vous aime-t-on assez! Quand serai-je un génie aussi haut que lord Byron et que Gœthe? quand serai-je à la tribune pour te donner autant de jouissances que je te donne d'angoisses!...

Je t'embrasse et te serre avec bonheur; comprends tout ce que je ne t'écris pas.

LXXXV.

A LA MÊME.

Aix, samedi 1er septembre 1832.

Ma mère bien-aimée,

Ne t'inquiète pas de ma jambe: deux ou trois bains pris ici ont supprimé la suppuration et une escarre se forme que je respecte. Plus d'inquiétude; encore trois ou quatre jours et je marcherai.

Du reste, les conducteurs de diligence ont été tous très-attentionnés, et aucun accident n'est venu, pendant la route, aggraver le mal. Ma jambe a toujours été à plat.

Maintenant, procédons par ordre aux affaires.

J'ai trouvé ici Auguste Sannegou, auquel je dois onze cents francs. C'était cette somme que madame Wilmen, l'actrice du Vaudeville, sa maîtresse, venait demander, et que je ne voulais pas lui payer, parce que je ne savais pas si Auguste était toujours avec elle. Or, mon ami a beaucoup perdu d'argent à Aix, et, le sachant ici, je lui ai écrit un mot pour lui dire : « Voulez-vous votre somme ici ou à Paris? je ne l'ai pas donnée à Adeline. » Il en a été enchanté. Donc, ma chérie, il faut m'envoyer le plus tôt possible onze cents francs que je remettrai à Sannegou, et deux cents francs que je garderai, parce qu'il ne m'en reste que deux cents et que je ne puis pas avoir moins de quatre cents francs dans ma poche à l'étranger, car un accident peut arriver; puis j'irai à Genève, à la Chartreuse, etc.

Tu feras porter à Adeline la lettre ci-jointe; elle pourrait faire des cancans au Vaudeville, et ma lettre lui fermera le bec. Si elle ne demeure plus rue Saint-Honoré, on saura son adresse au Vaudeville. — Affaire réglée.

Envoie-moi mon argent par la diligence des Messageries royales.

Revue de Paris. J'ai renvoyé directement à Éverat mes épreuves par la poste; quelque volumineux que soit le paquet, cela ne coûtera pas plus que par la diligence et l'on évite les douanes. Il y a dedans une lettre pour M. Pichot, et cette lettre contient une rectification du traité que tu signeras avec lui. Je vais t'en donner les bases et tu le feras voir ou à Dumont ou à Labois; car j'ai la tête si chargée de pensées, que je pourrais avoir omis quelque chose. Le traité signé, tu remettras à M. Pichot *les Orphelins.* Ce sera le morceau pour octobre, et peut-être enverrai-je sept ou huit pages de plus, outre *les Amours d'une laide*[1], qui feront novembre, en envoyant les épreuves des *Orphelins.*

Maintenant, tu feras observer à M. Pichot que la *Revue*

1. Cet ouvrage n'a jamais paru.

devra me laisser reprendre sans contestation *Maître Cornélius*, qui est dans le quatrième volume des *Contes philosophiques*, et que mes comptes avec la *Revue* doivent être largement soldés par *Madame Firmiani* et *la Femme de trente ans;* je ne sais même pas si elle ne me devrait pas une centaine d'écus.

Le traité signé, tu enverras l'incluse à Buloz, qui pourra te réclamer de l'argent; alors, tu lui payeras ce qu'il demandera, pourvu que ce soit d'après un arrêté de compte.

Contes philosophiques. Lorsque le quatrième volume paraîtra chez Gosselin, tu m'en enverras deux exemplaires ici. Tu les mettras sous enveloppe, l'un à mon adresse, l'autre à celle de madame la duchesse de Castries; puis tu expédieras ces deux volumes, sous une couverture commune, à M. Lombard, banquier, à Genève. Ma mère chérie, aie bien soin d'envoyer cela aussitôt qu'il y aura des exemplaires brochés.

Puis tu en demanderas dix autres exemplaires, un pour toi d'abord, et les autres que tu distribueras ainsi, en écrivant de petits billets :

1° A madame de Berny.

2° A madame Delannoy.

3° A madame Carraud (par la diligence).

4° A M. de Margonne (de même).

5° A M. Nacquart.

6° A Émile de Girardin.

7° A madame Sophie Gay.

8° A madame d'Abrantès.

9° A Surville.

Et prie Gosselin d'en remettre un de ma part à Philarète Chasles, qui a fait la préface, et un à M. Mame.

Un enfin à M. Jules Sandeau (quai Saint-Michel, 26), en lui écrivant qu'en mon absence, je t'ai chargée de le lui envoyer pour l'offrir *à qui de droit.*

On m'avait retenu ici une jolie petite chambre, où je suis seul depuis le matin jusqu'à six heures du soir; elle me coûte deux francs par jour. Je fais venir mes repas d'un restaurant voisin; le matin, un œuf et une tasse de lait; ce déjeuner revient à quinze sous, le dîner à l'avenant.

Puis, à six heures, je descends chez la duchesse, et j'y passe la soirée jusqu'à onze heures. Je travaille ainsi douze heures dans la matinée. J'ai commencé *la Bataille* et je vais continuer sans arrêt, de manière à pouvoir t'envoyer le manuscrit du 25 au 30 du mois.

Madame de Castries est pleine d'attentions très-aimables pour moi. Ma seule distraction est donc ma petite soirée près d'elle. J'ai tant à travailler que je ne puis voir personne. *La Bataille* finie, j'irai à Genève et à la grande Chartreuse.

Tu vois que ma vie est bien simple et peu chère. J'ai emporté, le 5 juin, cent vingt francs; tu m'as envoyé cent francs d'abord, puis trois cents autres, et j'ai emprunté cent cinquante francs à M. Carraud; total, six cent soixante et dix. Il me reste deux cents francs : c'est donc quatre cent soixante et dix francs pour trois mois; et il y a des voyages, des frais d'auberge et des domestiques largement payés. Hein, mère, si je suis un peu poëte et rêveur, avoue que je suis bien économe!

Mes quatre cents francs me mèneront environ jusqu'à la mi-octobre, parce que je compte faire des excursions.

Adieu, ma bonne mère; je t'embrasse de tout mon cœur et je retourne à mon travail. Cependant, peut-être me reposerai-je aujourd'hui. J'ai corrigé en deux jours *la Femme abandonnée.*

Tu vois que je fais ce que tu veux pour la *Revue de Paris,* je tendrai la main à M. Pichot et j'oublierai tout. J'ai fait mes comptes: au 15 février, tu auras reçu les dix mille francs. Par ma première lettre, je t'expliquerai comment. — Tu ne me dis rien de mes procès : sont-ils perdus? Mère, un baiser de cœur de ton Honoré.

Garde Paradis avec la cuisinière; mais forme-le au service, au frottage, et surtout à supérieurement faire mes appartements. Cela sera long; mais, s'il est probe, je veux me l'attacher.

As-tu vendu le cabriolet et le cheval nu? tu ne me dis rien de tout cela.

Adieu, ma bonne mère.

Ma foi, j'ai le temps et la place pour te faire le compte.

De septembre à février, six mois de la *Revue de Paris*.	3,000 francs.
La Bataille.	2,000 »
Un volume de *Drolatiques*	2,000 »
Les quatre volumes nouveaux pour Mame.	5,000 »
Voilà	12,000 francs.

Et j'aurai de plus en train *le Marquis de Carabas*[1] et un volume nouveau de *Contes philosophiques*. Ainsi, ma bonne mère, comme je compte faire tout cela pendant mon voyage, je reviendrai à Paris quitte et net pour le moment, et nous verrons alors. Garde bien de côté, en ne le mêlant à aucun compte, l'argent du cheval et du cabriolet.

Adieu encore, ma mère chérie; tu peux annoncer à M. Dieulouard que, dans peu, j'enverrai le manuscrit. La *Revue de Paris* annoncera l'ouvrage. Je te serre dans mes bras et te baise sur tes chers yeux qui veillent pour moi.

Que Gosselin m'envoie donc le commencement des *Religieuses de Poissy!* Je fais, par délassement, des contes drolatiques, j'en ai déjà trois d'écrits; j'en suis content.

Veille bien à tout chez moi; renvoie qui tu voudras, fais toutes les économies que tu jugeras possibles

LXXXVI.

A MADAME ZULMA CARRAUD, A ANGOULÊME.

Aix, septembre 1832.

Je suis arrivé à Aix, mais non pas sans accident. A Thiers, j'ai failli périr. En montant sur l'impériale, au moment où j'avais lâché les cordons de cuir à l'aide desquels on se hisse, les chevaux sont partis, et je suis tombé; mais, en tombant, j'ai ressaisi une lanière et je suis

1. N'a jamais paru.

resté suspendu. Le coup dont j'ai frappé la voiture, par suite de ce poids de quatre-vingts kilogrammes que nous avons constaté, a été violent, et le fer d'un marchepied m'a ouvert le tibia. Le pantalon, la botte, la blouse, tout a été coupé. Je ne me suis fait panser qu'à Lyon; aujourd'hui, je ne suis pas encore guéri; mais l'escarre s'est formée après quatre bains; je marche, et, grâce aux soins des conducteurs, qui m'ont toujours fait un lit sur leurs impériales, j'irai bien dans deux jours. J'ai déjà pu aller au lac du Bourget en voiture.

Je vous parle de moi très-naïvement. J'ai fait un magnifique voyage dont je suis très-content. Les vallées du Limousin sont encore prédominantes dans ma pensée, même après celles de l'Auvergne. Mais la plaine de la Limagne, opposée à la vallée de Royat, c'est sublime! Il a fait beau. J'ai bien vu, dans toutes les conditions requises, les paysages. Puis, par le plus grand hasard, j'ai eu à Limoges un compagnon de voyage éminemment spirituel et gai, et une bonne âme. Ç'a été un petit bonheur. Il est de Limoges et se nomme Dejean.

Ici, je suis venu chercher peu et beaucoup. Beaucoup, parce que je vois une personne gracieuse, aimable; peu, parce que je n'en serai jamais aimé. Pourquoi m'avez-vous envoyé à Aix?

A Lyon, j'ai encore corrigé *Lambert*. J'ai, comme une ourse, léché mon petit. J'ai encore retranché, et j'ai ajouté une chose que vous ne connaissez pas : ce sont les dernières pensées de Lambert. En somme, je suis satisfait; c'est une œuvre de profonde mélancolie et de science. Vrai, je mérite bien d'avoir une maîtresse, et tous les jours mon chagrin s'accroît de n'en point avoir, parce que l'amour, c'est ma vie et mon essence.

Vous voyez que je vous écris malgré votre défense; mais je vous reverrai peut-être bientôt.

La Bataille est commencée[1].

M. Bergès a dû recevoir son livre. Si les Angoumoisins veulent de moi pour député, je veux bien d'eux pour commettants[2].

La poste ne part que trois fois par semaine d'Aix pour la France. J'ai une petite chambre simple, d'où je vois toute la vallée. Je me lève impitoyablement à cinq heures du matin et travaille devant ma fenêtre jusqu'à cinq heures et demie du soir. Mon déjeuner me vient du cercle : un œuf. Madame de Castries me fait faire de bon café. A six heures, nous dînons ensemble, et je passe la soirée près d'elle. C'est le type le plus fin de la femme : Madame de Beauséant en mieux; mais toutes ces jolies manières ne sont-elles pas prises aux dépens de l'âme?

Si mademoiselle Marinettissima est encore près de vous, vous l'embrasserez sur le col pour moi, son champion. Vous ne m'oublierez pas auprès du haut et puissant seigneur Borget, ni de madame. J'ai avec madame Raison cette similitude que je souffre du tibia. C'est une flatterie. Rappelez-moi au souvenir de cet excellent latiniste M. Raison. Je ne vous parlerai pas du bon commandant : il y a toujours à la fin de mes lettres une bonne

1. *La Bataille d'Austerlitz*, dont Balzac parle si souvent, devait faire partie des SCÈNES DE LA VIE MILITAIRE, mais elle n'a jamais paru.
2. M. Bergès devait être un des patrons de cette candidature.

poignée de main pour lui. Puis, pour vous, je vous laisse à deviner tout ce que je ne mets pas; mais vous me permettrez de baiser de loin votre jolie main, si onctueuse, si douce, et qui inspire.

Vous voulez donc me confondre? Madame Nivet, que j'ai eu le temps de voir, m'a parlé des vases.

Je me vengerai!...

La voiture d'Angoulême arrive à Limoges le matin à six heures, et celle de Lyon part à dix. Votre neveu m'a montré la ville, et j'ai déjeuné avec votre sœur et son mari. Votre sœur est très-souffrante; elle a un visage bien fatalement coloré. Je n'ai pas eu de peine à la croire d'une santé chancelante.

J'oubliais étourdiment de vous parler de cet incident agréable de mon voyage et qui vous intéresse doublement.

Re-adieu! En mon absence, vous recevrez mon *Lambert*. Si j'avais été à Paris, j'eusse pu en envoyer un à vos voisins; mais cela est difficile. Il faudrait, d'ailleurs, leur donner les quatre volumes, et mon libraire m'a annoncé à Lyon le prochain épuisement. A la prochaine édition, je serai plus libre de reconnaître leurs gracieusetés.

Vous savez tout ce qu'il y a ici pour vous; mais vous ne le savez pas bien.

LXXXVII.

A MADAME LAURE SURVILLE, A PARIS.

Aix, 15 septembre 1832.

Un souvenir à toi, ma sœur bien-aimée! au milieu de mes voyages, j'ai vu des pays délicieux; j'en verrai de plus beaux encore peut-être; je veux que tu saches qu'ils ne peuvent te faire oublier.

De ma chambre, je découvre toute la vallée d'Aix; à l'horizon, des collines, la haute montagne de la Dent-du-Chat et le délicieux lac du Bourget; mais il faut toujours travailler au milieu de ces enchantements: ma mère t'aura dit que j'ai quarante pages à fournir par mois à la *Revue de Paris*.

Me voilà entre trente et quarante, chère sœur, c'est-à-dire dans toute ma force; il faudrait maintenant écrire mes plus beaux sujets, qui doivent faire le couronnement de mon œuvre; je verrai, à mon retour, si j'aurai la tranquillité qu'il me faut pour aborder ces grands ouvrages.

Ma mère t'a dit aussi sans doute que j'ai manqué périr sous les roues d'une diligence; je m'en suis tiré avec un accroc à la jambe, mais des bains et le repos la guérissent. J'ai pu me faire conduire hier en voiture au lac.

Je suis aux portes de l'Italie et je crains de succomber à la tentation d'y entrer. Le voyage ne serait pas coûteux; je le ferais avec la famille Fitz-James, qui m'y donnerait tous les agréments possibles; ils sont tous parfaits pour moi; je voyagerais dans leur voiture, et, toute dépense calculée, il en coûterait mille francs pour aller de Genève à Rome. Mon quart serait donc de deux cent cinquante francs. A Rome, il me faudrait cinq cents francs; puis je passerais l'hiver à Naples; mais, pour ne pas toucher aux recettes de Paris et les laisser tout entières affectées aux échéances, j'écrirais pour Mame *le Médecin de campagne*, et ce livre payerait tout.

Je ne retrouverai jamais pareille occasion. Le duc connaît l'Italie et m'épargnerait toute perte de temps; les ignorants en dépensent beaucoup à voir des choses inutiles. Je travaillerais partout; à Naples, j'aurais l'ambassade et les courriers de M. de Rothschild, dont j'ai fait ici la connaissance, et qui me donnera des recommandations pour son frère; les épreuves iraient donc leur train et le travail aussi.

Cause de ce projet avec ma mère, et écris-moi bien en détail sur vous tous.

Une poignée de main au féroce républicain.

LXXXVIII.

A MADAME DE BALZAC, A PARIS.

Aix, samedi, 22 septembre 1832.

Ma chère mère,

Le traité avec Ricourt[1] n'est fait que pour un an, et l'année sera écoulée dans trois ou quatre mois, sans qu'il ait été exécuté. Ricourt ne s'est pas bien conduit envers

1. Directeur de l'*Artiste*.

moi; j'abandonne volontiers *la Transaction* à son sort, et il est facile de la remplacer par autre chose en attendant que je rentre dans ce morceau, qui, *en ce moment, ne m'est pas encore payé.* Quant à M. Dieulouard, je te prie de lui envoyer la lettre ci-jointe sans aucune de toi, et de me transmettre sa réponse courrier par courrier. Quand il aura répondu, *la Bataille* sera faite; mais il n'y aura aucune puissance humaine capable de la faire sortir de mon portefeuille, si M. Dieulouard n'en paye pas intégralement le prix, et personne au monde ne pourra me décider à fuir le procès qu'il lui sera loisible de me faire. Je suis furieux de me voir plus tourmenté pour une œuvre aussi longue, aussi pénible, aussi difficile, par un homme comme lui, plus que je ne l'ai été par ce bourru de Gosselin pour *la Peau de chagrin.*

Aussi j'ai pris un parti que je te communique et que je vais suivre avec cette persévérance et cette ferme volonté que tu dois reconnaître en moi.

Je ne veux laisser à nulle personne au monde le droit de réclamer quoi que ce soit de moi. A Paris, je serais entraîné, distrait; donc, je n'y veux revenir qu'ayant rempli tous mes engagements de quelque nature que ce soit.

Dans les premiers jours d'octobre, *la Bataille* sera finie; sauf la détermination de M. Dieulouard, voilà une affaire terminée.

J'ai peu de choses à faire pour terminer le second dizain des *Drolatiques.* Aussitôt, je me mets à faire *le Marquis de Carabas;* et, en même temps que je le ferai, comme il y aura des intervalles de composition, je donnerai à Mame deux volumes in-octavo, et peut-être trois, pour lui faire attendre *les Trois Cardinaux;* puis je donnerai à Gosselin un roman historique, de manière qu'en revenant à Paris, aucun libraire ne puisse me demander quelque chose, si ce n'est Mame, pour qui je ferai *les Trois Cardinaux;* il faut être à Paris pour cela. Ainsi, les cinq cents francs par mois de la *Revue* et l'argent des œuvres que j'aurai faites payeront mon emprunt et ma dépense en voyage, que je réduis à sa plus simple expression...

Pour rester loin de Paris, je préfère l'Italie à tout. Mes intérêts électoraux se soigneront bien à Angoulême par correspondance. Je n'aurai aucune entrave pour mes épreuves, et, par le renvoi de l'épreuve corrigée des *Orphelins,* je donnerai à la *Revue* le mois de novembre tout corrigé et le manuscrit pour décembre; ainsi j'aurai de l'avance.

Pour que Mame ait toutes mes œuvres, il faut que j'en finisse avec Gosselin, et Gosselin ne sait pas ce qu'il perdra à se mal conduire avec moi. L'édition future des *Contes philosophiques* ne lui est ni *promise* ni *acquise.* Il n'a droit qu'à une édition du *Marquis de Carabas* et à une édition du roman historique, et je stipulerai les premières éditions à mille exemplaires seulement; en sorte qu'au bout d'une année, je rentrerai dans la propriété entière de tout ce qu'il a publié de moi. Et Mame héritera de tout. Bien entendu qu'avant de partir, je lui enverrai la copie des *Chouans;* il l'aura pour le 15 octobre, et ce sera imprimé en peu de temps, puisque la copie ne veut pas d'épreuves. J'espère vers le milieu de 1833 pouvoir lui faire faire une édition complète, et, pour avoir attendu, certes, il n'y perdra rien.

A cette époque, mes articles à la *Revue* auront grossi ma réputation et je rafraîchirai les SCÈNES DE LA VIE PRIVÉE, par quelque chose, ainsi que les *Contes philosophiques*. Et alors *les Trois Cardinaux* paraîtront. J'offrirai ainsi un bel ensemble d'œuvres.

J'ai une mauvaise nouvelle à t'apprendre. Hier, ma jambe s'est rouverte, le trou s'est agrandi, j'ai été obligé de consulter le médecin des eaux. Il m'a dit qu'il n'y avait pas de danger; mais il m'a ordonné quinze jours de repos absolu, et il va s'occuper de fermer cette plaie; il craint cependant que l'os n'ait été endommagé et qu'il ne faille expulser les esquilles. Dans trois jours, il saura si l'os a été déprimé; en sorte que je pourrai te donner des nouvelles de ce maudit mal par le prochain courrier. Il m'a bien affirmé qu'il n'y avait rien à craindre; mais, en attendant, voilà un mois que cela dure et que cela m'empêche de bouger. Il est vrai que j'ai fait une imprudence en gravissant le mont du Chat.

J'ai beaucoup travaillé, surtout en conceptions, depuis huit jours.

Adieu, ma bonne mère bien-aimée! Je t'embrasse de toute mon âme. Oh! si tu savais comme j'ai besoin en ce moment de pouvoir me jeter dans ton cœur comme dans un asile d'affection entière, tu me mettrais un petit mot tendre dans tes lettres, et celle à laquelle je réponds n'a pas même un pauvre baiser. Il n'y a rien que...

Ah! mère, mère, cela est bien mal!...

LXXXIX.

A LA MÊME.

Aix, dimanche 23 septembre 1832.

Ma chère mère, ma mère bien-aimée,

Mon voyage d'Italie est décidé.

Tu vas me demander comment je voyage. Ici, *ti* mère, il faut que je te dise que je n'ai donné que six cents francs à Sannegou; il lui est indifférent que je lui remette à notre première rencontre les cinq cents francs restants; c'est un garçon au-dessus de cette misère et d'un délai. J'ai été au-devant de ma dette, il ne dira pas que je la fuis.

Tout bien calculé, cet argent me conduira à Rome, je voyage en quatrième dans le voiturin de madame de Castries; et le marché dans lequel tout est compris, nourriture, voitures, auberges, est de mille francs pour aller de Genève à Rome; soit pour mon quart, deux cent cinquante francs.

A Rome, il me faut cinq cents francs et autant à Naples. *Je ne te les demande pas.* En travaillant trois jours et trois nuits, j'ai fait un volume in-dix-huit intitulé *le Médecin de campagne.* Un voyageur le porte à Mame. Comme il n'y a que deux cents pages in-dix-huit, il peut faire tout composer, et je puis donner le bon à tirer avant mon départ pour l'Italie, qui n'aura lieu que le 10 octobre. Il me fera tenir cinq cents francs à Rome et cinq cents francs à Naples. Je lui donnerai mes instructions.

Je n'aurai qu'à te demander, vers le mois de mars, cinq cents francs pour revenir de Naples; et peut-être, à cette époque, les trouverai-je en dehors de mes affaires.

Autre chose : s'il y a une élection générale, les royalistes iront aux colléges, cela est maintenant décidé. Alors, M. le duc de Fitz-James sera probablement élu dans deux colléges au moins. Si je ne suis pas élu à Angoulême, M. de Fitz-James tâchera de me faire élire dans celui pour lequel il n'optera pas.

Je ferai ce beau voyage avec le duc, qui sera comme un père pour moi. Alors, je serai en relation partout avec la haute société. Je ne saurais jamais retrouver une semblable occasion. M. de Fitz-James a été en Italie; il connaît le pays et m'épargnera toute sorte de pertes de temps, outre que son nom m'ouvrira bien des portes. La duchesse et lui sont excellents pour moi; leur affabilité, leur commerce ont bien du prix.

Ma dépense pendant mon voyage, grâce à mon association, n'excédera pas beaucoup celle que je ferais à Paris. Ainsi, ma mère chérie, j'aurai fait un beau voyage, vu l'Italie, les choses d'art, les fêtes, les théâtres, toujours bien travaillé, et rien n'aura été en souffrance. Les temps de repos nécessaires seront consacrés à la route, et à chaque station je travaillerai dix jours.

Adieu; le courrier presse, et j'ai encore à écrire à madame Delannoy et à madame Carraud pour ce qu'il y aurait à faire en cas d'élection.

/La jambe a de l'onguent de la Mère et j'en souffre

moins. J'attends à demain pour les esquilles et je t'écrirai après-demain, jour du courrier. Mille baisers et tendresses.

XC.

A MADAME ZULMA CARRAUD, A ANGOULÊME.

Aix, 23 septembre 1832.

Merci du fond du cœur de votre lettre si amie et si tendre, malgré toutes vos duretés. Je vous écris, laissant mes travaux pour vous *avec plaisir*. Le 10 octobre, je partirai pour l'Italie, à laquelle je ne résiste point. Soyez tranquille, *la Bataille* va paraître et quelque chose de mieux que *la Bataille*, un livre selon votre cœur, *le Médecin de campagne*.

Rassurez-vous pour la *Revue de Paris*. Le directeur et le journal ont fait tout ce que humainement je pouvais exiger. Ils répareront tout ; ils me font un traitement fixe de cinq cents francs pour un article par mois.

Je vous aime bien, parce que vous me dites tout ce que vous pensez. Cependant, je ne saurais accepter vos observations sur mon caractère politique, sur l'homme de pouvoir. Mes opinions se sont formées, ma conviction est venue à l'âge où un homme peut juger de son pays, de ses lois et de ses mœurs. Mon parti n'a pas été pris aveuglément, je n'ai été mû par aucune considération personnelle, je puis le jurer à vous à qui je ne voudrais jamais mentir, puisque je vous parle de cœur à cœur. Ainsi, je ne dois, je ne puis jamais revenir sur le caractère politique, ni sur mes opinions. Mon plan de pouvoir, mes idées sont saines et justes, je le crois du moins. Elles comportent beaucoup plus des vôtres que vous ne pensez. Seulement, je prends une route que je crois plus sûre pour arriver à un bon résultat. Vous ne voyez qu'une partie des intérêts, des choses, des personnes et des mœurs. Je crois voir tout et tout combiner pour un pouvoir politique prospère. Jamais je ne me vendrai. Je serai toujours, dans ma ligne, noble et généreux. La destruction de toute noblesse hors la Chambre des pairs; la séparation du clergé d'avec Rome; les limites naturelles de la France; l'égalité parfaite de la classe moyenne; la reconnaissance des supériorités réelles, l'économie des dépenses, l'augmentation des recettes par une meilleure entente de l'impôt, l'instruction pour tous, voilà les principaux points de ma politique, auxquels vous me trouverez fidèle. Il y aura cohésion entre mes paroles et mes actions.

Quant aux moyens, j'en suis juge. Je me soumets à toutes les calomnies, je me suis préparé à tout, parce qu'un jour il y aura des voix pour moi. Je veux le pouvoir fort. Vous pourrez ne pas approuver ou ne pas comprendre tout d'abord mes idées, mes moyens; mais vous m'estimerez et m'aimerez toujours, parce que je sais n'être corruptible ni par l'argent, ni par une femme, ni par un hochet, ni par le pouvoir, parce que je le veux entier. Vous pouvez compter là-dessus. Je vois toujours toute ma vie et mets mon estime à plus haut prix que tout.

Cela dit, ne cherchez plus à me chicaner sur mes opinions. L'ensemble est arrêté. Quant aux détails de ma vie, ou à des améliorations d'exécution, votre amitié sera toujours souveraine, bien écoutée, avec délices. Je vous parle à cœur ouvert, parce que je sais que vous respecterez les secrets de ma pensée politique; elle est de nature à me vouer à la haine de mon parti, s'il la connaissait. Mais il est impossible de la faire triompher sans la coopération, sans la conviction des chiffres. Je ne le trompe pas. Je crois que son existence est liée à la reconnaissance sans arrière-pensée des choses voulues par la nature des idées du siècle.

Je vous dirai que, si M. Bergès n'a pas été abusé par l'amitié qu'il m'avait accordée d'avance, en cas d'élection, je me présenterais à Angoulême; et je reviendrais même à la Poudrerie, de quelque lieu d'Italie que ce soit, si vous me disiez que j'ai des chances de succès. J'aurai l'appui des deux journaux de mon parti, qui se sont enfin entendus pour envoyer les royalistes aux élections prochaines. Je vous adresserai, à vous ou à M. Bergès, les différents écrits politiques que je pourrai faire pour l'arrondissement. Je vous recommanderai la propagation de mon petit in-dix-huit : *le Médecin de campagne*. Il me fera des amis. C'est un écrit bienfaisant, à gagner le prix Montyon.

Pardonnez-moi, chère, mes plaisanteries sur l'argent de mes écrits; elles vous ont choquée, elles étaient tout enfantines, comme bien des choses que je dis et fais. Croyez-vous que de l'argent puisse payer mes travaux, ma santé? Non, non! je préfère à tout le plaisir de faire palpiter plus vivement un cœur comme le vôtre, et, si mon imagination d'artiste m'emporte, croyez bien que je reviens avec amour au beau, au vrai.

Vous avez eu tort et raison de m'envoyer ici : tort parce que j'étais bien près de vous; raison parce que le voyage m'agrandit les idées. Je me dis qu'une vie comme la mienne ne doit s'accrocher à aucun jupon de femme; que je dois suivre ma destinée largement et voir un peu plus haut que les ceintures. Quoi que vous en disiez, je serai fidèle aux mains amies de la Poudrerie, bien que je les aie comparées au satin moelleux du papier de Chine... Si M. Carraud m'aime un peu, il me gardera toutes ses idées d'améliorations, et je les proclamerai en les coordonnant dans mon système. Si vous êtes toujours bonne pour moi, vous ne m'épargnerez ni conseils, ni gronderies, ni reproches. De vous, tout est pris en gré. Vous m'aimeriez davantage si vous saviez comme je pense à vous, en tout. Je suis allé à la grande Chartreuse et vous avez eu quelques-unes de mes exclamations. D'Italie, vous recevrez tous les mois le tribut de mes souvenirs. En Italie, si j'y vais!... car je ne crois pas encore à mon voyage. Mettez-moi souvent dans vos pensées, je vous mets souvent dans les miennes. Votre affection pure et désintéressée est une des choses qui me consolent le plus. Cet asile que vous m'offrez, j'y vais souvent, et j'aurais pu vous dire le mot de La Fontaine.

Le jour brillant et heureux que vous me souhaitez ne se lève pas, et je suis toujours en proie aux mêmes douleurs; ce sont parfois des douleurs bien vives. Un travail excessif peut seul me les épargner. Voilà un mois que ma jambe est ouverte; elle n'a pas l'air de vouloir se fermer. Le médecin des eaux croit que l'os a été brisé, déprimé légèrement sur la crête du tibia, et qu'il faut que de petites esquilles en sortent. J'en ai pour quinze jours encore; mais il m'assure qu'il n'y a point de danger. Je suis cloué ici pour jusqu'au 6 octobre. Donc, si vous avez quelque chose à m'écrire, jusqu'au 1er, vous pouvez d'Angoulême m'envoyer votre lettre, en comptant six jours de route.

Vous vous êtes méprise en croyant que je ne voulais écrire que pour vingt intelligences. Je parlais de *certaines* choses et non pas de tout.

Chevaux, voitures (le tilbury excepté), tout est vendu, les gens renvoyés. Ma dépense à Paris se borne à mon loyer et mes intérêts de quatre-vingt-neuf francs par trimestre, et une cuisinière pour ma mère. Et, voyez, je ne dépenserai pas plus de trois cents francs par mois, et je vais capitaliser pour payer l'emprunt fait par ma mère. Est-ce sage?

Comme vous me jugez mal en croyant que je ne saurais pas m'abîmer dans l'affection que vous me dépeignez virile et en me condamnant à la femme que vous supposez être ici, que vous peignez à votre gré! Vous avez été injuste dans bien des appréciations. Moi, vendu à un parti pour une femme! un homme chaste pendant un an!... Vous n'y songez pas : une âme qui ne conçoit pas la prostitution! qui regarde comme entachant tout plaisir qui ne dérive pas et ne retourne pas à l'âme! Oh! vous me devez des réparations. Je n'ai pas eu les pensées que vous me prêtez. J'ai horreur de tout ce qui est séduction, parce que c'est quelque chose d'étranger au sentiment vrai, pur.

Vous avez fait des monstres de mes jeux d'imagination.

On doit accepter les malheurs aussi bien que les avantages d'une faculté. Je vous en supplie, comprenez-moi mieux. Vous donnez plus d'importance que je n'en accorde au frivole plaisir d'aller vite au Bois. C'est une fantaisie d'artiste, un enfantillage. Mon appartement est un plaisir, un besoin, comme celui d'avoir du linge blanc et de me baigner. J'ai acquis le droit de me mettre dans la soie, parce que, demain, s'il le faut, je retournerai sans regret, sans un soupir, dans la mansarde de l'artiste, la mansarde nue, pour ne pas céder à une chose honteuse, pour ne me vendre à personne. Oh! ne calomniez pas une âme qui vous aime et qui pense à vous dans les moments difficiles. Aux grands travaux, de grands excès, cela est tout simple, mais rien de mauvais. Fox avait des maîtresses, jouait, buvait, etc., et ne s'est jamais vendu. Croyez-vous que je veuille quitter le *monde des idées*, et la chance d'être un homme européen par l'essai sur les forces humaines, pour le *monde politique*, si je ne pressentais pas que je puis y être quelque chose de grand, y servir mon pays? Mais j'ai du bon sens, croyez-moi.

Adieu. Malgré ma haine contre les pages blanches, il faut vous envoyer ceci aujourd'hui, et le courrier presse. J'ai causé avec vous de cœur, et naturellement plus longtemps que je ne le pouvais.

Ne m'oubliez auprès de personne, pas même auprès de M. Larreguy, si vous le voyez, et faites-moi dire tout ce que je dois dire aux voisins, à tout le monde, à M. Bergès, mon guide électoral. Mille tendresses de cœur et une poignée de main à M. Carraud. Le *Voyage à Java* paraîtra en novembre; M. Grand-Besançon recevra le numéro de la *Revue* où il sera. Trouvez ici tout ce qu'il y a dans mon âme pour vous, et de bon chez

Votre HONORÉ.

XCI.

A MADAME DE BALZAC, A PARIS.

Aix, 30 septembre 1832 (à midi).

Je reçois ta dernière lettre, du 25, et puis y répondre avant le départ du courrier. Je n'ai qu'un moment.

Je t'en supplie, ma bonne mère, au nom de mes travaux accablants, ne m'écris jamais que telle œuvre est bonne, et telle autre mauvaise ; tu me désorientes pour quinze jours.

Tu as bien mal pris un mot que je t'ai dit, et tu entends bien mal mes choses de cœur et d'affection. Je suis plus désespéré de cela que de tout! Mon Dieu, quand donc te reposeras-tu bien sur le cœur de tes enfants?...

Je ne puis pas t'envoyer de procuration; d'abord, pas de timbre français en Savoie; puis tu ne me donnes pas le modèle de la procuration. Fais remettre la cause, si tant est que cela ne puisse s'arranger autrement; et envoie-moi un modèle courrier par courrier, poste restante à Genève; j'irai faire la procuration à Ferney, qui est en France et à deux pas de Genève.

La lettre de Gosselin était de la dernière importance, et je suis bien fâché de n'avoir pas de nouvelles de Mame, auquel j'écris par ce courrier (comme la correspondance me tue!). Gosselin n'a plus d'exemplaires des

Contes philosophiques, et, avant peu, tu toucheras là, quand le marché sera conclu, d'après des réponses qu'il me faut, deux mille sept cents francs en argent, j'espère. Ainsi mon compte est corroboré; sans parler de la troisième édition des SCÈNES qui est imminente, il y aura toujours :

Six mois assurés à la *Revue* . . .	3,000 francs.
Troisième édition des *Romans et Contes philosophiques*	2,700 »
Deuxième dizain (1,500 exemplaires 1 fr. 50)	2,200 »
La Bataille.	1,800 »
Total. . .	9,700 francs.

Je serai donc bientôt au-dessus de mes affaires! Tu recevras des instructions sur la manière de faire rentrer les trois mille francs de Barbier pour les impressions des *Contes*, des *Chouans*, de *la Bataille* et du *Médecin* que je stipulerai chez lui.

Mille tendres caresses et un bon baiser.

N'oublie rien de ce que je t'ai recommandé dans mes lettres.

De Genève à Gênes, de Gênes à Naples, de Naples à Rome; mais je t'écrirai par l'envoi du *Médecin de campagne*.

XCII.

A M. MAME, LIBRAIRE ÉDITEUR, A PARIS.

Aix, dimanche 30 septembre 1832

Mon cher monsieur Mame,

Je viens de recevoir une lettre de votre beau-neveu, relativement à une troisième édition de mes *Romans et Contes philosophiques,* dont le quatrième volume va paraître. D'après l'intention où je suis et où je persiste à être de mettre toutes mes œuvres chez vous, je ne veux pas répondre sans vous avoir consulté.

Gosselin me mande qu'il n'a plus que cent cinquante exemplaires des trois premiers volumes, et, en rusé libraire, il veut s'assurer un traité pour une troisième édition à six cents, avant de savoir s'il doit les *tenir* à vingt-deux francs cinquante en cas de refus, ou les donner avec les remises d'usage s'il a un nouveau traité; car il prévoit que la mise en vente du quatrième volume va tout enlever.

Il m'offre deux mille francs en billets; moi qui veux un franc cinquante, cela ferait deux mille sept cents francs en argent. Nous nous accorderons sans doute. Mais, si je refuse, il va tenir, non-seulement les 1 franc 50 centimes des trois volumes, mais encore les dix-sept cent cinquante exemplaires du quatrième. Puis je lui dois, en toute loyauté, *le Marquis de Carabas* et un roman (en première édition, dont le nombre est à fixer). Mon avis serait donc de lui accorder ce tirage, qui ne saurait aller plus loin que la première édition du *Marquis de Carabas* et son épuisement.

Je ne vous apporterai ces six volumes in-octavo qu'ensemble, muni de deux nouveaux volumes de *Contes philosophiques,* ce qui ferait huit, et cela pour l'hiver de 1833-1834, d'après toutes mes prévisions.

J'ai prié votre neveu de répondre à une question importante, avant que je lui réponde moi-même. Ainsi écrivez-moi courrier par courrier, et adressez votre lettre à Genève, poste restante. Cette question importante est de savoir ce qui reste d'une troisième édition des *Contes philosophiques,* en deux volumes in-octavo sans *la Peau de chagrin,* faite pour ceux qui avaient *la Peau,* première édition. Je crois que mes raisons sont dans notre intérêt commun, et que ces petites éditions ne nuisent pas à celle que je veux préparer.

Voilà une cause vidée. Passons à une autre.

Ma mère va recevoir, si déjà elle n'a reçu, *un manuscrit complet...* de moi! intitulé *le Médecin de campagne,* lequel vous est destiné. Redoublez d'attention, maître Mame! J'ai été, depuis longtemps, frappé et désireux de la gloire populaire qui consiste à faire vendre à des milliers considérables d'exemplaires un petit volume in-dix-huit comme *Atala, Paul et Virginie, le Vicaire de Wakefield, Manon Lescaut, Perrault,* etc., etc. La multiplicité des éditions compense le défaut du nombre de volumes; mais il faut que le livre puisse aller en *toutes* les mains, celles de la jeune fille, celles de l'enfant, celles du vieillard et même celles de la dévote. Alors, une fois le livre connu — ce qui est long ou bref, selon le talent de l'auteur et celui du libraire — ce livre devient une affaire importante ; exemple : les *Méditations* de Lamartine, à soixante mille exemplaires, les *Ruines* de Volney, etc.

Mon livre est donc un livre conçu dans cet esprit, un livre que la portière et la grande dame puissent lire. J'ai pris l'Évangile et le Catéchisme, deux livres d'excellent débit, et j'ai fait le mien. J'ai mis la scène au village, et, du reste, vous le lirez *en entier*, chose rare avec moi.

Trois raisons font que je n'y mets pas mon nom : la première est que je ne le puis pas consciencieusement, et que je veux être toujours, malgré les calomnies, un homme honorable, vu que j'ai pris un engagement envers Gosselin ; la seconde, que le quatrième volume des *Contes* va paraître, que *la Bataille* paraîtra aussi, et que je ne veux pas trois publications simultanées — sans compter celle des *Chouans ;* — la troisième est que je signerai une fois l'effet produit, et la deuxième édition venue. Enfin, je ne vous empêche pas de le faire savoir, en dessous main, de le faire dire par les journaux ; et, du reste, j'ai mis une épigraphe signée de moi.

Maintenant, je veux *un franc* par exemplaire, et vous en donne à tirer treize cents pour mille. Mettez l'ouvrage au meilleur marché possible. Voici pourquoi je veux mille francs. C'est que je pars pour l'Italie et que je veux gagner mon voyage. Si cela vous est agréable, le livre lu, vous le ferez imprimer chez Barbier (rue des Marais), qui a une mécanique et dans l'argent duquel je voudrais bien rentrer[1]. Or, cette impression, celle des *Chouans*, et

1. Barbier était le cessionnaire de l'imprimerie de Balzac.

elle des trois volumes de *Contes philosophiques*, celle de a *Bataille*, etc., me feront rembourser.

Le volume comportera de deux cent seize à deux cent ingt pages, de six à sept feuilles in-dix-huit, sans luxe utre qu'un papier propre et une jolie impression. Or, l faut l'imprimer en *philosophie*. Barbier aura bien six euilles de *philosophie;* il composera tout en deux jours, t vous m'enverrez toute la composition en placards, ar la diligence, à Ferney, bureau restant, de manière ue cela y soit dans un bref délai.

Je serai à Genève jusqu'au 15 octobre; alors, je vous enverrai, deux jours après la réception, votre volume en *on à tirer*, et n'y retoucherai plus.

Si l'affaire allait, et elle ira, parce que je vous donnerai n moyen de vente bien grand, en vous donnant l'appui lu *Journal des Connaissances utiles* de mon ami Girardin, equel tire à cent mille exemplaires, et que, mon ouvrage étant essentiellement dans son cadre, il nous servira ien; si donc nous avions le succès que j'attends, nous mettrions toujours un franc pour moi, et ma mère autoiserait le tirage des éditions. Par l'appui des annonces lu journal d'Émile de Girardin, et au moyen d'une nnonce dans les autres journaux, nous aurons peut être ne excellente affaire. Pour bien voir cela, il faut lire le ivre surtout.

Si vous me prouviez que un franc est trop, — ce que je e crois pas, — nous mettrions soixante-quinze centimes, nais vous me feriez MILLE FRANCS *que vous remettriez chez M. de Rothschild,* qui vous rendrait pour moi une lettre de rédit sur sa maison de Naples. Je vous dirais, en vous renvoyant les épreuves du volume, où m'adresser vos lettres, et vous compenseriez par un plus fort tirage.

Vous voyez que je suis reconnaissant de votre bonne volonté et surtout de ce que vous ne m'avez pas harcelé pour *les Chouans*, que vous recevrez corrigés par le renvoi des épreuves du *Médecin*.

Je travaille nuit et jour, et je ne veux être ennuyé ni de Gosselin ni de Boulland. En conséquence, je ne reviendrai à Paris que quitte de mes obligations, afin de n'être l'esclave de personne.

Cependant, vous aurez, vous, trois volumes in-octavo prochainement : deux intitulés *Études de femmes;* le troisième, *Conversations entre onze heures et minuit.*

Et d'abord, avant tout, sachez qu'en cas de troisième édition des SCÈNES, je supprimerai *le Conseil,* puis *le Devoir d'une femme* dans le troisième volume, pour les remplacer par une nouvelle scène qui paraîtra dans la *Revue de Paris* et qui sera plus dans la nature et le genre des SCÈNES DE LA VIE PRIVÉE que *le Conseil* et *le Devoir d'une femme,* que je trouve un peu en dehors de la moralité du livre.

Ainsi, avertissez-moi bien à l'avance de l'époque de cette édition; car, s'il le fallait, je ne destinerais pas la nouvelle scène à la *Revue de Paris* et je vous l'enverrais sur-le-champ.

Enfin, puisque nous réimprimons les *Romans et Contes,* j'en retirerai *Étude de femme* et *Sarrazine,* que je ne trouve pas *philosophiques,* et je les remplacerai par un nouveau conte que j'ai tout prêt. Alors, les *Études de femmes* se compléteraient de : *Étude de femme,* à laquelle je donnerais un autre titre; de *Sarrazine*, des deux histoires du *Conseil*, du *Message*, de *la Grande Bretèche*, du *Devoir d'une femme*, de *la Transaction*, bien refaite et corrigée, et de plusieurs autres choses dont je ne vous parle pas, attendu qu'il y aura des articles que vous lirez dans la *Revue*, comme *la Femme abandonnée*, et d'autres que je garderai, pour mettre de l'inédit.

Aussitôt que le quatrième volume de mes *Contes philosophiques* sera épuisé, j'en retirerai *Madame Firmiani*, trois feuilles; je n'aurai rien à y remplacer, vingt-quatre feuilles étant suffisantes.

Ainsi, *le Médecin de campagne*, *les Chouans*, les *Études de femmes*, les *Conversations entre onze heures et minuit*, et la troisième édition des SCÈNES vous feront patiemment attendre la réunion à mes œuvres de la *Physiologie du mariage*, pour laquelle je plaide toujours, vos *Trois Cardinaux*, la deuxième édition de *la Bataille* et les huit volumes de *Contes philosophiques*.

Vous voyez que je pense à vous. D'ailleurs, mon manuscrit vous le prouve mieux que tout. C'est pour nous deux une bonne affaire.

Je n'ai pas encore reçu votre réponse à la lettre que je vous ai écrite dernièrement.

Avis essentiel : *la Gazette* et *la Quotidienne* sont les seuls journaux qui pénètrent en Russie, ici, en Italie, etc. Faites-y toujours vos annonces.

Mille compliments. Ne m'oubliez pas auprès de madame Mame, ni auprès de mademoiselle Clémentine. Et vivons dans l'espérance de faire une belle édition en vingt-quatre volumes de mes œuvres, quand j'aurai ma réputation à la tribune!

Mille amitiés.

Mon élection est chose arrêtée dans les sommités du parti royaliste, en cas d'élections générales.

XCIII.

A MADAME DE BALZAC, A PARIS.

Annecy, 9 octobre 1832.

Ma chère mère aimée,

Tu trouveras, ci-joint, le manuscrit d'une *Lettre à Nodier* qui est un article pour la *Revue de Paris*.

Tu prieras M. Pichot de venir te voir, et tu lui donneras vingt-quatre heures pour lire cet article et savoir s'il veut l'insérer *textuellement* dans la *Revue*; je voudrais qu'il l'acceptât parce qu'il varierait nos articles. Comme la lettre est fort obligeante pour la *Revue* et pour Nodier, je ne doute pas que Pichot ne la prenne; dans ce cas, *je n'aurais pas besoin d'épreuves;* seulement tu m'en feras donner pour collationner et retirer le manuscrit.

Dans cette hypothèse, la lettre devrait se publier immédiatement et avant *les Orphelins*, que M. Pichot garderait pour le mois de novembre.

Tu recevras, par une dame qui part pour Paris, le manuscrit complet du *Médecin de campagne*, avec les instructions pour Mame, et, dans un bref délai (je n'attends que mes livres de Saché et celui que je t'ai demandé pour terminer), le second dizain des *Contes drolatiques* pour Gosselin.

Puis *la Bataille;* j'attends la réponse de M. Dieulouard, qui sait peu ce que c'est qu'un ouvrage, et la *Revue* sera approvisionnée pour jusqu'en décembre, parce que j'enverrai, avec l'épreuve corrigée des *Orphelins,* un article pour novembre, tout corrigé aussi, et le manuscrit de décembre.

Les articles de janvier et de février sont chacun à moitié faits, écrits; il n'y a plus grand'chose à y ajouter.

J'espère, mère bien-aimée, que vous ne vous attristerez pas: Je travaille autant qu'il soit possible à un homme de travailler; le jour n'a que douze heures, je ne puis pas davantage.

J'enverrai encore un article au *Rénovateur;* car, au prochain renouvellement de la Chambre, je veux être député.

Adieu, ma bonne mère chérie; je suis bien fatigué! le café me fait mal à l'estomac. Voilà vingt jours que je n'ai pris de repos; et il faut bien aller pour t'ôter tes inquiétudes.

Un bon baiser plein de tendresses.

XCIV.

A LA MÊME.

Genève, 16 octobre 1832.

Ma chère mère,

Ton fils voudrait bien que sa mère comprît que tout ce qu'elle demande est accordé d'avance et qu'il serait heureux de pouvoir deviner ses désirs. Je ne sais pas ce que c'est que ta *chèvre,* mais prends autant de chèvres que tu voudras!

Il faut appeler du procès de la *Physiologie,* si les exemplaires ne sont pas retirés et en le faisant constater.

Par grâce et au nom de la loyauté, envoie-moi le commencement des *Bons Propos des religieuses de Poissy,* que détient Gosselin; il me le faut *courrier par courrier.* Mon second dizain est plus d'à moitié fait. Mame aura deux bons volumes in-octavo qui lui feront plaisir, et *la Bataille* sera bientôt prête. J'ai travaillé comme un démon; car je tiens à rembourser tout avant six mois. Je voudrais bien savoir si Mame est pressé des *Chouans.*

Tout compte fait, pour aller en Italie, il faudrait mille écus. Sauf un cas imprévu, je retournerai en Touraine par un joli chemin, pour la fin d'octobre. C'est là que je corrigerai *la Bataille.* Il faudrait te procurer, chez Merlin ou chez quelque autre bouquiniste, les œuvres de Tabourot, seigneur des Accords, et me les envoyer d'urgence. Il y a divers titres à ces œuvres, Merlin te les dira, ou mieux, tu les trouveras indiqués dans la *Biographie universelle* à l'article TABOUROT. Il me les faut *absolument.* Je crois que l'œuvre principale est *les Coq-à-l'âne, les Touches, les Contrepetteries du seigneur des Accords;* je ne me souviens pas bien.

Maintenant, ma mère bien-aimée, tu trouveras, ci-joints, deux morceaux de flanelle que j'ai portés sur l'estomac, et avec lesquels tu iras chez M. Chapelain. Commence par soumettre à l'examen le morceau n° 1. Fais demander la cause et le siége du mal, le traitement à suivre; fais expliquer le pourquoi de chaque chose; le tout très-détaillé. Puis, pour le n° 2, demande la raison du vésicatoire ordonné dans la consultation précédente et réponds-moi par le courrier même du jour où tu consulteras, et consulte aussitôt ma lettre reçue! Aie soin de prendre les flanelles avec des papiers pour ne pas altérer les effluves.

Réponds-moi à tout ce que j'ai demandé sur Pichot, sur la *Revue*, article par article. Qu'on m'envoie ici les numéros des revues où j'aurai paru, indépendamment du numéro que je reçois à Paris pour ma collection. Prie donc Éverat, l'imprimeur, de me donner un *Deburau*[1], et joins-le à mon paquet. Il saura ce que cela veut dire.

Laure m'oublie donc?

Adieu; car je t'ai écrit, à cause des flanelles, au dernier moment du courrier. Nous ne recevons nos lettres ici que le mardi, le vendredi et le dimanche; cela fait des retards. Je t'embrasse de cœur, avec une effusion bien tendre.

J'oubliais : cachette les consultations et adresse-les-moi en mettant sur l'enveloppe : *A madame de Castries*. Tu écriras toi-même l'adresse, mais tu feras cacheter par M. Chapelain.

1. Par Jules Janin.

XCV.

A LA MÊME.

Genève, octobre 1832.

Ma mère bien-aimée.

Il est plus sage à moi de rentrer pour trois mois en France. Il m'est impossible, malgré l'obligeance des Rothschild et des ambassades, d'imprimer de loin *le Médecin de campagne, la Bataille,* le second dizain des *Contes drolatiques,* et les *Études de femmes.* La troisième édition des SCÈNES DE LA VIE PRIVÉE est épuisée; je veux profiter de cela pour en retrancher deux scènes, et y en ajouter une nouvelle, plus morale que celles que je retrancherai.

J'ai aussi en vue un remaniement des *Contes philosophiques* pour la quatrième édition, que je ferai aux environs d'avril.

Puis il faut songer aux articles de la *Revue* et en laisser de tout composés à mon départ. D'ailleurs, mes compagnons de voyage ne seront à Naples qu'en février.

Donc, je reviens, mais non pas à Paris : mon retour ne sera connu de personne et je repartirai en février pour Naples par Marseille et le bateau à vapeur.

Je serai plus tranquille sous le rapport de l'argent et des obligations littéraires; j'aurai assez d'argent pour avoir tout payé, et personne n'aura une ligne à me demander.

J'ai envoyé les mille francs à Naples, moins cent

francs qui m'étaient nécessaires. J'en compterai avec Mame, auquel j'apporte une belle œuvre, du moins, je l'espère telle.

Je ne sais encore où j'irai; mais ne parle de mon retour à personne, si ce n'est à Laure et à Surville.

Je suis bien mécontent de M. Laurentie, mais content de Pichot pour la *Lettre à Nodier; les Orphelins* sont à l'imprimerie, et il y aura un beau mois de novembre.

Ne donne plus rien au tailleur; réserve bien l'argent de la *Revue de Paris* pour m'accumuler un capital.

Je pars ce soir; mais j'irai je ne sais pas où, car je coupe la route à Dijon, où je couche.

Adieu, ma bonne mère; mille tendresses.

XCVI.

A LA MÊME.

Nemours, 5 novembre 1832.

Ma mère bien-aimée,

Conserve ta maison; j'avais déjà répondu à Laure. Je ne laisserai ni à toi ni à Surville le fardeau de mes affaires.

Mais, jusqu'à l'arrivée de mon mandataire, il est convenu que Laure, qui est ma caissière, te remettra cent cinquante francs par mois. Tu peux compter sur ce payement régulier; rien au monde ne passera auparavant. Puis, de fin de novembre à 10 décembre, tu auras l'excédant des trente-six mille francs et ce qu'il y aurait à te rembourser, par suite d'un trop de dépense, sur les recettes que tu as faites pour moi pendant le temps de ta gestion, où, grâce à ton dévouement, tu m'as donné ce qu'il était possible d'obtenir de tranquillité.

Tu peux demander à Laure le mois de novembre. Si elle ne l'avait pas, il te serait donné à la fin du mois sur la recette de la *Revue de Paris* affectée à ce payement. Je t'ajourne pour le surplus entre le 30 novembre et le 10 décembre, parce qu'il peut y avoir de l'incertitude pour quelques jours sur l'époque précise d'un payement qui me sera fait.

Laure m'écrit que tu peux trouver pour ta maison un locataire à deux mille cinq cents francs; ça ne serait pas une mauvaise affaire en lui imposant les contributions.

Je te remercie bien vivement, ma bonne mère, de ce que tu veux faire pour moi; si j'étais moins accablé de travaux, je pourrais m'étendre là-dessus, mais le temps sera mon avocat.

Adieu; je t'embrasse de toute mon âme et désire que tu t'arranges enfin une vie paisible et tranquille; pour mon compte, je ne veux plus désormais t'apporter ni ennuis ni soucis d'aucune espèce. Fais promptement le compte, pour que ce qui est affaire d'intérêt soit assuré sans retard. Quant à des chagrins personnels, je ne pourrai guère t'en donner, si tu ne doutes pas de mon cœur, car je serai pour longtemps absent.

Mille tendresses.

N'est-il pas venu un vase en porcelaine pour moi?...

Si le payement et les intérêts ne te permettaient pas encore de garder ta maison, écris-le-moi.

XCVII.

A LA MÊME.

Paris, fin de 1832.

Oh! ma bonne mère, j'ai pleuré de joie de ta lettre. Oui, certes, tout ce que tu voudras! Jamais je n'ai été si heureux; tu peux compter sur ce que tu me demandes.

Mon Dieu, je ne m'attendais pas au bonheur de pouvoir t'offrir mes moments de plaisir.

Ainsi, à ce soir, de cinq heures et demie à six heures; j'irai t'embrasser; puis nous dînerons ensemble, non pas aujourd'hui, mais samedi.

Je vais faire mes calculs, et je crois que je n'aurai à me priver de rien. Ce serait moins beau...

Mille tendres caresses, ma mère chérie; je veux que tu trouves mon baiser écrit à ton arrivée.

Ton fils dévoué.

D'ici à sept ou huit mois, je te ferai si heureuse, que tu seras bien portante!

XCVIII.

A M. CHARLES GOSSELIN, LIBRAIRE ÉDITEUR, A PARIS.

Paris, 1833.

Je prends beaucoup de part, monsieur, au plaisir que vous devez ressentir de l'accouchement de madame Gosselin, et suis fâché des tracasseries que vous a suscitées

Louis Lambert. Je ne répondrai pas à vos dernières observations, parce que ce serait interminable et que, si je sens vivement les choses qui me blessent, je puis parfois les oublier aussi.

J'ai l'honneur de vous prévenir, pour qu'il n'y ait pas double emploi avec vos distributions, que j'enverrai, sur les cent vingt-cinq exemplaires papier mécanique, un exemplaire à chacune des personnes dont les noms suivent :

MM. Nisard, Béquet, Amédée Pichot, Mévil, Ballanche, Philippon, de Briant, A. Berthier, Cazalès, Charles Nodier, Coste, O'Reilly (au *Temps*), Mame, Chasles, Rabou.

J'enverrai aussi à toutes les gazettes de province.

Je prends l'engagement de supporter la perte de cette opération, comme vous le désirez, et je vous prie de ne pas oublier les annonces à *la Quotidienne* et à *la Gazette*.

Quant à la lettre que vous attendiez de M. Surville, je m'étonne qu'elle ne vous soit pas encore parvenue; car j'ai répondu à M. Surville sur vos propositions d'une manière satisfaisante. Mais je le sais très-occupé.

Témoignez, je vous prie, à madame Gosselin, toute la part que je prends à son heureux accouchement, et agréez l'expression de ma considération distinguée.

Madame de Balzac, ma mère, n'a pas d'exemplaire du tome IV des *Romans et contes philosophiques ;* voulez-vous m'en envoyer un dont vous me débiterez?

XCIX.

A MADAME ZULMA CARRAUD, A ANGOULÊME.

Paris, 25 janvier 1833.

Oui, mon accident était une défaite de directeur embarrassé. *Juana*[1] m'a donné bien du mal; vous devez l'avoir lue maintenant. Le mal d'enfant a été purement d'attendre une disposition d'âme dans laquelle je pusse écrire ce morceau. Il a produit un bien grand effet. Je l'ai écrit comme j'ai écrit *la Grenadière*, en une seule nuit.

Les chagrins de tout genre vont toujours leur allure, enserrant ma vie de mille ligaments.

Je ne puis partir d'ici qu'après le 15 février; mais, si vous voulez avancer votre départ de quelques jours, et que je retarde un peu le mien, je pourrai vous rejoindre à Frapesle, où Auguste m'annonce que vous devez aller bientôt. J'ai la plus grande envie de voir la cathédrale de Bourges.

Borget est maintenant, comme vous devez le savoir, rue Cassini[2]. Je vous remercie bien de m'avoir donné un si bon ami. C'est une âme qui m'est toute fraternelle, pleine de ces délicatesses que j'adore, et j'espère être pour lui tout ce qu'il est pour moi.

Merci de votre bonne lettre. Vous avez raison sur bien des points dans votre opinion sur *Faust;* mais il y a des

1. Premier titre d'une partie des *Marana*.
2. Nous avons dit que Borget et Balzac avaient alors un logement commun.

poésies que vous n'avez pas aperçues et dont nous causerons quelque jour. Après, vous relirez l'ouvrage, et, sous l'empire d'une pensée, vous le verrez tout nouveau. Quant à *Lambert*, vous allez recevoir bientôt, par M. Sazerac, un petit paquet qui contiendra mon offrande. Pour vous, il existe un exemplaire imprimé sur papier de Chine et qu'en ce moment les plus grands artistes en reliure s'occupent de rendre digne de vous. Je vous en prie, ne le prêtez jamais. Vous savez, quand vous faites de la tapisserie, chaque point est une pensée. Eh bien, chaque ligne du nouvel ouvrage a été pour moi un abîme. Il y aura là des secrets entre nous deux. Gardez-le bien; je vous en mettrai un exemplaire vulgaire que vous prêterez, si tant est que vous puissiez le prêter à beaucoup de monde.

Maintenant, l'œuvre est bien plus complète, plus étoffée, mieux écrite. Puissé-je en faire un jour un monument de gloire! Quelques jours après, vous recevrez le second dizain des *Drolatiques*, puis *le Médecin de campagne;* deux œuvres qui, jointes à l'*Histoire intellectuelle de Louis Lambert,* doivent me mettre hors de page. M. Nacquart a déjà peur pour moi de quelque maladie cérébrale, en voyant d'aussi acerbes travaux. Je cesse à la fin de février avec la *Revue;* après quoi, je n'écrirai plus dans aucun journal sans d'énormes bénéfices, parce que les journaux m'assomment.

J'avais pensé à vous joindre une lettre dans *Lambert*, une lettre d'envoi; mais, entre cœurs qui s'entendent, cela m'a paru petit. Cet exemplaire sera bien mieux dans la grâce inconnue de son secret. Vos mains si douces ne trouveront que de la joie à tourner dans ce livre; puisse-t-il vous caresser également l'âme. Adieu donc; vous m'écrirez un mot. Irai-je à Angoulême? irai-je à Frapesle?

Voulez-vous avoir la bonté de demander à madame Nivet l'adresse de M. Dejean, mon compagnon de voyage à Limoges; puis, vous qui avez le compte et le devis de mon service, voulez-vous avoir encore l'extrême bonté de prier monsieur votre neveu de s'y mettre tout de suite, et de me l'envoyer aussitôt qu'il sera fait? Comme il faut absolument monter mon ménage, et que j'achèterais ici pour cent ou deux cents francs des objets qui ne me compléteraient rien, je préfère une dépense double, et avoir quelque chose de bien et de complet.

Adieu derechef. Par hasard, Borget vous écrivait de son côté; nous réunissons nos deux lettres; vous aurez le tout ensemble.

Mille choses aimables et amicales au commandant, ce que vous voudrez à vos voisins, et un souvenir à ma belle amante[1], à laquelle je souhaite mille plaisirs, le commissaire aidant. Quant à vous, vous savez si je puis écrire quelque chose qui vaille la millionième partie des belles et bonnes douceurs que vous inspirez.

1. Madame Grand-Besançon, femme du commissaire des poudres.

C.

A LA MÊME.

Paris, février 1833.

Madame,

Je ne sais s'il faut vous remercier ou vous gronder; je vous gronderai, je vous remercierai tout ensemble.

J'ai reçu le tapis qui donne à mon cabinet un air royal; mais, pour moi qui vous connais, de quel prix n'est pas ce tapis! J'ai reçu le *thé;* c'est gracieux et joli, c'est admiré par tout le monde, car cela est vu, et je voudrais être seul à le voir. Nous sommes bien heureux tous deux, vous de me donner une chose qui m'a fait plaisir, et moi de la recevoir de vous.

Mon Dieu, que ne vous devrais-je pas pour vos soins au sujet de mon service! arrangez-le comme vous l'entendrez, car je ne me souviens plus de rien.

Il faut vous dire que je suis enfoncé dans un travail exorbitant. Ma vie est changée mécaniquement. Je me couche à six heures du soir ou sept heures, comme les poules; on me réveille à une heure du matin, et je travaille jusqu'à huit heures; à huit heures, je dors encore une heure et demie; puis je prends quelque chose de peu substantiel, une tasse de café pur, et je m'attelle à mon fiacre jusqu'à quatre heures; je reçois, je prends un bain ou je sors, et, après dîner, je me couche. Il faut mener cette vie-là pendant quelques mois pour ne pas me laisser déborder par mes obligations.

Le profit vient lentement, les dettes sont inexorables

et fixes. Maintenant, il y a pour moi certitude de grande fortune; il faut encore l'attendre et travailler pendant trois ans; il faut refaire, recorriger, mettre tout à l'état monumental; travail ingrat, non compté, sans profit immédiat.

Je veux ma liberté, mon indépendance morale et pécuniaire; à cette pensée, je sacrifie le monde sans aucun regret; seulement, je retarde d'aller vous voir, et cela m'en donne, des regrets. Mais, à coup sûr, après ces travaux, il faudra le repos le plus absolu; j'irai le chercher ou à Angoulême ou en Berry, toujours dans quelque campagne; j'irai peut-être aux eaux d'Aix, *pour mon compte;* j'attends pour cela une décision de M. Nacquart.

Mais, comme le repos va m'être nécessaire, le repos de la tanière, il faut que je vous remercie encore de votre indulgence pour mes chères fantaisies et mes besoins d'élégance et de grâce. Que de poésie en vous, et que de réflexion, deux choses qui s'excluent en apparence! De vos deux observations sur *Juana,* l'une est indiscutable pour moi, c'est un point arrêté; quant à l'autre, nous disons la même chose: à latitude égale, l'insulaire l'emporte sur le continental. Que Napoléon ait été élevé en France, cela ne détruit pas son esprit insulaire.

Mon Dieu, nous faisons tourner la tête aux ouvriers de Paris pour la chose la plus simple, une boîte pour mettre votre exemplaire de *Louis Lambert;* néanmoins, elle sera faite, j'espère, pour jeudi prochain, et vous l'aurez dimanche 17, si la diligence y met des procédés.

Il y a bien des fautes encore dans ce *Louis Lambert*-là; le moins imparfait sera dans la première édition qui se fera. Que de peines cette œuvre m'aura coûtées! c'est à effrayer. Il en est de même pour *la Peau de chagrin;* la prochaine édition sera, je l'espère, parfaite autant qu'une œuvre humaine peut l'être.

Le travail et les pensées de l'existence chiffrée ont tout absorbé; je travaille trop et suis trop tourmenté pour me livrer à des chagrins qui dorment et font leur trou dans le cœur. Je me déshabituerai peut-être de mes idées sur la femme, et j'aurai passé sans en avoir reçu les choses que je lui demandais.

Adieu; pardonnez-moi la brièveté de ma lettre; vous devinerez bien ce que je ne vous dis pas; mais ce que vous ne saurez jamais, c'est combien vivement je déplore de ne pas être à la Poudrerie, tranquille, près de vous. J'en ai tant envie, que je ne jurerais pas de ne point arranger mes affaires pour y être en avril.

Adieu encore; mille choses aimables à M. Carraud; rappelez-moi au souvenir de vos voisins, et, si vous le voulez, à la dame qui a enfin gagné quelques pouces de plus dans son logement. Adieu, vous à qui je voudrais pouvoir dire : « A demain, nous déjeunerons ensemble! »

CI.

A M. EDMOND WERDET, LIBRAIRE ÉDITEUR, A PARIS.

Paris, 4 mars 1833.

J'avais, monsieur, la tête fort préoccupée d'un travail rebelle à mon imagination quand vous êtes venu me voir l'autre jour, et je n'ai pu comprendre que fort imparfaitement ce que vous vouliez obtenir de moi.

Aujourd'hui, j'ai la tête plus libre; faites-moi donc le plaisir de venir me voir à quatre heures, et nous causerons.

Mille civilités.

CII.

A M. AMÉDÉE PICHOT,

DIRECTEUR DE LA *REVUE DE PARIS.*

Paris, mars 1833.

Monsieur,

D'après la mise en pages que je reçois ce matin avec la *Revue*, le paragraphe 3 de *Ferragus* fait vingt-cinq pages; le paragraphe 4 en doit faire autant; je vous en préviens, parce que, alors, il ne peut plus guère y avoir dans le numéro prochain que quatorze pages avec ces cinquante-là, s'il est possible d'arriver.

Dans l'intérêt de la *Revue*, je vais me mettre à faire le dernier paragraphe. C'est de ma part un immense sacrifice; mais, si je quitte la *Revue*, je ne veux lui donner aucun motif de plainte.

Ma copie, sauf les hasards, sera donnée mardi. Que l'imprimerie soit digne de l'imprimerie, et il n'y aura rien d'impossible : surtout lorsque — si vous donnez un article de tête — il peut y avoir, le mardi soir ou le mercredi matin, deux feuilles bonnes à tirer sur quatre.

Maintenant, pour parler affaires, je désire que nous nous trouvions tous les deux lundi à trois heures à la *Revue*, afin de régler le compte des six mois. Je devais à peine soixante pages; d'après mes calculs, j'en ai donné cent. Le mois de mars (sauf les comptes d'abonnement et de ports d'épreuves, qui sont peu de chose) me serait dû. Je désire que vous soyez là pour résoudre les difficultés assez honteuses qu'il y a quelquefois sur des lignes, sur des blancs, etc., et qui me trouvent toujours facile; mais, la dernière fois que je réglai, en décembre 1831, j'ai été odieusement traité. Cela posé, il ne serait pas extraordinaire à la *Revue* de joindre mars et avril, et de me donner mille francs; car, si je reste cette semaine occupé de la *Revue*, il faut que mes affaires se fassent avec quelque facilité.

Je ne demande pas grande grâce, puisque l'article composé sur la *Théorie de la démarche* a trente-deux pages, et je les ai corrigées presque en entier, sauf quelques ajoutés scientifiques qui manquent. En outre, j'aurai, pour le 14 avril, les vingt pages sur le Salon[1]; et la *Théorie de la démarche* aura un second article.

Nous réglerons le compte de cette queue d'articles lorsque la *Théorie* aura entièrement paru, ce qui nous mène en mai. Alors, la *Revue* sera ma débitrice; elle et moi serons libres, moi de demander beaucoup, car je reviendrai sur le passé, elle de me refuser; et nous nous quitterons, moi avec la certitude d'y avoir mis les procédés les plus accorts et les plus courtois, et il ne lui sera pas permis d'être mal en paroles ou en articles à mon endroit.

Ayez la complaisance de me répondre un mot sur notre

1. Cet article sur le Salon ne fut pas écrit.

rendez-vous de demain à trois heures[1], car j'aurai à quitter votre copie, qui sera donnée, je l'espère, tout entière lundi.

Agréez mes compliments.

CIII.

A MADAME ZULMA CARRAUD, A ANGOULÊME.

Paris, mars 1833.

Mon Dieu! je voudrais bien être à la Poudrerie! Mais le moyen? Je n'ai pas encore un volume de réimprimé des *Chouans*, j'ai encore douze à treize feuilles du *Médecin de campagne* à terminer, j'ai cent pages à fournir ce mois-ci à la *Revue*. Pour achever tout cela, ne suis-je pas forcé de rester à Paris? Puis les affaires d'argent, dont les difficultés vont croissant, parce que les besoins sont fixes et les recettes frappées d'anomalie autant que les comètes!

Mais, certes, j'espère que le 10 de mars je serai à la Poudrerie; car il me faut un grand mois de solitude pour achever cette *Bataille*, qui me tracasse beaucoup. J'oubliais le second dizain des *Drolatiques*, pour lequel j'ai encore deux contes à faire, dont l'un est le majeur du volume.

Je vous assure que je vis dans une atmosphère de pensées, d'idées, de plans, de travaux, de conceptions, qui se croisent, bouillent, petillent dans ma tête à me

1. A la suite de cette explication, Balzac cessa de travailler à la *Revue de Paris*. *La Théorie de la démarche* parut dans *l'Europe littéraire*.

rendre fou! Néanmoins, rien ne me maigrit, et je suis le plus vrai « pourtraict de moine qui oncques ait été vu depuis l'extrême heure des couvents ».

Quant à l'âme, je suis profondément triste. Mes travaux seuls me soutiennent dans la vie. Il n'y aura donc pas de femme pour moi dans le monde? Mes mélancolies et ennuis physiques deviennent plus longs et plus fréquents; tomber de ces travaux écrasants à rien! n'avoir pas près de soi cet esprit si doux et si caressant de la femme, pour laquelle j'ai tant fait!

Mais laissons cela. J'ai à vous remercier, et des soins que vous prenez pour mon service et de tout ce que vous me dites de bon; vos lettres me font toujours l'effet d'une de ces belles fleurs dont le parfum réjouit.

Je ne connais point madame de Saint-S..., pas plus que beaucoup de femmes dont on me jette les faveurs à la tête, qui se vantent de m'avoir pour amant, et dont je ne connais ni le nom ni le visage. Je n'ai vu personne d'Angoulême, et je n'y connais que vous et les personnes que j'ai vues chez vous.

La semaine prochaine, nous vous expédions votre *Lambert*, que vous auriez déjà, n'était la paresse de M. Auguste[1], qui a oublié de commander la boîte; j'y joins un exemplaire ordinaire, dont vous ferez ce que vous voudrez.

Nous avons mangé avec un saint respect votre pâté, pensant à vous, naturellement, mais de cœur bien volontiers, comme vous l'imaginez.

1. Auguste Borget.

Allons, encore quelques jours, et je viendrai à vous, armé d'un des plus beaux livres qu'auront faits les hommes, si j'en crois mon pressentiment et ceux de mes amis, si mon bon esprit ne m'abandonne pas, enfin si tous les *si* sont accomplis.

Le Médecin de campagne me coûte dix fois plus de travail que ne m'en a coûté *Lambert;* il n'y a pas de phrase, d'idée, qui n'ait été vue, revue, lue, relue, corrigée; c'est effrayant! Mais, quand on veut atteindre à la beauté simple de l'Évangile, surpasser *le Vicaire de Wakefield* et mettre en action l'*Imitation de Jésus-Christ,* il faut piocher, et ferme! Émile de Girardin et notre bon Borget, parient pour quatre cent mille exemplaires. Émile l'éditera à vingt sous comme un almanach, et il faut le vendre comme on vend les *paroissiens.*

Adieu, à bientôt; les retards ne viennent pas de moi; vous ne pouvez pas douter de mon affection, et Ivan[1] a raison. Nous causons souvent de lui avec Auguste.

Adieu encore; mille gentillesses de cœur, et même tout le cœur. Baisez Ivan au front pour moi. Puis, que le commandant accepte ma poignée de main.

Pressez mon service; car j'ai un dîner à donner, et je ne sais quand, maintenant. Pour les tasses, je les voudrais en forme (passez-moi l'expression, parce qu'elle explique la forme) de pot de nuit, élégante, pure : elle ne passe jamais de mode. Les assiettes de dessert, vous le savez, doivent avoir un ornement de plus que les

1. Le fils aîné de madame Carraud.

autres. Je vous donne ici mon chiffre à leur envoyer, avec un B de plus néanmoins, également gothique[1].

CIV.

A M. GUILBERT DE PIXÉRÉCOURT, AUTEUR DRAMATIQUE, A PARIS.

Angoulême, 20 avril 1833.

Mon cher bibliothécaire (car le marché pourra s'effectuer, le temps aidant, à moins que ma muse, la Nécessité, ne se débande), j'ai reçu votre aimable invitation le jour où vous étiez à joyeusement déjeuner avec vos convives; donc, j'étais dans l'impuissance physique d'assister à cette fête bibliographo-gastronomique; mais je l'avais pressentie, car il y a sur la route, voyageant à votre adresse, un pâté de *Grobot*, dûment parfumé, devant être délicieux et bien insuffisant pour acquitter la dette de délicatesse qui me revenait souvent en mémoire avec votre souvenir.

Mille compliments affectueux.

CV.

A MADAME ZULMA CARRAUD, A FRAPESLE.

Paris, samedi 20 mai 1833.

« Merci mille fois, mon cher Auguste ! »

Je vous charge, madame, de dire cela à Borget, avec

1. Le petit cachet de cire rouge, apposé sur la page comme spécimen, ne porte qu'un H avec une couronne de comte; Balzac dit donc de mettre H. B.

tout l'accent que vous mettez aux choses de cœur. Je savais bien que vous m'écririez sur votre route, ce cher Ivan et vous, car vous savez sympathiquement combien tout ce qui est vous m'est précieux et cher. Oui, certes, il est probable que j'irai vous voir en Berry. J'ai repris ici, comme par magie, mon grand travail, mes seize heures par jour, et la plus grande somme de courage et d'inspiration que j'aie eue.

Le Médecin de campagne est fini. Vous le recevrez à Issoudun, avec le second dizain des *Drolatiques*, au commencement du mois prochain. Je n'ai plus que huit jours de correction d'épreuves. Soyez sans crainte, la fin est plus belle, au dire de celle que vous nommez à si juste titre un ange, que le commencement. L'ouvrage va *crescendo*, ce dont je doutais encore.

J'ai toujours la colique, et l'on m'annonce la grippe.

Les eaux de Vichy pour votre cher enfant me semblent bonnes, mais attendez l'effet de Frapesle. En tout cas, songez au magnétisme. Ma sœur a été guérie de la même maladie qu'a madame Nivet, par un traitement magnétique, par la simple action, répétée deux heures tous les jours, de ma mère. C'est un fait irrécusable. Magnétisez donc Ivan.

Je ne vous ai pas dit adieu, ni au commandant, pour ne pas vous éveiller ; mais j'ai été contrarié de ne pas pouvoir vous donner le baiser cordial et bien sincère, un peu mélancolique de l'adieu. Le manuscrit du *Privilège* fini[1], j'irai voir Bourges.

1. Comme nous l'avons dit précédemment, cet ouvrage n'a jamais paru.

Je vais écrire à ces messieurs de Limoges.

Allons, adieu; car vous êtes du nombre des trois personnes auxquelles j'écris, mais je ne puis écrire longuement avec mes épreuves et mes travaux. On a trouvé *le Succube*[1] immense, sublime, gigantesque! Je suis heureux du succès qu'on prédit au second dizain. Adieu encore. Écrivez-moi quand vous serez à Frapesle, et le temps que vous y resterez. J'irai vous y voir, ne fût-ce, toutes les choses de cœur mises à part, que pour me retremper dans le *patriarcal*. D'ailleurs, j'ai à aller chercher un regard de vous, comme une de mes plus chères récompenses pour ce *Médecin de campagne* dont vous avez inspiré quelques pages.

Adieu; tendresse et reconnaissance.

Je vous adresse ceci à Frapesle, puisque vous partez demain de Limoges.

CVI.

A LA MÊME.

Paris, 1833.

Ma foi, le conte oriental ne me va pas; j'en suis fâché pour l'imagination d'Auguste.

Je vous écris à la hâte.

Figurez-vous que je suis assigné au tribunal de commerce; mais j'ai décliné cette juridiction, attendu que je n'en dépends pas. Mame me demande à la fois tout.

1. Un des *Contes drolatiques*.

Je travaille jour et nuit. *Le Médecin de campagne* est fini; le deuxième volume est à mon compte. *Les Chouans*, corrigés, vont lui être signifiés par huissier.

Mon avoué m'assure le gain de mon procès, parce que tout est en règle de mon côté. Il serait trop long de vous dire les détails de cette ennuyeuse affaire, qui m'accroche trois mille francs, auxquels il faut que je supplée; heureusement, le troisième dizain des *Drolatiques* est fait, et, accompagné du *Privilège*, cela remplacera tout; mais ce sont des travaux à en perdre la tête! *Le Médecin* réclame encore cinq à six jours et nuits d'épreuves à revoir. Le deuxième dizain a paru; mais Gosselin ne m'a pas encore envoyé d'exemplaires. Je vous enverrai le vôtre à Angoulême.

J'écris demain en second lieu à M. Nivet, pour ce qui me manque et pour les porcelaines de ma toilette.

Vous êtes donc toujours malade, que vous ne m'avez écrit qu'un petit mot? alors, comment allez-vous faire pour retourner à Angoulême?

Je ne puis vous en écrire davantage; on m'apporte à l'instant trois feuilles du *Médecin* à lire, et j'ai en outre à corriger des placards pour la fin.

Adieu; mille tendresses, et chargez-vous de donner une poignée de main à Auguste. Smargiassi m'a chargé de lui dire qu'il y avait trop de grandeur chez lui, et il m'a répété trois fois : « La nature! la nature! la nature! » Voilà l'arrêt du bon Smargiassi, auquel j'ai montré le peu d'études qui étaient pendues chez Auguste et qui en a été content.

J'espère, si j'ai le temps d'aller aux Pyrénées après mes

travaux, vous voir un jour ou deux à la Poudrerie, vous, ayant lu *le Médecin de campagne;* car mon avoué va obtenir du président une ordonnance pour que la publication ait lieu avant tout jugement au fond.

Vous ne me dites rien de votre santé. Si vous ne pouvez pas écrire, qui me dira comment vous allez, quand Auguste sera parti?

Mille amitiés au commandant Piston[1]; mais, ici, je suis sous le jeu d'un piston supérieur, et vraiment il me faudra un bon mois de repos en septembre. J'ai le chagrin de ne pas pouvoir vous dire le centième des choses que j'ai à vous conter; quant aux choses de cœur, vous les savez.

CVII.

A M. CHARLES GOSSELIN, LIBRAIRE ÉDITEUR, A PARIS.

Paris, 1833.

Monsieur,

Il m'est impossible de quitter un seul instant la correction des troisième et quatrième volumes in-dix-huit des *Chouans;* car la sentence arbitrale porte que je dois remettre le troisième à M. Mame mardi, et j'ai trop à cœur de n'avoir plus rien de commun avec lui pour manquer à ce délai. Je n'ai donc que le temps précis d'achever, et la moindre sortie me dérange plus que ne le fait une conférence chez moi. Aussi toutes les personnes qui ont affaire à moi ont-elles obéi à cette nécessité. Je puis

1. Sobriquet donné par Balzac à M. Carraud.

être libre jusqu'à minuit. Néanmoins, mardi n'étant que le 17, il y aurait encore le temps, d'ici au 20, pour le payement du premier terme de mon indemnité. D'ailleurs, vous pourriez mieux réfléchir à cette affaire, qui est très-considérable et d'une grande portée comme opération.

Cependant, si mardi nous ne nous entendions pas, je n'aurais plus que peu de moments, et mon intention est de ne courir après personne. Jugez de cela. Il y a déjà quelqu'un qui, depuis la lettre que je vous ai écrite, est venu me prier, si vous ne preniez pas l'affaire en totalité, de la partager avec vous. J'ai répondu que déjà vous m'aviez manifesté l'intention de ne rien faire en commun avec un libraire; et l'on m'a objecté Furne.

J'ai seize exemplaires complets du *Bulletin des lois*, avec la table, édition Galiffet, que je voudrais échanger contre des livres. Je voudrais les *Grands Historiens de France* de chez Arthus Bertrand, brochés, et les *Mémoires de Saint-Simon;* si cela vous convenait, ainsi qu'à M. Renouard, nous pourrions faire cette affaire.

Agréez mes compliments.

CVIII.

A MADAME LA DUCHESSE D'ABRANTÈS, A VERSAILLES.

Paris, 1833.

Il n'y a rien entre nous, que dix-sept heures de travaux par jour, que l'impossibilité physique d'aller autre part que chez mon avoué pour mon procès avec Mame, que je ne voudrais pas non plus rencontrer chez vous.

Vous aviez, cet hiver, paru vouloir me venir voir dans mon taudis, et alors, je vous avais dit : « Venez, nous causerons. » Je suis aujourd'hui plus pressé que jamais par mes ouvrages; j'ai un roman historique, *le Privilège*, à donner pour la fin du mois; j'ai cinq ou six articles promis à des amis; enfin, je suis claquemuré. Néanmoins, pour vous, je suis tout prêt à prendre une soirée où nous serons seuls, et toujours amis.

Je ne sais pas si je serai libre lundi, mais vous êtes sûre de me voir le jour où je ne serai pas retenu par mes bons à tirer.

CIX.

A MADAME LAURE SURVILLE, A MONTGLAT.

Paris, juin 1833.

Ma chère Laure,

Tu pars sans crier gare; le pauvre travailleur court chez toi pour te faire partager une petite joie, et pas de sœur ! Je te tourmente si souvent de mes ennuis, que c'est bien le moins que je t'écrive cette joie. Tu ne te moqueras pas de moi, tu me croiras, toi !...

Je vais hier chez le baron Gérard; il me présente trois familles allemandes. Je crois rêver, trois familles !... rien que cela !... L'une de Vienne, l'autre de Francfort, la troisième prussienne, je ne sais d'où.

Elles me confient qu'elles viennent fidèlement depuis un mois chez Gérard, dans l'espérance de m'y voir, et m'apprennent qu'à partir de la frontière de France ma réputation commence (cher ingrat pays !). « Persévérez dans vos travaux, ajoutent-elles, et vous serez bientôt à la tête de l'Europe littéraire ! » De l'Europe ! ma sœur, elles l'ont dit ! Flatteuses familles !... Ferais-je pouffer de rire certains amis si je leur racontais ceci !

Ma foi, c'étaient de bons Allemands, je me suis laissé aller à croire qu'ils pensaient ce qu'ils disaient, et, pour être vrai, je les aurais écoutés toute la nuit. La louange nous va si bien, à nous autres artistes, que celle de ces braves Allemands m'a rendu le courage; je suis parti tout guilleret de chez Gérard, et je vais faire un triple feu sur le public et sur les envieux, à savoir : *Eugénie Grandet*, les *Aventures d'une idée heureuse*, que tu connais, et mon *Prêtre catholique*, l'un de mes plus beaux sujets.

L'affaire des ÉTUDES DE MŒURS est en bon train; trente-trois mille francs de droit d'auteur pour des réimpressions boucheront de grands trous. Le tronçon de dettes payé, j'irai chercher ma récompense à Genève. L'horizon commence donc à s'éclaircir.

J'ai repris ma vie de travail. Je me couche à six heures, avec mon dîner dans le bec. L'animal digère et dort jusqu'à minuit. Auguste me pousse une tasse de café avec lequel l'esprit va tout d'une traite jusqu'à midi. Je cours à l'imprimerie porter ma copie et prendre mes épreuves pour donner de l'exercice à l'animal, qui rêvasse tout en marchant.

On met bien du noir sur du blanc en douze heures, petite sœur, et, au bout d'un mois de cette existence, il y a pas mal de besogne de faite. Pauvre plume ! il faut qu'elle soit de diamant pour ne pas s'user à tant de labeur ! Faire grandir son maître en réputation, selon les proscriptions allemandes, l'acquitter envers tous, puis lui donner un jour le repos sur la montagne, voilà sa tâche!

Que diable allez-vous faire à Montglat?... Enfin, vous êtes libres, et ce n'est pas un reproche, c'est une curiosité; entre frère et sœur, cela se pardonne.

Allons, adieu. Si tu as du cœur, tu me répondras. Poignée de main fraternelle à *M. Canal;* dis-lui que les *Aventures d'une idée* sont sur le chantier et qu'il les lira bientôt.

Addio! addio! corrige bien *le Médecin;* signale-moi tous les passages qui te sembleront mauvais, et *mets les grands pots dans les petits*, c'est-à-dire, si une chose peut être dite en une ligne au lieu de deux, essaye de faire la phrase.

CX.

A M. FORFELLIER,
RÉDACTEUR EN CHEF DE *L'ÉCHO DE LA JEUNE FRANCE*,
A PARIS.

Paris, juin 1833.

Monsieur,

Il y a des allégations fausses dans votre note (relative à la publication de *la Duchesse de Langeais* dans *l'Écho de la Jeune France*); si vous la publiez, j'y répondrai.

Si elle entre dans le domaine de la personnalité, j'en demanderai raison, et il me la faudra.

Vous savez que vos deux cents francs sont tout prêts; le scandale que vous cherchez m'obligera à vous faire des offres réelles.

Enfin, je dois vous répéter encore que vous méconnaissez toute règle, non-seulement de politesse, mais de droit, en refusant de reconnaître que je ne vous ai jamais concédé que l'usage de mon article.

Votre serviteur.

CXI.

A MADAME ZULMA CARRAUD, A ANGOULÊME.

Paris, 2 août 1833.

Vous avez bien raison, chère belle âme, d'aimer madame de Berny. Vous avez dans la pensée des ressemblances frappantes : même amour du bien, même libéralisme éclairé, même amour du progrès, mêmes vœux pour la masse, même élévation d'âme, de pensées, mêmes délicatesses de cœur. Aussi je vous aime bien.

Je vous réponds sur-le-champ, sous le coup des émotions que m'a causées votre lettre. Eh quoi ! vous souffrez ! Songez bien à moi, au magnétisme, qui n'est pas une illusion. Je ferais cent lieues pour venir vous ôter une douleur de deux jours. Vous ne savez pas combien je suis fidèle et exclusif en amitié, combien je suis dévoué ! Ne croyez pas que, parce que je puis parcourir tous les points de la circonférence, je ne sache pas rester au centre. J'ai encore dans l'âme, en pensant à vous, la reconnaissance toute fraîche des heures où vous avez été si douce et si indulgente pour l'irritation sotte que me causait le café ! Je voudrais bien être encore à la Poudrerie !

Je vais vous donner les nouvelles du procès. La sentence

souveraine est rendue. MM. Dupin et Boinvilliers, les deux avocats les plus distingués du barreau, ont jugé que *j'avais mis de la mauvaise volonté* en employant huit mois à faire *le Médecin de campagne*. Ils m'ont donné quatre mois pour faire *les Trois Cardinaux*. Et ils sont gens d'intelligence!... Faute d'exécuter la sentence, je devrai trois mille huit cents francs d'indemnité, et je serai libéré.

Le duc de Fitz-James m'a écrit une lettre qui m'a touché. En apprenant cela, il m'a prié de tirer à vue sur son banquier trois mille huit cents francs pour que je puisse me délivrer de ce bourreau. Je l'ai remercié en lui disant qu'à toutes les époques de ma vie mon courage s'était trouvé supérieur à mes misères; mais je lui ai promis que, si, par une transaction subite, il me fallait ces trois mille huit cents francs, je les lui prendrais pour un mois.

Mon libraire est déclaré *menteur, calomnieux, outrageant* envers moi, par la sentence; mais les arbitres ont jugé que je devais toujours continuer mes affaires avec lui. Et ce sont des hommes d'honneur, dit-on! Il est condamné à me payer trois mille francs *le Médecin de campagne*, et, depuis la sentence, il s'y refuse. Il a fallu dépenser énormément pour lever le jugement, le lui signifier, et, aujourd'hui même, on a saisi mon ouvrage, faute de payement!

Voilà ma vie : des avoués, des courses, des ennuis. Faites donc de belles choses! J'ai reçu des coups de poignard, de chapitre en chapitre, en faisant cette œuvre que mes amis les plus difficiles trouvent constamment sublime, et qui m'a coûté *personnellement* mille francs de corrections, dont les arbitres ne m'ont pas tenu compte. Je ne vous parle pas de mes nuits, de mes jours, de ma santé attaquée par l'abus du café.

Mais, à la fin de cette semaine, vous lirez ce magnifique ouvrage, vous verrez jusqu'où j'ai été. Ma foi, je crois pouvoir mourir en paix. J'ai fait pour mon pays une grande chose. Ce livre vaut, à mon sens, plus que des lois et des batailles gagnées. C'est l'Évangile en action. Oui, la deuxième édition est toute à moi. Au mois de décembre paraîtra l'édition à vingt sous. Je ne puis pas la faire auparavant. Que de gens ont déjà pleuré à la *Confession du Médecin de campagne!* Madame d'Abrantès, qui pleure rarement, a fondu en larmes au désastre de la Bérésina, dans la *Vie de Napoléon racontée par un soldat, dans une grange.*

Je ne travaille qu'à un seul journal, *l'Europe littéraire,* où j'ai une action de cinquante francs à payer en rédaction. Ce journal allait tomber, les gens de lettres se sont réunis pour le soutenir. Or, je ne puis pas aller sans travailler à un journal; autrement, mes obligations souffriraient; mais c'est la dernière fois, *mon action payée,* que je travaille dans les journaux, à moins d'en avoir un à moi. C'est un principe adopté. Je travaille à force le troisième dizain : il paraîtra le 1er octobre[1]. Comme je souffre de ne pouvoir vous offrir un exemplaire du *Médecin!* mais vous aurez un bel exemplaire sur papier de

1. Le troisième dizain des *Contes drolatiques* ne parut réellement qu'en 1837.

Chine, de l'édition corrigée. Je vous enverrai le modèle du papier.

Je vais aller au *Journal des Enfants* pour Ivan.

Soignez-vous bien.

Allons, adieu, car je me suis oublié pour vous. Je ne voulais vous dire que deux mots. Comment ne pas bavarder avec les amis du cœur? Vous avez raison, l'amitié ne se trouve pas toute faite. Aussi, chaque jour, la mienne pour vous s'accroît du passé et du présent. Mille bonnes choses au commandant. Je retourne à mes phrases. Trouvez ici mille fleurs d'âme, de tendres souvenirs.

Non, je n'ai pas reçu la lettre où vous me parlez de votre traitement.

CXII.

A M. CHARLES GOSSELIN, A PARIS.

Paris, août 1833.

Monsieur,

Le procès que j'ai eu à soutenir contre Mame, libraire, a été pour moi un cas de force majeure, qui m'a empêché de faire *le Privilège* dans les termes que j'avais pris; néanmoins, si cette affaire que nous pourrions soumettre amiablement à des arbitres faisait discussion, je puis encore, en cessant toutes mes relations, fournir de la copie avant le dernier délai.

Mais, monsieur, il y a, je crois, un moyen d'accorder parfaitement vos intérêts et les miens.

En vertu de la sentence rendue contre Mame, et par

suite d'arrangements onéreux pris avec MM. Dieulouard et Boulland, je suis rentré, il y a deux jours, dans tous mes droits sur les SCÈNES DE LA VIE PRIVÉE et sur les SCÈNES DE LA VIE PARISIENNE; en sorte que le grand ouvrage des ÉTUDES DES MOEURS AU XIXe SIÈCLE est libre. Il y aurait donc lieu, si vous vouliez l'entreprendre, à combiner un marché qui éteindrait mes obligations littéraires. Le désir que vous m'avez témoigné de publier les SCÈNES DE LA VIE PRIVÉE peut subsister encore. Si cette affaire vous convenait, il faudrait que vous eussiez la complaisance de venir me voir incontinent, parce que, d'après les termes de mes conventions relatives aux indemnités, je suis obligé d'avoir une solution sur cette affaire le 20 de ce mois.

Vous savez que cette publication comporte douze volumes in-octavo, dans lesquels se trouvent six volumes de réimpression de *livres*, trois de réimpression d'*articles*, et trois inédits; que l'ouvrage est divisé en quatre séries :

Les SCÈNES DE LA VIE PRIVÉE,
— DE LA VIE DE PROVINCE,
— DE LA VIE PARISIENNE,
— DE LA VIE DE CAMPAGNE.

S'il ne vous convenait en aucune manière de faire cette publication, répondez-moi promptement, parce que plusieurs personnes me l'ont déjà demandée.

Agréez, monsieur, l'assurance de mes sentiments les plus distingués.

CXIII.

A M. CHARLES DE BERNARD, A BESANÇON.

Paris, août 1833.

Monsieur,

J'ignore si vous êtes à Besançon ; mais, dans le doute, je vous écris encore. Dimanche 22, je pars pour Besançon par la malle, j'y serai mardi matin, pour peu de temps; mais, pendant ce peu de temps, je désirerais vous voir, vous parler de quelque chose qui demande la connaissance du pays et qui m'est personnel, comme aussi de quelque chose qui pourrait vous être agréable.

Si cette lettre vous trouve à Besançon, auriez-vous la complaisance de me faire assurer une place dans la voiture qui peut aller le plus rapidement et le plus immédiatement à Neuchatel? Vous m'obligeriez infiniment. A mardi donc!

Agréez, je vous prie, mille témoignages d'estime et de considération la plus distinguée.

CXIV.

AU MÊME.

Neuchatel, fin de septembre 1833.

Mon cher monsieur de Bernard,

J'aurai le plaisir de vous revoir mercredi, 2 octobre. Voulez-vous avoir l'obligeance de me retenir une place à la malle pour Paris? Je désire bien vivement que vous ayez quelque chose à me dire de votre plan, si toutefois vous avez travaillé.

J'ai été très-heureux ici. Je suis très-content de ce que j'ai vu, le pays est délicieux; mais vous savez que Jupiter a deux tonneaux et que *les dieux n'ont point de faveurs qui soient pures.*

Il me semble que je vous ai bien peu remercié de la bonne journée que vous m'avez donnée; mais j'espère vous prouver que je ne suis point un ingrat.

A mercredi donc; vous devez penser que j'aurai bien du plaisir à vous revoir, vous qui avez fait que mon voyage à Besançon n'a pas été inutile et que j'y ai trouvé du plaisir.

Trouvez ici mille compliments affectueux et les obéissances d'une personne qui aime à se dire

Tout à vous.

CXV.

A MADAME ZULMA CARRAUD, A ANGOULÊME.

Neuchatel, fin de septembre 1833.

Je viens de reconduire le grand Borget jusqu'à la frontière des États souverains de cette ville. Vous avez été, comme bien vous le penserez, de tiers dans notre longue et bonne causerie d'amitié. Nous vous aimons bien, et nous sommes l'un et l'autre d'une nature canine comme fidélité.

Ce que vous désiriez est arrivé. Je n'ai pas pu trouver mon papier à Besançon, et l'homme de Besançon à qui j'ai parlé d'Angoulême et de M. Calluau, m'a dit que c'était possible là [1]. Mais je suis si pressé d'affaires et de travaux, que je ne pourrais aller vainement (le mot concerne le papier) à Angoulême. Et Auguste, qui sait toute l'affection que j'ai pour vous et quel bonheur est pour moi d'aller quelques jours à la Poudrerie, m'a conseillé de vous écrire par avance au sujet de la manutention de notre papier. Si M. Calluau peut entreprendre cette fourniture, alors j'irais vous voir et conclure le marché d'après ce que vous nous direz. Sinon, je resterai à Paris à cuisiner les premières livraisons de notre entreprise, et à terminer mes obligations littéraires que l'on m'a faites si pesantes.

Paris, 5 octobre.

J'achève ici la lettre commencée à Neuchatel. Figurez-vous qu'au moment où je m'étais bien acoquiné près du feu, pour vous écrire longuement et répondre à votre bonne dernière lettre, on est venu me chercher pour aller voir des sites, et cela a duré jusqu'à mon départ, qui a eu lieu le 1er octobre. Je suis resté quatre jours en route, et me voilà ici, bien fatigué.

Je ne vous en dirai pas davantage dans cette lettre, car vous trouverez, bureau restant, chez M. Sazerac, une petite caisse ou paquet contenant votre boîte à papiers. Prenez garde en défaisant ce paquet : la clef est enveloppée dans un papier, et, comme elle est petite, vous la pourriez perdre.

1. Il s'agissait de faire fabriquer du papier pour une édition des œuvres de Balzac. Ce projet n'eut pas de suite.

Vous trouverez dans cette boîte une lettre où je vous explique tout ce qui concerne M. Calluau.

Ceci n'est alors que la lettre d'avis, et, comme elle précède l'autre, je vous prie de trouver ici mille tendres témoignages d'amitié. Tâchez que je vous aille voir. Je serais bien enchanté que notre papier se fît à Angoulême. Une bonne poignée de main au commandant.

CXVI.

À LA MÊME.

Paris, 5 octobre au soir, 1833.

Je vous écris, comme vous le voyez, sur le plus joli papier du monde, et je vous enverrai ma lettre dans un papier à enveloppe qui est bien ce qu'il y a de plus fashionable! Est-ce le vôtre? Je ne sais, je l'ai trouvé ici; il avait été apporté par un inconnu qui n'a pas voulu dire de quelle part il m'était envoyé.

De vous, cela m'étonnerait, car vous savez combien je vous aime, combien je prise et vos sentiments et votre admirable noblesse d'âme, et nous sommes, je crois, plus élevés que ne le sont ces petits mystères. Il faut que ce soit quelque autre personne; et, si cela était, je ne voudrais pas être en reste. Je ne puis consentir à recevoir que de vous, que j'aime bien, et je voudrais vous offrir tant de choses et tant d'amitié, que vous fussiez toujours endettée avec moi. Si donc ce n'est pas vous qui m'avez envoyé ce papier, tâchez de découvrir qui, pour que je m'acquitte. Si c'était vous, je pense qu'il y aura eu quelque malentendu, nous n'en parlerons plus.

Votre sachet à parfumer n'est pas dans cette boîte, parce qu'il n'est point encore fait; je vous l'enverrai plus tard. Écrivez-moi vite, que je sache si ce papier vient de vous; car, d'une autre, il me serait insupportable, précisément parce qu'il me plaît beaucoup.

Maintenant, venons au fait de notre entreprise.

Borget y prend, dans l'action de M. Surville, deux coupons de chacun trois mille francs, et ma mère et Surville trois de même somme; j'en ai un que je garde pour mon compte; cela fait six coupons; il en reste donc trois, l'action se composant de neuf coupons de trois mille francs. Sur ces trois, ma mère est, je crois, dans l'intention d'en prendre deux pour mon frère; il n'en reste plus qu'un de trois mille francs. Borget vous portera une copie de notre acte de société. Vous verrez si cette portion d'action vous convient; j'aurais vu avec bien du plaisir que le commandant Périollas et vous participassiez à cette affaire, car elle est aussi sûre qu'une spéculation peut l'être. Dans cet état de cause, consultez-vous, et, si vous trouviez la dose d'intérêt trop faible, je pourrais arranger cela avec ma mère.

Voici maintenant l'affaire du papier. Ayez la bonté d'aller voir M. Galluau et proposez-lui les conditions de notre fourniture :

1° Il nous faut du papier mécanique de deux pieds onze pouces de long sur deux pieds sept pouces de large, la rame composée de cinq cents feuilles et pesant de vingt-huit à trente livres. Nous ne voulons pas payer plus de cinquante à soixante centimes la livre. Quant à la confection, je vous envoie un échantillon pour le *blanc* et la fabrication; c'est l'échantillon d'un papier à soixante-cinq centimes la livre qu'on nous a proposé. Une économie d'un sou par livre nous ferait faire toute la France pour la chercher, car notre affaire gît dans la prodigieuse économie des moyens. Cela posé, si M. Galluau fait l'affaire, il nous fabriquera comme spécimen *une main* de papier à laquelle toute sa fourniture devra être semblable. Nous payerons comptant à la remise du papier. Il nous en faudra, pour commencer, cent vingt rames par mois; la fourniture pourra se doubler au bout de deux mois, se tripler dans le semestre. Il devra toujours nous tenir approvisionnés de cent quarante rames en magasin, vérifiées et disponibles, afin que nous ayons devant nous une masse à prendre avant d'augmenter notre fourniture, pour ne pas manquer nos affaires, au cas où il nous faudrait du papier du jour au lendemain.

Nous aurons besoin d'un premier envoi du 15 novembre au 1er décembre.

Si ces préliminaires lui conviennent, nous ferons ici, mes deux associés et moi, un projet de marché, en y joignant une feuille modèle, et j'arriverai courrier par courrier à Angoulême.

Soyez assez bonne pour vous occuper sans retard de cette affaire, vous et M. Carraud, afin que j'aie une réponse très-promptement; notre entreprise exige une célérité d'enfer.

J'ai à vous parler de vous, de moi, mais le temps me manque pour tout. J'espère aller à Angoulême, et nous aurons une ou deux bonnes journées de causerie; mais je n'attendrai pas ce voyage pour vous dire tout ce qu'il y a de tendre reconnaissance dans mon âme pour votre dernière lettre, et avec quelle force les ennuis littéraires me font me réfugier dans le cœur de ceux qui m'aiment, pour y trouver des consolations. Vous ne savez pas comment *le Médecin* est accueilli? par des torrents d'injures! Les trois journaux de mon parti qui en ont parlé l'ont fait avec le plus profond mépris pour l'œuvre et pour l'auteur; les autres, je ne sais; mais cela me fait peu de peine. Vous êtes mon public, vous et quelques âmes d'élite auxquelles je veux plaire; mais vous surtout, que je suis si fier de connaître, vous que je n'ai jamais vue ni entendue sans avoir gagné quelque chose de bon, vous qui avez le courage de m'aider à arracher les mauvaises herbes dans mon champ, vous qui m'encouragez à me perfectionner, vous qui ressemblez tant à l'ange auquel je dois tout; enfin, vous si bonne pour mes *mauvaisetés!* Moi seul sais avec quelle rapidité je vais à vous; j'ai recours à vos encouragements, quand quelque pointe m'a blessé; c'est le ramier regagnant son nid. Je vous porte une affection qui ne ressemble à aucune autre et qui ne peut avoir ni rivale ni analogue. Il fait si beau, si bon près de vous! De loin, je puis vous dire, sans crainte d'être mis au silence, tout ce que je pense sur votre âme, sur votre vie. Mon Dieu, personne plus que moi ne souhaite que, pour vous, le chemin d'ici-bas soit beau; je voudrais vous envoyer toutes les fleurs qui vous plaisent, comme souvent j'envoie au-dessus de votre tête les vœux les plus ardents de bonheur. Oui, pensez qu'il y a dans ce Paris si volcanique un être qui pense souvent à vous, à tout ce qui vous est cher; qui voudrait écarter de vous tout ce qui peut offenser dans la vie, et qui vous apprécie à toute votre valeur; enfin, un être dont le cœur toujours jeune est plein de réelle amitié pour vous, un cœur qui ne se révèle dans tout ce qu'il peut avoir de bon qu'à vous et à quelques-unes de ces femmes qui comprennent les douleurs.

J'ai encore à corriger bien des fautes dans *le Médecin*, il faut encore écouler une édition avant celle à vingt sous, car je ne veux populariser qu'une œuvre aussi parfaite qu'il me sera donné de la faire.

Allons, encore quelques mois de travaux et j'aurai fait un grand pas. Cet hiver, je finirai plusieurs œuvres qui me mettront peut-être hors de toute ligne. Après *Lambert* et *le Médecin de campagne*, je donnerai, toujours dans cette même voie, *les Souffrances de l'Inventeur*, *Histoire d'une idée heureuse*[1] et *César Birotteau*. Quand ces trois grandes œuvres seront finies, peut-être aurai-je mérité l'un de ces bienveillants regards que vous m'adressez et que je compte parmi mes plus douces, mes plus précieuses récompenses; car je vous mets au nombre des plus parfaites créatures qui consolent d'être au monde.

Il faut vous quitter, vous dire adieu, quand j'ai encore tant de choses à vous dire. Mille gracieux témoignages d'amitié au commandant. Faites que je puisse vous voir d'ici à huit jours.

Baisez Ivan au front pour moi.

1. Le prologue seul a été écrit.

CXVII.

A MADAME LA DUCHESSE D'ABRANTÈS, A VERSAILLES.

Paris, 1833.

Je trouve, à mon retour, au lieu du grand secret, une lettre, venue trop tard avant mon départ pour que je la lusse, — je ne suis pas rentré chez moi le dimanche. Comment avez-vous besoin de mon autorisation pour parler en bien du *Médecin de campagne*, quand tout le monde en parle en mal, de son autorité privée?

Ce petit mot est pour vous envoyer mille témoignages d'amitié; je vous l'écris pendant que l'on me prépare mon bain : j'ai fait quatre jours et quatre nuits de route dans une espèce de poulailler, faute de place. Je ne sais qui fait que, sur les routes de Suisse, il y a des trente voyageurs qui attendent des places dans toutes les villes. Je suis brisé par le plus infructueux des voyages, mais qui m'a enchanté; jamais je n'ai vu de plus ravissants pays que ceux que j'ai admirés; le Val-de-Travers semble fait pour deux amants.

Mille tendres amitiés; à bientôt. Ne dites mon retour à personne, car j'ai peur dix jours de travail forcé, pendant lesquels je vais être comme le ver faisant son trou dans une poutre.

CXVIII.

A MADAME LAURE SURVILLE, A MONTGLAT.

Paris, 1833.

Deux lettres de ma sœur sans réponse! Heureusement que tu ne comptes pas avec moi; il y a longtemps que je le sais. Quelle chère et douce affection que celle qui ne vous donne aucune inquiétude! Tu es convaincue, n'est-ce pas? que je ne puis oublier celle qui parlait pour moi quand j'étais enfant, qui me battait et me faisait ces bonnes niches qui amenaient de si joyeux rires!... Heureux temps, où es-tu?...

Je corrige *Eugénie Grandet*.

Je ne dors ni ne veille,
Cet enfant me réveille,

et me laisse peu de loisirs.

Si tu savais ce que c'est que de pétrir des idées, de leur donner forme et couleur, tu ne serais pas si leste à la critique! Ah! il y a trop de millions dans *Eugénie Grandet?* Mais, bête, puisque l'histoire est vraie, veux-tu que je fasse mieux que la vérité? Tu ignores comment l'argent pousse dans les mains des avares. Enfin, si tes criailleries sont justes, aux autres éditions je justifierai encore mieux les chiffres, ou je les réduirai...

J'ai rapporté de Suisse l'idée d'un beau livre, par ma foi[1]! Nous en causerons à ton retour.

1. Ce livre était *Séraphita*.

CXIX.

A M. CHARLES GOSSELIN, A PARIS.

Paris, 16 novembre 1833.

Monsieur,

Je réponds à votre lettre d'hier 15 novembre, et nous voilà désormais parfaitement fixés.

Le Marquis de Carabas sortira, comme vous me le dites, de notre traité.

Le 10 janvier prochain, je vous remettrai, sous la condition de nous entendre relativement aux corrections, la copie de deux volumes de *Contes philosophiques,* dont *un volume* devra être inédit, sous peine d'une indemnité de cinq cents francs par chaque quinzaine de retard. Cette livraison remplacera *le Privilège,* roman en deux volumes que je devais vous donner le 31 mai 1834.

Vous pouvez annoncer, dès aujourd'hui, les deux volumes de *Contes,* dont les titres et les sujets sont parfaitement arrêtés :

Les Souffrances de l'Inventeur. — Aventures administratives d'une idée heureuse et patriotique.—César Birotteau.— Le Prêtre catholique.

Si l'imprimeur que vous choisirez a beaucoup de caractères à consacrer à ces deux volumes, rien de ma part ne s'opposera à ce qu'ils paraissent au 1er février prochain.

Agréez mes civilités empressées.

CXX.

A MADAME ZULMA CARRAUD, A ANGOULÊME.

Paris, décembre 1833.

Si je ne vous réponds pas après votre lettre lue, je cours risque de ne vous pas répondre du tout; je suis entraîné par un torrent d'épreuves, de travaux, de compositions et d'affaires qui ne me laissent plus le temps de penser à rien.

Je viens d'écrire à M. D... J'ai vu hier Émile de Girardin et il l'ira trouver; il peut avoir là une place de quatre-vingt-dix à cent francs par mois; mais il a fallu *vous*, pour que je supportasse l'impertinence d'Émile...

Je ne pourrai pas aller à Angoulême avant janvier (du 1er au 15). Je vais faire le voyage de Genève, et y rester un mois; mais je vous viendrai, soyez-en sûre.

Quant à M. Bohain[1], il y a bien des calomnies sur son compte, et il y a aussi quelques vérités; croyez que je suis trop soigneux de la robe blanche qu'on appelle gloire, honneur, réputation, pour y laisser tomber une tache.

Merci de votre bonne lettre ; merci de celle d'Auguste: dites-lui qu'il sera fait comme il veut, que je suis son banquier, et que, quand je viendrai, il me dise ce qu'il lui faut; je ne puis pas lui répondre, mais je puis bien penser à lui, et l'aimer.

Je ne dors plus que cinq heures; de minuit à midi, je travaille à mes compositions, et, de midi à quatre heures,

1. Directeur de *l'Europe littéraire*.

je corrige mes épreuves. Le 25, j'aurai quatre volumes imprimés. *Eugénie Grandet* vous étonnera.

J'ai un événement bien grave dans ma vie, et dont je ne peux vous parler qu'à Angoulême. Peut-être réclamerai-je toute votre amitié pour une chose que je ne saurais confier qu'à vous.

Adieu, mille tendresses; et dites à M. Carraud et à Auguste tout ce que je ne puis dire ici.

CXXI.

A LA MÊME.

Paris, fin de décembre 1833.

Mon Dieu, pour un ami qui sait ce que vous mettez dans chaque point de broderie, le beau présent, le précieux souvenir que vous me donnez ! Merci mille fois !

Je ne puis rien dire de vos critiques[1], si ce n'est que les faits sont contre vous. A Tours, il y a un épicier en boutique qui a huit millions; M. Eynard, simple colporteur, en a vingt, et a eu treize millions en or chez lui; il les a placés en 1814 sur le grand-livre, à cinquante-six francs, et s'en est ainsi fait vingt. Néanmoins, dans la prochaine édition, je baisserai de six millions la fortune de Grandet; et, à Frapesle, je vous répondrai successivement sur vos critiques, dont je vous remercie. Peut-être verrez-vous que autre est le point de vue de l'auteur, autre celui du lecteur. Mais rien ne peut vous dire quelle est ma gratitude pour les soins maternels que me dénoncent vos observations.

1. Sur *Eugénie Grandet*.

Mon Dieu, *cara!* ne vous en faites pas faute; il y a toujours du vrai dans les sensations d'une âme noble et grande comme est la vôtre, surtout quand une solitude pleine de pensées la grandit encore. Oui, comptez-y, j'irai à Frapesle, et je crois que j'obtiendrai la compagnie de madame de Berny; je viens de la trouver à mon arrivée hier, si malade, que j'ai conçu les plus vives craintes; je suis dans de bien douloureuses angoisses. Cette vie est tant dans la mienne! Oh! personne ne peut se faire une idée vraie de cette affection profonde qui soutient mes efforts et console à tout moment mes plaies. Vous pouvez en savoir quelque chose, vous qui connaissez si bien l'amitié, vous si bonne et si affectueuse. Aussitôt que je serai hors d'inquiétude, je vous l'écrirai. D'avance, je vous remercie de votre offre, pour elle, de Frapesle. Là, parmi vos fleurs et votre douce vie campagnarde, s'il est besoin d'une convalescence, et j'ose espérer le contraire, elle reprendra de la vie et de la santé.

Pardonnez-moi le décousu de ma lettre, car je suis vraiment bien inquiet, et j'arrive d'hier. L'aspect de madame de Berny m'a tout troublé! Mille remercîments d'ami. Je vais me replonger dans mes travaux. Il va paraître le 25 février, une livraison de deux volumes des ÉTUDES DE MOEURS; dites-moi, s'il faut l'envoyer encore à la Poudrerie ou à Frapesle. Bien des choses à Auguste. Ma *Séraphita* est très-avancée. Mes bons souvenirs au commandant, que je félicite bien de sa retraite. Embrassez Ivan au front et gardez mes plus vives tendresses pour vous. Adieu, vous que je n'oublie point.

Votre tout dévoué.

CXXII.

A LA MÊME.

Genève, 30 janvier 1834.

Ne m'accusez jamais d'oubli, ma plus chère fleur d'amitié! j'ai bien pensé à vous, j'ai même parlé de vous avec orgueil, en me félicitant d'avoir une seconde conscience en vous.

Aller à Frapesle? mais certes!... Mon Dieu, vous êtes angéliquement bonne d'avoir songé à celle que tous mes amis (je veux dire ma sœur et Borget) nomment mon bon ange; si je ne vous ai pas écrit, ainsi qu'à notre Borget, c'est que je suis ici peu mon maître. Gardez ce secret-là au fond de votre cœur; mais je crois que mon avenir est à peu près fixé, et que, selon le vœu de Borget, je ne partagerai jamais ma couronne, si couronne il y a; après avril, oui, je pourrai être à Frapesle.

Mes travaux faits ne sont rien en comparaison de mes travaux à faire. *Séraphîta* est une œuvre encore plus cruelle qu'aucune autre pour le faiseur. Ma libération s'avance peu. Le *fiasco* du *Médecin de campagne,* de *Louis Lambert,* m'a chagriné, mais j'ai pris mon parti; rien ne me découragera. A compter du mois d'août prochain, je crois être libre; mais, au mois d'avril, je devrai être bien loin, je le crois. Néanmoins, je ne passerai jamais une année sans aller habiter ma chambre de Frapesle.

Je vous plains de tous vos ennuis; je voudrais vous savoir déjà chez vous, et, croyez-moi, je ne suis pas ennemi de la vie agricole. Vous seriez d'ailleurs dans une manière d'enfer que j'irais vous y chercher.

Vous aurez en février ma deuxième livraison des ÉTUDES DE MOEURS; vous avez été bien peu touchée de ma pauvre *Eugénie Grandet,* qui peint si bien la vie de province; mais une œuvre qui doit contenir toutes les figures et toutes les positions sociales ne pourra, je crois, être comprise que quand elle sera terminée. C'est quelque chose que vingt volumes in-octavo qui se réduiront en dix volumes un jour, pour être à la portée de toutes les bourses. Ici, j'ai fait deux contes drolatiques, et le plus beau de tous (*Berthe la Repentie*) s'y serait achevé, sans une grippe dont je suis encore victime.

Un jour, *cara,* au coin de votre feu de Frapesle, vous saurez, en lisant les ÉTUDES DE MOEURS et les ÉTUDES PHILOSOPHIQUES, pourquoi aujourd'hui je vous écris si décousûment; je suis hébété d'idées qui affluent, affamé de repos, puis ennuyé de ma position d'oiseau sur une branche flexible.

Enfin, mai et juin seront pour moi deux mois de délices, d'amitié; je vous les donnerai religieusement. Je voudrais vous voir hors de la Poudrerie! Vous ne me dites rien d'Ivan! J'espère que vous savez ce que c'est que la sécurité de l'amitié, que vous ne me direz plus : « Ayez de la mémoire, » quand ici quelqu'un me dit : « Je suis heureuse de savoir que vous inspirez de telles amitiés, cela justifie la mienne pour vous. »

L'Allemagne a acheté deux mille *Louis Lambert* de la contrefaçon, et la France n'a pas acheté deux cents *Louis Lambert!* Et cependant je fais *Séraphita,* œuvre aussi élevée au-dessus de *Louis Lambert* que *Louis Lambert* est élevé au-dessus de *Gaudissart*, qui, m'a dit Borget, ne vous a guère plu. Nous en causerons. Il est dit que je n'aurai jamais le bonheur complet, ma libération, la liberté, tout, qu'en perspective. Mais, chère, au moins qu'il me soit permis de vous dire ici, avec toutes les effusions de cœur les plus tendres, que, dans cette longue et pénible route, quatre nobles êtres m'ont constamment tendu la main, encouragé, aimé, plaint; que vous êtes un de ces cœurs qui ont dans le mien un inaltérable privilége d'antériorité sur toutes mes affections; qu'à toute heure de ma vie où je me recueille, vous me donnez de riches souvenirs. Oui, l'égoïsme des poëtes et des artistes est une passion pour l'art qui leur laisse des sentiments forts en réserve. Vous aurez toujours le droit de me requérir, et tout chez moi est à vous. Quand je me fais des rêves de bonheur, vous y êtes toujours comprise, et posséder votre estime est encore à mes yeux une plus belle chose que toutes les vanités de ce monde. Non, vous ne me donnerez rien en affection que je ne me sente au cœur le désir de vous en rendre davantage. Mais, pauvre ouvrier attaché à mes phrases, il ne m'est pas permis de montrer tout mon dévouement; je suis comme une chèvre attachée à son piquet. Quand la main capricieuse de la fortune me déliera-t-elle? je ne sais. Allons, adieu; une lettre est un luxe pour moi. Merci de vos bonnes choses; écrivez-moi toujours; vos lettres me font tant de bien! Il y a peu d'approbations auxquelles je tienne, et la vôtre est une de mes plus précieuses.

Vous pourrez donc arranger Frapesle à votre guise,

vous dire que l'ornement que vous faites faire restera sous vos yeux, qu'on ne vous dérangera plus votre chez vous ! Cela est précieux. Adieu. Si Frapesle était sur ma route ! mais ni Frapesle ni Angoulême ! Je vais, dans trois jours, revenir par l'ennuyeuse Bourgogne à Paris, reprendre mon collier de misère, après avoir refusé, des mains de l'amour, des trésors qui pouvaient me faire libre en un moment ; mais je ne veux tenir mon or que de moi, ma liberté que de moi-même.

Je vois avec plaisir que vous serez débarrassée de vos voisins. Vous avez beau faire fi des manières, madame la démocrate, c'est quelque chose que la politesse, quand elle n'a rien ôté du cœur.

Mille compliments affectueux à M. Carraud, qui prend sa retraite et fait bien. Va-t-il dormir à son aise à Frapesle !

Je joins ici une lettre du grand Borget.

Mille tendresses de cœur ; et, quand viendra ma fête, vous savez, je serai, comme l'année dernière, près de vous.

Votre dévoué ami.

CXXIII.

A MADAME CHARLES BÉCHET, LIBRAIRE, A PARIS.

16 avril 1834.

Madame,

Notre troisième livraison des ÉTUDES DE MOEURS ne pourra guère paraître que pour le 20 mai. Je vous en prévions, afin de ne point trop déranger vos affaires commerciales, puis pour ne pas vous tromper par de fausses lueurs.

J'ai été obligé de quitter Paris pour dix jours, afin de me reposer. J'étais si horriblement fatigué, que mon médecin m'a ordonné de quitter tout travail, et, avant de partir, j'ai été forcé de garder le lit pendant quatre jours. Néanmoins, ce retard provient surtout de la partie inédite que je dois ajouter au delà de nos conventions, par suite de la justification adoptée un peu légèrement. Il faut, pour faire un volume de vingt-quatre feuilles avec l'ancien quatrième volume des SCÈNES DE LA VIE PRIVÉE, ajouter quatre feuilles ; ce qui fait rentrer de huit feuilles, attendu qu'il y en a vingt-quatre dans l'ancienne édition.

Ces travaux bonifient singulièrement votre opération ; en la rendant toute neuve, et en anéantissant ainsi les deux premières éditions des SCÈNES, ils aideront à un plus rapide écoulement de ces douze volumes.

Je tiens à vous donner ces explications, afin que vous puissiez apprécier les changements que des travaux si imprévus apportent à l'exécution littéraire et mécanique ; car vous comprendrez à merveille qu'un auteur ne peut pas, sans y penser un peu, ajouter quatre feuilles à un livre complet, et les intercaler sans travaux.

Je serai le 23 à Paris. Je calcule que, du 23 avril au 20 mai, secondé comme je le suis par M. Barbier, qui fait des miracles, nous pourrons fabriquer le troisième volume des SCÈNES DE LA VIE PRIVÉE, qui sera tout entier inédit ; mais il faudra d'énormes efforts pour arriver à ce résultat !

D'un autre côté, la quatrième livraison, n'ayant, sur cinquante feuilles, que dix-huit feuilles d'inédit, me procurera quelque repos et pourra paraître le 20 juin.

Je vous prierai, madame, autant que cela sera possible, de ne pas oublier d'échanger, avec M. Gosselin, les ÉTUDES (première et deuxième livraison) contre les quatre volumes de mes *Romans et Contes philosophiques,* qu'il m'importe d'épuiser, et dont il n'a que peu d'exemplaires.

Agréez, madame, mes sentiments les plus distingués.

CXXIV.

A MADAME LA DUCHESSE D'ABRANTÈS.

Paris, 1834.

J'étais à travailler nuit et jour, ne lisant même pas mes lettres, quand vous m'avez écrit les deux vôtres. Les gens qui sont sur le champ de bataille, vous le savez, ne sont pas libres de causer, ni de faire savoir à leurs amis s'ils sont vivants ou morts. Moi, je suis mort de travail; mais je vous envoie mon livre, pour vous prouver que les morts n'oublient pas, quand ils ont à se souvenir de vous et qu'ils sont

Votre tout dévoué.

CXXV.

A MADAME ÉMILE DE GIRARDIN, A PARIS.

Paris, 1831.

Madame,

Depuis le jour où j'ai eu l'honneur de vous voir, je ne suis pas sorti, je n'ai vu personne; j'ignore donc qui a pu vous dire que j'étais fâché contre vous; et pourquoi? Nous ne nous fâchons contre quelqu'un que quand nous avons des torts envers lui; je ne m'en connais pas d'autre que celui de manquer à des invitations amicales, mais ce sont des raisons pour vous aimer davantage.

Je vous remercie de votre bon souvenir; mais je ne pourrai vous aller voir de quelque temps, car je suis plongé dans le gâchis des épreuves et des retapages de deux ouvrages pressés.

Agréez mes hommages respectueux.

CXXVI.

A LA MÊME.

Paris, samedi matin, 1831.

Madame,

Votre invitation s'est trouvée postérieure à une autre dont je ne pouvais me dégager; mais, à part cela, je vous avouerai qu'il y aurait quelque chose d'illogique à me présenter chez vous, quand je n'y vais pas lorsque M. de Girardin s'y trouve. Les regrets que j'éprouve sont causés autant par les yeux bleus et les blonds cheveux d'une personne qui, je crois, est votre meilleure amie, et dont je ferais volontiers la mienne, que par ces yeux noirs que vous me rappelez et qui, en effet, m'ont impressionné; mais je ne puis. — Mes travaux me forcent même à vous dire ici un long adieu; car, lorsque ma troisième livraison des ÉTUDES DE MOEURS sera publiée, je me réfugierai dans une campagne d'où je ne sortirai pas pendant trois mois.

Ainsi, agréez mes hommages respectueux et mes sentiments les plus gracieux. N'oubliez pas de peindre mes regrets à madame O'Donnell, et à ces mêmes yeux noirs que, etc...

CXXVII.

A M. LE BARON GÉRARD, A PARIS.

Paris, 8 juin 1834.

Monsieur,

Mon envoi n'a d'autre but que le sentiment amical qui l'accompagne; c'était l'exemplaire que je m'étais réservé, mais je ne pouvais mieux placer le denier de l'auteur.

Je joins aux quatre volumes parus des ÉTUDES DE MOEURS ma première croûte[1], qui vient de paraître aujourd'hui restaurée; mais, quoi que je fasse, j'ai peur que l'écolier ne s'y montre toujours trop. Ce sera un honneur que d'être souffert dans votre bibliothèque.

Agréez, monsieur, mes sentiments les plus affectueusement distingués.

1. *Les Chouans.*

CXXVIII.

A MADAME LAURE SURVILLE, A PARIS.

Lundi, 2 heures du matin, 1834.

Ma bonne *alma soror!*

Ton mari et Sophie sont venus hier faire un détestable dîner dans ma garçonnière de Chaillot; le procédé était d'autant plus malséant que le bon frère avait couru toute la journée pour moi, voir une maison que je veux acheter.

Je viens de conclure une bonne affaire avec *l'Estafette*; les autres grands journaux me reviendront, ils ont besoin de moi. D'ailleurs, m'ont-ils enlevé mes champs cérébraux, vignes littéraires et bois intelligentiels? et ne me reste-t-il pas les libraires pour les exploiter? Ceux-ci, ne comprenant pas leur véritable intérêt (ceci te paraîtra incroyable), préfèrent les ouvrages qui n'ont paru dans aucune revue; ce n'est pas le moment de les éclairer : il est certain néanmoins qu'une première impression leur épargne des annonces, et que plus une œuvre est connue, plus elle se vend.

Ne te chagrine donc pas, il n'y a pas encore péril en la demeure; je suis fatigué, il est vrai, malade même, mais j'accepte l'invitation de M. de Margonne et vais passer deux mois à Saché, où je me reposerai et me soignerai. J'y essayerai du théâtre, tout en finissant mon *Père Goriot* et corrigeant *la Recherche de l'absolu*. Je commencerai par *Marie Touchet*, une fière pièce où je dresserai en pied de fiers personnages.

Je veillerai moins, ne te tourmente pas de cette douleur au côté. Écoute donc, il faut être juste, si les chagrins donnent la maladie de foie, je ne l'aurai pas volée. — Mais halte-là, madame la Mort! si vous venez, que ce soit pour recharger mon fardeau, je n'ai pas encore fini ma tâche...—Ne t'inquiète pas trop, le ciel deviendra bleu!...

Le Lys dans la vallée est dédié au docteur Nacquart, et la dédicace le touchera aux larmes. Je lui dis que j'insère son nom sur cette pierre de l'édifice autant pour remercier le savant auquel je dois la vie que pour honorer l'ami. Pauvre docteur! il mérite bien cela.

On réimprime *le Médecin de campagne*, il manquait dans le commerce; c'est-il gentil, ça?...

La veuve Béchet a été sublime : elle a pris à sa charge quatre mille francs de corrections qui étaient à la mienne; c'est-il gentil encore, ça?

Va, si Dieu me prête vie, j'aurai une belle place et nous serons tous heureux; rions donc encore, ma bonne sœur, la maison Balzac triomphera! Crie-le bien fort avec moi pour que la Fortune nous entende, et, pour Dieu! encore une fois ne te tourmente pas!...

CXXIX.

A MADAME DE GIRARDIN, A PARIS.

Paris, 1834.

Madame,

J'ai précisément assez d'esprit et de cœur pour comprendre que je ne puis vous rien dire pour justifier ma détermination. Si j'avais trop raison, j'offenserais votre cœur; si j'avais tort, je perdrais dans votre esprit. Sur cette affaire, je garderai donc dans le monde, comme près de vous, le plus absolu silence; mais mon jugement est irrévocable, car ce n'est ni une brouille ni une chicane : c'est un jugement. Je me suis interdit d'aller chez M. de Girardin, de même que, si je le rencontre, ce sera pour moi comme un étranger. J'ai eu beaucoup de chagrin d'être obligé de ne pas profiter de vos bontés, de renoncer à nos bons petits moments, à nos causeries. Je vous supplie de croire que ce fut grave et pénible. Je ne serai jamais ni hostile ni favorable à M. de Girardin, je ne l'accuserai ni ne le défendrai. Tout me sera indifférent, excepté ce qui vous causera peine ou plaisir.

Ne me taxez pas de petitesse; car je me crois trop grand pour être offensé par qui que ce soit. Seulement, j'accorde ou je refuse certains sentiments. Je ne puis pas être faux, je ne puis pas jouer la comédie du monde. Votre salon était presque le seul où je voulusse aller, m'y trouvant sur le pied de l'amitié. Vous ne pouvez pas vous apercevoir de mon absence, et moi, je suis resté seul. Je vous remercie avec une affectueuse et sincère émotion de votre douce persistance; je crois que vous êtes guidée par un bon sentiment; aussi trouverez-vous en moi quelque chose de dévoué, en tout ce qui vous regardera personnellement.

CXXX.

A M. THÉODORE DABLIN, A PARIS.

Paris, 1834.

Mon cher Dablin,

Je me trouve dans un de ces effroyables abattements qui suivent les excès. Je suis incapable de quoi que ce soit. Cela vient de ce que je ne prends plus de café noir. Soyez assez bon pour m'excuser, remettez à lundi notre dîner; si vous ne le pouviez pas, vous me le diriez. Mille choses gracieuses; mon ouvrage ne paraît que lundi; en attendant, voici un nouveau *Médecin de campagne.*

Ayez l'amitié de me pardonner l'incohérence de cette lettre, car je suis hors d'état d'écrire. C'est là de ces souffrances qui ne sont connues que de Dieu et de moi.

Mille amitiés dévouées.

CXXXI.

A MADAME LAURE SURVILLE, A PARIS.

Saché, 1834.

Ma chère sœur,

Je suis si triste aujourd'hui, qu'il doit y avoir quelque sympathie sous cette tristesse. Quelqu'un de ceux que j'aime serait-il malheureux? Ma mère est-elle souffrante? Où est mon bon Surville? est-il bien de corps et d'âme? Avez-vous des nouvelles d'Henry? sont-elles bonnes? Toi ou tes petites, seriez-vous malades? Rassurez-moi vite sur tous ces chers sujets.

Mes essais de théâtre vont mal, il faut y renoncer pour le moment. Le drame historique exige de grands effets de scène que je ne connais pas et qu'on ne trouve peut-être que sur place, avec des acteurs intelligents. Quant à la comédie, Molière, que je veux suivre, est un maître désespérant; il faut des jours sur des jours pour arriver à quelque chose de bien en ce genre, et c'est toujours le temps qui me manque. Il y a, d'ailleurs, d'innombrables difficultés à vaincre pour aborder n'importe quelle scène, et je n'ai pas le loisir de jouer des jambes et des coudes; un chef-d'œuvre seul et mon nom m'en ouvriraient les portes, mais je n'en suis pas encore aux chefs-d'œuvre. Pour ne pas compromettre ma réputation, il me faudrait trouver des prête-nom; c'est du temps à perdre, et le fâcheux, c'est que je n'ai pas le moyen d'en perdre! Je le regrette; ces travaux, plus productifs que mes livres, m'auraient plus promptement tiré de peine. Mais il y a longtemps que, les angoisses et moi, nous nous sommes mesurés! je les ai domptées, je les dompterai encore. Si je succombe, c'est le Ciel qui l'aura voulu et non pas moi.

La vivacité d'impression que mes chagrins te causent devrait m'interdire de t'en parler; mais le moyen de ne pas épancher mon cœur trop plein près de toi? C'est mal, cependant; il faut une organisation robuste qui vous manque, à vous autres femmes, pour supporter les tourments de la vie d'écrivain.

Je travaille plus que je ne le désirerais; que veux-tu!

quand je travaille, j'oublie mes peines, c'est ce qui me sauve; mais toi, tu n'oublies rien! Il y a des gens qui s'offensent de cette faculté, ils redoublent mes tourments en ne me comprenant pas!

Je devrais faire assurer ma vie pour laisser, en cas de mort, une petite fortune à ma mère; toutes dettes payées, pourrais-je supporter ces frais? je verrai cela à mon retour.

Le temps que durait jadis l'inspiration produite chez moi par le café diminue; il ne donne plus maintenant que quinze jours d'excitation à mon cerveau: excitation fatale, car elle me cause d'horribles douleurs d'estomac. C'est au surplus le temps que Rossini lui assigne pour son compte.

Laure, je fatiguerai tout le monde autour de moi et ne m'en étonnerai pas. Quelle existence d'auteur a été autrement? mais j'ai aujourd'hui la conscience de ce que je suis et de ce que je serai.

Quelle énergie ne faut-il pas pour garder sa tête saine quand le cœur souffre autant! Travailler nuit et jour, me voir sans cesse attaqué quand il me faudrait la tranquillité du cloître pour mes travaux! Quand l'aurai-je? l'aurai-je un seul jour? que dans la tombe, peut-être!... On me rendra justice alors, je veux l'espérer!... Mes meilleures inspirations ont toujours brillé, au surplus, aux heures d'extrêmes angoisses; elles vont donc luire encore!

Je m'arrête; je suis trop triste. Le Ciel devait un frère plus heureux à une sœur si affectionnée.

CXXXII.

A LA MÊME.

Saché, 1834.

Ma chère sœur,

Ta lettre est la première félicitation qui m'arrive sur *la Recherche de l'absolu.* Ton affection prend toujours les devants sur tout le monde !...

Tu as raison, les éloges à la sincérité desquels nous pouvons croire font du bien à l'âme et sont nos récompenses, à nous, pauvres ouvriers littéraires ! Je me suis senti tout bêtement ému à tes bonnes phrases.

Tu as tort, je crois, sur les longueurs que tu me signales : elles ont avec le sujet des ramifications qui t'ont échappé; je défends aussi Marguerite : non, ce caractère n'est pas forcé, parce que Marguerite est Flamande; ces femmes-là ne suivent qu'une idée et vont avec flegme à leur but.

Tes critiques sont douces; d'ailleurs, nous en causerons, et, si on les répète, j'aviserai.

Oui, *la Recherche de l'absolu* est un livre grandement fait, comme tu le dis, et j'en ai la conscience.

Je ne suis pas ici pour autre chose que travailler comme un cheval, et samedi vous aurez un manuscrit, *une fière œuvre !* bien plus émouvante que ne l'est *Eugénie Grandet* ou *la Recherche de l'absolu.* Ça m'a coûté cher, du reste !

Mille tendresses à tous, et à toi en particulier.

CXXXIII.

A MADAME DE BALZAC, A CHANTILLY.

Paris, 1834.

Ma bonne mère,

Je suis comme sur un champ de bataille et la lutte est acharnée!

Je ne puis pas répondre une longue lettre à la tienne; mais j'ai bien ruminé ce qu'il y a de meilleur à faire. Je pense que, d'abord, tu dois venir à Paris causer avec moi durant une heure, afin que nous puissions nous entendre. Il m'est plus facile de causer que d'écrire, et je crois que tout peut concorder avec ce que ta position exige.

Viens donc partout où tu voudras venir; ici, rue des Batailles, comme à la rue Cassini, tu auras la chambre d'un fils à qui la moindre de tes paroles remue en ce moment les entrailles. Viens le plus tôt possible.

Je te serre contre mon cœur et voudrais être plus vieux d'un an; car ne t'inquiète pas de moi, il y a la plus grande sécurité pour mon avenir.

CXXXIV.

A MADAME ZULMA CARRAUD, A ANGOULÊME.

Paris, août 1834.

Madame,

Je ne vous oublie pas, moi! mais je travaille nuit et jour, et n'ai pas une minute pour vous écrire. Je vous en prie, faites-moi savoir par un mot comment vous vous portez ; quelques détails sur votre santé. J'ai ici une lettre pour Borget ; je vous l'envoie, faites-la-lui passer ; je ne sais où il est.

Dans une quinzaine de jours, vous recevrez de moi deux nouveaux volumes qui m'ont beaucoup coûté ; je n'ai plus que deux difficultés à régler pour n'avoir aucun ennui de libraires.

Le Gosselin est désintéressé de tout. Je commence les ÉTUDES PHILOSOPHIQUES ; elles iront parallèlement aux ÉTUDES DE MOEURS. J'ai, d'une part, madame Béchet, de l'autre, un nouveau libraire nommé Werdet, qui ne me tracasseront pas ; puis j'en cherche un troisième pour les *Cent Contes drolatiques*. Cela fait, en six mois de travaux, je serai libre, ne devrai plus ni une page ni un sou, et mes propriétés seront bien libres et à ma disposition. J'aurai atteint cette oasis à travers bien des peines et des privations, dont les plus grandes sont d'avoir abusé de mes amis parfois, et de n'avoir pas pu leur montrer le fond de mon cœur. J'ai médité une grande tragédie qui, l'année prochaine, fera un beau sort à ma mère, si les produits sont à la hauteur de mes espérances.

Voilà les faits matériels d'une vie pleine de sentiments, et où vous occupez une grande place, vous le savez, n'est-ce pas ? J'ai bien des chagrins : madame de Berny a eu tant de peines qui sont venues fondre sur elle coup sur coup, qu'elle est très-malade. Elle es à la campagne, et moi, je suis *forcé* d'être à Paris. Vous comprenez tout ce qu'il y a dans ce peu de mots, si vous avez lu au fond de mon cœur, car il y a l'écorce et le milieu. Je ne laisse que peu de personnes pénétrer au milieu.

Mille tendresses.

Embrassez Ivan. Une poignée de main au commandant.

CXXXV.

A MADAME DE BALZAC, A CHANTILLY.

Paris, août 1834.

Il y a, ma bonne mère adorée, que j'ai passé dix nuits sur quinze pour achever ma livraison[1]. Je n'ai jamais rencontré plus de difficultés. La livraison paraîtra le 17 ou le 18, pas plus tôt; jusque-là, je suis les pieds dans le feu. Mais, aussitôt ma livraison parue, il faut que j'achève *Séraphita*. Ainsi je ne puis aller te voir qu'au moment où *Séraphita* sera finie, et, si je ne la termine pas promptement, comme j'ai trois mille huit cents francs à payer à la fin de septembre, j'aurai bien des démarches à faire pour arriver à bon port le 30.

Tout cela me fatigue, car tu ne saurais croire quelle fête c'est pour moi de te donner un plaisir. Soigne-toi bien; je veux que tu vives longtemps pour bien goûter tous les bonheurs que je te veux faire. Si tu reçois la livraison par la diligence, c'est qu'il me sera impossible de te la porter moi-même, et tu sauras que j'en suis bien chagrin. Mais, pour avoir de l'argent, il faut que je fasse en vingt jours ma quatrième livraison, et j'ai sur les bras,

1. Tomes III et IV de la troisième édition des SCÈNES DE LA VIE PRIVÉE, publiée en octobre 1834.

outre cela, *César Birotteau* pour Werdet; néanmoins, je m'échapperai deux jours de cette fournaise pour aller me rafraîchir sur le sein maternel; mais je ne puis pas déterminer précisément le jour; je t'écrirai l'avant-veille un mot.

Adieu, ma bonne mère chérie; soigne-toi bien et senstoi bien baiser sur les deux yeux par un fils qui te met de moitié (pour la meilleure moitié) dans toutes ses pensées.

Mille tendresses, et mille encore.

CXXXVI.

A LA MÊME.

Paris, 1834.

Ma bonne mère,

Tu m'as porté bonheur : ce bon Dablin, un ami bien excellent, m'a tiré d'affaire avec une grâce de sentiment qui m'a pénétré. Les honoraires Laurenz sont payés. Je vais me mettre en mesure pour toi à la fin du mois; n'aie aucun souci.

Mille tendresses. J'ai des remords plein le cœur à l'occasion du manchon. Je voudrais convenir que tu me demanderas l'équivalent en quelque chose qui te plaira autant; puis, l'hiver prochain, tu *rauras* un manchon.

Un bon baiser à la mère.

CXXXVII.

A MADAME LA DUCHESSE D'ABRANTÈS, A VERSAILLES.

Paris, 1834.

J'irai vous voir d'ici à deux jours. Ne signez rien, ne prenez aucun engagement relatif à vos *Mémoires*[1]. Je vous dirai de belles choses ! Ne vous épouvantez pas du *restant*[2]. Enfin, n'ayez pas le malheur de ne pas être libre de votre exploitation.

Je n'ai pas lu l'article dirigé contre vous. Mais où et comment voulez-vous faire faire une réponse? Vous avez des amis tout prêts; mais, ici, je vous dirai « Prenez garde ! »

Mille bonnes amitiés. — A mercredi, de quatre à cinq heures, pour causer de cela.

CXXXVIII.

A MADAME DE BALZAC, A CHANTILLY.

Fin de septembre 1834.

Ma bonne mère bien-aimée !

Me voici arrivé à bon port, travaillant comme un cheval, et bien fructueusement, mais désolé, car je t'ai mis

1. Mame, qui avait publié la première édition des *Mémoires de la duchesse d'Abrantès* en dix-huit volumes, voulait en émettre une en douze volumes.

2. Les exemplaires de la première édition encore invendus.

dans l'embarras : j'ai mal compté ; je me suis aperçu, au moment du départ, qu'il te manquait cinq cents francs pour payer l'épicier. Bah! l'épicier attendra, quoique, aujourd'hui, l'épicier soit roi.

J'ai pris un bon parti, je suis mieux, plus reposé, et, dès le deuxième jour, j'ai trouvé la plus grande facilité de travail. Mes hôtes sont toujours les mêmes.

Va chez madame Béchet, demande de ma part six exemplaires des tomes III et IV des SCÈNES DE LA VIE PRIVÉE, et distribue-les ainsi :

Un à M. Nacquart, un à madame Delannoy, un à M. Dieulouard (rue Richer 3, ou 5) ; mets-en un à la diligence pour Issoudun, à l'adresse de madame Carraud.

Demande un exemplaire *vélin* pour l'envoyer de ma part à M. le baron Gérard (6, rue Saint-Germain-des-Prés) ; puis un *jaune* destiné à madame Éverat, la femme de l'imprimeur, pour qui tu recevras une lettre relative à mes affaires à la *Revue de Paris ;* — et de six!

Va trouver M. Nacquart, afin de savoir s'il s'occupe de mes deux transactions (si toutefois Levavasseur et Ollivier transigent), et dis-lui de m'envoyer ici par la poste une copie de la transaction, afin que je l'examine ; je la renverrai signée, si tout est bien.

J'estime qu'il me faut dix jours pleins, à compter d'aujourd'hui dimanche, pour achever *le Père Goriot* et *Séraphita,* faire mes corrections pour Barbier ; et, si je puis donner un coup d'épaule à *César Birotteau* pour pousser cela aux deux tiers, je le ferai.

Allons, baise Laure au front pour moi ; donne une poignée de main fraternelle au Surville, et à bientôt!

Quand, Laure ou toi, vous écrirez à Henry, expliquez-lui comme quoi je ne puis pas écrire beaucoup de lettres, attendu que je travaille tant *dans l'écriture,* qu'il ne me reste que le temps de manger et de dormir.

Adieu, mère chérie; dodeline-toi bien, et fais-toi grasse et fraîche pour pouvoir profiter des jours de bonheur qui finiront par luire pour nous; car tout finira par céder au travail de celui qui t'aime bien tendrement et qui est ton dévoué fils.

Je te joins la lettre pour Éverat; remets-la-lui avec l'exemplaire jaune que je donne à sa femme, qui te trouve « bien aimable »; puis prie-le de te faire savoir la réponse de la *Revue de Paris.* Tu recevras, dans une boîte qui partira vers jeudi (2 octobre, je crois), le manuscrit du *Père Goriot.* Songe que c'est précieux, unique, et prie madame Éverat de le serrer dans sa commode plutôt que de me perdre cela,—car on m'a déjà perdu par là le traité Ricourt! — enfin, prends toutes les précautions imaginables; — c'est une œuvre plus belle encore qu'*Eugénie Grandet;* du moins, j'en suis plus content.

CXXXIX.

A MADAME LA DUCHESSE D'ABRANTÈS, A VERSAILLES.

Paris, 1834.

Au nom de vous-même, ne prenez aucun engagement avec qui que ce soit, ne donnez aucune parole, et dites que vous m'avez chargé de votre affaire, attendu mes connaissances en ce genre et mon inaltérable attachement à votre personne. J'ai trouvé, je crois, ce que je nomme de *l'argent vivant*, soixante et dix mille francs bien portants, et des gens qui se décarcasseront pour placer *trois mille d'Abrantès*, comme ils disent dans leur *argot*, en peu de temps.

Puis je vois jour à une troisième édition à plus grand nombre. Si *Mamifère* faisait le méchant, dites-lui : « Mon cher, M. de Balzac s'est chargé de mes affaires aujourd'hui, comme il s'en est chargé quand il vous a présenté à moi ; vous sentez qu'il a la priorité sur la préférence que vous demandez. » Cela posé, attendez-moi ; je vous ferai rire en vous parlant de ce que j'aurai emmanché.

Mille tendresses.

Si Éverat revenait, dites-lui que je suis votre *avoué* depuis longtemps pour ces sortes d'affaires, quand elles en valent la peine ; car un ou deux volumes, qu'est-ce? Mais douze à treize mille francs, oh! oh! ah! ah! il ne faut rien compromettre. Seulement, manœuvrez avec habileté et avec cette finesse qui caractérise madame l'ambassadrice, pour savoir de Mame combien de volumes il a en magasin, et voir s'il peut s'opposer, par une lenteur de vente, ou par le prix excessif, à la nouvelle édition.

Votre tout dévoué.

CXL.

A M. HIPPOLYTE LUCAS, A PARIS.

Paris, 1834.

Monsieur,

Vous me paraissez un rival beaucoup trop dangereux pour que je vous fasse des compliments. J'ai lu, avec trop de plaisir pour qu'il ne s'y mêlât pas des craintes, votre jolie nouvelle de *l'Échelle de soie.*

Agréez mes félicitations inquiètes et les vœux que je fais pour que vous soyez un paresseux! Je vous remercie beaucoup de l'envoi que vous m'avez fait de votre volume[1].

CXLI.

A MADAME DE BALZAC, A CHANTILLY.

Paris, novembre 1834.

Ma bonne mère bien-aimée,

Laure m'a dit que tu n'allais pas très-bien. Je t'en supplie, soigne-toi! Rien ne m'est plus cher au monde que ta santé! je donnerais la moitié de mon sang pour te la rendre, et je garderais l'autre à ton service. Ma mère, le jour où nous serons tous heureux par moi s'avance avec rapidité; je commence à recueillir le fruit des sacrifices que j'ai faits, cette année, à un avenir plus certain. Encore quelques mois seulement et je t'apporterai la

1. *Le Cœur et le Monde.*

vie heureuse, la vie sans soucis dont tu as besoin. Tu auras tout ce que tu désires; nos petites vanités ne seront pas moins satisfaites que les grandes ambitions du cœur. Oh! dorlote-toi, je t'en prie! Si mes affaires me l'avaient permis, j'eusse été à Chantilly; mais il faut que j'aille en Angleterre pour Surville et Laure, tu le sais. Puis j'ai beaucoup à payer ce mois-ci; mais mon travail suffira.

Tu n'as plus à te tourmenter de moi. Aie l'esprit en repos, et pense à toi; conserve-toi pour un bonheur que je serai heureux de t'offrir.

Maintenant que le but n'est plus si loin, je puis t'en parler.

Cette année, tu auras deux joies. Le jour de ma naissance, j'en suis sûr, je ne devrai plus qu'à toi, et j'espère, durant le reste de l'année, arriver à un plus beau résultat encore; j'espère pouvoir te composer un capital dont l'emploi sera tel, que, d'abord, tu auras une sécurité; et puis, plus tard... tu verras! Ma richesse, vois-tu, c'est ton bonheur, c'est ta satisfaction dans les choses de la vie. Oh! bonne mère, vis donc pour voir mon bel avenir; si tu ne vas pas mieux, viens encore à Paris, et reconsultons. Si j'allais en janvier à Vienne, je tâcherais d'avoir assez d'argent pour t'emmener; un voyage te remettrait peut-être.

Allons, promets-moi de ne pas tarder à venir ici consulter; surtout n'aie point d'inquiétude, ne te tourmente plus. Si tu avais quelque fantaisie, si tu avais besoin de quoi que ce soit, dis-le-moi, mère; quand je me passe mes fantaisies, ce n'est pas pour que tu ne satisfasses pas les tiennes.

Adieu, bonne mère; je t'embrasse, je te serre avec une effusion de cœur sans bornes; je voudrais que cette lettre te communiquât de ma santé et que mes souhaits eussent la force de ma volonté. J'ai pensé aussi à l'avenir d'Henry : j'entame quelque chose qui pourrait le caser convenablement; mais ne lui en dis rien, je ne veux pas qu'il croie pouvoir compter sur moi.

Mille bons baisers, ma chère mère bien-aimée.

S'il y a une *Revue de Paris* à Chantilly, lis celle de dimanche 2 novembre; tu verras que je pense à l'avenir des familles des pauvres gens de lettres; et, cette fois, tu sais, j'ai déployé *ma voix de tribune*. Où est mon pauvre père! il aurait fait son bon petit soufflement en entendant cette grande et belle lettre qui, dit-on, me donne la suprématie littéraire.

Adieu encore; car ceci est pris sur les manuscrits!

CXLII.

A MADAME ZULMA CARRAUD, A FRAPESLE.

Paris, fin de novembre 1834.

Mais, *cara*, vous me faites mauvais et grand seigneur à plaisir! Aucun de mes amis ne peut ni ne veut se figurer que mon travail a grandi, que j'ai besoin de dix-huit heures par jour, que j'évite la garde nationale, qui me tuerait, et que j'ai fait comme les peintres : j'ai inventé des consignes qui ne sont connues que des personnes qui ont bien sérieusement à me parler. Moi, grand seigneur! me voilà tombé dans la classe de ceux qui ont des revenus impitoyables, fixes, et qui ne peuvent pas se permettre la moindre chose de ce que font les Bédouins, qui vivent à même sur leur capital. Je suis, outre tout mon travail habituel, accablé d'affaires, j'ai la queue du malheur à débrouiller. Les cinquante mille francs ont été dévorés comme un feu de paille, et j'ai encore devant moi quatorze mille francs de dettes ; ce qui est aussi considérable que les vingt-quatre mille que j'ai payés, car c'est la dette en elle-même et non la somme plus ou moins forte qui me tourmente. Il me faut encore six mois pour libérer ma plume comme j'ai libéré ma bourse ; et, si je dois encore quelque chose, il est certain que les bénéfices de l'année m'acquitteront. D'ailleurs, je dois toujours : ces cinquante mille francs sont une avance que l'on m'a faite sur les produits de mon travail.

J'ai été plus loin que vous, j'ai dit à Auguste de ne pas faire le voyage en question. Il perd du temps. Il ne veut pas voir que, dans les arts, il y a un mécanisme à saisir. En littérature, en peinture, en musique, en sculpture, il faut dix ans de travaux avant de comprendre la synthèse de l'art en même temps que son analyse matérielle. On n'est pas grand peintre parce qu'on a vu des pays, des hommes, etc.; on peut copier un arbre et faire un immense chef-d'œuvre. Il lui valait mieux se battre deux ans avec la couleur et la lumière dans un coin comme Rembrandt, qui n'est pas sorti de chez lui, que de courir en Amérique pour en rapporter les cruels désenchantements qu'il rapportera en fait de ses idées politiques.

Votre lettre a un ton triste qui me fait chagrin. J'espère toujours aller vous voir et vous prouver que ni le temps ni les circonstances ne changent Honoré, pour les personnes à qui ce nom est acquis.

Voilà trois ans que je ne lis plus les journaux, que je vis dans une sainte ignorance de ce qui se dit sur moi ; en sorte que je n'ai pris votre souhait, relativement à la critique, que comme une preuve d'amitié.

Oui, soignez-vous, et, quant à Ivan, il faut le sortir bien promptement du milieu où il est ; il faut, pour en faire un homme, lui faire sentir les hommes ; il faut qu'il connaisse quelque chose qui ne soit pas les délices de la maison paternelle, croyez-moi. Je suis forcé de vous dire adieu. J'espère pouvoir aller bientôt travailler en paix pendant une quinzaine à Frapesle ; et n'est-ce pas quelque chose de curieux que j'aille y faire l'ouvrage que j'y commençai la première fois que j'y suis venu, *César Birotteau*?

Allons, mille amitiés au commandant. Il doit être bien gêné de son petit furoncle, lui qui aime tant à se coucher sur un canapé. Embrassez vos deux gars pour moi. Quant à vous, vous savez tout ce que je vous souhaite de bonheur. Je serais bien heureux si je vous voyais vers la fin du mois ; mais peut-être des intérêts majeurs et pécuniaires me feront-ils aller en Angleterre avant d'aller en Berry. Dieu veuille que j'en rapporte ce que j'en espère !

Mon adresse n'a jamais varié : toujours « madame veuve Durand, 13, rue des Batailles ».

CXLIII.

A MADAME LAURE SURVILLE, A PARIS.

Paris, 9 décembre 1834.

Ma chère Laure,

Je te prêterai tous les livres possibles et tout ce que tu voudras; mais je ne conçois pas comment, toi qui dois avoir une idée de mes occupations, tu imagines que je peux deviner tes désirs!

Tu peux bien me demander sans craindre les refus. La seule chose que je ne puisse pas prêter, ce sont mes outils. Mais *les nouveaux que j'ai,* tu peux tout bonnement les envoyer chercher. J'ai *Volupté,* mais non *Pellico.* J'ai peu de livres, je n'ai que ceux qu'on me donne, et c'est à ton service.

Mille tendresses; mais ne gronde pas un frère qui est tout à toi.

Mes affectueux compliments au Surville.

CXLIV.

A M. THÉODORE DABLIN, A PARIS.

Paris, 1er mars 1835.

Mon bon Dablin,

Ne m'accusez pas d'oubli, mon retard provient d'un petit malheur : je suis détenu pour sept jours à l'hôtel Bazancourt; je ne sors que mercredi. Ce triste contretemps a dérangé toutes mes affaires, car il est difficile de les mener du fond d'une prison. Aussitôt sorti, j'irai à vous.

Mille amitiés aussi sincères que vieilles.

Tout à vous.

CXLV.

A MADAME LA DUCHESSE DE CASTRIES, A PARIS.

Paris, mars 1835.

Madame,

Toute la première édition du *Père Goriot* est vendue avant les annonces : je ne vous enverrai que de la deuxième. *Séraphita* s'avance, elle paraîtra dans les derniers jours du mois. C'est une œuvre dont le travail a été écrasant et terrible ; j'y ai passé, j'y passe encore les jours et les nuits. Je fais, défais et refais ; mais, dans quelques jours, tout sera dit : ou j'aurai grandi, ou les Parisiens ne me comprendront pas. Et, comme, chez eux, la moquerie remplace ordinairement la compréhension, je n'espère qu'en un succès lointain et tardif. Ce sera apprécié au loin, et pour ainsi dire çà et là. D'ailleurs, je crois que ce sera le livre des âmes qui aiment à se perdre dans les espaces infinis. Il y a le chapitre VIII, intitulé *le Chemin pour aller à Dieu*, qui me donnera à jamais les âmes vraiment pieuses.

Comment pouvez-vous rêver que je suis rue Cassini?... Je suis plus près de vous et peut-être plus loin, selon la fantaisie du moment. Je n'aime pas votre tristesse, je vous gronderais beaucoup si vous étiez là. Je vous poserais sur un grand divan où vous seriez comme une fée au milieu de son palais, et je vous dirais qu'il faut aimer dans cette vie pour vivre; or, vous n'aimez pas. Une affection vive est le pain de l'âme, et, quand l'âme n'est pas nourrie, elle faiblit comme le corps. Il y a de tels liens entre l'âme et le corps, qu'ils souffrent l'un par l'autre.

Je ne puis pas vous prêcher pendant longtemps, car il faut travailler, j'ai tant à faire! En un mois, il me faut faire ce que d'autres ne pourraient faire en un an et plus. Je vous parle de moi parce que j'espère que vous ne me parlerez que de vous; nous échangerons ainsi nos pensées. Je suis sorti hier pour des affaires urgentes, j'ai vu mes deux caricatures par Dantan. Envoyez-les donc prendre chez Susse, vous me direz si elles sont drôles. D'ici à quelques jours, je vais poser chez un peintre, qui m'a demandé de le laisser faire mon portrait; j'ai eu la faiblesse d'y consentir. Tout cela est bien petit, n'est-ce pas? et cela le semble davantage, quand on vient de s'élever, avec les mystiques, jusque dans les cieux.

La grande figure de femme promise par la préface, que vous trouvez piquante, est faite à moitié : c'est intitulé *le Lys dans la vallée*. Peut-être je m'abuse, mais il me semble que cela fera verser bien des larmes : en l'écrivant, je me surprends à pleurer, moi-même. Cette œuvre sera la dernière des ÉTUDES PHILOSOPHIQUES. Au bout de chaque œuvre se dressera la statue de la Perfection sur la terre, représentée par l'œuvre dans son ensemble et ses détails; puis cette Perfection resplendissant dans le ciel. Je crois qu'il y a là une grande idée, il ne s'agit que de pouvoir la manifester avec habileté et courage. J'avais commencé *le Lys dans la vallée* depuis plusieurs mois. Vous me verrez arriver un soir avec ce livre, et, si vous pleurez, vous ne m'en voudrez pas.

Mille tendresses en retour de vos fleurs, qui m'en apportent de si bonnes; mais je voudrais plus encore. Allons, adieu.

CXLVI.

A MADAME ZULMA CARRAUD, A FRAPESLE.

Paris, vendredi saint, 17 avril 1835.

Peut-être me verrez-vous dans quelques jours, et Borget ne dira pas que je suis perdu pour mes amis. Les excessifs travaux qu'ont exigés les derniers chapitres de *Séraphita* m'ont causé une inflammation des nerfs du côté gauche de la tête. Voilà trois jours que la douleur persiste; seulement, elle est plus ou moins violente. Il faut, je crois, changer d'air et cesser les travaux, à mon grand chagrin; car je suis pressé d'achever, et le temps est l'étoffe première.

Aussitôt que j'aurai publié *Séraphita,* j'irai prendre une dizaine de jours de liberté dans le Frapeslois. Du moins, tel est mon projet, car je suis soumis à tant de causes dominatrices, que je ne puis pas dire : *Je ferai cela,* d'une manière certaine et positive.

Il y a en moi plusieurs hommes : le financier, l'artiste, luttant contre les journaux et le public; puis l'artiste luttant avec ses travaux et ses sujets; enfin, il y a l'homme de passion qui s'étale sur un tapis aux pieds d'une fleur, qui en admire les couleurs et en aspire les parfums. Ici;

vous direz : « Ce coquin d'Honoré ! » Non, non, je ne mérite pas cette épithète ; vous me trouveriez bien bon de me refuser à toutes les joies qui se présentent et de m'enfermer pour continuer l'œuvre.

Allons, *cara,* pourquoi ne m'écrivez-vous plus ? Croyez-vous que vous ayez perdu quoi que ce soit dans mon affection ? Les expériences de la vie font bien grandir les vieilles amitiés !

CXLVII.

A MADAME LAURE SURVILLE, A PARIS.

1835.

Chère sœur,

Madame Delannoy donne les quinze mille francs ! Dis à mon bon Surville que le premier pas est ainsi fait vers le pouvoir.

Si l'affaire de ta belle-mère peut s'arranger aussi, cela me fera d'autant plus de plaisir que j'ai perdu sept mille francs : les trois premières feuilles du troisième dizain de mes *Drolatiques* étaient rue du Pot-de-Fer[1] : et aussi les exemplaires du premier et du deuxième dizain. C'est atterrant ! il fallait cela pour me troubler mon mois ! Heureusement, je n'avais pas vendu, car on pourrait m'inquiéter.

J'espère que Dablin pourra m'aider de ce qui me man-

1. Une imprimerie, située dans cette rue, venait d'être détruite par un incendie.

quera pour achever la grande affaire. Ma joie est telle, que je ne fais pas attention à cette perte.

Allons, adieu; le bonheur ne s'arrêtera pas.

Mille tendresses à Surville, et à toi mille et une.

CXLVIII.

A M. WILLIAM DUCKETT,
DIRECTEUR DE LA *BIOGRAPHIE MICHAUD.*

Paris, juillet 1835.

Monsieur,

Vous recevrez, demain jeudi, l'article *Brillat-Savarin*. Son retard tient à ce que l'on m'avait égaré tous les éléments de cette notice.

Je ne vous renvoie pas la *Biographie;* mais je tiens à votre disposition le prix de ce livre; car je ne crois pas que mon article m'acquitte de la somme dont je vous suis redevable. Il est impossible d'accorder plus de trois ou quatre colonnes à Brillat-Savarin.

J'avais demandé *Gall*, que mes connaissances me mettaient plus à même de traiter, et qui vous aurait peut-être fait mon débiteur.

Je suis fâché d'un retard que tous les autres travaux auraient pu facilement expliquer, et je souhaite que l'article arrive encore à temps demain.

Agréez, monsieur, mes félicitations sincères.

CXLIX.

A MADAME DE BALZAC, A CHANTILLY.

19 juillet 1835.

Ma chère mère bien-aimée,

L'affaire n'a pas réussi, l'oiseau s'est effarouché. J'en suis assez aise, je n'avais pas le temps de faire la cour; il fallait que cela fût oui ou non.

Me voilà dans d'excessifs travaux qui vont se prolonger pendant trois mois. Il faudrait, certes, quelqu'un près de moi, car je crains ces travaux prolongés; ils usent et affaiblissent les qualités humaines que je voudrais entretenir.

Dis de ma part à mademoiselle Pigache que je la remercie du fond du cœur, puisqu'elle a tant soin de toi. Tâche de te bien porter, parce que tout ira bien. Ne te fâche pas de mon silence : je travaille énormément; j'ai pris le parti de travailler vingt-quatre heures de suite et de me coucher cinq heures. Ce qui me fait trouver vingt et une heures et demie de travail par jour.

Mille bons baisers.

CL.

A MADAME CARRAUD, A FRAPESLE.

Paris, 1835.

Madame Junot m'a écrit, *cara*, que Dumont avait le désir de m'éditer; mais je n'ai qu'une seule affaire de disponible; c'est celle des *Cent Contes drolatiques*, affaire exploitable de deux manières : en édition *princeps* un volume par dizain, et en livraisons *pittoresques*, pour parler leur argot; affaire excellente, je ne peux pas dire autrement, et d'autant plus sûre qu'un jour mon éditeur *unique* ira lécher les pieds de celui qui l'aura, afin de la réunir à toute mon œuvre.

En ce moment, cet éditeur fait tout ce qu'il peut pour suffire à ce qu'il a. Quant à votre Sousterre[1], il radote, chère amie. Werdet n'a jamais fait faillite; il a payé, sans déposer son bilan, tous ses créanciers, intégralement, capital, intérêts et frais. Nous sommes dans un siècle où l'on nie la probité comme on nie le talent !

Mille gracieusetés de cœur.

Si Dumont a le bon esprit de vouloir de moi, qu'il se dépêche; car il est question, pour les *Drolatiques*, d'une alliance entre Auzou, Éverat et Werdet[2]. Éverat prend une part avec n'importe qui, pourvu que ce soit un homme de probité, comme sont Dumont et ceux dont je parle.

1. Sousterre, escompteur de la librairie, ancien hussard de la Mort, excellent homme d'ailleurs.

2. Auzou, marchand de papiers en gros; Éverat, imprimeur; Werdet, le nouvel éditeur de Balzac.

CLI.

A MADAME HANSKA[1], A ISCHL (AUTRICHE).

Paris, 11 août 1835[2].

Je reviens du Berry, où j'ai été voir madame Carraud, qui avait quelque chose à me dire, et je trouve à mon retour votre dernière lettre, celle où vous me parlez de votre dîner chez madame ***, au moment même où certains journaux la représentaient comme inventant la machine infernale de Fieschi, et en attendant le succès aux eaux d'Aix, où elle en conférait avec Berryer. Gouvernez donc les peuples auxquels, en vingt-quatre heures et sur deux cents lieues carrées, on fait accroire de semblables choses!

Vous vous plaignez d'une bien aimable façon de la rareté de mes lettres; vous savez cependant que j'écris autant que je peux. Je travaille maintenant vingt heures par jour. Y résisterai-je? je ne sais.

Je ne comprends pas comment vous n'avez pas reçu mon envoi; l'ambassade d'Autriche l'a pris sous sa protection et il est à l'adresse de M. de la Rochefoucauld; je vous en prie, réclamez-le.

1. *Séraphita* lui est dédiée.

2. A cette époque, Balzac était, depuis quelque temps déjà, en correspondance avec la femme distinguée à laquelle il devait plus tard donner son nom; mais, malheureusement, une partie de cette correspondance fut brûlée à Moscou dans un incendie qui eut lieu chez madame Hanska. On pourra donc remarquer, dans les lettres de cette série, deux ou trois lacunes d'autant plus regrettables, que celles qui ont échappé au feu présentent un vif intérêt.

Je m'étonne beaucoup des éloges que vous donnez à Lherminier : on voit bien que vous n'avez pas lu ses autres ouvrages; ils m'ont empêché de lire celui que vous vantez[1], et dont les fragments publiés dans la *Revue des Deux Mondes* ne m'ont pas paru forts : c'est de la littérature et non de la politique dogmatique. Ne confondons pas Capefigue et Lherminier avec les roses et les lys; laissons-les parmi les chardons, qui sont chers à plus d'un titre à ces Excellences. Vous me ferez lire *Au delà du Rhin*, puisque vous le voulez; mais j'ai peur de vous le reprocher, malgré la foi que j'ai vouée à votre beau front.

Je ne vous ai pas chanté merveille pour le livre de madame de Girardin[2], il est meilleur que ce qu'elle a fait jusqu'à présent, mais ce n'est pas une œuvre bien remarquable.

Vous avez donc été malade! Vous avez souffert, et toujours *par* et *pour* les autres, toujours cette abnégation personnelle, toujours cette fatale complaisance! Pourquoi ces promenades à perte de vue? ne vous ai-je pas dit que les deux médecins que j'ai consultés pour vous, vous défendaient de marcher? pourquoi donc marchez-vous?

Votre lettre m'a attristé : elle m'a semblé indifférente et froide, comme si la glace sur laquelle reposent les trônes vous avait gagnée. J'aimerais mieux être grondé, querellé, qu'être traité avec ce calme impassible, et cette suprême douceur d'une souveraine de droit divin, trop sûre de son pouvoir pour ne pas en abuser royalement,

1. *Au delà du Rhin.*
2. *Le Marquis de Pontanges.*

mais tranquillement et avec dignité. Si vous ne restez pas à Vienne quelque temps, comment faire pour les manuscrits de *Séraphita* et du *Lys dans la vallée? Séraphita* ne paraîtra que le troisième ou peut-être même le quatrième dimanche d'octobre. Si vous revenez tout à fait chez vous, donnez-moi, dans ce cas, une adresse bien sûre; dans un pays privé de toutes les ressources de la civilisation comme le vôtre, et au fond des déserts que vous allez habiter, mes lettres vous seront peut-être plus agréables à recevoir qu'au milieu de la dissipation où vous vivez et qu'elles interrompent parfois, maussadement peut-être. Puissiez-vous toujours ignorer l'amère tristesse qu'amène la déception et qui est entretenue par l'isolement; et cela au moment même où l'on aurait eu presque besoin d'exagération, en fait de sentiment, de la part de ses amis; car je vous certifie que la plus cruelle conviction me gagne, je n'espère pas pouvoir résister à de si rudes travaux.

On parle des victimes dues à la guerre, aux épidémies; mais qui est-ce qui songe aux champs de bataille des arts, des sciences et des lettres, et à ce que les efforts violents faits pour y réussir y entassent de morts et de mourants? Dans ce redoublement de travaux qui m'a saisi, pressé que je suis par la nécessité, rien ne me soutient. Du travail, toujours du travail! des nuits embrasées succèdent à des nuits embrasées, des jours de méditation à des jours de méditation, de l'exécution à la conception, de la conception à l'exécution! peu d'argent, comparativement à ce qu'il m'en faut; immensément d'argent par rapport à la production. Si chacun de mes livres était payé comme ceux de Walter Scott, je m'en tirerais; mais, quoique bien payé, je ne m'en tire pas. J'aurai gagné vingt-cinq mille francs en août. *Le Lys* m'est payé huit mille francs, moitié par la librairie, moitié par la *Revue de Paris*. L'article au *Conservateur* me sera payé trois mille francs. J'aurai fini *Séraphita*, commencé les *Mémoires de deux Jeunes Mariées* et fini la livraison de madame Béchet. Je ne sais si jamais cerveau, plume et main, auront fait pareil tour de force à l'aide d'une bouteille d'encre.

Et il existe une chère personne, saintement aimée, qui se plaint que la correspondance languisse, quand je réponds scrupuleusement à ses lettres! Il m'est impossible de m'entretenir avec vous, par la voie ordinaire, de Fieschi et de sa machine. Les hommes profonds en politique et les profanes comme votre serviteur, qui ne manquent pas d'un certain don de seconde vue, croient que ce n'était ni la république ni la royauté qui étaient le but du coup. Fieschi n'a rien dit; tenez cela pour certain, il ne parlera probablement pas. C'est Lisfranc, le chirurgien qui le soigne, qui me l'a dit. On lui a donné beaucoup d'argent. Peut-être ne sait-il pas lui-même *qui* l'a fait agir.

Je suis peut-être à la veille de commencer une existence politique qui pourrait, avec le temps, me donner une certaine influence si elle ne me faisait pas arriver à une grande position, mais qui n'a rien qui me tente, tant elle me semble hors de mes goûts et de mes habitudes d'esprit et de caractère. Des hommes puissants par la volonté et influents par la position, des hommes d'État, deux journaux m'ont fait sonder; l'un d'eux a beaucoup d'abonnés, non-seulement en France, mais en Europe. En se réunissant, ils deviendraient un pouvoir, avec un chef intelligent et capable surtout; il faudrait y associer deux autres journaux et en fonder un cinquième; avec cela trouver des combinaisons, des *attractions*, comme disent les Anglais, pour obtenir la faveur du public de manière à écraser, par leur supériorité, les autres journaux qui tomberaient devant eux comme les feuilles d'automne balayées par le vent du nord! Ils s'assureraient ainsi la popularité par des abonnements, et feraient, tôt ou tard, triompher le parti qu'ils appuient et représentent. Comment nommerions-nous ce parti? *That is the question...* Voyons!... le parti des *intelligenticls*, cela vous va-t-il?... ou simplement des *intelligents*. Cela vous va mieux, n'est-ce pas? Ce nom prête peu à la plaisanterie, et, en ce pays-ci, la vanité étant toujours la maladie endémique du sol, rien qu'à cause du nom, on serait flatté d'y appartenir. Tout cela est beau comme projet, mais, quant à le mettre à exécution, c'est une autre affaire! Aussi, écouté-je sans me prononcer les choses flatteuses ou simplement agréables qu'on me dit à ce sujet; car mes projets comme mes pensées sont ailleurs. J'avoue même que je suis assez lâche pour reculer devant ces promesses politiques, afin de ne pas m'engager et compromettre ainsi mes espérances de voyage à Vierzschovnia. Quoi qu'il arrive, les principales lignes de nos travaux politiques ont été discutées par moi à loisir, avec un homme de grand talent et de grande expérience, et qui a déjà organisé et dirigé plusieurs journaux. Nous sommes convenus que la réunion des journaux, une fois établie et en pleine activité, nous permettra d'écrémer les talents vivaces, de nous les assimiler, de réunir les intelligences sérieusement capables; et rien ne résisterait, selon moi, à cette ligue armée d'une presse qui n'aurait rien de désordonné, rien d'aveugle, et qui n'accepterait que des idées favorables au progrès, au développement et au bien-être moral et matériel du pays.

Vous voyez qu'à mesure que j'avance dans mon œuvre littéraire, j'agis sur une autre ligne parallèle importante et plus large peut-être; en un mot, que je ne m'arrêterai pas plus en politique qu'en littérature. Aurez-vous quelque remords en voyant que, malgré votre insouciance à mon endroit, je vous tiens au courant de mes opérations et de mes projets, comme si vous aviez l'air de vous y intéresser le moins du monde? Ce que c'est que l'habitude! Mais, si la loi passe, la loi nouvelle qui veut que les articles politiques soient signés, il faudra renoncer à bien des choses.

Vous parler de mes affaires de tous les jours, ce serait vraiment vous entretenir de trop grands ennuis, de trop grandes misères; c'est toujours un nombre infini de courses et d'allées et venues pour payer mes billets et faire honneur à mes affaires, sans jamais parvenir à les terminer. A Paris, tout entraîne une perte effroyable de temps, et le temps est la grande étoffe dont la vie est faite, dit-on; quand je ne suis pas courbé sur le papier, à la lueur de mes bougies, dans le salon que j'ai dépeint dans *la Fille aux yeux d'or*, ou couché de fatigue sur le divan, je suis haletant après les difficultés pécuniaires, dormant peu, mangeant peu, ne voyant personne, enfin, comme un général républicain faisant une campagne sans pain, sans souliers. La solitude me plaît d'ailleurs beaucoup, car je hais le monde, qui froisse le cœur et rapetisse l'esprit. Il me faut maintenant achever ce qui est commencé, et ce qui pourrait m'en détourner est trop mauvais quand il n'est pas trop ennuyeux.

Vous m'avez, je crois, parlé de madame de Castries. Je suis avec elle dans des termes convenables de politesse courtoise et comme vous pourriez souhaiter vous-même que je fusse. N'établissez, de grâce, aucune comparaison entre l'amitié que vous inspirez et celle que vous accordez; car, là, ceux qui vous aiment ont l'avantage. Ne vous imaginez point que je cesse de penser à vous, puisque, quand même je serais occupé comme je le suis, il est impossible qu'aux heures de fatigue et de désespoir, aux heures où l'énergie se ralentit, où l'on est dans son fauteuil, les bras pendants, la tête affaissée, le corps las et l'esprit endolori, les ailes du souvenir ne vous emportent pas aux moments où l'on s'est rafraîchi sous des ombrages verts et frais, aux jours où l'on a voyagé vers une personne qui vous sourit à travers les espaces, qui n'a rien que de pur et de sincère au cœur, qui vous inspire, qui vous anime, et qui renouvelle, pour ainsi dire par les distractions de l'âme, les forces de ce que les autres nomment *le talent*. Vous êtes toutes ces choses pour moi, vous le savez; ainsi ne plaisantez pas sur mes sentiments, comme vous avez coutume de faire quelquefois. J'ai peur, moi, qu'il ne s'y mêle trop de reconnaissance, tant je me sens peu de chose sans vous, sans votre pensée et votre souvenir, qui me soutiennent et me permettent de vivre loin de vous.

Adieu; au revoir à Vierzschovnia! fallût-il traverser l'Europe pour venir vous montrer un visage vieilli, mais un cœur toujours déplorablement jeune, qui bat à tout propos, à une ligne griffonnée, à une adresse, à un parfum, comme si je n'avais pas trente-six ans! J'espère que, quand vous serez régulièrement installée à Vierzschovnia, bien établie dans votre fauteuil, vous m'écrirez régulièrement le journal de votre existence plus calme et plus solitaire que celle que vous menez à Ischl, que vous aurez enfin *le temps* de m'être plus fidèlement amie, et que nous nous serons comme vus d'hier quand je vous arriverai.

Écrivez-moi courrier par courrier, en m'envoyant, intérieurement dans votre lettre, une empreinte, en cire rouge, de vos armoiries personnelles; je les ferai graver en tête de *Séraphita* dans la réimpression des ÉTUDES PHILOSOPHIQUES et du *Livre mystique*. N'est-ce pas une galanterie qui fera résonner la corde héraldique que vous avez je ne sais où, car ce n'est pas au cœur. Embrassez pour moi votre chère petite fille. Mille tendres amitiés en retour de vos rigueurs, et rappelez-moi à la pensée des Viennois auxquels je dois des souvenirs.

CLII.

A M. THÉODORE DABLIN, A PARIS.

Paris, 1835.

Mon bon Dablin, je suis si cloué par mes épreuves, mes travaux qui renaissent d'eux-mêmes, que vous seriez en vérité charitable de venir me voir aujourd'hui même lundi, et de ne pas trop regarder si j'abuse de votre amitié, car il faut me prendre comme un prisonnier, prisonnier d'une idée et d'une œuvre, aussi féroces que les créanciers.

Mille compliments affectueux et amitiés.

CLIII.

[A MADAME LAURE SURVILLE, A MONTGLAT.

Paris, septembre 1835.]

Alma soror,

Tout se dessine enfin! J'ai deux affaires sur le chantier qui paraissent devoir réussir. En somme, ces deux affaires suffisent à payer novembre et décembre; j'aurai donc payé trente-six mille francs en ces derniers mois!... Encore quelques efforts, et j'aurai triomphé d'une grande crise par un faible instrument : une plume!

Si rien ne vient à la traverse, en 1836 je ne devrai plus qu'à ma mère; et, quand je songe à mes désastres et aux tristes années que j'ai traversées, je ne puis me défendre de quelque fierté en pensant qu'à force de courage et de travail, j'aurai conquis ma liberté.

Cette pensée m'a rendu si joyeux, que, l'autre soir, j'ai fait, avec Surville, des projets où vous étiez comptés, mes amis. Je lui faisais bâtir une maison près de la mienne, nos jardins se touchaient, nous mangions ensemble les fruits de nos arbres... J'allais bien !...

Le bon frère a souri en levant les yeux au ciel ; il y avait bien de l'affection pour toi et pour moi dans ce sourire; mais j'y ai vu aussi que ni lui ni moi ne tenions encore nos maisons. N'importe, les projets soutiennent le courage, et que Dieu me conserve la santé, nous aurons nos maisons, ma bonne sœur !

Tout cela n'est pas l'objet de la présente.

Attendu que tu es à Montglat, ne sachant que faire de ton génie, je te prie de m'écrire bien au long, bien en détail, avec toute la glorieuse et pompeuse phraséologie d'une pensionnaire et avec le talent de mademoiselle Laure de Balzac, ce que tu m'as dit avoir trouvé par une nuit où tu ne dormais pas, ces belles idées à propos des *Deux Rencontres*, pour les souder encore mieux aux chapitres précédents de *la Femme de trente ans*. N'omets rien, j'ai tout oublié.

Il me faut cela promptement, parce que nous allons mettre sous presse ce quatrième volume pour le réimprimer, et qu'il faut que, vers le 15, je donne la copie corrigée à l'imprimeur.

J'ai reçu de madame Carraud un mot assez difficile a déchiffrer, où elle te compare au soleil; j'aurais trouvé que la lune eût été déjà pas mal, mais ce n'est pas moi qui nierai le soleil.

Dablin a été récemment pour moi gracieux, obligeant

et bon, comme le sont madame Delannoy, Auguste Borget, madame Carraud et l'*alma soror*

d'HONORÉ DE B...,

qui t'envoie mille affectueuses choses et donne un baiser au front à la Trinité survillienne qui grouille dans Montglat.

Ma douleur au côté droit persiste, et je commence à m'en inquiéter un peu; c'est le fruit de mes cinquante dernières nuits où j'ai bien avancé mes affaires, mais qui ont été cruelles de fatigue. J'ai si grand'peur des sangsues, des cataplasmes, et je crains tant de me voir entravé de manière à ne pas pouvoir terminer ce que je tiens, que j'ajourne toute consultation; si cela devenait trop fort, je verrais docteur et somnambule. Pour le moment, je prends des bains.

L'affaire en question est que je vends la réimpression des ouvrages de ce mauvais drôle d'Horace de Saint-Aubin, Viellerglé, lord R'hoone, et autres pseudonymes. La vente se fait par un tiers, avec faculté de nier ces œuvres, *que je ne reconnaîtrai jamais!* Mais, comme on les réimprimerait sans moi dans cette damnée Belgique, qui fait tant de tort aux auteurs et aux libraires, je cède à la nécessité, qui se traduit en bons écus, et de cette façon je circonscris le mal.

Enfin, Souverain édite mes *Contes drolatiques. — Ecco, sorella!*

Dis-moi si tu restes encore, comme on le dit, jusqu'au 15 à Montglat.

Tu vois que j'ai de bonnes nouvelles à t'annoncer, sœurette : les revues me lèchent les pieds et me payent plus cher mes feuilles en janvier. Hé! hé!

Les lecteurs reviennent si bien sur *le Médecin de campagne,* que Werdet a l'assurance de vendre en une semaine l'édition in-octavo et en quinze jours l'in-douze. Ha! ha!

Enfin, j'ai de quoi faire face aux grosses échéances de novembre et de décembre qui t'inquiétaient tant. Ho! ho!

CLIV.

A MADAME LAURE SURVILLE, A PARIS.

La Boulonnière, octobre 1835.

Chère sœur,

Tu peux donner à Auguste[1] ce qui lui est dû : je te le rendrai avant l'époque où tu en as besoin.

Je suis à la Boulonnière, achevant, dans le silence et loin des tracas qui ne me laissent pas une journée sans orage à Paris, *la Fleur-des-pois,* qui doit paraître le 25; sans quoi, j'aurais avec madame Béchet un procès qui serait ma mort. J'achève aussi *Richard Cœur-d'éponge*[2], lequel peut, à lui seul, me tirer d'affaire.

Ma pauvre sœur, j'avale le calice jusqu'à la lie! j'ai beau travailler mes quatorze heures par jour, je ne suffis pas. En t'écrivant, je me trouve si fatigué, que j'ai envoyé Auguste retirer ma parole pour des engagements que j'avais pris; je suis faible à ce point que j'avance mon

1. Son domestique.
2. En réalité cette pièce ne fut point terminée.

dîner afin de me coucher plus tôt, et que je ne vais nulle part.

Je suis brouillé avec Girardin à ne pas nous revoir.

Pourquoi ma mère a-t-elle pris de la tristesse? Je souffrirai encore, il est vrai; mais enfin je triompherai, et, dans le combat, il faut marcher et ne pas s'attendrir.

Mille bonnes tendresses à toi, une poignée de main à Surville.

CLV.

A LA MÊME.

La Boulonnière, octobre 1835.

Ma chère sœur,

La Fleur-des-pois est achevée[1] ! Nous paraissons le 10. J'ai réussi, je crois, à ce que je voulais faire. La seule scène du contrat de mariage fait comprendre quel sera l'avenir des deux époux. Tu y trouveras une scène que je crois profondément comique : le combat du jeune et du vieux notariat. Je suis parvenu à intéresser à la discussion de cet acte, telle qu'elle a lieu. Voilà l'une des grandes scènes de la vie privée écrite ; plus tard, je montrerai *l'Inventaire après décès*, où l'horrible se mêle si souvent au comique ! Les commissaires-priseurs doivent en savoir long sur les turpitudes humaines ; je les ferai causer...

Mon éditeur, la sublime madame Béchet, a fait la

1. Ce fut d'abord sous ce titre que parut l'ouvrage qui s'appelle aujourd'hui *le Contrat de mariage*.

sottise d'envoyer les bonnes feuilles de *la Fleur-des-pois* à Saint-Pétersbourg. On m'écrit qu'il n'y est bruit que de *la supériorité de ce nouveau chef-d'œuvre* (style d'éditeur). Cette sottise m'a prodigieusement ennuyé.

Le comique de *la Fleur-des-pois* ne peut être saisi que par les gens d'affaires; le public n'aimera pas cette œuvre, mais il faut capter toutes les classes, et mon plan m'oblige à être universel.

Tout ce que tu m'écris relativement à l'achat de mon terrain à Ville-d'Avray ne me fait rien; tu ne comprends donc pas que cet immeuble représentera ce que je dois à ma mère?... Je n'ai pas le temps de discuter ici, je te convaincrai à mon retour.

Je t'écris, moi si occupé! Et toi?...

CLVI.

A MADAME LA DUCHESSE DE CASTRIES.

Paris, 18 octobre 1835.

Madame,

Mon docteur m'a fort impérieusement prescrit l'air natal en m'ordonnant de plus un complet repos d'esprit; j'ai donc laissé mes lettres à Paris en partant pour la Touraine; à mon retour ici, j'y ai trouvé les deux lettres que vous m'avez écrites et celle de M. le duc de Fitz-James. Telle est la cause du retard de ma réponse.

Ayez la bonté de présenter à M. le duc de Fitz-James et mes remercîments pour son aimable invitation, et mes regrets de ne pouvoir m'y rendre. Me voici replongé dans des travaux nécessités par des obligations impitoyables et absolues; trop d'intérêts reposent sur moi, je ne puis les compromettre légèrement. Autrefois, j'étais libre; aujourd'hui, je suis enchaîné. Ces obligations, le travail seul peut les faire cesser; mais, pendant longtemps encore, elles m'isoleront dans la solitude d'un cratère où personne ne se hasardera; du moins jusqu'à présent, il a fallu mieux qu'une femme pour y venir. Depuis deux ans surtout, ma vie n'a été que sacrifices, et, de tous ceux que je fais, il en est un auquel je ne m'habitue pas : ce sont les mauvais jugements que j'encours.

Vous avez entremêlé d'amertume ce que vous avez eu la bonté de me dire de flatteur sur mon livre, comme si vous saviez toute la portée de vos paroles et jusqu'où elles vont. J'aurais mille fois mieux aimé vous voir regarder le livre et la plume comme choses à vous que de recevoir ces éloges. Mais je ne puis dire ici toute ma pensée, vous en seriez peut-être étonnée; elle aurait d'ailleurs besoin de voiles qui prendraient bien du temps, et il faut, pauvre ouvrier, que je retourne à mon œuvre; la cloche a sonné dans mon cloître, il me faut achever, pour la *Revue*, la peinture d'un sentiment si grand par lui-même, qu'il résiste à de continuels froissements : c'est une source où des ingrats puisent sans parvenir à la tarir; je puis peindre ces sortes de sentiments sans crainte d'épuiser ma palette, que le sort a trop chargée, hélas! Le caractère rieur et enfant, *surtout*, comme vous dites, *léger*, est un aubier qui m'a préservé souvent; mais plus souvent aussi le cœur a reçu de vives et saignantes blessures, car notre couleur, à nous, est notre sang; ainsi l'a voulu Celui qui a tout fait.

Daignez, madame, présenter mes respectueux hommages à madame la duchesse de Fitz-James, et agréer vous-même l'expression de tous les sentiments qui vous appartiennent et desquels vous voulez douter toujours.

Auriez-vous la bonté de me dire si vous resterez en Normandie pendant le mois de novembre? je réserverais alors pour Paris mes prochains volumes.

Votre très-humble et très-obéissant serviteur.

CLVII.

A MADAME DE BALZAC, A CHANTILLY.

Paris, 30 octobre 1835.

Ma bonne mère chérie,

Ne te tourmente pas, les effets sont escomptés, tout sera bien payé; puis je vais faire finir l'affaire des *Contes drolatiques* pour assurer le mois de novembre; ne prends nul souci de moi. Qu'est-ce que sept ou huit mois à souffrir encore, quand on a souffert sept ans? Un an après ma libération, tu seras heureuse.

On est arrivé jusqu'à six mille francs offerts pour la réimpression de mes premières ordures littéraires. J'attends; je veux dix mille francs pour nettoyer mon courant. Ainsi tu vois que cette réimpression et les *Drolatiques* peuvent me mettre, d'un jour à l'autre, merveilleusement à flot, car cela me débarrasserait de vingt mille francs qui me pèsent.

Allons, adieu, bonne mère chérie; je t'embrasse de cœur.

Il ne faut plus que sept à huit jours pour que *la Fleur-des-pois* paraisse, et aussi *Séraphita.*

CLVIII.

A M. EDMOND WERDET, LIBRAIRE ÉDITEUR, A PARIS.

Vienne, novembre 1835.

Mon cher maître Werdet,

Vous aviez raison et j'avais tort. Mon voyage a emporté tout ce que je possédais d'argent. Je suis arrivé avant-hier, et je me suis reposé hier toute la journée, je ne pouvais remuer ni pieds ni pattes; ainsi j'ai mis huit jours, et me suis reposé le neuvième. Grâce à la lettre de Rothschild, sa maison m'a remis de l'argent; mais je dépenserai bien cinq cents francs ici, et il m'en faut mille pour revenir; ce qui constitue la valeur d'une lettre de change que je tire sur vous à dix jours de vue. Figurez-vous que l'on m'a changé cinq fois mon argent en route, parce qu'il a fallu payer dans la monnaie des cinq pays que j'ai traversés. Je n'avais compté ni les barrières, ni les chevaux de renfort, ni les cinq cents diables de dépenses qui m'ont pris à la gorge. Ainsi la folie est complète.

Il en est résulté naturellement une recrudescence de travail, puis ma tête s'est parfaitement renouvelée; en somme, je n'y perdrai rien, mais j'y gagnerai de l'embarras. Je vais vous renvoyer, d'ici à trois jours, les trois choses les plus importantes : *Séraphita,* pour la *Revue;* vos feuilles arriérées de *Louis Lambert*, et les huit feuilles de madame Béchet. Adressez-moi ici un exemplaire du *Père Goriot*, troisième édition, aussitôt qu'elle sera finie.

J'ai déjà vu quelques libraires. Mon voyage n'aura pas été inutile à la grande édition des ÉTUDES SOCIALES; j'ai la ferme conviction maintenant que la contrefaçon n'existera plus pour moi, lors de cette grande publication.

Mais il faudra que Spachmann[1] m'accompagne pour faire toute l'Allemagne et Leipsick. Nous causerons de cela à Paris.

Mettez-moi, avec les volumes du *Père Goriot*, un exemplaire des *Chouans*, bien relié en maroquin vert, aux armes du prince Schomberg, que mon graveur regravera; Spachmann a le cuivre mutilé.

Vous aurez été excellent pour moi, mon cher Werdet, et je désire bien vivement que des temps heureux s'avancent et pour vous et pour moi-même.

D'ici à mon retour à Paris, j'aurai travaillé fructueusement; puis le voyage m'aura rafraîchi de nouveau la cervelle; en sorte qu'à mon arrivée, nous pourrons bloquer vos deux livraisons des ÉTUDES PHILOSOPHIQUES et préparer *Birotteau*. J'avais bien besoin de ce voyage pour me renouveler les idées, et la fatigue corporelle n'y a pas nui.

Voyez à payer courageusement la lettre de change en compte sur *le Lys dans la vallée*, que j'espère pouvoir envoyer d'ici, dans dix jours; je me suis engagé à le livrer à une *cara donna*, tout entier ici.

S'il vous fallait quelque chose pour achever la lettre de

1. Associé de Werdet.

change, voyez madame Surville, qui trouverait à emprunter, ou qui vous aiderait d'une manière quelconque.

Mille amitiés; écrivez-moi si *le Père Goriot* va bien; mais envoyez-moi surtout, avec les deux ouvrages que je vous demande, les épreuves de tout *Séraphita* de chez Baudouin.

Voici mon adresse : « M. de Balzac, Landstrasse, à l'hôtel de *la Poire*, Vienne. »

CLIX.

AU MÊME.

Vienne, novembre 1835.

Dans mes entretiens, qui roulent particulièrement sur mes travaux, votre nom, mon ami, a été bien des fois prononcé ici, et bien des questions m'ont été faites à votre sujet.

J'y ai répondu par l'énonciation de votre dévouement, de vos bons offices, et mon ange partage toutes mes sympathies pour vous. Elle vous aime, nous sommes par conséquent deux à vous aimer. Près de cet être chéri, j'ai retrouvé toute mon imagination et toute ma verve.

J'ai déjà achevé *Séraphita*, et j'ai à peu près terminé les *Mémoires de Deux Jeunes Mariées*; je compte pouvoir vous rapporter la totalité de ce dernier manuscrit. Dans une quinzaine de jours, je serai à Paris, et je vous remettrai tout cela.

Croyez-le bien, mon ami, nous sommes maintenant, vous et moi, l'un à l'autre, *à la vie, à la mort*, car vous êtes mon Archibald Constable : vous avez toute sa probité et tout son dévouement.

Un jour, et ce jour approche, vous aurez comme moi fait votre fortune, et nos calèches se rencontreront au bois de Boulogne, pour faire crever de dépit vos envieux et les miens.

Bien à vous.

CLX.

A MADAME ZULMA CARRAUD, A FRAPESLE.

Paris, 25 décembre 1835.

Je voulais vous envoyer, à défaut de lettre, car je n'ai plus un moment à moi, un joli fauteuil pour le jour où vous vous relèveriez de votre lit de douleurs maternelles, afin de me représenter à vos yeux par un souvenir matériel et achever peu à peu votre petit salon rose ; mais le gueux de tapissier était digne de moi : il est si occupé, que mon pauvre fauteuil n'arrivera que pour le jour de l'an et vous dira que si mon temps, rempli d'encre et d'épreuves, m'empêche de vous faire savoir que je pense à vous et vous aime, mon cœur n'est en rien altéré.

Borget ne m'a pas écrit une ligne !

J'embrasse au front Yorik[1], car Dieu sait si j'aime maintenant ces chères petites créatures ! Je vous souhaite à tous ce que vous désirez, ce que je n'ai guère complet, le bonheur. Je dis mille chatteries à Ivan, je serre la main au commandant, et vous prie de me permettre de vous bai-

1. Le nouveau-né de madame Carraud.

ser au front en vous y mettant mille tendres et affectueux souhaits pour votre vie; qu'elle vous soit agréable et bonne! Jamais le torrent qui m'emporte n'a été plus rapide; jamais une œuvre plus majestueusement terrible n'a commandé le cerveau humain. Je vais, je vais au travail comme le joueur au jeu; je ne dors plus que cinq heures; j'en travaille dix-huit, j'arriverai tué; mais votre souvenir me rafraîchit quelquefois. J'achète la Grenadière, je paye mes dettes. Il me faut raisonnablement encore un an pour arriver à une liquidation complète; mais ce bonheur de ne rien devoir, que je croyais impossible, n'est plus une chimère maintenant. Un article à la *Revue* comme les *Mémoires de Deux Jeunes Mariées,* qui paraîtront en février 1836, me vaut huit mille francs. Pourvu que ma gloire ne soit pas de la réputation, cette réputation, une mode, et cette mode, passagère!

Adieu; je voulais vous écrire quelques lignes, j'ai tout rempli. Mille bonnes tendresses. Écrivez-moi; soyez généreuse, ne m'en voulez de rien; car vous ne savez pas combien je déplore, par moments, cette vie de feu. Mais comment sauter hors du char?

Votre tout dévoué.

CLXI.

A MADAME DE BALZAC, A CHANTILLY.

Paris, 1er janvier 1836.

Ma bonne mère,

N'aie aucune crainte; si tu retrouves tout ce que ta maison te coûte, vends-la. D'ici à un an, je me ferai le cens par moi-même. Mais, si tu la vends, je voudrais te voir, pour t'arranger ta fortune d'une manière convenable, et je crois en avoir trouvé les moyens. Impossible de t'écrire plus en détail : je suis accablé, il ne faut compter sur moi que vers le 20 janvier; je vais, du 10 au 20, m'enfermer dans l'imprimerie de Barbier pour y faire cinquante feuilles en dix jours, afin de terminer l'œuvre pour madame Béchet et en finir avec ces obligations-là.

Compte, d'ailleurs, sur tout ce que je t'ai promis; mais il serait bien urgent que je te visse. J'irai peut-être pour quelques heures à Chantilly. Cette semaine et l'autre encore, je fais la *Revue de Paris*, et faire la *Revue*, c'est passer trois ou quatre nuits par semaine.

Ah! ma pauvre mère, je suis navré de douleur. Madame de Berny se meurt! il est impossible d'en douter! Il n'y a que moi et Dieu qui sachions quel est mon désespoir. Et il faut travailler! travailler en pleurant!...

Je t'écrirai un mot pour te prévenir du jour où je pourrai te voir.

Allons, adieu, mère chérie; je t'embrasse avec plus de tendresse que jamais; soigne-toi bien. Mon mois de janvier est écrasant de travaux et d'obligations. J'en ai encore pour jusqu'en mai; il faut du courage jusque-là. N'aie pas peur, ne pense qu'à toi; sois plus heureuse cette année que les précédentes; je m'emploierai à ton bonheur. Je suis triste de te faire ces souhaits par écrit; mais jamais je n'ai envoyé de baiser plus brûlant que celui que je mets là pour toi.

Ton fils qui t'aime bien.

P.-S. — N'aie aucun remords; seulement, ma bonne mère, fais-moi la charité de me laisser porter mon fardeau, sans soupçonner mon cœur. Une lettre, vois-tu, c'est pour moi non-seulement de l'argent, mais une heure de sommeil et une goutte de sang! Je ne puis avoir aucun soin. J'ai quatre volumes in-octavo à imprimer, la *Revue* à faire pendant trois dimanches de janvier (il n'y a que la *Revue* qui paye en argent), et, outre cela, la deuxième livraison des ÉTUDES PHILOSOPHIQUES pour Werdet; sans quoi, tout périclite!

CLXII.

A M. HENRY DE BALZAC[1], AUX ANDELYS.

Paris, 20 février 1830.

Cher frère,

Je suis pour un mois environ traqué par la besogne. Ne baptisons que dans les premiers jours d'avril cet enfant qui continue le Balzac. Si cela était possible, la joie serait plus franche en remettant le baptême au jour de la Saint-Honoré.

Laure m'a dit que tu comptais sur un berceau : je vais m'en inquiéter et te l'envoyer. Mille amitiés sincères à l'accouchée. Je souhaite que cette première couche lui porte bonheur. Embrasse ma mère pour moi.

Tout à toi.

1. *Le Bal de Sceaux* lui est dédié.

CLXIII.

A MADAME ÉMILE DE GIRARDIN, A PARIS.

Paris, 1836.

Madame,

J'étais à la campagne quand votre lettre est venue rue Cassini. Agréez mes excuses pour le retard que souffre ma réponse ; mais on est si empressé pour vous, que vous devez toujours supposer un cas de force majeure quand il en est autrement.

Ma première publication sera *le Lys dans la vallée;* mais, si le procès qui en retarde la publication est perdu, ce sera *les Héritiers Boirouge.*

Trouvez ici les affectueux hommages de votre dévoué serviteur.

CLXIV.

A M. HENRI FOURNIER, IMPRIMEUR, A PARIS.

Paris, mai 1836.

Monsieur,

Je dois déposer cette semaine une plainte au parquet du procureur du roi contre M. Buloz et contre vous, à raison de la publication qu'a faite à Pétersbourg la *Revue étrangère* du *Lys dans la vallée* avant la publication à Paris. Mais, comme vous pouvez, par un arrangement entre vous et M. Buloz, être mis en dehors de la plainte, je vous engage, comme je vous l'ai promis, à demander une attestation qui décharge vous et vos ateliers de la communication de mes épreuves. J'attendrai jusqu'à mercredi quatre heures.

Dans ces circonstances, j'ai l'honneur de vous prévenir que, comme il existe deux feuilles environ du *Lys dans la vallée* de composées, vous seriez personnellement responsable envers moi si elles paraissaient sans mon *bon à tirer* et mon autorisation.

Agréez, monsieur, l'assurance de mes sentiments les plus distingués.

CLXV.

A M. THÉODORE DABLIN, A PARIS.

Paris, 2 juin 1836.

Mon bon Dablin,

Vous faites donc toujours le père avec moi? Je n'ai point vu venir votre effet de cinq cents francs, au 31 mai. Vous l'aurez sans doute conservé; mais j'ai les cinq cents francs. J'en devrais avoir six cent dix de plus à vous remettre; mais mon procès contre la *Revue de Paris,* qui se juge demain, la défense, que j'ai été obligé d'écrire en vingt-quatre heures, les démarches à faire, et mon ouvrage à finir, lequel me prend quinze heures avant tout par jour, ont jeté bien du trouble dans ma vie qui devrait être paisible. Néanmoins, je souffre, car vous aviez ma parole, et vous direz que les poëtes ne sont pas commerçants rigoureux. Soyez indulgent!

Je vous mets avec ceci un exemplaire de ma défense pour M. Pépin, et deux autres que vous donnerez à ceux de vos amis auxquels vous jugerez bon de les donner.

Mille affectueuses choses, mon bon Dablin, de votre vieil ami.

CLXVI.

A M. ÉMILE REGNAULT,

GÉRANT DE LA *CHRONIQUE DE PARIS*.

Saché, lundi, juin 1830.

Cher Pélican,

Tout a bien été jusqu'à hier au soir. En me promenant dans le parc, j'ai eu un coup de sang dont je ne suis pas encore bien remis, j'ai des bruissements dans la tête. Je suis arrivé lundi à Saché; je me suis reposé mardi; mercredi, on m'a fait faire une partie de campagne, et la Touraine m'avait si bien ravitaillé, que jeudi, vendredi, samedi et dimanche, j'ai conçu les *Illusions perdues*, et j'en ai écrit les quarante premiers feuillets. Ce torrent de travail a porté sans doute le sang à la tête; mais, en ce moment, je vais beaucoup mieux. J'aurai, suivant toute probabilité, terminé les *Illusions perdues* pour samedi prochain. Je crois que cela fera quatre-vingt-dix feuillets, et j'ai bien fait de commencer par là, car alors *le Cabinet des antiques* suffirait pour compléter les deux volumes de la veuve Béchet, ou dame Jacquillat [1]. Elle ne mérite pas que je lui donne *les Héritiers Boirouge* [2]. Cette œuvre,

1. Nom du deuxième mari de madame Charles Béchet.

2. *Les Héritiers Boirouge* sont devenus *les Deux Frères, ou un Ménage de garçon en province.*

avec *César Birotteau*, remplira la caisse du sieur Werdet, et *la Torpille* suivra son cours à la *Chronique de Paris*. J'en aurai assez pour mon année.

La présente, vieil oiseau, est pour vous dire qu'une centaine de francs ou cinquante écus seraient bien utiles à votre vieux *Marà-sec*[1]; car, après avoir achevé *le Cabinet des antiques* et probablement l'*Ecce homo*, je voudrais bien me régaler d'aller voir Chenonceaux et Chambord, qui sont sur ma route. En attendant, sérieusement, je ne serai pas avant le 8 juillet à Paris. Comment va Jules Sandeau? Mille choses au grand Trenmor et à l'élégant Chaudesaigues. N'oubliez pas non plus Béthune et Lavel; vous pouvez même risquer une fleur que j'aperçois sur la joue de la belle madame M..., qui, si elle avait voulu voir les châteaux de Touraine avec moi, n'aurait pas eu à regretter ce beau voyage.

J'espère que tout va bien, et que vous maintiendrez les affaires jusqu'au 8. Dites à M. Sergent que je serai à Paris, ce jour-là, avec les manuscrits, et nous roulerons la veuve atroce et chicanière, sans reconnaissance et peu délicate, comme les Buloz et consorts.

Tout à vous,

LE MAR.

P.-S. — Dites mille choses aimables comme vous savez les dire à madame D..., de ma part. Quant à Werdet, je voudrais que les *Illusions perdues* fussent à lui, car c'est fort bien torché! Si vous aviez besoin d'actions de la *Chro-*

1. *Le Mar*, sobriquet de Balzac parmi ses plus intimes amis.

nique de Paris, prenez de celles de Béthune, à qui je vendrais des miennes; car je suis parti si surpris par la célérité de la voiture, que je ne vous ai pas donné d'actions, et je ne sais plus où j'ai mis les clefs.

Enfin, vieux, il faudrait m'adresser les deux numéros de la *Chronique* où se trouve le commencement du *Cabinet des antiques*, que je n'ai pas. Si Béthune ne concevait pas cet échange, vous m'écririez, je viendrais pour trois heures à Paris.

Dites donc à ce bon Charles de Bernard que j'aurais besoin pour *Illusions perdues* d'un petit poëme bien ronflant dans la manière de lord Byron; c'est censé la plus belle œuvre d'un poëte de province, en stances ou en alexandrins, en strophes mêlées, comme il voudrait. Il serait bien gentil de me le faire, car je n'en ai pas le temps. Il me faudrait aussi quelque chose dans le genre de *Beppo* et de *Namouna* ou de *Mardoche*, de Musset, mais une seule pièce de cent vers. Pour l'autre, il faudrait deux chants.

CLXVII.

A MADAME ZULMA CARRAUD, A FRAPESLE.

Saché, dimanche, juin 1830.

Cara,

Ma santé compromise par mes derniers travaux, mon procès, mes soucis, m'ont jeté en Touraine, où l'air natal vient de me remettre. Peut-être irai-je à Paris par Loches, Valençay et le doux Issoudun. Je voudrais bien revoir Frapesle avant de me replonger dans la bataille et d'aller au feu. En tout cas, que je vous voie ou non, j'ai bien besoin des renseignements suivants sur Angoulême, et vous seriez bien bonne de me répondre courrier par courrier, car je ne resterai pas plus d'une semaine à Saché. Voici l'adresse : « A Saché, par Azay-le-Rideau (Indre-et-Loire). »

Je voudrais savoir le nom de la rue par laquelle vous arriviez sur la place du Mûrier et où était votre ferblantier; puis le nom de la rue qui longe la place du Mûrier et le palais de justice et menait à la première maison de M. Bergès; puis le nom de la porte qui débouche sur la cathédrale; puis le nom de la petite rue qui mène au Minage et qui avoisine le rempart, commençant auprès de la porte de la cathédrale, et où était cette grande maison où nous avons entendu quelquefois jouer du piano.

Je voudrais savoir, si cela était possible, le nom de l'autre porte par où on descendait directement à l'Houmeau. Voilà tout; mais j'ai bien besoin de ces renseignements. Si le commandant me fait un plan grossier, ce n'en sera que mieux.

Je vous envoie mille tendres souvenirs d'amitié. Laure ne va toujours pas bien. Ma mère meurt des chagrins que lui cause Henry. Moi, je lutte toujours, comme un homme qui se noie et qui a peur de trouver la dernière gorgée. En ce moment, je travaille à Saché seize heures par jour pour me délivrer des deux derniers volumes de madame Béchet, laquelle m'intente un procès, poussée par mes ennemis, qui semblent avoir juré ma perte.

Il faut être à Paris avant le 10 juillet, mes manuscrits prêts. Je n'ai que quinze jours pour écrire deux volumes in-octavo, et, si je faisais quelque chose de mal, tout serait perdu. Jugez de ma position !

Je n'ai pu ni répondre à Borget, ni rien faire de ce que je lui avais promis pour ses affaires d'argent. J'ai travaillé à Paris nuit et jour, ne dormant que deux heures sur les vingt-quatre. Aussi *le Lys* a-t-il paru. J'étais mort à moitié en me mettant en voiture. Dites-lui ces choses-là, pour qu'il n'accuse pas un ami bien aimant et bien dévoué, qui est votre très-constant ami Honoré. Je ne savais plus où lui adresser une lettre commencée, interrompue mille fois, et qui est en ce moment sur mon bureau à Paris. Cela doit vous faire juger quelle est ma vie ! Non, je n'ai pas eu plus le temps d'achever et de cacheter cette lettre que le soldat en marche sur Wagram n'avait le temps de dormir ou d'écrire à sa particulière.

Je suis bien pressé d'en finir avec une telle vie et j'y arriverai ; car, si dans un an elle n'a pas une solution, il vaut mieux servir les maçons.

Mille bonnes choses et une poignée de main cordiale au commandant. J'embrasse vos deux *fieux* sur le front. Je voulais aller chez vous, le docteur Nacquart a voulu l'air natal.

CLXVIII.

M. EDMOND WERDET, LIBRAIRE-ÉDITEUR, A PARIS.

Août 1836.

Mon cher ami,

Cet ignare dentiste, M. M***, qui cumule son affreuse profession avec les fonctions atroces de sergent-major, vient de me faire fourrer à l'hôtel des *Haricots*.

Venez me voir tout de suite. Apportez-moi de l'argent, car je suis sans le sou.

CLXIX.

AU MÊME.

La Boulonnière, près Nemours, octobre 1830.

Maître Werdet,

J'ai terminé le manuscrit de *Sœur Marie des Anges*[1]. Je ne peux pas le confier à la diligence.

Venez donc tout de suite me rejoindre, je vous le remettrai.

Vous arriverez à Nemours vers les deux heures. A quatre heures de l'après-midi, vous prendrez la route de Paris; puis, après trois quarts d'heure de marche, sur votre droite, vous apercevrez un élégant pavillon de chasse, caché presque en entier dans des massifs d'arbres; c'est là que je vous attendrai.

Mille amitiés.

CLXX.

A MADAME HANSKA, A VIERZSCHOVNIA, PRÈS BERDITCHEF (VOLHYNIE).

Paris, octobre 1830.

L'amitié devrait être une infaillible consolation dans les grands malheurs de la vie; pourquoi les aggrave-t-elle? Je

1. Cet ouvrage, quoi qu'en dise ici Balzac, n'a jamais été écrit.

me suis demandé cela tristement en lisant cette nuit votre dernière lettre. D'abord, votre tristesse réagissait fortement sur moi; puis elle trahissait des sentiments blessants; elle contenait des phrases qui me perçaient le cœur. Vous ne saviez sans doute pas quelle profonde douleur est en mon âme, ni quel sombre courage accompagne ma seconde grande défaite essuyée au milieu de ma carrière. Quand je sombrai une première fois, c'était en 1828, je n'avais pas vingt-neuf ans, et j'avais un ange à mes côtés. Aujourd'hui, j'ai l'âge auquel un homme n'inspire plus le sentiment aimable d'une protection qui n'a rien de blessant, parce qu'il est de l'essence de la jeunesse de la recevoir et qu'il semble naturel à l'affection de l'aider. Mais, à un homme qui se trouve plus près de quarante ans que de trente, la protection doit manquer; elle serait une insulte. Un homme faible et sans ressources à cet âge est jugé dans tous les pays.

Descendu de toutes mes espérances, ayant tout abdiqué forcément, réfugié ici, dans l'ancienne mansarde de Jules Sandeau, à Chaillot, le 30 septembre, au moment que, pour la seconde fois dans ma vie, je me trouvais ruiné par un désastre imprévu et complet et qu'aux inquiétudes d'avenir se joignait le sentiment de la profonde solitude où cette fois j'entrais seul, je pensais doucement qu'au moins je demeurais tout entier dans quelques cœurs de choix..., à ce moment-là, votre lettre, si découragée, si triste, est venue. Avec quelle avidité je l'ai prise! avec quel abattement je l'ai serrée avec les autres, avant de prendre le peu de sommeil que je m'accorde! Je me suis attaché à vos dernières paroles comme à la dernière branche d'arbre quand on est emporté par le courant. Les lettres sont douées d'une fatale puissance, elles possèdent une force qui se trouve être bienfaisante ou funeste, en raison des sensations au milieu desquelles elles nous surprennent. Je voudrais qu'entre deux amis bien sûrs d'eux-mêmes, comme nous par exemple, il y eût des signes convenus, pour qu'à l'aspect d'une lettre chacun d'eux sût si la lettre est d'une expansive gaieté, ou d'un ton plaintif; on aurait ainsi le choix du moment pour la lire.

Je suis abattu, mais non atterré, mon courage m'est resté. Le sentiment de l'abandon et de la solitude où je suis m'afflige plus que mes autres désastres. Il n'y a rien d'égoïste en moi; il faut que je rapporte mes pensées, mes efforts, tous mes sentiments à un être qui ne soit pas moi; sans cela, je n'ai point de force. Je ne voudrais pas d'une couronne s'il n'y avait point de pieds où je pusse mettre ce que tous les hommes auraient mis sur ma tête. Quel long et triste adieu j'ai fait à ces années perdues, englouties sans retour! elles ne m'ont donné ni complet bonheur ni malheur entier; elles m'ont fait vivre, glacé d'un côté, brûlé de l'autre; et voici que je ne me sens plus retenu dans la vie que par le sentiment du devoir. Je suis entré dans la mansarde où je suis, avec la conviction d'y mourir épuisé de travail; j'ai cru que je le supporterais mieux que je ne fais. Il y a plus d'un mois que je me lève à minuit et me couche à six heures, que je me suis imposé la plus stricte nourriture qu'il faille pour vivre, afin de ne pas envoyer au cerveau la fatigue d'une digestion; eh bien, non-seulement je sens des faiblesses que je ne puis décrire, mais tant de vie communiquée au cerveau, que j'en éprouve de singuliers troubles; je perds parfois le sens de la verticalité, qui est dans le cervelet; même dans mon lit, il me semble que ma tête tombe à gauche ou à droite, et je suis, quand je me lève, comme emporté par un poids énorme qui serait dans ma tête. Je comprends comment la continence absolue de Pascal et ses immenses travaux l'ont amené à voir sans cesse un abîme à ses côtés, et à ne pouvoir se passer de deux chaises de chaque côté de la sienne.

Je n'ai pas quitté la rue Cassini sans regret; j'ignore encore si je pourrai conserver quelques parties de mobilier auxquelles je tiens, ainsi que ma bibliothèque. J'ai fait, par avance, tous les abandons, tous les sacrifices de menues jouissances et de souvenirs, afin d'avoir la petite joie de les savoir encore à moi; ce serait peu de chose pour éteindre la soif de la créance, et ils apaiseraient la mienne durant ma marche dans le désert et dans les sables où je vais entrer. Deux ans de travail peuvent tout acquitter, mais il m'est impossible de ne pas succomber à deux ans de cette vie. D'ailleurs, la contrefaçon nous tue; plus nous allons, moins les livres se vendent. Les journaux ont-ils eu de l'influence sur la vente du *Lys*? je n'en sais rien; mais ce que je sais, c'est que, sur deux mille exemplaires, Werdet n'en a vendu que douze cents, tandis que la contrefaçon belge en a déjà écoulé trois mille. J'ai la certitude, d'après ce résultat, que mes ouvrages n'ont pas d'acheteurs en France; par conséquent, le succès de vente qui peut me sauver est encore éloigné.

Je suis ici avec Auguste, que j'ai gardé; pourrai-je le conserver? je n'en sais rien encore...

Pour savoir jusqu'où va mon courage, il faut vous dire que *le Secret des Ruggieri* a été écrit en une seule nuit; pensez à cela quand vous le lirez. *La Vieille Fille* a été écrite en trois nuits. *La Perle brisée*, qui termine enfin *l'Enfant maudit*, a été faite en quelques heures d'angoisses morales et physiques; c'est mon Brienne, mon Champaubert, mon Montmirail, c'est ma campagne de France! mais il en a été de même de *la Messe de l'athée* et de *Facino Cane;* j'ai écrit à Saché, en trois jours, les cinquante premiers feuillets des *Illusions perdues*.

Ce qui me tue, c'est les corrections. La première partie de *l'Enfant maudit* m'a plus coûté que bien des volumes; j'ai voulu mettre cette première partie à la hauteur de *la Perle brisée* et en faire une sorte de petit poëme de mélancolie où il n'y eût rien à redire; cela m'a pris une douzaine de nuits. Enfin, au moment où je vous écris, j'ai devant moi les épreuves accumulées de quatre ouvrages différents qui doivent paraître en octobre; il faut suffire à tout cela. J'ai promis à Werdet de publier la troisième livraison des ÉTUDES PHILOSOPHIQUES, ce mois-ci, et aussi le troisième dizain des *Contes drolatiques* et de lui donner pour le 15 novembre *Illusions perdues*. Cela fait cinq volumes in-douze et trois volumes in-octavo. Il faut se surpasser, puisqu'il y a indifférence chez l'acheteur; et il faut se surpasser au milieu des protêts, des chagrins d'affaires, des embarras d'argent les plus cruels, et dans la solitude la plus complète, la plus dénuée de toute consolation.

Ceci est la dernière plainte que je vous jetterai au cœur; il y avait dans ma confiance en vous quelque chose d'égoïste qu'il me faut abolir; je ne veux pas, quand vous avez des tristesses, les aggraver, puisque les vôtres aggravent les miennes. Je sais que les martyrs chrétiens souriaient; si Guatimozin eût été chrétien, il eût consolé doucement son ministre et n'eût pas dit : « Et moi, suis-je sur des roses? » C'est un fort beau mot de sauvage; mais le Christ nous a faits plus polis, sinon meilleurs.

Je vois avec peine que vous lisiez des mystiques; croyez-moi, cette lecture est fatale aux âmes constituées comme la vôtre; c'est du poison, c'est un enivrant narcotique, ces livres ont une mauvaise influence; il y a les folies de la vertu, comme les folies de la dissipation et du désordre. Je ne vous en détournerais pas, si vous n'étiez ni femme, ni mère, ni amie, ni parente, parce que, alors, vous pourriez aller vous jeter dans un couvent, si cela vous plaisait, sans faire tort à personne, quoique votre mort y serait prompte. Dans votre situation et votre isolement au milieu de vos déserts, ces lectures vous sont pernicieuses, croyez-le bien. Les droits de l'amitié sont trop faibles pour que ma voix soit écoutée; laissez-moi, cependant, vous adresser à ce sujet une humble prière, ne lisez plus rien en ce genre, je vous en supplie; j'y ai passé, j'en ai l'expérience.

J'ai pris des précautions pour que vos désirs soient accomplis relativement à la plus sévère de vos recommandations, mais dans un cas que votre intelligence vous permettra sans doute de prévoir. Je ne suis pas Byron; mais ce que je sais, c'est que mon ami Borget n'est pas Thomas

Moore et qu'il a l'aveugle fidélité du chien; je ne puis comparer cette fidélité qu'à celle qui attache à vous votre serf et mougik de Paris.

Je suis étonné que vous n'ayez pas encore *le Lys* de Werdet, le vrai *Lys*, où il y a *aussi un portrait*. Ne dit-on pas que j'ai peint madame V..., qui n'est ni jeune ni belle et qui, de plus, est Anglaise! Voilà à quels jugements nous sommes exposés!... Vous, qui savez tout de ma vie, vous savez que j'avais les épreuves à Vienne et que vous avez eu la bonté de vous en occuper, tandis que je parcourais la ville et les faubourgs en ma qualité de voyageur naïf. Le manuscrit du *Lys* a été écrit à Saché, corrigé à la Boulonnière, avant que j'eusse aperçu la dame en question. J'en suis, outre celle-ci, à cinq plaintes formelles de personnes autour de moi qui disent que j'ai dévoilé leur vie privée; j'ai reçu les lettres les plus curieuses à ce sujet. Il paraît qu'il y a autant de M. de Mortsauf qu'il y a d'anges de Clochegourde, et les anges me pleuvent, mais *ils ne sont pas blancs*. Il y a comme cela mille petites pointilleries qui me font embrasser la solitude avec moins de peine.

Allons, adieu; voici le jour, mes bougies pâlissent. Depuis trois heures, je vous écris ligne à ligne, souhaitant que dans chacune vous entendiez le cri d'un sentiment vrai, profond, infini comme le ciel, bien au-dessus des mesquines irritations passagères du monde et incapable de croire qu'il puisse s'altérer, parce que des sensations inférieures gisent quelque part dans des bas-fonds qu'un pied d'ange n'a jamais effleurés. A quoi donc servirait l'intelligence, si ce n'est à placer quelque chose de beau sur une roche élevée où rien de matériel et de terrestre ne puisse atteindre?

Mais ceci me mènerait trop loin; les épreuves attendent, il faut se plonger dans les écuries d'Augias de mon style et balayer les fautes. Ma vie n'offre plus que la monotonie du travail, que varie le travail lui-même. Je suis comme le vieux colonel autrichien qui parlait de son cheval gris et de son cheval noir à l'impératrice Marie-Thérèse : je suis tantôt sur l'un, tantôt sur l'autre; six heures sur *les Ruggieri*, six heures sur *l'Enfant maudit*, six heures sur *la Vieille Fille*. De temps en temps, je me lève, je contemple l'océan de maisons que ma fenêtre domine depuis l'École militaire jusqu'à la barrière du Trône, depuis le Panthéon jusqu'à l'arc de l'Étoile; et après avoir humé l'air, je me remets au travail. Mon appartement, au second, n'est pas terminé; je joue à la mansarde, je m'y plais comme les duchesses qui mangent du pain bis par hasard. Il n'y a pas dans Paris de mansarde aussi jolie : elle est blanche, propre et coquette comme une grisette de seize ans; j'en fais une chambre à coucher de supplément pour le cas où je serais malade, parce qu'en bas je couche dans un couloir, dans un lit de deux pieds de large, qui ne laisse que la place de passer. Mon médecin m'a assuré que ce n'était pas malsain, mais j'en doute; il me faut beaucoup d'air, j'en consomme énormément. Aussi j'aspire après mon grand salon, où je serai casé dans quelques jours. Mon appartement me coûte huit cents francs; mais je ne serai plus de la garde nationale, ce cauchemar de ma vie. Je suis encore poursuivi par la police et l'état-major pour huit jours de prison; seulement, comme je ne sors plus, ils ne m'attraperont pas. Mon appartement, ici, est sous un autre nom que le mien, et je vais me mettre ostensiblement dans un hôtel garni.

Trouvez ici mes plus tendres hommages, à défaut de mon âme, que je voudrais vous envoyer tout entière, sans ses ennuis, mais avec un courage et une persistance dont je voudrais vous donner un peu; je n'aime pas à voir faiblir un esprit aussi vaillant, aussi héroïque que le vôtre.

CLXXI.

A M. THÉODORE DABLIN, A PARIS.

Paris, 16 novembre 1830.

Mon bon Dablin,

Les emprunts, toutes les combinaisons ont manqué; mais, aujourd'hui à deux heures, j'ai signé un traité qui finit toutes mes angoisses et une agonie qui m'eût emporté si elle eût continué.

Ce traité va avoir un immense retentissement, parce qu'il me donne des avantages semblables à ceux qui sont faits à Chateaubriand; je n'ai que le temps de vous l'annoncer, vous le connaîtrez de reste.

Je n'aurai plus à payer qu'à vous, à ma mère et à madame Delannoy, sans aucune angoisse, et, si je mourais dans le travail auquel je suis condamné, vos trois créances sont garanties par l'assurance sur ma vie.

Je vous donne une poignée de main de vieil ami.

CLXXII.

A MADAME LA MARQUISE DE BAROL, A PARIS.

Paris, 1836.

Agréez, madame, les sincères remercîments et les affectueux hommages d'un pauvre travailleur; il est bien touché, bien reconnaissant des encouragements que vous lui avez donnés, parce qu'il les croit partis du fond du cœur; et vous aurez peut-être quelque satisfaction en apprenant que, s'il continue à parcourir sa pénible carrière, c'est assurément parce que, de temps à autre, quelques mains indulgentes et amies le soutiennent.

Votre lettre s'est égarée en route, parce qu'elle ne portait pas mon adresse; je vous la donne ci-dessous en toute humilité.

Amitié et reconnaissance.

Pardonnez, je vous prie, la brièveté de ma lettre en faveur des travaux excessifs auxquels je me dois. J'eusse été vous offrir mes hommages en personne; mais le temps me manque même pour les choses et les personnes que j'aime le plus.

CLXXIII.

A M. LE MARQUIS DE BELLOY, A POISSY.

Paris, 1836.

Mon cher Cardinal [1],

Votre vieux *Mar* infortuné voudrait savoir si vous êtes à

1. Sobriquet donné par Balzac au marquis de Belloy, petit-neveu du cardinal de ce nom. — *Gambara* est dédié au marquis de Belloy.

Poissy; car il serait possible qu'il allât vous demander le plus secret des asiles et la plus entière discrétion, attendu qu'il est sous *contrainte par corps*, pour Werdet, et que tous ses gens d'affaires lui ont conseillé la fuite et le temps, en lui déclarant que la lutte entre les gardes du commerce et lui est commencée. Dans ce cas, une chambre, le secret, du pain et de l'eau, accompagnés de salades et d'une livre de mouton, une bouteille d'encre et un lit, voilà les besoins du condamné aux travaux littéraires les plus forcés, qui se dit

Tout à vous.

LE MAR.

CLXXIV.

A M. THÉODORE DABLIN, A PARIS.

Chaillot, 28 décembre 1836.

Mon bon Dablin,

Voulez-vous venir me voir afin que je vous explique une affaire où je vous ai choisi pour arbitre; affaire qui est, commercialement parlant, très-épineuse, et où j'ai besoin d'opposer un très-honnête homme à l'arbitre que choisira la partie adverse. S'il y a lieu à jugement, vous en viendrez au choix d'un tiers, et c'est surtout sous ce rapport que j'ai bien besoin de vous.

Venez, 13, rue des Batailles, et demandez « madame veuve Durand ».

Tout à vous.

CLXXV.

LETTRES A LOUISE[1].

(Paris, 1836-1837.)

I.

Madame,

Mon nom n'est pas Henry, c'est celui de mon frère. Mon nom commence bien par une H; mais qu'il vous soit inconnu, puisque nous resterons, par votre volonté, tous deux inconnus l'un à l'autre, sans être étrangers.

D'ailleurs, vous avez raison, il faut que cela soit ainsi. Vous l'avez voulu, vous pouvez compter sur la plus scrupuleuse obéissance. On dit plus de choses à une personne que l'on ne connaîtra jamais qu'on n'en dit à ses amis, que l'on craint d'affliger.

Vous seule, peut-être, saurez les douleurs d'une lutte inconnue, sous lesquelles je succomberai bientôt, exténué, lassé, dégoûté que je suis de tout, fatigué d'efforts sans récompense directe, ennuyé d'avoir sacrifié mes plaisirs au devoir, désolé d'être méconnu, présenté sous de fausses

1. Pendant les années 1836 et 1837, Balzac, malgré ses occupations et préoccupations de toute sorte, se plut à entretenir correspondance avec une personne qu'il ne vit jamais, et ne connut que sous le nom de *Louise*. Aucune de ces lettres ne portant de date précise, et leur série composant une sorte de petit roman sentimental, nous n'avons cru pouvoir mieux faire que de les présenter au lecteur dans leur ensemble, tout en leur assignant un ordre chronologique qui se rapporte à l'époque où elles furent écrites.—La nouvelle de *Facino Cane*, datée de Paris, mars 1836, est dédiée à Louise.

apparences, par des envieux que je ne connais pas, moi qui n'ai froissé personnellement qui que ce soit au monde. Qu'importe la mode, la gloire, le renom, la vogue à qui ne sort pas de son cabinet !

L'âme qui se pliait à toutes les exigences d'une vie désespérée, d'une vie d'artiste gagnant la veille le pain du lendemain, ayant à combler le gouffre d'une fortune ruinée, et mourant, sans doute, le jour où il sera comblé; cette âme n'est plus; les attachements du monde sont soumis aux lois du monde, ils ont des entraves qui contrecarrent tout.

Personne n'a la vertu du romanesque réel que présente notre société. Le talent est honni maintenant comme il le fut à toutes les époques.

Ce dégoût dont je vous parle est jeté dans les âmes supérieures par le monde lui-même. Comme vous le dites, mon temps est au moins donné à l'art, cette deuxième religion; le vôtre est dévoré par des visites.

Des visites ! que vous en reste-t-il? Pendant douze ans, un ange a dérobé au monde, à la famille, aux devoirs, à toutes les entraves de la vie parisienne, deux heures pour les passer près de moi, sans que personne en sût rien; douze ans ! entendez-vous? Puis-je vouloir que ce sublime dévouement, qui m'a sauvé, se recommence?

Je succomberai parce qu'il n'y a plus rien de ce saint amour dans ma vie, que je n'ai plus à attendre ni à espérer, chaque jour, cette heure douce; que, si j'ai dû à la curiosité quelques passions, elles se sont éteintes comme des feux follets.

Voilà pourquoi je ne crois à rien, quoique toujours prêt

à croire, et pourquoi je vous engage à demeurer dans vos illusions sans faire un pas de plus, parce que je n'ose pas vous mettre dans ces glorieuses et secrètes exceptions, rares surtout. Puis parce que j'ai des amitiés auxquelles je crois, — pas plus de deux ou trois, — qu'elles sont d'une insatiable exigence et que, si elles savaient que j'écris à une inconnue, elles se fâcheraient.

Mais il est si naturel au poëte de respirer en masse les parfums de tout un parterre, et vous admettez si peu l'immense dans l'âme ! vous la voulez pour vous seule.

Mille gracieuses fleurs.

Voilà beaucoup de choses pour ne pas vous dire mon petit nom.

II.

Madame,

Je suis en ce moment trop occupé pour répondre à toutes les bonnes choses que vous m'avez écrites ; car il faudrait, pour en être digne, vous exposer longuement les détails d'une vie inconnue, et il vaut mieux les taire que de n'en donner qu'une partie.

Puis, vous l'avouerai-je? je conserve une défiance fort injurieuse pour vous, et ne veux qu'en aucune manière vous souleviez, pour la dissiper, le voile sous lequel vous vous cachez ; plusieurs fois ma crédulité d'enfant a été mise à l'épreuve, et vous avez dû remarquer que la défiance est chez les animaux en raison directe avec leur faiblesse.

Vous m'envoyez vos lettres rue Cassini, où je ne suis pas ; elles font un long détour pour arriver à Chaillot, où je suis. Ne me donnez point de titre, il serait trop long de vous dire le pourquoi ; je suis condamné pour trois mois au moins à ne pas sortir de mon cabinet, et toute correspondance est prise sur mes heures de sommeil. Je ne vous dis point cela pour donner du mérite à mes lettres, mais pour vous expliquer un peu ma vie ; n'est-il pas évident que ce que j'écris ne doit appartenir qu'à de vraies, à de durables amitiés? Ma mère et ma sœur ont renoncé à recevoir de mes lettres.

Cependant, j'écris quelquefois, comme quelquefois un pauvre soldat enfreint sa consigne, ne rentre pas à sa caserne, et se trouve puni le lendemain. Vous me parlez d'un dévouement qui n'est pas du monde, et, à ce mot, quel cœur ne se sentirait pas ému ; mais, si vous venez à penser que le cœur à qui s'adresse cette phrase est un des plus aimants, et se voit condamné à la solitude, au travail incessant, non, vous n'en devinerez jamais les émotions, quelque intelligent que soit le vôtre. N'ai-je pas vu des amitiés venir et se lasser ; de beaux dévouements ne pas persister? les dévouements vrais sont impuissants, les amitiés durables ont leurs jalousies, ma vie est étrange, mais voici l'impitoyable travail qui se lève et m'interrompt.

Sachez que tout ce que vous présumez chez moi de bon est meilleur encore ; que la poésie exprimée est au-dessous de la poésie pensée ; que mon dévouement est sans bornes, que ma sensibilité est féminine et que je n'ai de l'homme que l'énergie ; mais ce que je puis avoir de bon est étouffé sous les apparences de l'homme toujours en travail ; mes exigences ne sont pas de moi, pas plus que les formes dures auxquelles me contraint la nécessité; tout est contraste en moi, parce que tout est contrarié.

Dites tout ce qu'il vous plaira sur *la Duchesse de Langeais,* vos remarques ne tomberont pas sur moi, mais sur une personne que vous devez connaître, illustre élégante! qui a tout approuvé, tout corrigé comme un censeur royal, et de qui l'autorité ducale est incontestable. Je suis à l'abri sous son châle.

III.

Madame,

Il est des nécessités auxquelles vous ne songez pas et auxquelles, d'ailleurs, aucune femme ne songe. Je ne suis pas moins qu'un homme à la tâche, travaillant dix-huit heures sur vingt-quatre; j'y suis obligé; mon temps n'est pas à moi. Quelque altéré que je sois de sentiment, je suis comme un soldat sur les champs de bataille, forcé d'aller en avant et de me battre; je ne puis ni écrire à mes plus chères affections, ni répondre à mes amis. Les deux lettres que vous avez reçues, je les ai dictées en hâte pendant mes repas. Pour moi, l'amitié est obligée au dévouement, à l'héroïsme, elle doit venir à son heure.

Je demeure à un bout de Paris, bien loin de l'adresse où vous m'écrivez; ainsi, vous voyez que ma franchise était nécessitée. Il s'est brisé, sur ce roc qui me sépare du monde, bien des frêles et douces amitiés qui s'y jetaient étourdiment sans réflexion; il n'est resté que celles qui m'ont connu, et qui ont compris ma situation toute d'exception.

C'est parce que j'ai été témoin de ces naufrages que je

dois vous prémunir contre cette dureté, vous dire qu'il y a là un abîme ou une muraille de granit et qu'il faut des ailes pour les franchir. Gardez vos illusions si vous en avez : ce sont des mécomptes, ce sont des blessures que vous ne devez pas venir chercher. J'ai tout l'égoïsme du travail obligé, je suis comme le forçat attaché à un boulet et je n'ai pas de lime, il n'y a pas d'outil pour briser les idées d'honneur qui m'attachent. Je suis dans mon cabinet, comme un navire échoué dans les glaces.

Agréez mes remercîments pour la bonne opinion que vous avez de moi, je crois la mériter. Je serre la main que vous m'offrez ; mais, comme je sais que je ne puis pas faire un pas au dehors de ma prison, que je suis condamné à l'involontaire impertinence d'un mutisme obligé, laissez-moi rouler ma pierre dans mon cloître, et croyez que, libre, je n'agirais pas ainsi. Pour venir dans le cabanon d'un prisonnier, il faut des dévouements qui ne sont pas du monde, songez-y... C'est, au contraire, parce que j'ai une fois rencontré tout, que je ne crois plus à rien.

Vous, madame, croyez au talent chez les hommes, mais ne pensez pas que l'homme soit personnellement à la hauteur du talent ; quand cela est, c'est une exception.

IV.

Je n'ai jamais causé volontairement de peine à qui que ce soit ; ainsi brûlez ma dernière lettre et faites comme si elle n'était pas. En sachant votre souffrance, j'ai oublié mes sentiments froissés. Vous ne me connaîtrez jamais en restant dans les limites que vous avez élevées pour vous et pour moi.

Travaillant près de dix-huit heures par jour, il m'est souvent impossible d'écrire une lettre, et vous le voyez par le retard qu'éprouve cette réponse. Ainsi, que saurez-vous de moi? presque rien, car, pour me connaître, il faut me pratiquer, et longtemps. Que puis-je savoir de vous par des lettres, quelque confiantes qu'elles soient? Peuvent-elles dire ces petits faits de tous les jours, de tous les moments, qui sont la vie, qui font que l'on aime ou que l'on n'aime pas? Vous ne savez et vous ne saurez rien de mes débats quotidiens, de cette guerre incessante. Vous m'accuserez là où je me trouverai grand; vous vous tromperez à tout moment dans l'ignorance forcée où nous serons, vous de moi, moi de vous.

L'amitié va plus loin que l'amour; car, à mes yeux, elle est le dernier degré de l'amour, la quiétude et la sécurité dans le bonheur.

Vous m'avez dit : « Aimez-moi comme on aime Dieu. » Mais avez-vous bien pensé à ce que vous disiez là? Il n'y a que ceux qui voient Dieu qui l'aiment. Tout *Séraphita* est là. Mais, d'ailleurs, sur quoi se fondent les croyances religieuses? Sur le sentiment de l'infini qui est en nous, qui nous prouve une autre nature, qui nous mène par une déduction sévère à la religion, à l'espoir.

Entre homme et femme, cette base de croyance pour les sentiments ne peut se fonder que par une connaissance intime sans réticence; il faut se graver dans le cœur l'un de l'autre par tous les moyens, et, croyez-moi, l'amour est alternatif, il va du plaisir à l'âme, comme de l'âme au plaisir; ce sont deux voies qui mènent également à l'alliance étroite que vous nommez une amitié. Les dévouements qui nous rendent un seul être, la certitude de les exciter, la certitude de les accomplir, ces magnifiques témoignages de l'amitié ont besoin d'une source.

Voilà ce que je vous disais d'un mot, en vous disant que les sentiments sont absolus; ils sont entiers ou ne sont pas, ils sont infinis, sans bornes; et vous en mettez aux vôtres, et vous voulez qu'entre ces cloisons, ce soit l'infini. Que voulez-vous! puis-je vous déguiser ma pensée? cela serait-il bien? Il y a en moi le sentiment du grand à un trop haut degré pour que je ne trouve pas cela petit.

Vous me demandez quel cœur de femme m'a inspiré ce que vous avez lu. Croyez-vous que, si j'eusse possédé ce cœur de femme, je l'eusse traîné à la face du public, mis sur les tréteaux d'un livre? Non, j'ai pris cela en moi, et, si vous le trouvez bien, vous devez imaginer que je vous parle vrai en vous disant ces choses qui ne sont ni dures ni amères, mais qui sont l'expression calme de la situation où vous nous mettez.

Mes souffrances ne se calment pas, les affaires retardent mon départ, je ne sais s'il aura lieu. Le travail et toujours le travail! c'est comme l'eau de la mer pour le marin, et, comme le marin, je suis seul! voilà ma vie. Il est permis de murmurer, quand une goutte d'eau douce tombe du ciel, de ce qu'elle va tomber loin de vous.

V.

Pardonnez-moi ce que je vais vous dire, mais il est aussi impossible d'empêcher certaines idées de se présenter à l'esprit, qu'il est impossible de s'empêcher d'aspirer de l'air pour vivre. Un effet du hasard m'a permis de savoir qui vous étiez, et je me suis refusé à l'apprendre. Je n'ai rien fait d'aussi chevaleresque en ma vie, rien ! J'ai trouvé cela plus grand que de risquer sa vie pour deux minutes de conversation. Mais ce qui vous étonnera bien davantage, c'est que je puis le savoir à toute heure, à tout moment, et que je m'y refuse, parce que vous voulez que je l'ignore. Pour moi, cette situation est intolérable; j'ai toute la force de caractère nécessaire pour obéir; mais le combat est en raison de cette force même, et vous devez voir à quel tourment vous m'avez condamné, si vous admettez que la curiosité soit une nécessité chez les imaginations vives.

Je ne veux pas me mêler des idées qui vous sont personnelles; mais je veux vous dire les miennes. L'échange des sentiments et des idées me semble impossible entre deux personnes inconnues; il y a au fond de cela quelque chose qui sent la tromperie, qui engendre, au milieu des plus douces pensées, la défiance; il y a peu de dignité, peu de grandeur; je ne l'ai jamais souffert, quoique je n'aie aucun droit à recevoir ni à donner. Enfin, que ce soit un bon ou un mauvais sentiment, je l'éprouve, et mon âme est blessée. Tout cela m'est venu en regardant votre sépia, et en vous préparant un don, précieux aux yeux de ceux qui m'aiment et dont je suis avare, que je refuse à tout ce qui n'a pas touché vivement mon cœur ou qui ne m'a pas été serviable : une chose qui n'a de valeur que pour les amitiés de cœur à cœur. Comme il faut que le relieur y passe et que vous ne pouvez avoir cette pauvre chose qu'après-demain, vous pouvez encore dépouiller mon offrande de toute amertume[1].

Ne croyez pas que ma demande entraîne une nécessité de nous voir, que je veuille être présenté chez vous. Non, le plus profond mystère est une de ces friandises que caressent les âmes tendres; mais le mystère n'est pas l'inconnu. Le mystère est le refuge de tous ceux que la publicité met au grand jour. J'ai toujours pensé que tout est possible et calme sous la protection du mystère. Aussi, dites que ce que je vous envoie, vous l'avez acheté comme on achète un tableau; dites que vous avez su que mon libraire faisait ce commerce, et il ne vous démentira pas; seulement, il n'aura jamais rien à vendre, car je ne lui en laisse jamais la faculté ; à cet égard, mes conventions sont très-précises. J'ai refusé sur cet article le prince de Metternich, quelque grâce qu'il ait mise à sa demande. Quant à mon nom, comme je n'en ai qu'un, il s'ensuit que je n'en ai pas, parce qu'il appartient à tous mes amis; je me nomme Honoré ; mais aussi les personnes qui veulent une de ces réserves d'affection que je trouve si jolies, si près de l'enfance du cœur, forgent-elles toutes un nom de fantaisie ; mais ce sont de ces petits faits d'amitié qui

1. Il s'agissait de l'envoi du manuscrit autographe d'un de ses ouvrages.

n'adviennent pas quand tout sépare, là où tout devrait réunir.

Ma vie est décidément trop pesante pour être jamais épousée par un cœur où il y a quelque sensibilité. N'ayez pas d'amitié pour moi, j'en veux trop; comme tous les gens qui luttent, qui souffrent et travaillent, je suis exigeant, défiant, volontaire, capricieux; et vous ne pourriez sans doute en rien obéir à mes caprices, qui sont, croyez-le, des pensées très-logiques et point fantasques; car ce qui semble caprice, aux yeux des gens sans âme, m'a toujours semblé la raison du cœur. Certes, si j'étais femme, je n'aurais rien tant aimé que quelque âme enterrée comme un puits dans le désert et qu'on ne connaît qu'en se mettant au zénith de l'étoile qui l'indique à l'Arabe altéré; mais quelle grandeur ne faut-il pas!

Que je vous dise une de mes délicatesses. N'écrivez jamais à quelqu'un que vous aimerez sans mettre votre lettre sous une enveloppe, car il y a quelque chose de froissant pour le cœur à savoir qu'une écriture aimée est en contact avec les doigts de trois ou quatre personnes. Mettez toujours, entre vos pensées et votre âme que cette lettre renferme, une barrière.

Allons, adieu. Soyez heureuse! et moi, je reprends l collier du cheval attelé à un manége.

VI.

Il est des âmes fières avec lesquelles on peut tout se permettre, et vous êtes bien tombée, car ce que l'on nomme le talent chez les hommes, qualification que je n'accepte pas pour ce qui me regarde, ne s'allie pas toujours avec le caractère individuel. Le flacon n'est pas tenu d'être en harmonie avec l'élixir. Soyez sans inquiétude pour votre amie comme pour vous. Le voile, comme celle qui s'y cache, vous comme elle, tout est pénétrable et rien ne sera pénétré. Je puis, si vous le voulez, vous envoyer la preuve que je puis tout savoir et que je ne sais rien; soit que vous m'écriviez vous-même, soit que vous m'écriviez par la main d'une autre, il est impossible que qui que ce soit sache quoi que ce soit sur vous. La plus grande garantie de mon respect pour la parole que vous m'avez demandée, est dans cet effroi que vous témoignez, et dans cette défiance que je ne juge point.

Seulement, vous confirmez tout ce que je vous disais sur la limite des affections qui n'en veulent point connaître; et, moi, je sais d'avance combien la poésie de la vie, dont tout le monde a soif, est rare dans notre plate époque.

Vous comprendrez facilement que ce que nous avons donné dans notre pensée, n'est plus à nous. Je vous envoie ce qui était à vous le jour où j'ai cru distinguer à travers les nuages quelque chose de chaud, de lumineux en vous. Jetez, entre ces pages froissées dans les ateliers, et qui sentent le travail, jetez-y quelque poudre odorante pour les parfumer; vous avez ce que je destine aux cœurs que je possède entièrement, et il n'y en a pas quatre; gardez-le quoi qu'il en soit de nous, et peut-être sera-ce un triste souvenir, car je succombe au travail, au défaut de tranquillité, à mille ennuis matériels qui me dévorent, et surtout à un désir que rien n'étanche; la loyauté que vous avez réclamée de moi pour vous, je la demande de vous pour moi, car, je vous le répète, soyez sans inquiétude. Dieu n'est pas plus sûr de lui-même que je ne le suis de moi sur cette promesse. Elle est, comme certains serments que je fais, un pacte arabe. Promettez-moi qu'en quelque situation que nous nous trouvions, vous vous tairez sur nos relations, quelque peu compromettantes qu'elles soient; que, quoi qu'il puisse arriver, elles seront comme si elles n'avaient jamais été.

J'ai souri de votre mot *impossible,* en pensant aux ailes qui devaient tout franchir; mais, quand j'aurai votre réponse, je vous en dirai davantage, car remarquez que je me fie bien plus à vous que vous ne vous fiez à moi.

Sachez une circonstance qui m'est tout étrangère : vous avez envoyé votre première lettre à mon libraire, qui en a lu le cachet; il me l'a remise en présence de plusieurs personnes, en riant, comme un libraire qu'il est, et ce nom de Louise a été connu. Mais, quand on m'a demandé ce que c'était, j'ai répondu que c'était une des cent mystifications qui m'arrivaient par an, et tout est tombé sous le naturel de ma tromperie.

Je ne crois pas que votre imprudence aille plus loin; ma vie est si ardente, que ces sortes d'aventures extérieures n'y manquent point.

Merci de vos bons sentiments; je crois, vous le voyez, encore beaucoup à vous, malgré tout.

VII.

Eh bien, chère Louise, voilà donc où aboutissent ces amitiés sans nourriture : pas un mot, pas un brin de branche sur laquelle les pieds de ce bel oiseau bleu qu'on nomme l'espérance puissent se prendre! Vous me laissez seul, inquiet! Vous ne savez rien de ce cœur où vous avez voulu une place, vous le troublez profondément, et vous n'y jetez rien qui puisse calmer ses agitations!

Où êtes-vous? Si vous aviez quitté Paris, je devrais le savoir. Au milieu d'un redoublement de tracas d'affaires, de travaux, j'ai saisi une minute pour me plaindre; mais vous ignorez toutes les heures que j'ai passées *sous ces arbres*, occupé à rêver, cherchant à me rafraîchir l'âme fatiguée, faisant mille projets, cherchant un monde de choses. Pourquoi, par quelle fatalité vous êtes-vous condamnée à ne pas connaître tout ce que j'ai de bon, et ne voulez-vous savoir que les expressions du doute, de la crainte, du chagrin? Seriez-vous malade, souffrante? que penser? que croire? Vous imaginer oublieuse ou malade, quelle alternative!

Je travaille constamment, sans relâche; je n'ai que quelques minutes par jour, et vous ne saurez jamais ce qu'il y a d'affection dans cette lettre. Il y a des soupirs de détresse qui se perdent au milieu de ce bruit de Paris. Je ne sais rien de vous. Si j'avais à vous confier quelque chose qui ne s'écrit pas! que faire? garder le silence. — Allons, je me plais à croire qu'au moins vous ne souffrez pas.

VIII.

J'ignorais vos chagrins et vous ignoriez les miens. Je suis si violemment atteint, que le désespoir s'est emparé de moi. Je ne vous dirai pas ce qui serait pour vous un sujet de regret ; non, je vous tairai la cause de mon silence. Il y a un moment, dans la vie entièrement malheureuse, où le découragement et le doute sont si complets, qu'on ne se baisse plus pour ramasser la planche de salut. J'en suis là ; y aura-t-il un réveil ? je ne sais. Ce que je sais bien, c'est que, quand on est malheureux, tout vous accable.

Je souhaite que, quand vous aurez reçu ce petit mot où l'amertume est pour moi, et non pour vous, les anges du ciel aient écarté tout chagrin d'autour de vous, que votre enfant soit bien, que toute souffrance soit dissipée ; enfin, je veux que vous sachiez combien le cœur à qui vous avez confié quelque chose de vous est pur de toutes les choses mauvaises dont vous le chargez, et avec quelle ferveur il désire que tout vous soit heureux dans la vie. Cette conviction ne doit pas venir d'une parole, mais d'un sentiment dont je veux empreindre à jamais ce papier. Je me replonge dans mes douleurs.

Soyez heureuse !

IX.

Cette figure m'émeut trop pour que j'aie un avis ; on ne juge pas ce qui plaît ; mais, artistement parlant, ce croquis est délicieux et finement dessiné. C'est ce que vous me disiez ; mais le propre de Séraphitus, c'est-à-dire de l'être aux deux natures, de l'ange, est un corps ; la tête n'est plus que peu de chose comme caractère. Si vous voulez voir la réalisation de cette figure, il faut aller dans l'atelier de M. A..., et demander à voir sa madone, et rester quelque temps devant l'ange de droite, là est Séraphita.

Est-ce votre portrait? je le crois; mais je ne l'ai cru que quand je l'ai vu. Quand je vous ai écrit, j'étais, comme je le suis encore, sous le poids de chagrins violents qui brisent ma vie, des chagrins que je ne puis vous dire, parce qu'il faut pour ces confidences un cœur à soi; une sœur qui soit plus qu'une sœur, et que votre manque de confiance est désolant!... Un attachement inconnu au monde, dans le secret duquel ne serait personne, est un de mes rêves; et il y a en vous un cœur qui a autant d'imagination que l'imagination a chez moi de cœur. Cette figure qui s'était penchée sur moi pendant une nuit et qui s'envolait m'avait causé je ne sais quelle violente irritation d'enfant qui aime mieux briser son jouet que de ne pas se l'expliquer. Je suis très-enfant, et je serai toujours trop jeune, trop croyant, trop facile à tromper. Si j'avais une certitude qu'aucune de mes idées n'est trompée, vous me verriez docile et sans révolte.

Il a fallu cinq ans de blessures pour que ma nature tendre se détachât d'une nature de fer; une femme gracieuse, cette duchesse dont je vous parlais, et qui était venue à moi sous un incognito que, je lui rends cette justice, elle a quitté le jour où je l'ai demandé, — je ne dis pas cela pour vous faire revenir sur votre vouloir! — eh bien, cette liaison qui, quoi qu'on en dise, sachez-le bien, est restée, par la volonté de cette femme, dans les conditions les plus irréprochables, a été l'un des plus grands chagrins de ma vie; les malheurs secrets de ma situation actuelle viennent de ce que je lui sacrifiais tout, sur un seul de ses désirs; elle n'a jamais rien deviné; il faut pardonner à l'homme blessé de craindre quelques blessures.

Vous me parlez de trésor, hélas! savez-vous tous ceux que j'ai dissipés sur de folles espérances? Moi seul sais ce qu'il y a d'horrible dans *la Duchesse de Langeais*. Enfin, votre lettre a calmé mon irritation, mais sans en détruire le principe; car, pour moi, l'incertitude des plus vitales raisons de l'attachement est un des plus grands tourments qui puissent m'être infligés, et, si vous me connaissiez, vous auriez quelques remords de ne me montrer que ce qui est de nature à me faire bondir comme un lion dans sa cage.

Votre dernière lettre était pleine d'âme, et spirituelle; vous m'avez ôté le regret de vous avoir affligée, puisque votre cœur s'y dévoilait; pouvez-vous empêcher un poëte de vous rêver jeune, belle et spirituelle? Quand on a tant désiré cette réunion de tendresse chez une femme, n'est-il pas naturel d'y croire quand le rêve se présente au moment même où la vie lasse, où l'on aime mieux le repos de la mort qu'un constant travail? Oui, mon rêve ne s'est jamais réalisé; j'ai vu toutes les femmes désirer que leur affection fût connue. C'est ou une gloire pour elles, ou un sacrifice de plus; moi, je voudrais une tendresse qui fût un secret entre deux êtres seulement, éternellement inconnu, caché comme le trésor de l'avare; mais il paraît que cette céleste poésie est impossible.

Je voudrais savoir beaucoup de choses de vous, mais je ne sais comment vous les demander; vous me paraissez trop occupée, vous pourriez vous fâcher de mes questions. Et cependant, pour se livrer entièrement, n'existe-t-il pas bien des sympathies à connaître, afin de ne se pas blesser mutuellement? J'ai la plus grande estime pour les caractères complets, et les choses à demi me font peine, moralement comme physiquement.

Vous me parlez de ma santé, elle est bien détruite par mes derniers travaux, et le bonheur est le seul remède; malheureusement, je n'aperçois devant moi que travaux plus ardus que tous les précédents; je suis condamné à trois ou quatre années de travail constant, douze ou quinze heures par jour, et je frissonne en pensant à tout ce que je trahis en vous écrivant; aussi faudra-t-il m'enfuir dans quelque coin pour me tirer de tous mes travaux attendus et commencés. Il n'y a que moi qui sache ce qu'une pensée fait de ravages dans mon esprit.

Merci de votre dernière lettre, encore merci! je voudrais plus, je le dis comme un enfant, mais vous avez ma parole; je voudrais bien avoir un talisman des *Mille et une Nuits!*

Adieu! il est deux heures du matin, e il faut reprendre les misères de l'artiste.

X.

Je suis épuisé de travail; au lit pour dormir et me reposer pendant six jours! Et cependant, il va falloir se relever et travailler, car il faut encore finir deux volumes que je dois par traité; le dernier de tous, mais le plus odieux, puisqu'on s'en fait une arme pour me tourmenter. J'ai à peine le temps et la force de vous envoyer toutes les gracieusetés du cœur.

XI.

Vous avez dû deviner que j'étais malade; le docteur est venu parlant trop haut : il exige que je prenne l'air natal, que je demeure un mois en Touraine; j'irai quand je pourrai !

Votre dernière lettre m'a bien peiné. Les malades sont plus mélancoliques que les gens en bonne santé. J'ai pensé que j'avais raison de ne croire qu'aux sentiments absolus; s'ils ne sont pas infinis, que sont-ils?

Je souffrais onze heures sur douze; il a fallu se soumettre. Quand je suis malade, je me regarde comme n'existant plus.

Mille tendres compliments.

XII.

J'ai été absent d'ici; je vous ai écrit de Chantilly, je suis revenu ce matin, et, à quatre heures, j'admirais, avec un de ces abandons entiers si rares dans la vie, la page suave et chaude que vous m'avez envoyée; j'y respirais l'air que le médecin m'a ordonné de respirer pour recouvrer l'usage de toutes mes forces. Dans ces moments-là, on est moins homme; votre lettre est venue, je l'ai lue dans la disposition de faire humblement ce que vous voudrez.

Faites donc! vous ne répondrez qu'à vous-même de ce que j'enverrai de désirs perdus au ciel. Cependant, c'était aussi au nom d'un enfant que l'on a méconnu la plus pure des passions, celle précisément que vous voulez. Vous m'imposez de dures conditions d'existence, eh bien, ce peu que vous donnez est encore plus que rien. J'aimerai ce petit coin si bien rendu en pensant à ce que vous y avez enterré de richesses et ce que vous avez gardé de consolations.

Et cependant, que de choses j'ai à vous dire! Vous connaîtrez tout de moi; moi, je ne saurai rien de vous, car me dire tout ce qui vous advient, être pour vous un *ami*, ne serait-ce pas vous connaître? Je ne me refuse pas à ce que vous voulez; mais mon esprit intuitif m'y fait voir à tout moment des réticences blessantes pour le cœur. Si vous connaissiez tout ce qu'il y a de chevaleresque dans ma loyauté, vous ne seriez pas si désespérée de refuser ce que je demande. D'abord, je ne demande pas à vous voir ni à vous connaître; je demande comment nous serons amis sans cela. Je suis plein de foi pour le miracle, et, l'ayant promis, c'est à vous de le réaliser. Remarquez que vous n'aurez jamais de tels éléments, un cœur si enfant et si croyant, une âme *si peu homme*, quoi que vous en disiez.

Si vous saviez quelle est ma puissance de pénétration, d'après le peu d'indices que vous laissez, vous connaîtriez quelle est ma religion d'âme sur les choses dites.

En effet, vous ne connaissiez presque rien de moi, je le vois; vous n'avez pas lu ce *Lys dans la vallée*, qui est le sujet d'un odieux procès; vous m'écrivez en anglais; vous ignorez, à ce que je vois, beaucoup de mes écrits. Si vous saviez que, comme les sauvages à la recherche de leurs amis ou de leurs ennemis, ces petites choses peuvent me mener à vous, vous seriez au moins touchée de ma réserve, et vous auriez compris ce que je voulais. Je veux m'attacher à un lien, mettre le pied sur un peu de grève; faites-la aussi déserte qu'il vous plaira, mais ne me laissez pas voler à plein ciel sans y rien rencontrer. Que répondrez-vous à cela?...

Je suis à votre discrétion, je ne veux ni vous affliger ni vous déplaire, et je ferai comme vous voudrez; seulement, ayez de l'indulgence pour celui que vous aurez emprisonné dans les ténèbres.

XIII.

Il n'y a réellement que fort peu de choses d'art qui puissent me donner autant d'émotion que j'en reçois de cette aquarelle. Je voudrais savoir si c'est vous qui l'avez *composée;* elle est (pour moi) sublime. Il faut vous dire qu'à part la hauteur des collines du fond, il existe en Touraine une petite chose semblable où se sont passées les heures les plus solennelles dans ma vie intellectuelle; là, j'ai fait *Louis Lambert,* rêvé à *Séraphita,* décidé *le Père Goriot,* repris courage à mes horribles luttes d'intérêts matériels. Ce dessin est pour moi sans prix, je le trouve au-dessus de beaucoup d'œuvres, et je me vois votre redevable. Vous avez un grand talent.

Je vais tous les jours plus mal, et mes affaires, qui paraissaient devoir bien aller, s'embrouillent à me faire perdre la tête. Dans les moments difficiles, je me promène dans le dessin.

Mille caresses d'âme.

XIV.

Au moment où votre lettre m'est arrivée, j'ai été arrêté et mis en prison pour six jours, pour subir des condamnations de garde nationale. Je n'ai pu que lire votre lettre; il me serait difficile d'y répondre ici, car me voilà obligé de traiter par écrit les affaires les plus délicates, relatives à des choses de la dernière urgence, comme mon procès qui se juge vendredi.

Je ne sortirai que mardi prochain. Cette prison est infecte! Tous les prisonniers sont en commun; je suis dans un coin, sans feu, et il fait très-froid; enfin, rien ne peut exprimer le tapage qui s'y fait, car tous ceux qui sont là ne sont que des ouvriers et des gens sans éducation. Je suis, en ce moment, obligé de vous quitter pour écrire d'autres lettres pressées. Je ne vous ai écrit ces lignes que pour vous épargner toute inquiétude.

XV.

Vos fleurs embaument ma prison; c'est vous dire combien elles me font plaisir!

Mais, chère et gracieuse Louise, qu'est ce petit *dolce* au prix des quatre paroles qui les accompagnaient! Mon cœur vous répond de toutes ses cordes, car vous avez frappé sur bien des endroits, toujours jeunes, malgré le malheur.

Je suis un peu mieux, à force de protection et d'argent; je suis dans une chambre d'où je puis voir le bleu du temps, j'ai du feu (je mourais de froid) et je vais travailler plus à l'aise.

Le cœur de ceux que le malheur n'a point aigris est plein d'affection pour l'affection ; mais, quand ce sont des hommes d'art ou de pensée, ou de pensée et d'art tout ensemble, ils ont les plus beaux trésors. Votre bouquet s'est planté là au beau milieu.

Quand vous venez à moi si tendre, si bonne, si affectueuse, si bien sans défense, et que je vous crois toute à moi, alors il me semble que je vous connais, je puis obéir à tout ; mais, quand vous êtes autrement, alors je deviens mauvais.

Pourquoi? je ne le sais pas. En vérité, je vous dis ces choses comme un enfant parle à sa mère.

Je ne puis me promener que dans une chambre de dix ou douze pieds de long sur six de large ; mais je vais travailler là comme je travaille chez moi, dix-huit heures sur vingt-quatre. Qu'importe où l'on est quand on ne vit pas par les lieux, mais par la pensée !

Allons, me permettez-vous de vous serrer la main? Oui, n'est-ce pas?

Quelles sont donc les questions auxquelles je n'ai pas répondu?

XVI.

Chère,

Quand vous lirez, sous peu de jours, la fin de l'œuvre dont vous avez le commencement, vous comprendrez comment je ne puis que vous écrire un petit mot, où sont contenus autant de remercîments qu'il y avait de gracieusetés dans les dernières paroles de votre dernière lettre. Je suis perdu de travail, je vis comme un fou, toujours à raboter, à polir (et surtout ne mangeant ni ne dormant) la blanche et belle statue qui, une fois finie, me laissera libre de mourir tranquille, si Dieu le veut, car la vie me lasse.

Pardonnez ce murmure; vous le comprendriez si vous assistiez à ma longue *passion*.

Merci, merci de toutes vos fleurs, de celles du cœur, et des roses. Ne me croyez pas insensible : je suis malheureux, et occupé sans une heure à moi, voilà la triste vérité.

XVII.

Merci, chère, vos fleurs m'ont rendu un peu de courage; car, le jour de ma fête, j'ai été obligé de travailler plus que tout autre jour; je n'aurai fini que jeudi. Je ne vous écris ce petit mot que pour vous remercier, je vous écrirai avant votre départ plus en détail. Songez à moi le 20 : c'est le jour de ma naissance. Que voulez-vous! je n'ai qu'un nom, faites-m'en un autre.

Oh! oui, je vous ai bien tendrement reçue. Je vis dans vos parfums, vous aurez *le Lys* avant tout le monde; peut-être pour l'emporter à la campagne, car j'espère avoir fini le 25. Quelle œuvre! et que de nuits perdues! il y en a bien deux cents. Rien ne peut récompenser de cela que vos fleurs et l'adorable cadeau que vous y avez joint.

XVIII.

Me voici libre, mais plus enchaîné que jamais; car il faut, pour sauver mon libraire d'une ruine certaine, que le livre dont vous avez lu la moitié soit fini d'ici à cinq jours, et il faut que je travaille nuit et jour, c'est-à-dire que je passe cinq nuits de suite! Voilà ma vie depuis huit ans. Puis les affaires les plus épineuses me relancent; il faut que je trouve des sommes énormes pour éteindre le reste de mes obligations, et les affaires d'argent sont impitoyables, elles n'attendent pas, elles commandent, elles vous serrent; je n'aurai ma libre disposition que dans quelques mois; jusque-là, tous ceux qui m'aiment ne connaissent rien de moi. Je suis comme un cerf aux abois.

Vos roses ont fleuri dans ma détestable prison. A vous mille tendres choses, autant qu'il y avait de parfums dans les boutons éclos.

XIX.

Cara,

Le procès est gagné! La presse, les ennemis, la littérature, tout s'était soulevé contre moi; jamais on n'avait tant entassé de calomnies et d'infâmes suppositions contre un homme. Enragés tous des succès que je n'ai point mendiés, fatigués de me savoir juste et noble de caractère, ils ont essayé de ternir le cœur et l'âme, la vie d'un homme qui méprisait leurs atteintes avec un dédain royal; voilà pourquoi ma défense a été nécessitée par le comble des lâchetés. Il a fallu rugir un soir, pour faire taire toutes ces grenouilles.

Vous comprenez mon silence, j'espère; il a fallu courir, travailler; enfin, en quinze jours, je n'ai pas dormi trente heures, et j'ai à faire encore les cent dernières pages du *Lys*, que je veux faire paraître mardi ou mercredi, 8 juin. Si vous n'êtes pas à Paris, hâtez-vous de le demander au reçu de cette lettre à Werdet, 49, rue de Seine, car mon libraire m'a supplié de ne pas lui en prendre un seul exemplaire pour mes amis, ayant besoin de tous pour sa vente, qui lui vient comme une manne dans le désert. Je vous écris au milieu de l'imprimerie et de la bataille des épreuves.

Avez-vous entendu de loin mes remercîments le 16 et le 20 mai, deux journées que les circonstances m'ont rendues si horribles et où vous m'avez jeté des fleurs d'autant plus belles que j'étais plus triste et plus accablé?

Oui, n'est-ce pas?

XX.

J'ai reçu votre charmante marine; je ne puis pas vous donner mon avis sur une œuvre qui, pour moi, devient une œuvre de sentiment; mais ce que je puis vous dire, c'est que les connaisseurs qui me voient m'ont tous demandé *qui avait fait cela*. Et vous savez que je ne puis répondre. Pour que je mette cela dans une place, il faut que j'aie un pendant; car je n'ai que deux places, c'est de chaque côté de la cheminée, et les deux places sont prises par deux méchantes lithographies, qui ont le don de me faire quelquefois rire; mais, depuis que je me mélancolise, j'ai remarqué que l'âme s'ennuie des figures, et qu'un paysage lui laisse bien plus de champ.

Pardonnez-moi de tendre ainsi honteusement la main à votre pinceau, qui ressemble au petit chien qui secoue des pierreries. Il faudra que j'aie du bonheur dans mon premier livre pour pouvoir m'acquitter. Dès à présent, j'en désespère et je serai toujours insolvable.

Pardonnez-moi la rareté, la brièveté de mes lettres; mais, deux fois par semaine, j'ai des agonies de trente-six heures avec la *Chronique de Paris*, un journal dont tous les rédacteurs sont malades, et dont je porte à moi seul le poids, par la grande raison qu'une partie de ma fortune y est engagée; ce qui fait quatre jours de moins, et le reste de la semaine est pris par mes travaux et mes affaires. J'ai précisément un procès qui se juge cette semaine, le lendemain de la mi-carême; si les juges ont été au bal, ils n'écouteront pas. Voici le jour qui se lève, et j'ai là de l'ouvrage en souffrance, n'est-ce pas être purement ouvrier? Il est des nécessités si grandes dans la vie des artistes, qu'il faut vivre près d'eux pour les comprendre, et, quoi que vous en disiez, le monde est un obstacle à cette fraternité d'âme.

Vous êtes bien heureuse de pouvoir faire de l'art pour l'art!

XXI.

Ai-je le temps de penser? Après un revers de fortune assez cruel, j'ai été obligé d'aller en Italie et d'en revenir en vingt jours. J'arrive aujourd'hui 22 août et je trouve votre lettre, qui me désole pour ce qui vous est arrivé de douloureux, nous avions donc une sympathie de plus : c'était de souffrir à l'insu l'un de l'autre, ensemble. Vous avez tort de ne pas m'écrire plus souvent.

Quant à moi, j'ai été ballotté par tant de douleurs, d'intérêts froissés, que je ne vis que par conscience; j'ai perdu l'être que j'aimais le plus au monde, et suis dans un tel conflit d'intérêts à débattre, que je ne puis, pour aujourd'hui, vous écrire que ce petit mot; car, moi aussi, j'arrive et je vous écris hors de chez moi dans une auberge où je suis arrêté en revenant d'un second voyage.

J'espère que vous m'écrirez plus en détail; et moi, dans quelques jours, j'espère être plus calme et plus rassis et pouvoir vous dire plus de choses. Aujourd'hui, je ne puis que vous laisser deviner tout ce qu'un cœur souffrant demande à un cœur aimant.

XXII.

Pauvre chère,

Vous ne sauriez rien comprendre à une pareille existence, et ce qui, dans une vie paisible et régulière, devient un crime, est un accident naturel dans une vie aussi agitée. Comment ne voulez-vous donc point partir de cette idée fondamentale, que, loin de posséder une obole sur cette terre, les malheurs de ma vie ont fait que, depuis dix-huit ans, je dois une somme supérieure à tout ce que je pouvais prétendre de patrimoine, et que ma plume doit suffire non-seulement à mon existence matérielle, mais encore à l'extinction de cette dette et de ses intérêts; *ma plume*, entendez-vous?

Alors, les jours et les nuits sont employés à cette œuvre, et rien ne suffit! il faut toujours lutter non-seulement contre les difficultés matérielles de la vie, mais encore contre l'accablement, contre les difficultés littéraires, contre tout. Incessamment arrêté par des obstacles qui surgissent, il m'est impossible de dire à midi ce que je ferai à une heure; le temps est-il jamais suffisant à ces trois luttes? Je ne m'en tire que par la rapidité des conceptions et des aperçus.

Aussi ne me demandez pas pourquoi vous n'avez pas eu un souvenir de moi le 25 août. Le 25 août, j'ai dormi quinze heures, la nature physique s'étant épuisée le 23 et le 24. J'avais employé ces deux journées, à mon retour d'Italie, à lire ma correspondance (en vingt-cinq jours d'absence, j'ai eu quarante-huit lettres), à répondre, à m'occuper de mes payements, à les coordonner, à trouver des ressources. La fatigue du voyage était grande, car j'ai fait quatre lieues à l'heure et suis venu en quatre jours de Turin par le Simplon; elle s'est combinée avec mes fatigues morales. La douleur effroyable qui m'attendait est venue : elle était là parmi toutes les lettres, la lettre de deuil! J'ai succombé, j'ai dormi quinze ou seize heures pendant trois jours, je ne pouvais rien, j'étais comme un enfant de deux jours.

La personne que j'ai perdue était plus qu'une mère, plus qu'une amie, plus que toute créature peut être pour une autre. Elle ne s'explique que par la divinité. Elle m'avait soutenu de parole, d'action, de dévouement, pendant les grands orages. Si je vis, c'est par elle, elle était tout pour moi; quoique, depuis deux ans, la maladie, le temps, nous eussent séparés, nous étions visibles à distance, l'un pour l'autre; elle réagissait sur moi, elle était un soleil moral. Madame de Mortsauf, du *Lys*, est une pâle expression des moindres qualités de cette personne; il y a un lointain reflet d'elle, car j'ai horreur de prostituer mes propres émotions au public, et jamais rien de ce qui m'arrive ne sera connu. Eh bien, au milieu des nouveaux revers qui m'accablaient, la mort de cette femme est venue.

Oui, la liquidation de la *Chronique* s'est faite en me grevant d'une somme énorme. Enfin, il faut, vis-à-vis de mon libraire, qui est en avance avec moi, que je travaille six mois sans rien gagner, seulement pour m'acquitter envers lui. Et, pendant ce temps, il faut payer et vivre! Avec quoi? J'ai peu d'amis, tous ont fait ce qu'ils pouvaient, je n'ai rien à attendre. Dans ces anxiétés, je travaille nuit et jour; comment voulez-vous que j'aie un soin, une attention? Je n'ai ni une heure pour pleurer, ni une nuit pour me reposer.

Laissez, laissez cet abîme de chagrins où je vous ai dit de ne pas mettre les pieds. S'intéresser à moi, c'est souffrir; nous ne nous connaissons que moralement, vous pouvez encore vous dispenser d'épouser la vie la plus horrible qui ait pu peser sur un cœur expansif et tendre. Et la calomnie n'est-elle pas venue essayer de représenter un autre que moi, pour me ravir cette estime qui appartenait à mon courage! Vous rencontrerez des gens qui disent que je suis fou; d'autres, que je suis très-riche;

d'autres, que je suis en prison pour dettes; a autres, que je suis un homme à bonnes fortunes. Enfin, il y a de moi mille portraits dont pas un ne me ressemble. Est-ce là souffrir?

Et, quand je rencontre une bonne âme, elle se tient à l'écart. J'ai maintenant à toujours écrire, courir, travailler, me battre sur tous les points où je suis menacé, ne soyez pas exigeante.

Trouvez ici mille fleurs d'âme; la Saint-Louis peut être tous les jours.

XXIII.

Carina,

En arrivant d'un long et pénible voyage entrepris pour rafraîchir un peu ma tête fatiguée outre mesure, je trouve cette ligne de vous, bien concise, bien triste dans sa solitude; mais enfin c'est un souvenir. Soyez heureuse est un vœu de mon cœur, bien pur et bien désintéressé, puisque vous l'avez ainsi voulu.

Je me replonge dans le travail, et là, comme dans un combat, la lutte occupe exclusivement; on souffre, mais le cœur s'apaise.

CLXXVI.

A M. THÉODORE DABLIN, A PARIS.

Paris, 22 janvier 1837, au matin.

Mon bon Dablin,

L'affaire pour laquelle je vous avais prié d'être mon arbitre s'est atermoyée après mille peines de ma part;

il m'a fallu remuer un monde; mais la transaction dépend elle-même d'un travail forcé auquel je me suis condamné. Elle n'est valable que si mon ouvrage paraît cette semaine; j'y ai passé les jours et les nuits, et je suis malade; j'ai un commencement d'inflammation ou je ne sais quoi des intestins. C'est le fruit de cette année de soucis, de travaux et de chagrins.

Il m'a été impossible d'aller vous voir. J'espère être quitte de tout mercredi; donc, mercredi j'irai vous voir. Tous mes soucis ne sont pas finis avec mon affaire : d'abord ma lutte financière n'est qu'apaisée et supportable, puisqu'il faut *libérer ma plume*, et je dois encore cinq articles de journaux et un demi-volume; c'est trois mois de travail, sans gagner un sou. Cependant j'espère en finir cette année. Mais je vous conterai tout cela au coin du feu mercredi.

Pour voir « la veuve Durand », il faut dire *son nom*, et vous êtes inscrit sur la liste.

Les deux jours où vous êtes venu, j'étais aux imprimeries.

Tout à vous.

CLXXVII.

A M. MAURICE SCHLESINGER, A PARIS.

Juillet 1837.

Mon cher maître Schlesinger,

Il était fort indifférent que la composition dont j'ai épreuve fût brûlée, et très-important que celle des seize feuillets fût sauvée, ainsi que cesdits feuillets, attendu qu'il faut renoncer à *Gambara*, dont nous avons la tête et la queue sans le milieu, et qu'on ne recommence pas facilement ce qui a été jeté sur le papier. J'ai toujours eu peur de ces sortes d'affaires, et voici la troisième fois qu'on me perd un manuscrit; je ne les ai jamais refaits. Je vous dirai samedi le temps qu'il faudrait pour arranger cela; mais, dans le cas où il faudrait refaire les quinze ou seize feuillets, nous aurions besoin d'au moins deux semaines, et je vous prie de bien considérer que j'ai fait ma copie; voilà pourquoi je vous disais qu'il était utile de copier les manuscrits, afin d'en avoir le double en cas de malheur. Il m'est impossible de refaire ce qui a été une fois fait, si cela se perd, et je veux cependant sauver *Gambara.* Il est clair que, quand une imprimerie brûle, il faut que mes manuscrits y soient!

Comment n'a-t-on pas ôté la copie des casses? Sachez si c'était composé, s'il y en avait épreuve, si l'épreuve ou la copie n'est pas au bureau de correction. C'est un affreux malheur, qui ne serait pas arrivé si vous m'aviez laissé composer chez M. Béthune la copie pour votre journal, comme je le fais pour les autres.

Je veux le tout composé, pour tout corriger; cela nous rejettera sur août.

Mille compliments.

CLXXVIII.

A MADAME ZULMA CARRAUD, A FRAPESLE.

28 août 1837.

Quelque furibonde que fût ma lettre, *cara,* elle n'indiquait point que j'abandonnasse votre protégé. Si vous l'avez pensé, vous ne me connaissez pas encore. Je n'ai qu'une seule bonne qualité, c'est la persistante énergie des rats, qui rongeraient l'acier s'ils vivaient autant que les corbeaux. Ainsi je vais tâcher de le faire aller, mais ce n'est pas l'affaire d'un jour. Il faut qu'il apprenne.

Merci de votre lettre. Je suis dans d'horribles embarras d'argent. Je puis demain n'avoir aucun souci, si les affaires que j'ai en train se font; mais je puis périr aussi. C'est fort dramatique d'être toujours entre la vie et la mort; c'est la vie du corsaire; mais le jeu des muscles n'y suffit pas toujours.

Mille tendresses! quand vous voudrez de Paris quelque chose qui vaudra vingt francs, demandez-le-moi pour que je m'acquitte. A moins que vous n'aimiez mieux un bon sur la poste, que je vous enverrai à l'adresse de M. Carraud, si vous ne voulez rien, ce qui sera plus sage. Vous êtes un peu comme l'artiste, vous avez le sentiment de l'élégance, et l'élégance est chère. Moi, j'y renonce pour jusqu'au jour où j'aurai une fortune assise. La lutte financière me dégoûte.

Je donne une poignée de main au commandant Piston[1], et j'embrasse vos deux enfants. Les huit jours de Frapesle ont été d'un bien bon repos pour moi. Mille fleurs d'amitié.

1. Sobriquet donné à M. Carraud par Balzac, par allusion à la grande exactitude du commandant.

CLXXIX.

A MADAME LAURE SURVILLE, A PARIS.

Novembre 1837.

Ma chère Laure,

Ne prends aucun souci de moi; j'ai retrouvé mon énergie un moment abattue, et je m'applaudis de vous avoir caché à tous mon profond découragement et mes chagrins. J'ai conclu avec M. Lecou une affaire qui va me permettre de payer Hubert, de satisfaire aux plus pressants besoins; et, comme nous mettrons en vente *la Femme supérieure*, j'en destine une part à acquitter les effets Gougis. Ma mère aura ce qu'il lui faut le 10 décembre au plus tard.

Mais je n'atteindrai pas à ces résultats sans me jeter dans un travail horrible; je veux que *César Birotteau* (acheté vingt mille francs par un journal) soit fini le 10 décembre; il faut passer vingt-cinq nuits, et j'ai commencé ce matin. Il faut faire trente-cinq à trente-six feuilles, un volume et demi, en vingt-cinq jours.

Il me restera, pour l'affaire Gougis et pour mes échéances, le produit des deux volumes de *la Femme supérieure* et de *la Maison Nucingen*, qui seront mis en vente dans un mois.

Enfin, je ne partirai pas sans avoir achevé la quatrième livraison des ÉTUDES PHILOSOPHIQUES, et je crois que nous allons liquider cette affaire; il m'en reviendra quelque chose.

Si je reste dans la même situation personnelle, affreuse de dénûment, il n'en est pas moins palpable que j'aurai, d'ici à deux mois, pour quinze mille francs de dettes liquidées, et qu'avec un nouveau succès comme celui de *Birotteau,* tout ira bien. Or, il faut que j'aie auprès de moi quelqu'un de dévoué. J'ai mis le pied sur une planche pourrie en prenant Auguste, et il faudrait me négocier madame Michel, en ne lui cachant pas le mal qu'elle aura, et dont peut-être un jour la récompenserai-je en lui donnant la place de femme de charge chez moi. Dans ce m m nt, je ne puis lui donner que quatre-vingts francs par mois, nourriture comprise; elle aura une assez jolie chambre, une petite cuisine, beaucoup de mal; mais que ne peut-elle pas attendre de moi, à qui, en dehors de ses énormes gages, Auguste a tant coûté!...

Il faudrait que ce fût fait vite : avant la fin de la semaine, je voudrais être quitte d'Auguste.

Tranquillise-toi! trois mois ne se passeront pas sans m'apporter quelque affaire pareille à celle de *l'Estafette.* On donne *César Birotteau* à ceux qui s'abonneront à ce journal; on le tire à cinq mille; si c'est une belle œuvre, quel succès!...

Dis-moi par un mot comment tu vas. Je suis inquiet; enfin, écris-moi de temps en temps pendant ces cruels vingt-cinq jours où je mets ma vie en jeu.

CLXXX.

A MADAME ZULMA CARRAUD, A FRAPESLE.

(*Fragment.*)

1er janvier 1838.

. . . .

... Voilà ce que vient de me dire le tintement lugubre

de cette cloche, dernier son d'une année qui s'enfuit et qui va s'ensevelir dans son tombeau.

Salut à 1838, quoi qu'elle nous apporte! Quelques peines qu'il y ait dans les plis de sa robe, qu'importe? Il y a un remède à tout, ce remède, c'est la mort, et je ne la crains pas.

Mais adieu, chère amie. Mes yeux se ferment malgré moi. Ma main ne trace plus sur ce papier que des caractères à peine lisibles.

Je vous embrasse et vous serre contre un cœur qui vous est dévoué. Amitié sincère et tendre en 1838 comme toujours depuis 1819. Voilà dix-neuf ans.

Amitiés au commandant. J'embrasse Ivan et Yorik.

J'ai lu avec grand plaisir la lettre d'Ivan.

CLXXXI.

A MADAME HANSKA, A VIERZSCHOVNIA, PRÈS BERDITCHEF (RUSSIE).

Paris, 20 janvier 1838.

Me voilà sorti d'inquiétude ! J'ai vos numéros 36 et 37. Quant au 35, il ne m'est point parvenu, sachez-le bien. Le 34 est daté du 6 octobre, le 36 du 10 décembre ; ainsi vous ne m'avez pas laissé du 6 octobre au 10 décembre sans lettre. Or, comme je n'ai reçu qu'en janvier le 36 et le 37, jugez si j'ai été inquiet ! Il y a eu, quant au numéro 36, un retard de quinze jours ici, par la faute de la poste et un peu par la mienne. Quand je suis revenu de Sèvres à Paris, j'ai donné l'adresse de mon beau-frère pour qu'on m'y renvoyât les lettres, et la poste de Sèvres a mis un faux numéro; en sorte que, avant que je susse qu'il était arrivé une lettre, et que j'eusse réclamé, ne la recevant pas, il s'est écoulé quinze jours; si bien que j'ai reçu coup sur coup le 36 et le 37. Ces deux lettres sont percées de mille piqûres, stigmates de la défiance inspirée par la peste; et peut-être est-ce aux premières fumigations que je dois l'étrange malheur d'avoir perdu votre numéro 35.

En tout cas, je dois vous en avertir, car ceci justifie la lettre douloureuse que je vous ai écrite, et que je voudrais bien que vous n'eussiez point reçue, elle vous ferait trop de peine. Mais votre silence était pour moi une douleur qui dépassait et complétait toutes les autres douleurs de ma vie. Je suis l'objet de si atroces calomnies, que j'avais fini par croire que l'on vous avait dit et que vous aviez cru des choses exorbitantes; par exemple, que je me nourrissais de chair humaine, que j'épousais une figurante de l'Opéra ou une marchande de poisson; car j'ai, je crois, des ennemis jusque chez vous. Défiez-vous, je vous en supplie, de tout ce que vous apprendrez par d'autres que moi; vous savez avec quelle sincérité je vous raconte, heure par heure et jour par jour, les moindres incidents de ma vie. Maintenant je vais répondre catégoriquement à toutes les demandes que contiennent vos deux lettres. En premier lieu, l'affaire Lincoln ne peut vous être racontée, parce que je ne dois ni ne puis vous la dire, vu ses détails scabreux... Si vous en entendez parler, prenez un air indifférent et parlez d'autre chose. Tout ce que je puis vous en dire, c'est que les grands seigneurs anglais ont eu peut-être le tort d'avoir raison, et que leurs adversaires ont peut-être eu raison d'avoir tort, car il s'agissait d'études et d'expériences médicales qui peuvent avoir blessé la morale, mais en servant l'humanité. Je vous répète, au reste, ce que j'entends dire autour de moi, bien que cela ne me semble pas très-clair; j'admets qu'on fasse des expériences sur un cadavre, mais non qu'on assassine un homme pour faire son autopsie, dans l'intérêt de la science et pour le bien des générations à venir. Nous en causerons quelque soir au coin du feu, pas avec vous, mais avec le châtelain de Vierzschovnia, lorsque j'irai vous voir. Maintenant, quant à l'affaire pour laquelle je vais aller dans la Méditerranée, ce n'est ni un mariage, ni quoi que ce soit d'aventureux, ni de sot, ni de léger, ni d'imprudent. C'est une affaire sérieuse et scientifique, dont il m'est impossible de vous dire le premier mot, parce que je me suis obligé au secret le plus absolu; je ne pourrai vous en parler qu'à mon retour au coin du feu, comme de l'affaire Lincoln et Koreff, quand elle sera finie. Heureuse ou malheureuse, comme je n'y risque rien qu'un voyage, qui sera toujours un agrément ou une distraction, il me semble que je puis m'embarquer, sans trop de soucis, dans cette entreprise.

Vous me demandez comment il se fait que, sachant tout (avez-vous l'indulgence de dire), connaissant tout, observant et pénétrant tout, je sois quelquefois dupe et trompé. Hélas ! m'estimeriez-vous, si je n'étais dupe de rien, si j'étais si prudent, si observateur, que rien de malheureux ne m'arrivât ? Mais, en laissant de côté la question de cœur, je vous dirai le secret de cette apparente contradiction. Quand un homme arrive à être de première force au whist, qu'il sait, à la cinquième carte jouée, où sont toutes les autres, croyez-vous qu'il n'aime pas à laisser sa science de côté pour savoir comment ira le jeu par les lois du hasard ? Enfin, chère et fervente catholique, Dieu savait d'avance qu'Ève succomberait, et il l'a laissée faire. Mais, si vous n'admettez pas encore cette manière de vous expliquer la chose, il en est une que vous sentirez mieux. Quand, nuit et jour, mes forces et mes facultés sont tendues à inventer, à écrire, à rendre, à peindre, à me souvenir ; quand je suis à parcourir, d'une aile lente et pénible, souvent blessée, les campagnes morales de la création littéraire, comment puis-je être en même temps sur le terrain des matérialités ? Quand Napoléon était à Essling, il n'était pas en Espagne. Pour ne pas être trompé dans la vie, dans les amours, dans les amitiés, dans les affaires, dans les relations de toute espèce, chère comtesse recluse et solitaire, il faut ne faire que cela ; il faut être purement et simplement financier, homme du monde, homme d'affaires ; certes, je vois bien que l'on me trompe et que l'on va me tromper, que tel homme me trahit ou me trahira, ou s'en ira après m'avoir emporté quelque chose de ma laine ; mais, au moment où je le pressens, le prévois, ou le sais, il faut aller se battre ailleurs : je le vois quand je suis emporté par la nécessité du moment, par une œuvre qui presse, par un travail qui serait perdu si je ne l'achevais. J'achève souvent une chaumière à la lueur d'une de mes maisons qui brûle. Je n'ai ni amis ni serviteurs, tout me fuit je ne sais pourquoi, ou plutôt je le sais trop, parce que l'on n'aime ni ne sert un homme qui travaille nuit et jour, qui ne se dissipe pas à votre profit, qui reste là, qu'il faut venir voir, et dont la puissance, si puissance il y a, n'aura d'avénement que dans vingt ans, parce que cet homme a la personnalité de ses travaux, et que toute personnalité est odieuse quand elle n'est pas accompagnée du pouvoir.

En voilà bien assez pour vous convaincre qu'il faut être une huître (vous souvenez-vous de ceci ?) ou un ange pour s'attacher à ces grands rochers humains. Les huîtres et les anges sont aussi rares les uns que les autres dans l'humanité. Aussi vous aimerais-je déjà comme une étonnante curiosité, si je n'avais pour vous les affections fraternelles les plus étendues et les plus profondes. Croyez bien que je vois les hommes et les choses comme ils sont ; jamais un homme ne supporta de fardeau plus lourd et plus cruel que ne l'est le mien. Ne vous étonnez pas de me voir m'attacher aux êtres ou aux choses qui peuvent me donner le courage de vivre et d'aller en avant, ne me reprochez jamais le cordial qui m'a permis de gagner une étape.

Voilà douze ans que je dis de Walter Scott ce que vous m'en écrivez. Auprès de lui, lord Byron n'est rien ou presque rien. Vous vous trompez sur le plan de *Kenilworth ;* au gré de tous les *faiseurs* et au mien, le plan de cette œuvre est le plus grand, le plus complet, le plus extraordinaire de tous ; il est le chef-d'œuvre sous ce point de vue, de même que *les Eaux de Saint-Ronan* est le chef-d'œuvre comme détail et patience du fini ; que les *Chroniques de la Canongate* est le chef-d'œuvre comme sentiment ; *Ivanhoe,* le premier volume s'entend, comme chef-d'œuvre historique; *l'Antiquaire* comme poésie; *la Prison d'Édimbourg*, comme intérêt. Toutes ces œuvres ont un mérite particulier, mais le génie y rayonne partout. Vous avez raison, Scott grandira encore, quand Byron sera oublié : je parle de Byron traduit, car le poëte original restera, ne serait-ce que pour sa forme et son souffle puissant. Le cerveau de Byron n'a jamais eu d'autre empreinte que celle de sa personnalité, tandis que le monde entier a posé devant le génie créateur de Scott et s'y est miré pour ainsi dire.

Quant à ce qu'on appelle le *Balzac illustré*, rassurez-vous, c'est toute mon œuvre, les *Contes drolatiques* exceptés; c'est enfin cette partie de LA COMÉDIE HUMAINE qui est intitulée ÉTUDES SOCIALES. Vous aurez à demander à Bellizard[1] : 1° *la Femme supérieure;* 2° *César Birotteau;* 3° *la Maison Nucingen;* 4° le troisième dizain des *Drolatiques;* 5° la quatrième livraison des ÉTUDES PHILOSOPHIQUES, où sont *Gambara* et *Massimilla Doni*. Il va sans dire que vous demanderez les éditions de Paris. A ceux qui se plaignent de ma paresse je puis, pour toute réponse, montrer les neuf volumes in-octavo que j'aurai faits cette année. Vous savez que *les Ruggieri, la Perle brisée, les Martyrs ignorés* sont dans la troisième livraison des ÉTUDES PHILOSOPHIQUES.

M. Hanska est bien bon d'imaginer que les femmes s'enflamment pour les auteurs; je n'ai et n'aurai jamais rien à craindre à ce sujet : je suis non-seulement invulnérable, mais encore invulnéré; rassurez-le bien. Les An-

1. Libraire à Saint-Pétersbourg.

glaises du temps de Crébillon fils ne sont pas les Anglaises de notre temps. Je vais me mettre à mes pièces de théâtre et aux *Mémoires d'une Jeune Mariée*, et peut-être à *Sœur Marie-des-Anges :* voilà pour le moment mes deux sujets de prédilection; mais, d'un moment à l'autre, tout cela peut varier. Il y a la suite d'*Illusions perdues (un Grand Homme de province à Paris)*, qui me tente beaucoup, ainsi que *la Torpille;* tout cela sera fait cette année. Vous allez être bien étonnée des pierres que j'apporte et que j'entasse pour ce que vous appelez, dans votre indulgente bonté, *le grand édifice.* Le texte de l'édition illustrée est revu avec tant de soin, qu'il faut le regarder comme le *seul* existant, tant il diffère des éditions précédentes; cette solennité typographique a réagi sur la phrase et j'ai découvert bien des fautes et des sottises dont je ne me doutais pas; en sorte que je désire bien vivement que le nombre des souscripteurs permette de continuer cette publication à laquelle je devrai d'arriver à ce que je puis faire de mieux pour mon œuvre comme pureté de langage.

L'arrivée de la cassolette m'a fait autant de plaisir qu'à vous; c'est comme si je vous avais envoyé deux choses différentes. J'espère toujours qu'au moment où je vous écris, le portrait de Boulanger est aussi arrivé à Wierszchovnia. Brulon, l'expéditeur, le marchand de couleurs et de toiles de tous les grands artistes, est au désespoir; nous nous sommes demandé l'un à l'autre s'il fallait intenter un procès; mais, comme ce procès ferait retentir le nom de M. Hanska, et que les journaux s'empresseraient de s'en emparer pour en faire peut-être le sujet de commentaires malicieux, etc., etc., surtout avec mon nom qui leur donne appétit, nous avons préféré la voie conciliante de la correspondance. Brulon a envoyé mille tableaux dans toutes les parties du monde, et jamais rien de pareil n'est arrivé. Il est vrai que la toile voyage par les messageries, attendu qu'elle n'est pas roulée et que ses dimensions n'ont pas permis de la donner aux diligences. Vous ne sauriez croire combien de courses et de pas et démarches cette malheureuse toile a nécessités; je m'abstiens de vous en parler pour ne pas vous la rendre désagréable. J'écris aujourd'hui aux banquiers de Brody, afin qu'ils me disent si, à la réception de ma lettre, ils avaient reçu le tableau; car il faudra peut-être en venir à un arbitrage pour terminer cette affaire.

Vous vous trompez absolument : *mon ami* n'est pas mon ami.

Soyez bien sûre, en dépit de tout ce que peuvent vous dire *mes amis*, les vrais (y en a-t-il?) comme les faux, que vous savez tout ce que je fais, au moment même où je le fais. Je vous avais écrit, de Sion, l'an dernier, que je partirais dans le courant de l'hiver : je n'ai pas quitté Paris après avoir, il y a un mois, fini *César Birotteau*. Comme j'avais été vingt-cinq jours sans dormir, je suis, depuis un mois, occupé à dormir quinze ou seize heures par jour et à ne rien faire pendant les huit heures de veille ; je me refais de la cervelle pour la dépenser à mesure qu'elle vient. Les crises financières sont toujours terribles et m'empêchent de m'amuser, comme vous le voudriez dans votre bonté si réelle et toujours si affectueuse pour moi ; car le monde est bien cher, et je ne sais si je pourrai, dans huit ou dix jours, aller en Sardaigne. Vous pouvez être bien sûre, du reste, que je ne partirai pas sans vous le dire.

Je ne lis pas les journaux, vous comprenez que je n'en ai guère le temps, en sorte que j'ignorais ce que vous me dites de Jules Janin, qui se pose, d'ailleurs, en ennemi déclaré de ma personne et de mes livres. Quelques amis m'avaient dit, en passant, que plusieurs journaux, et Jules Janin surtout, m'avaient beaucoup loué à propos d'une petite pièce prise dans *la Recherche de l'absolu* et tombée; mais je suis, vous le savez, aussi indifférent au blâme qu'à l'éloge des gens qui ne sont pas les élus de mon cœur et surtout à l'opinion du journalisme, et en général de ce qu'on appelle *le public;* de façon que je ne puis rien vous dire de ce qui vous paraît un revirement de conduite de ces messieurs envers moi; je ne comprends rien à cette tactique de la part de gens que je n'aime ni n'estime et qui n'obtiendront jamais rien de moi. Du reste, comme je ne connais personne de ce groupe hostile à la personne et à l'écrivain auxquels vous avez la bonté de vous intéresser, j'ignore les motifs de leurs avances; mais je ne puis m'empêcher d'y voir un fonds de malveillance qui se manifestera plus tôt ou plus tard par quelques nouvelles perfidies bien accentuées et conditionnées. En résumé, toutes les fois qu'on vous dira que j'ai cédé sur des choses de principes, d'honneur et d'estime personnelle, n'en croyez rien.

Vous m'avez mal compris: j'aime l'instruction chez une femme, j'aime qu'elle étudie sérieusement, même qu'elle écrive, si cela l'amuse; mais il faut que, comme vous l'avez toujours fait, elle ait le courage de brûler ses œuvres.

Sophie est la fille du prince Koslevsky, dont le mariage n'a jamais été reconnu; vous avez entendu parler de ce diplomate très-spirituel qui est avec le prince Paskovitch à Varsovie. La dame anglaise est une madame V..., chez qui j'ai rencontré le porteur de la cassolette. Madame Somerville est l'illustre mathématicienne de ce nom; je vous envoie son autographe, car elle compte sérieusement parmi les sommités de la science actuelle. Elle est Anglaise et fille de l'amiral Fairfax qui est au service de l'empereur de Russie.

Vous devez savoir que les Italiens ont brûlé, en même temps que la Bourse de Londres et le palais impérial de Saint-Pétersbourg, je ne vous dirai donc rien de tout cela. L'hiver est rude à Paris, et nous ne savons pas nous garantir du froid comme vous, nous autres insouciants Français.

Il y a quatre livraisons de parues de *la Peau de chagrin*, malgré ce froid excessif; malgré le froid aussi, je rencontre encore, dans les Champs-Élysées, des fiacres qui vont au pas, les stores baissés; ce qui, vu la rigueur de la saison, me paraît héroïque. Ces fiacres-là me semblent encore plus magnifiques de passion que les deux amants que Diderot a surpris, à minuit, par une pluie battante, se disant bonsoir dans la rue sous une gouttière.

Ne me finissez pas vos lettres par des duretés, comme de croire que je ne visiterai pas Vierzschovnia; ce sera bientôt, croyez-le; mais je ne suis pas maître des circonstances et elles sont particulièrement cruelles; il y en aurait trop long à vous dire pour vous expliquer comment mes nouveaux éditeurs entendent le traité qui me lie à eux, et cette lettre est déjà bien longue. Après avoir un peu flâné pendant un mois, avoir été deux ou trois fois aux Italiens, tout autant chez la Belgiojoso, et quelquefois chez la Visconti (pour parler italiennement) ; après avoir eu assez et trop de ce monde-là, je me trouve heureux d'en être quitte et de me remettre à travailler mes douze ou quinze heures par jour. Quand ma maison sera bâtie quand je m'y serai bien installé, que j'y aurai gagné quelques milliers d'écus, alors je me suis promis pour récompense d'aller vous voir, non pas comme vous dites pour une ou deux semaines, mais pour deux ou trois mois; vous travaillerez à mes comédies, et, pendant ce temps, nous irons, M. Hanska et moi, aux grandes Indes, à cheval sur ces banquettes *fumeuses* dont vous me parlez.

Je ne sais pas ce qu'est *César Birotteau,* tant que vous ne m'en avez pas dit votre avis; vous me le direz, n'est-ce pas? avant que je sois en état de me faire *public* et de le lire moi-même. Pour le moment, j'en ai le plus profond dégoût, et je ne suis propre qu'à le maudire pour les fatigues qu'il m'a causées. Si mon encre vous arrive pâle, sachez qu'elle gèle toutes les nuits dans mon cabinet, et grelottez sympathiquement, ou, ce qui serait moins digne de vous, égoïstement, en vous accoudant à un de vos bons poêles de faïence dont la chaleur est si douce.

La princesse Belgiojoso est une femme fort en dehors des autres femmes; peu attrayante selon moi, pâle, blanc d'Italie, maigre et jouant le vampire. Elle a le bonheur de me déplaire, bien qu'elle ait de l'esprit, mais elle le montre trop, elle veut trop faire d'effet et manque son but en le visant avec trop de soin et d'application. Je l'avais vue, il y a cinq ans, chez Gérard; elle arrivait de Suisse, où elle s'était réfugiée; mais, depuis, elle a retrouvé, par l'influence des Affaires étrangères, sa grande fortune, qui lui permet de recevoir conformément à sa position. Sa maison est bien tenue, on y fait de l'esprit. J'y suis allé deux samedis, j'y ai dîné une fois; ce sera tout.

Je viens de lire *Aymar*, et je vois que Henri de Latouche est décidément un pauvre esprit tombé en enfance. *Latréaumont*, de Sue, est un ouvrage *lâché*, comme on dit en peinture, ce n'est ni fait ni à faire. Pour les esprits médiocres, pour les gens sans instruction, ou qui, étant mal instruits ou instruits de travers, n'ont pas le courage de réparer par eux-mêmes la fausse direction qu'on leur a donnée et se contentent d'accepter des jugements tout faits sans prendre la peine de les discuter ou de les contrôler autrement, Louis XIV est un petit esprit et un mauvais roi. On lui reproche ses fautes et ses erreurs comme des crimes, tandis qu'il a rempli exactement la prédiction de Mazarin: il a été à la fois un grand roi et un honnête homme. On peut lui reprocher ses guerres et les rigueurs exercées contre les protestants; mais il a toujours eu en vue la grandeur de la France, et ses guerres ont été un moyen de l'assurer. Elles servaient, d'après ses idées, à nous garantir contre nos deux principaux ennemis de cette époque, l'Espagne et l'Allemagne. Après avoir, par la possession de la Flandre et de l'Alsace, établi des frontières solides du côté de l'Allemagne, par la conquête de la Franche-Comté, il préservait la France des intrigues espagnoles. Ayant donné ainsi la sécurité à ses peuples, il leur a donné l'éclat qui éblouit le monde et la grandeur qui l'asservit. Il faut n'être vraiment ni Français ni homme d'esprit pour lui reprocher bêtement l'affaire du chevalier de Rohan, ce sot présomptueux et ce criminel d'État à la fois, qui traitait avec l'étranger, lui vendait la France et voulait y allumer la guerre civile, et que le roi au fond avait le droit de faire condamner et punir selon les lois du pays qu'il gouvernait. Mais, comme vous l'avez dit, Sue est un esprit borné et bourgeois, incapable de comprendre l'ensemble d'une telle grandeur, lui qui ne vit que des miettes du mal vulgaire et banal de notre pitoyable société actuelle. Il s'est senti écrasé à l'aspect gigantesque du grand siècle, et il s'en est vengé en calomniant l'époque la plus belle, la plus grande de notre histoire, dominée par la puissante et féconde influence du plus grand de nos rois, de ce roi que ses contemporains ont acclamé Louis le Grand, et contre lequel ses ennemis n'ont pu trouver d'autre sarcasme que de le surnommer le roi-soleil.

Demain mardi 21, je vais me mettre à achever *Massimilla Doni,* qui m'oblige à de grandes études musicales; j'ai engagé un bon vieux musicien allemand à venir me jouer et rejouer sans cesse le *Mosè* de Rossini.

Je m'attends avec résignation aux plates injures et aux méchantes sottises que m'attirera cette œuvre de *Massimilla Doni;* vu d'un côté, le sujet donne, il est vrai, prise à la critique : on dira que je suis un homme immoral; mais, en considérant le sujet psychique, c'est une merveille, selon moi. Il y a encore des gens qui s'obstinent à voir *un roman* dans *la Peau de chagrin;* mais chaque jour aussi les gens sérieux et les appréciateurs de cette composition gagnent du terrain. Dans cinq ans, *Massimilla*

Dont sera comprise comme une belle explication des plus intimes procédés de l'art. Aux yeux des lecteurs du premier jour, ce ne sera qu'un roman plus ou moins bien réussi; faites-les donc conclure de là à l'enfantement des œuvres d'art.

Il faut m'arrêter; adieu, et mille tendres effusions d'amitié. Ne m'oubliez auprès de personne des vôtres. Pensez à moi comme à un bon serf fidèle, comme à votre *moujik* entièrement dévoué: chagrin, quand il est sans lettres; heureux, quand il assiste à votre vie solitaire et studieuse, cette vie si calme, toute au devoir et à la famille.

CLXXXII.

A MADAME ZULMA CARRAUD, A FRAPESLE.

Marseille, 20 mars 1838.

Cara,

La date de cette lettre vous dira bien des choses. Dans quelques jours, j'aurai, pour mon malheur, une illusion de moins, car c'est toujours au moment où l'on touche au dénoûment qu'on commence à ne plus croire. Je pars demain pour Toulon, et, vendredi, je serai à Ajaccio. D'Ajaccio je verrai à passer en Sardaigne. Je n'ai pu répondre plus tôt à votre bonne lettre; mais j'ai pensé que j'aurais ici du temps à moi. Quand je serai de retour à Paris, je vous écrirai un mot de réponse, en vous donnant d'autres idées sur ce que vous dit votre frère.

Si j'échoue dans ce que j'entreprends, je me jetterai à corps perdu dans le théâtre. Vous qui savez combien l'inaction est pesante et combien je me ferais de réproches d'attendre les alouettes toutes rôties, vous ne sauriez croire combien j'ai trouvé d'obstacles. Il semble que les malheurs de l'énergie soient plus grands que ceux de l'atonie. Il m'a fallu bien du courage de détail pour vaincre les difficultés. Le peu de bijoux que j'avais a été chez *ma tante;* ma mère s'est saignée et une pauvre cousine aussi. Enfin me voilà à deux pas du résultat, et je puis vous dire que vous ne me connaissez pas en croyant que le luxe m'est indispensable. J'ai voyagé cinq nuits et quatre jours sur une impériale, buvant pour dix sous de lait par jour, et je vous écris d'un hôtel, à Marseille, où la chambre coûte quinze sous et le dîner trente! Mais, dans l'occasion, vous me verrez, je deviens féroce. Je ne crains pas l'aller; mais quel retour si j'échoue! Il faudra passer bien des nuits pour rétablir l'équilibre et maintenir la position!

Allons, *addio, cara;* je baise vos belles mains douces, je presse celles du commandant et j'embrasse vos deux fils au front. Si je me noie dans le golfe du Lion, vous penserez que mes derniers jours, sans soucis, où j'oubliais tout, se sont écoulés à Frapesle[1].

Tout à vous.

1. Ce voyage en Sardaigne avait pour but une de ces spéculations chimériques comme Balzac en imagina trop souvent. Il s'agissait d'exploiter les scories, les prétendues richesses minérales que les Romains avaient laissées dans les mines autrefois ouvertes par eux à travers l'île.

CLXXXIII.

A MADAME DE BALZAC, A PARIS.

Marseille, 20 mars 1838.

Ma chère et tendre mère adorée,

N'aie aucune inquiétude, et dis à Laure de n'en point avoir. J'ai assez, et, n'en déplaise à la sagesse *lauréenne,* je n'aurai sans doute besoin de rien pour le retour. Je viens de passer cinq nuits et quatre jours sur l'impériale. J'ai les mains si gonflées, que je puis à peine écrire. Demain, mercredi, à Toulon ; jeudi, je pars pour Ajaccio. J'y serai vendredi, et huit jours suffiront ensuite pour mon expédition. Je pouvais, d'ici, aller pour quinze francs en Sardaigne par les navires de commerce, mais ils peuvent être quinze jours comme trois en route; puis c'est l'équinoxe, tandis que, pour le triple, il est vrai, je serai en Sardaigne en trois jours.

Maintenant que m'y voilà presque, je commence à avoir mille doutes; en tout cas, on ne peut risquer moins pour avoir davantage ! Je n'ai dépensé que dix francs sur la route. Je suis dans un hôtel qui fait frémir; enfin, avec des bains, on s'en tire !... Si j'échoue, quelques nuits de travail auront bientôt rétabli l'équilibre ! En un mois, j'aurai amassé bien de l'argent avec ma plume.

Adieu, chère mère aimée ; pense qu'il y a beaucoup plus d'envie de faire cesser des souffrances chez des personnes chères que de désir de fortune personnelle dans ce que j'entreprends; quand on n'a pas de mise de fonds, on ne peut faire fortune que par des idées semblables à celle que je vais mettre à fin.

Tout à toi.

Ton fils respectueux.

CLXXXIV.

MADAME HANSKA, A VIERZSCHOVNIA.

Ajaccio, 26 mars 1838.

Chère comtesse,

Je n'ai pas eu un moment à moi pour vous écrire de Paris, à mon retour du Berry. Cette date vous dira que je suis à vingt heures de la Sardaigne, où je vais faire mon expédition; j'attends une occasion pour y passer, et, à mon arrivée, il faudra faire une quarantaine de cinq jours, car on n'en démord pas en Italie, on croit à la contagion et au choléra; il a éclaté à Marseille il y a six mois, et ils continuent leurs inutiles précautions.

Pendant le peu de jours que je suis resté à Paris, j'ai eu mille difficultés à vaincre pour pouvoir faire mon voyage; l'argent n'en a été trouvé que très-péniblement, car l'argent est très-rare pour moi. Quand vous saurez que cette entreprise est un coup désespéré pour en finir avec ce perpétuel débat entre la fortune et moi, vous ne vous en étonnerez pas; je ne risque qu'un mois de mon temps et cinq cents francs contre une belle et grande fortune. M. Carraud m'a décidé; je lui ai soumis mes conjectures d'un ordre scientifique, et, comme il est un des plus grands savants qui ne font rien, ne publient rien et vivent paresseusement, son opinion a été sans aucune restriction en faveur de mes idées, idées que je ne puis vous communiquer que de vive voix si je réussis, ou dans ma prochaine lettre si j'échoue. Succès ou insuccès, M. Carraud a dit qu'il estimait une pareille idée autant que la plus belle découverte, comme chose ingénieuse. M. Carraud a été pendant vingt ans directeur de notre École militaire de Saint-Cyr, et il est l'ami intime de Biot, à qui j'ai entendu déplorer, dans l'intérêt des sciences, l'inaction où demeure constamment M. Carraud.

Le fait est qu'il n'est pas de problème scientifique qu'il n'explique admirablement quand on l'interroge; mais le fait de ces immenses esprits mathématiques est de juger la vie pour ce qu'elle est; et, n'y voyant pas de fin logique, ils attendent la mort, pour être quittes de leur temps. Cette existence de plante fait le désespoir de madame Carraud, qui est pleine d'âme et de feu. Elle a été stupéfiée d'entendre dire à M. Carraud, quand je lui ai soumis mes conjectures, qu'il irait avec moi, lui qui ne sortirait pas de sa maison pour tirer parti de son domaine. Cependant le naturel est revenu et il s'est dédit. Son opinion a fini par mettre mon incandescence au plus haut point, et, malgré le danger de traverser le golfe du Lion en plein équinoxe, malgré cinq jours et quatre nuits à passer en diligence, je suis parti. J'ai beaucoup souffert, surtout en mer; mais me voici dans la ville natale de Napoléon, me donnant à tous les diables d'être obligé d'attendre la solution de mon problème à vingt heures de distance du problème. Il ne faut pas songer à aller par la Corse au détroit qui la sépare de la Sardaigne, car la route de terre est longue, dangereuse et dispendieuse en Corse et en Sardaigne.

Ajaccio est un séjour insupportable; je n'y connais personne, et il n'y a d'ailleurs personne; la civilisation est là aussi primitive qu'au Groënland; j'y suis comme échoué sur un banc de granit, allant voir la mer, revenant dîner déjeuner, revoir la mer, me coucher et recommencer, n'osant pas me mettre à travailler, car à tout moment je puis partir, et cette situation est l'antipode de mon caractère, qui est tout résolution, tout activité.

Je suis allé voir la maison où est né Napoléon, et c'est une pauvre baraque. D'ailleurs, j'y ai rectifié plusieurs erreurs; son père était un propriétaire assez riche, et non un huissier, comme le disent plusieurs biographies menteuses. Puis, quand il est arrivé à Ajaccio à son retour d'Égypte, au lieu d'avoir été reçu avec ces acclamations dont parlent ses historiens et d'y avoir obtenu un triomphe général, sa tête a été mise à prix. On m'a montré la petite plage où il a débarqué. Il a dû la vie au courage et au dévouement d'un paysan qui l'a emmené dans les montagnes et l'a caché dans une retraite inaccessible. Celui qui m'a raconté ces détails est le neveu du maire qui avait mis Napoléon au ban et soulevé la population contre lui.

Je vais aller à Sassari, la deuxième capitale de la Sardaigne; mais je n'y resterai pas longtemps, ce que j'ai à y faire est peu de chose pour le moment; la grande question, si je ne me suis pas trompé, se décidera à Paris, et il suffit que je me procure un échantillon de la chose. Ne vous cassez pas la tête, gracieuse et spirituelle châtelaine, à chercher ce que cela peut être, vous ne trouveriez jamais.

Je suis si fatigué de la lutte dont je vous ai si souvent entretenue, qu'il faut qu'elle finisse ou que je tombe écrasé. Voilà dix années de travail sans aucun fruit; le résultat le plus certain est l'injure, la calomnie, les procès, etc. Vous me dites sur cela les plus belles choses du monde; mais je vous réponds que tout homme n'a qu'une dose de force, de sang, de courage, d'espoir, et ma dose est épuisée. Vous ignorez l'étendue et la profondeur de mes souffrances; je ne devais, ni ne pouvais, ni ne voulais vous le dire. J'ai renoncé au bonheur; mais il me faut au moins, à son défaut, la tranquillité la plus absolue. J'ai donc formé deux ou trois plans de fortune; voici le premier; s'il échoue, j'irai au second; puis, après, je reprendrai la plume que je n'aurai cependant pas quittée.

Hier, je voulais vous écrire, mais j'ai été accablé des lueurs d'une inspiration qui m'a dicté le plan d'une comédie que vous avez déjà une fois condamnée, *la Première Demoiselle*[1]. Ma sœur trouve cela superbe. George Sand, à qui je l'ai conté à Nohant, m'a prédit un grand succès; tout cela me l'a remis en main, et le plus difficile est fait, c'est-à-dire le *scenario*, la détermination des scènes des entrées, des sorties, etc., etc. J'ai entrepris *la Physiologie du Mariage* et *la Peau de chagrin* contre l'avis de l'être si cher et si éclairé que j'ai perdu; je vais, dans les retards de ce voyage, entreprendre cette pièce contre le vôtre.

27 mars.

Je ne sais d'où je vous enverrai cette lettre; elle pourrait se perdre ou ne vous arriver qu'après de longs retards

1. *L'École des ménages.*

dont je veux vous épargner les inquiétudes. De Sassari j'irai sans doute à Gênes, et de Gênes à Milan. C'est la route la moins coûteuse pour revenir, à cause des *non-séjours* et de la fréquence des occasions. A Milan j'ai un banquier sur lequel je puis compter, à Gênes aussi; donc ne vous étonnez pas des retards que subira cette lettre. Une fois que j'aurai quitté la Corse, je n'aurai sans doute ni le temps ni la facilité d'écrire, et je vous l'enverrai d'où je pourrai, elle sera toute prête. La Méditerranée a été mauvaise, il y a ici des négociants qui croient leurs bâtiments perdus. Pour risquer le moins possible, j'ai pris la route de Marseille et de Toulon, et, à Toulon, j'ai pris le bateau à vapeur qui porte les dépêches; cependant j'ai horriblement souffert et j'ai dépensé beaucoup d'argent. Après y avoir bien réfléchi, je crois la voie d'Odessa la plus sûre, la plus directe et la moins coûteuse pour aller chez vous; car, après m'en être bien inquiété, j'ai appris qu'on pouvait aller par mer pour cinq cents francs de Marseille à Odessa; vous voyez que partout je pense à mon cher Vierzschovnia.

La Corse est un des plus magnifiques pays du monde : il y a là des montagnes comme celles de la Suisse; mais il est vrai qu'on n'y trouve pas ses beaux lacs. La France ne tire pas, ne sait pas ou ne veut pas tirer parti de cette belle contrée. Elle est grande comme plusieurs de nos départements, et ne produit pas ce qu'un seul d'eux rapporte; elle devrait avoir au moins cinq millions d'habitants, elle en a trois cent mille à peine. Cependant nous commençons à y faire des routes et à y exploiter les forêts, qui recèlent d'immenses richesses; comme le sol est tout à fait ignoré, il peut y avoir les plus belles mines du monde en métaux, marbre et charbon, etc.; par malheur, le pays reste non-seulement inexploré, mais il n'est pas même étudié ni connu, à cause des bandits et de l'état sauvage dans lequel on le laisse s'abrutir.

Au milieu de mes douleurs maritimes et de la nuit sur le bateau, je me suis rappelé l'indiscrétion que j'avais commise en vous chargeant de me faire venir un houka de Moscou ou d'Odessa; dans ma rage passionnée du latakieh que j'ai fumé chez George Sand et que Lamartine avait rapporté, j'ai été spasmodiquement si malheureux de cela, que j'en ris en me souvenant de ma maladie. Je suis bien désolé de ne pas avoir trouvé à Paris un de ces houkas; il me ferait passer le temps ici, et dissiperait l'ennui qui m'y atteint pour la première fois de ma vie, car voici la première fois que je sais ce qu'est un désert rempli d'inconnus quasi sauvages.

Ce matin, j'ai appris qu'il y avait ici une bibliothèque, et demain, de dix heures à trois, je pourrai y lire; quoi? Voilà l'inquiétant. Il n'y a ici ni cabinet de lecture, ni théâtre, ni société, ni journaux, ni aucune des impuretés qui annoncent la civilisation; les femmes n'aiment pas les étrangers, les hommes se promènent toute la journée en fumant; c'est une paresse générale, véritablement incroyable pour ceux qui ne l'ont pas contemplée comme moi. Il y a ici huit mille âmes, beaucoup de misère, une ignorance complète des choses actuelles les plus simples; j'y jouis d'un incognito absolu; on ne sait pas ce que c'est que la littérature ni la vie sociale; les hommes ne quittent jamais leur veste ronde de velours; il règne la plus grande simplicité d'habillement; tout a un caractère essentiellement primitif. En arrivant, je me suis mis de manière à paraître pauvre, et, au milieu de ces vestes râpées, j'ai l'air d'un riche. Il y a ici un bataillon français, et il faut voir ces pauvres officiers battant le pavé du matin au soir, d'un air piteux, n'ayant rien de mieux à faire. Dès ce soir, je me mets à croquer des scènes et à terminer mes plans et projets; il faut travailler d'ennui et de rage. Comme on doit aimer sur ce rocher-là! Aussi y a-t-il des enfants grouillants dans tous les coins, comme les moucherons les soirs d'été.

Adieu pour aujourd'hui; je ne me suis arrêté que dix-huit heures à Marseille et dix heures à Toulon, je n'ai pu vous écrire que d'ici.

1er avril.

Je pars demain pour la Sardaigne dans une petite chaloupe à rames.

Je viens de relire ce que je vous ai écrit, et je vois que je n'ai pas achevé relativement au houka. Vous comprenez que, si cela vous cause le moindre ennui, vous laisserez là ma proposition. Quant au latakieh, je viens d'apprendre (riez de moi pendant un an!) que Latakieh est un bourg de l'île de Chypre, à deux pas d'ici, qu'il s'y récolte un tabac supérieur, nommé du nom du lieu où il vient, et je vais me mettre en mesure d'en avoir; ainsi rayez cet article. Je viens de voir, en me promenant, un pauvre soldat français à qui un boulet a emporté les deux mains, qui n'a plus que deux moignons et qui gagne sa vie en se faisant la barbe, écrivant, battant du tambour, jouant du violon et jouant aux cartes dans les rues; si je ne l'avais pas vu, je ne le croirais pas.

La bibliothèque d'Ajaccio n'avait rien. Je viens de relire *Clarisse Harlowe,* et de lire pour la première fois *Grandisson* et *Paméla,* que je trouve horriblement ennuyeux et bêtes. Quelle destinée pour Cervantes, Richardson et Sterne aussi de ne faire qu'une seule œuvre!

Il m'est arrivé le malheur d'être reconnu par un maudit étudiant en droit de Paris, qui est revenu se faire avocat dans sa patrie et qui m'avait vu à Paris; de là un article dans le journal de la Corse. Et moi qui voulais tenir mon voyage à peu près secret!... Hélas! hélas! quel ennui! il n'y a plus moyen pour moi de mal faire ou de bien faire sans publicité! Juste le huitième jour de ma paisible existence! Mais la ville d'Ajaccio est une seule et même maison.

Je l'ai échappé belle : si je n'avais pas pris la route que j'ai prise, et que je fusse venu de Marseille, vous eussiez perdu un fidèle vassal et serviteur; il y a eu un horrible coup de vent qui a jeté trois navires à la côte.

Lundi, 2 avril.

Ce soir, à dix heures, une petite barque, et puis cinq jours de quarantaine à Alghiero, petit port que vous pouvez voir sur la carte de Sardaigne; c'est là qu'entre Alghiero et Sassari, deuxième capitale de l'île, se trouve le district d'Argentara, où je vais voir des mines abandonnées depuis la découverte de l'Amérique. Je ne puis vous en dire davantage; quand vous aurez ma lettre en votre possession dans votre studieux cabinet de votre beau

Vierzschovnia, je serai un sot ou un homme d'esprit, peut-être ni l'un ni l'autre, mais simplement un ambitieux déçu dans une ingénieuse espérance.

Addio, cara; j'espère que tout va bien chez vous, que vous y avez un peu pleuré sur *César Birotteau*, au moment où je vous écris, et que, pour ce livre-là, vous m'avez déjà dit votre sentiment et vos impressions. Mille caressantes choses à tous ceux que vous aimez. J'ai encore remis à écrire à M. Hanska, parce que je le ferai de Milan après y avoir reçu quelques nouvelles; mais présentez-lui mes amitiés et gardez pour vous-même les plus attachantes et les plus profondes, comme c'est votre droit de suzeraineté.

CLXXXV.

A LA MÊME.

Alghiero (Sardaigne), 8 avril 1838.

Je suis ici, après cinq jours d'une navigation assez heureuse dans une barque de corailleurs qui vont en Afrique mais j'ai connu les privations des marins; nous n'avions à manger que le poisson que nous pêchions, et que l'on faisait bouillir pour en faire une exécrable soupe; il a fallu coucher sur le pont et se laisser dévorer par les insectes, qui abondent, dit-on, en Sardaigne.

Enfin, ici, nous sommes condamnés à rester encore cinq jours en quarantaine sur cette petite embarcation en vue du port; et ces sauvages ne veulent rien nous donner! Nous venons de subir un effroyable coup de vent, et ils n'ont pas voulu nous laisser attacher un câble à un des anneaux du port; mais, comme nous sommes Français, un marin s'est jeté à l'eau et l'a été attacher de force. Il est venu le gouverneur, qui a donné l'ordre d'enlever le câble quand la mer serait calmée, ce qui, dans leur système de quarantaine, est absurde; car ou nous avons donné le choléra, ou nous ne l'avons pas donné. C'est une pure fantaisie de gouverneur qui veut que l'on fasse ce qu'il a dit, comme preuve de son autorité et de sa toute-puissance.

L'Afrique commence ici : j'aperçois une population déguenillée, toute nue, bronzée comme des Éthiopiens.

CLXXXVI.

A LA MÊME.

Cagliari, 17 avril 1838.

Je viens de faire toute la Sardaigne et j'ai vu des choses comme on en raconte des Hurons et de la Polynésie. Un royaume entier désert, de vrais sauvages, aucune culture, des savanes de palmiers ou de cistes, partout des chèvres qui broutent tous les bourgeons et tiennent tous les végétaux à hauteur de la ceinture. J'ai fait des dix-sept à dix-huit heures de cheval, — moi qui en avais perdu tout à fait l'habitude et qui n'avais pas monté à cheval depuis plus de quatre ans! — sans rencontrer d'habitation. J'ai traversé une forêt vierge penché sur le cou de mon cheval sous peine de la vie; car, pour la traverser, il fallait marcher dans un cours d'eau, couvert d'un berceau de plantes grimpantes et de branches qui m'auraient éborgné, cassé les dents, emporté la tête. C'est des chênes verts gigantesques, des arbres à liége, des lauriers, des bruyères de trente pieds de hauteur. Rien à manger.

A peine arrivé au but de mon expédition, il m'a fallu songer à revenir, et, sans prendre de repos, je me suis remis à cheval pour aller d'Alghiero à Sassari, où j'ai trouvé une diligence établie depuis deux mois qui m'a conduit ici. Il y a dans le port un bateau à vapeur pour Gênes; mais, comme le mauvais temps est survenu, il me faut rester deux jours à Cagliari. De Sassari ici, j'ai traversé toute la Sardaigne par son milieu : elle est la même partout. Il y a un canton où les habitants font un horrible pain en réduisant les glands du chêne vert en farine qu'ils mêlent avec de l'argile, et cela à deux pas de la belle Italie. Hommes et femmes vont nus avec un lambeau de toile, un haillon troué, pour couvrir leur nudité. J'ai vu des amas de créatures en troupeau au soleil, le long des murs de terre de leurs tanières, le jour de Pâques. Aucune habitation n'a de cheminée, on fait le feu au milieu du logis, tapissé de suie. Les femmes passent leur journée à moudre et à pétrir leur pain de glands et d'argile; les hommes gardent les chèvres et les troupeaux, et tout le sol est en friche dans le pays le plus fertile du monde. Au milieu de cette profonde et incroyable misère, il y a des villages qui ont des costumes d'une étonnante richesse.

CLXXXVII.

A LA MÊME.

Gênes, 22 avril 1838.

Maintenant je puis vous raconter l'objet principal de mon voyage. J'ai tout à la fois raison et tort. L'année dernière, à cette époque, à Gênes même, un négociant me dit que l'incurie de la Sardaigne était si grande, qu'il y avait, aux environs d'exploitations des mines d'argent, des montagnes de scories qui contenaient le plomb de rebut dont on avait retiré l'argent; aussitôt je lui dis de m'envoyer à Paris un échantillon de ces scories et que je reviendrais, tout essai fait, demander à Turin l'autorisation d'exploiter ces tas avec lui. Un an se passe, mon homme ne m'envoie rien. Voici quel était mon raisonnement : les Romains et les métallurgistes du moyen âge étaient si ignorants en docimasie, que nécessairement ces scories devaient et doivent encore contenir une grande quantité d'argent. Or un grand chimiste de mes amis possède un secret pour retirer l'or et l'argent, de quelque manière et en quelque proportion qu'il soit mêlé à d'autres matières, sans grands frais. Ainsi je pouvais avoir tout l'argent des scories.

Pendant que j'attendais les échantillons, mon Génois se faisait concéder le droit d'exploitation. Et, pendant que j'inventais cette ingénieuse déduction, une maison de Marseille venait à Cagliari essayer les plombs et les scories, et sollicitait en rivalité avec mon Génois à Turin. Un essayeur de Marseille, amené sur les lieux, a trouvé que les scories donnaient dix pour cent de plomb et le plomb dix pour cent d'argent par les méthodes ordinaires. Ainsi mes conjectures étaient fondées, et j'ai eu le malheur de ne pas agir assez vite. Mais, d'un autre côté, abusé par les renseignements du pays, j'ai couru à l'Argentara, une mine abandonnée, située dans la partie la plus sauvage de l'île, et j'y ai pris des échantillons de minerai; peut-être le hasard me servira-t-il mieux que les combinaisons de l'esprit.

Je suis arrêté ici par le refus du consul autrichien de viser mon passe-port pour Milan, où je dois aller avant de revenir à Paris, car il faut que j'y aille chercher de l'argent pour les frais de mon retour. Je croyais n'être qu'un mois en voyage et il y a tout près de cinquante jours que j'ai quitté Paris; je ne souffre pas moins dans mes affaires que dans mes habitudes de ces retards. Cinquante jours passés sans avoir de vos nouvelles! et ma pauvre maison que l'on bâtit!... pourvu qu'elle soit achevée et que j'y regagne le temps perdu! Je vais y faire trois ouvrages tout de suite sans débrider. Comme vous connaissez Gênes, vous devez savoir quelle vie ennuyeuse on y mène. Je vais me mettre à travailler à ma comédie. Ne me grondez pas trop quand vous répondrez à cette lettre, car il faut consoler les vaincus. J'ai bien souvent pensé à vous durant ce voyage aventureux, et j'ai imaginé que M. Hanska ne dirait qu'une seule fois : « Que diable allait-il faire dans cette galère? » A propos, on a reçu à Paris le buste de Milan, et l'on n'en est pas satisfait; je n'insiste donc plus pour qu'on vous en envoie une répétition; vous avez assez de la toile de Boulanger[1].

1. Le buste en question, ainsi que la toile de Boulanger dont il a

Vous distribuerez, n'est-ce pas? mes hommages et souvenirs autour de vous, avec votre grâce accoutumée; ce sera leur donner du prix; et, quant à vous, je mets ici tout le cœur de votre esclave et serviteur.

CLXXXVIII.

A MADAME LAURE SURVILLE, A PARIS.

Milan, 1838.

Chère sœur,

Il serait trop long de t'écrire tout ce que je te raconterai en détail quand je te verrai, ce qui sera bientôt, je l'espère. Je suis, après des voyages très-fatigants, retenu ici pour les intérêts de la famille Visconti. La politique les embrouillait tellement, que le reste du bien qu'elle possède en ce pays eût été séquestré sans toutes mes démarches, qui ont heureusement réussi.

M. d'Etchegoyen, qui retourne à Paris, a l'obligeance de se charger de cette lettre. Quant à l'objet principal de mon voyage, tout était comme je le présumais, mais le retard de mon arrivée m'a été fatal: le Génois a un contrat en bonne forme avec la cour de Sardaigne; il y a un million d'argent dans les scories et dans les plombs; une maison de Marseille avec qui il s'est entendu les a fait essayer. Il fallait, l'année dernière, ne pas lâcher prise sur l'idée, et les devancer.

Enfin j'ai trouvé aussi bien, et mieux même. Je causerai de tout cela avec ton mari à mon retour. Nous aurons à

déjà été fait mention dans de précédentes lettres, était le portrait de Balzac.

revenir ici avec lui et un ingénieur des mines; tu seras peut-être du voyage, car, grâce à l'expérience que je viens de faire, nous ne dépenserons pas beaucoup plus qu'on ne dépense à Paris dans le même temps; et, comme il n'y a pas de Génois dans l'affaire, nous pourrons attendre que nous soyons tranquilles; je suis donc à peu près consolé.

J'ai beaucoup souffert dans mon voyage, surtout du climat; c'est une chaleur qui relâche toutes les fibres et qui rend incapable de quoi que ce soit. Je me surprends à désirer nos nuages et nos pluies françaises; la chaleur ne va qu'aux faibles.

J'ai bien pensé à vous en marchant et souffrant; mais je voyais notre bonheur à tous dans le lointain, et cela me ravivait.

Le frère mathématicien conviendra, j'espère, qu'on ne peut trouver une affaire plus belle, et il sera aussi joyeux que moi.

Communique cette lettre à ma mère; je suis obligé de la terminer un peu brusquement; j'ai une encre et des plumes avec lesquelles toute écriture est impossible. Je crois que le gouvernement autrichien s'arrange pour qu'on ne puisse écrire.

A bientôt.

CLXXXIX.

A MADAME HANSKA, A VIERZSCHOVNIA.

Milan, 20 mai 1838.

Chère comtesse,

Vous savez tout ce que dit cette date, je commence l'année au bout de laquelle j'appartiendrai au grand et nombreux régiment des êtres résignés, car je me suis juré, dans les jours de malheur, de combat et de foi qui ont rendu ma jeunesse si misérable, que je ne lutterais plus contre rien quand j'aurais atteint l'âge de quarante ans. Cette terrible année a commencé ce matin loin de vous, loin des miens, dans une amère tristesse que rien n'a dissipée ; car de moi-même je ne puis changer mon sort et je ne crois plus qu'il puisse être modifié par n'importe quel événement heureux. Ma philosophie sera fille de la lassitude et non du désespoir. Je suis venu chercher ici une occasion pour m'en retourner en France, et j'y suis resté pour faire un ouvrage dont l'inspiration m'y est venue après avoir été vainement implorée depuis quelques années[1]. Je n'ai jamais vu de livre où l'amour heureux, l'amour satisfait ait été dépeint. Rousseau y met trop de rhétorique et Richardson trop de prédication ; les poëtes sont trop *fioritureurs ;* les romanciers raconteurs sont trop esclaves des faits ; Pétrarque est trop occupé de ses images, de ses *concetti :* il voit bien plus la poésie que la femme. Pope a donné peut-être trop de regrets à Héloïse, il l'a voulue mieux que nature, et le mieux, dit-on, est l'ennemi du bien. Enfin, Dieu, qui a créé l'amour avec l'humanité, l'a seul sans doute compris, car nulle de ses créatures n'a décrit à mon gré les élégies, les fantaisies et les poëmes de cette divine passion dont chacun parle et que si peu ont connue.

Je veux terminer ma jeunesse — pas ma toute jeunesse ! — par une œuvre en dehors de toutes mes œuvres, par

1. Les *Mémoires de Deux Jeunes Mariées.*

un livre à part qui reste dans toutes les mains féminines, sur toutes les tables, où je veux décrire les craintes insensées, les jalousies hors de propos et la sublimité du don de soi-même; car il faut qu'il y ait une faute, pour qu'il y ait une expiation, un retour violent, mondain et religieux à la fois, plein de consolation, plein de larmes et de plaisirs; et je veux que ce livre soit sans nom d'auteur comme l'*Imitation*. Je voudrais pouvoir l'écrire ici; mais il faut revenir en France, à Paris, rentrer dans ma boutique de vendeur de phrases, et je ne pourrai que le crayonner dans mes rares moments de loisir.

Depuis ma dernière lettre, il ne s'est rien passé de nouveau. J'ai revu le *Duomo* de Milan, j'ai fait le tour du *Corso*, mais je n'ai rien à vous dire que vous ne sachiez déjà. J'ai fait connaissance avec toutes les chimères du grand chandelier de l'autel de la Vierge, que je n'avais vu que très-superficiellement, ainsi qu'avec le saint Barthélemy qui tient sa peau en forme de manteau; j'ai revu mes délicieux anges qui soutiennent le tour du chœur, voilà tout. J'ai entendu, à la Scala, la Boccabadati dans la Zelmira. D'ailleurs, je ne vais nulle part, et la comtesse Bossi m'a courageusement abordé dans la rue en me rappelant nos chères soirées chez les Sismondi, aux Chênes. Vous ne l'auriez pas reconnue; ce changement m'a fait faire un terrible retour sur moi-même.

Voilà deux mois que je n'ai eu de vos nouvelles; mes lettres restent à Paris, personne ne m'écrit, car j'ai été errer dans des pays où la poste n'arrive pas; rien ne m'a mieux démontré que je suis un animal vivant d'affection, ni plus ni moins qu'un caniche. Les amitiés d'épiderme ne me vont pas, elles me fatiguent et me font sentir plus vivement quels trésors renferment les cœurs qui veulent bien m'abriter. Je ne suis pas Français dans l'acception légère de ce mot. L'auberge m'était devenue insupportable et je suis, par la grâce de Son Altesse le prince Porcia, dans une jolie chambre qui donne sur des jardins et où je travaille très à mon aise, comme chez un ami qu'il est pour moi.

Alfonso-Serafino, principe di Porcia, est un homme de mon âge, amoureux d'une comtesse Bolognini, plus amoureux cette année qu'il ne l'était l'année dernière, ne voulant point se marier, à moins qu'il n'épouse la comtesse, qui a encore son mari, dont elle est séparée de corps et de biens. Vous voyez que rien ne les gêne et qu'ils jouissent d'une parfaite indépendance. La comtesse est très-spirituelle. Le prince a pour sœur la comtesse de San-Severino, dont je crois vous avoir parlé déjà.

Milan est tout en l'air pour le couronnement de l'empereur en qualité de roi de Lombardie, et il s'agit pour la maison d'Autriche de se mettre en frais et *in fiocchi*. Quoique que je n'aie vu Florence que par le trou d'une demi-semaine, je le préfère à Milan; si j'avais le bonheur d'être aimé assez par une femme pour qu'elle me donnât son existence, ce serait sur les bords de l'Arno que j'irais cacher ma vie; mais, après tout, malgré les romans de mon amie George Sand et les miens, il est très-rare de rencontrer une madame d'Agoult qui coure les champs avec Liszt, une madame Dudevant qui soit séparée de corps et de biens, et un prince Porcia ayant des revenus immenses qui lui permettent de vivre où il veut. — Moi, je suis pauvre, je travaille comme un forçat et je ne puis dire à mon

Arabella (voyez les *Lettres d'un voyageur*) : « Venez à Vienne, et trois concerts nous donneront dix mille francs allons à Pétersbourg, et les touches d'ivoire de mon piano nous donneront un palais ! » Il me faut à moi ce Paris insulteur, et ses libraires et ses imprimeries; il me faut par jour douze heures de travail hébétant; car j'ai des dettes, et la dette est une maîtresse qui m'aime un peu trop tendrement; je ne peux pas la renvoyer, elle se met obstinément entre l'amour, l'amitié, la paix, l'oisiveté, tous les plaisirs et moi; c'est trop laid, ce sort-là, pour le jeter à qui que ce soit, pas même aux ennemis qui m'attaquent. Il n'y a qu'une femme au monde de qui j'accepterais quelque chose, parce que je suis sûr de l'aimer toute ma vie; mais, si elle ne m'aimait pas ainsi, je me tuerais en songeant au rôle que j'aurais joué.

Vous voyez qu'il faut, dans quelques mois, me réfugier sérieusement dans une existence à la La Fontaine. De quelque côté que je me tourne, je ne vois que difficultés, travaux, espérances vaines et inutiles, je n'ai même plus la ressource de deux ans à Diodati, sur le lac de Genève, car je suis maintenant trop vieilli dans le travail pour en mourir; et qui voudrait m'y aider? Je suis comme un oiseau en cage qui s'est heurté à tous les barreaux, il reste immobile sur son bâton, car une main blanche a étendu au-dessus le réseau vert qui lui défend de se casser la tête. Vous ne sauriez croire combien de sombres méditations me coûte l'aspect de cette vie heureuse de Porcia, qui loge là sur le Corso de Porta orientale, à dix maisons de celle de sa comtesse. Mais j'ai trente-neuf ans, plus de deux cent mille francs de dettes, la Belgique a le million que j'ai gagné, et... Je n'ai pas le courage d'achever, car je m'aperçois que la tristesse qui me dévore serait trop cruelle à reproduire sur le papier et je dois faire à l'amitié le sacrifice de la garder dans mon cœur. Demain, après avoir fait écrire quelques lettres à mes amants, je serai plus gai et je viendrai à vous calmé et sage à désespérer un saint.

23 mai.

Chère comtesse, chère confidente de mes tristesses et de mes erreurs, que vous dirai-je?... Me voici plus malheureux que jamais : j'ai le mal du pays; la France, avec son ciel gris la plupart du temps, me serre le cœur sous ce beau ciel pur de Milan; le Duomo, paré de ses dentelles, m'engourdit l'âme d'indifférence; les Alpes ne me disent rien; cet air lâche et doux me brise; je vais et viens sans vie et sans pouvoir dire ce que j'ai, sentant que, si je restais ainsi deux semaines, je serais mort. Expliquer cet état est impossible. Le pain que je mange me paraît sans sel, la viande ne me nourrit pas, l'eau me désaltère à peine, l'air me dissout, je regarde la plus belle femme du monde comme si c'était un monstre, et je n'éprouve même pas cette sensation vulgaire que donne la vue ou le parfum d'une fleur. Mon livre est abandonné, j'ai laissé là mes deux amants pour les reprendre un jour ou l'autre; le plus pressé est de traverser les Alpes pour me jeter dans cette atroce mais trop attrayante fournaise parisienne qu'on déteste et dont on ne saurait se passer. Quel horrible mal que celui de la nostalgie! il est insaisissable, indescriptible. Je ne suis heureux que pendant le moment où je vous écris, où je me dis que ce papier ira d'Italie en Russie; alors seulement, la pensée interrompt cette noire existence sous le soleil, et cette atonie qui relâche les liens de la vie; c'est la seule opération, enfin, qui maintienne l'union de l'âme et du corps.

24 mai.

J'ai revu la comtesse Bossi. J'ai été frappé du peu de ressources qu'il y a chez les Italiennes; elles n'ont ni esprit ni instruction; elles comprennent à peine ce qu'on leur dit; dans ce pays-ci, la critique n'existe pas et je commence à croire que la renommée a raison quand elle attribue aux Italiennes quelque chose de trop matériel en amour. La seule femme instruite et spirituelle que j'aie rencontrée jusqu'ici en Italie est la Cortanse de Turin.

Je suis allé voir les fresques de Luini à Saronno; elles m'ont paru dignes de leur réputation. Celle qui représente le mariage de la Vierge est d'une suavité particulière, les figures sont angéliques et, ce qui est très-rare dans les fresques, les tons en sont doux et harmonieux.

Il n'y a pas d'occasion pour retourner en France, et il faut me résoudre à prendre la voie ennuyeuse et fatigante des malles-poste sardes et françaises.

1er juin.

Mon départ est arrêté pour après-demain, sauf erreur, et je crois que jamais je n'aurai revu la France avec plus de plaisir, quoique mes affaires doivent y être très-embrouillées par ma trop longue absence; si je suis six jours en route, cela fera trois mois, et, en tout, sept mois d'inaction littéraire. Il faut huit mois de travaux consécutifs pour réparer tout ce dommage; j'entrerai dans ma petite maison pour y demeurer bien des nuits à travailler.

5 Juin.

Je suis allé à la poste pour savoir si quelqu'un aurait eu l'idée de m'écrire poste restante. J'ai trouvé une lettre de la comtesse Thürhein, qui vous aimait tant et que vous aimiez aussi, et où votre nom était prononcé au milieu d'une phrase mélancolique qui m'a ému profondément; car, dans l'espèce de nostalgie où je suis, figurez-vous ce qu'a été pour moi le rappel de la *Landstrasse* et de la *Gemeindegasse!* Je me suis assis sur un banc et suis resté près d'une heure les yeux attachés sur le Duomo, fasciné par tout ce que cette lettre rappelait. Et tous les incidents de mon séjour à Vienne ont passé devant moi dans toute leur vérité naïve, dans toute leur candeur de marbre. Ah! que ne doit-on pas, je ne dis pas à celle qui nous cause de si douces et pures souvenances, mais au fragile papier qui les réveille! Il faut songer que je suis sans nouvelles de vous depuis trois mois par ma faute! Vous savez pourquoi; mais vous ne saurez jamais d'où me vient cette soif pour la fortune.

Je vais répondre à la brave chanoinesse sans lui dire ce qu'elle a fait par sa lettre, car ce sont de ces choses qu'il est difficile d'exprimer même à cette bonne Allemande; mais elle a parlé de vous avec tant d'âme, que je puis lui dire que ce qui est amitié chez elle est chez moi un culte qui ne finira jamais. Elle me dit si gentiment qu'*une* de mes amies, pas la *véritable*, mais *l'autre* est à Venise! vraiment, elle m'a ému aux larmes.

Quelle douleur perpétuelle d'être toujours si près de vous en pensée, et si loin en réalité! Ah! chère âme fraternelle, le Dôme était bien beau, bien sublime pour moi le 5 juin, à onze heures; j'ai vécu là pour une année.

Adieu; je pars demain, et, dans dix jours, je répondrai à toutes vos lettres, trésors qui se sont amassés pendant cet horrible voyage. Que Dieu veille sur vous et les vôtres! N'oubliez pas trop un pauvre exilé qui vous aime bien.

Paris, 10 juin.

C'est d'ici que je vais vous envoyer ma lettre commencée à Milan. Me voici revenu; je suis d'une santé parfaite et le cerveau s'est rafraîchi si bien, qu'il me semble n'avoir jamais rien écrit. J'ai trouvé trois longues lettres de vous qui sont pour mon cœur et mon esprit les plus délicieuses fêtes de ce monde; je les ai pêchées dans les deux cents qui attendaient mon retour, et je les ai lues pendant le bain que j'ai pris pour me délasser d'un pénible voyage, et certes, comme impression, je compte cette heure pour plus que toute ma tournée. Avant de commencer à écrire au public, je veux me donner la douceur de causer avec vous longuement.

D'abord, chère comtesse, mettez, dans ce beau front qui brille d'une si haute intelligence, que j'ai dans votre jugement littéraire une confiance aveugle, que je vous ai faite, sous ce rapport, l'héritière de l'amie que j'ai perdue, que ce que vous m'écrivez devient aussitôt l'objet de longues méditations, et qu'ainsi j'attends de vous, *courrier par courrier*, une critique sérieuse de *la Vieille Fille*, comme la chère conscience que j'ai eue et dont la voix retentit toujours à mon oreille savait les faire; c'est-à-dire que vous relirez l'œuvre, et que, page par page, avec les indications les plus précises et les plus exactes, vous m'indiquerez les idées, les situations, qui vous auront déplu comme fond ou comme forme, en me disant ce qu'il faut ôter ou remplacer, ou seulement modifier dans le passage que vous signalerez. Soyez sans pitié ni indulgence, allez-y hardiment; car, pensez-y, ne serais-je pas indigne de l'amitié que vous daignez avoir pour moi, si, dans l'intimité de notre correspondance, j'avais la misérable petitesse d'un auteur. Aussi je vous demande une fois pour toutes de supprimer les éloges, dites-moi sur trois tons : « C'est bien, c'est très-bien, c'est excellent! » vous aurez là un positif, un comparatif et un superlatif qui sont si flatteurs, chacun en son genre, que je rougis de les offrir à votre encensoir; mais ils sont encore si loin des gracieusetés littéraires que vous m'adressez parfois, qu'ils ne sont que modestes comparativement, ce qui paraîtrait incroyable à un tiers. Soyez donc, je vous en supplie, concise dans l'éloge et prolixe dans la critique; attendez même la réflexion, ne m'écrivez pas dans le moment d'une première lecture. Si vous saviez combien, dans ce que vous me dites sur ma pièce de théâtre[1], il y a d'instinct ou, pour mieux dire, de génie critique, vous seriez fière de vous-même, quoique vous préfériez laisser ce sentiment-là à vos amis.

Oui, — ne vous défendez pas, ne faites pas votre petit geste familier, ne couvrez pas vos yeux de vos petites mains rondes et blanches, — nos plus renommés critiques con-

1. *École des ménages.*

temporains n'auraient pas été plus savants, et vous m'avez si bien fait réfléchir que je suis occupé à remanier mes idées là-dessus. Vous me croirez, car vous savez que, si je suis de bonne foi en toute chose, je le suis surtout en art, que je n'ai rien des niaiseries paternelles qui mettent un si cruel bandeau sur les yeux de tant d'auteurs, et que, si *la Vieille Fille* ne valait rien, j'aurais le courage de la retrancher de mon œuvre.

J'ai bien ri de ce que vous me mandez sur les héritiers millionnaires de la Russie, et ce conte qu'on vous a fait a été dit et inventé aussi à Milan : on a soutenu *mordicus* que j'y venais épouser une héritière immensément riche, la fille d'un marchand de soies; il n'est vraiment pas de conte ridicule duquel je ne sois l'objet, et je vous amuserai bien en vous les disant tous quand je vous verrai. Vos trois excellentes lettres, lues coup sur coup, m'ont baigné l'âme d'affections pures et douces, comme l'eau bienfaisante de la Seine me rafraîchissait le corps, et j'avais encore plus besoin, croyez-le bien, de parcourir ces pages pleines de votre adorable petite écriture que de me délasser physiquement de mes fatigues. Cependant j'avais fait un voyage horriblement beau; il est bon de l'avoir fait, mais c'est comme notre déroute de Russie : heureux qui a vu la Bérésina et qui se trouve sur ses jambes sain et sauf!

J'ai passé le Saint-Gothard avec quinze pieds de neige sur les sentiers par lesquels je l'ai traversé, attendu que la route n'était même pas visible dans la personne des hauts piquets qui l'indiquent, que les ponts jetés sur les torrents ne se voyaient pas plus que les torrents eux-mêmes. J'ai failli périr plusieurs fois malgré onze guides; j'ai gravi le Saint-Gothard à une heure du matin par une lune sublime; j'y ai vu le lever du soleil dans les neiges; il faut avoir vu cela dans sa vie; je l'ai descendu si rapidement, qu'en une demi-heure je suis passé, de vingt-cinq degrés de froid qu'il faisait au sommet, à je ne sais combien de degrés de chaleur dans la vallée de la Reuss; j'ai eu les horreurs du pont du Diable, et, vers quatre heures, je traversais le lac des Quatre-Cantons. Vous voyez que j'ai renoncé à aller par Berne et Neuchatel; je suis revenu par Lucerne et Bâle. J'avais pris par le Tésin et Côme; j'ai cru cette route économique de temps et d'argent, et j'ai, au contraire, dépensé énormément de l'un et de l'autre; mais j'en ai eu pour mon argent : c'est un superbe voyage; il me reste à le faire en été pour revoir ces belles choses sous un nouvel aspect. Ainsi, mon excursion a été comme un rêve, mais un rêve où se trouvait la figure de mon fidèle compagnon, celui dont je vous ai déjà parlé et qui n'a jamais souffert du froid.

Me voilà revenu sérieusement à mes travaux, je vais faire paraître coup sur coup : *la Femme supérieure*, *Gambara*; j'achèverai les *Illusions perdues*, puis *la Haute Banque* et *les Artistes*. Après, j'irai sans doute vous voir au milieu de vos steppes, ou peut-être parviendrai-je à faire une pièce de théâtre approuvée par vous et dont le succès finira mes angoisses financières. Tel est mon plan de campagne, *bella cara contessina*.

12 juin.

J'ai été bien égoïste, j'ai commencé par parler de moi, en répondant aux premières choses qui m'ont frappé dans vos lettres, et je devais dire d'abord combien j'ai été heureux de vous voir quitte enfin du déplorable et sublime métier de garde-malade que vous avez exercé si courageusement et si heureusement. Vous m'avez fait un reproche de dureté qui m'a été bien sensible, pour une phrase; cette phrase n'était, croyez-le, qu'une expression de mon désir de vous voir devenir de plus en plus parfaite, et peut-être ce désir était-il quelque chose d'insensé, car des contrastes sont parfois nécessaires dans un caractère accompli. Quoi qu'il en soit, je ne me plaindrai plus, même quand vous m'accuserez injustement, en songeant qu'une amitié aussi sincère et aussi vieille que la nôtre ne peut être agitée qu'à la surface.

On va sans doute publier une livraison nouvelle des ÉTUDES PHILOSOPHIQUES, celle où sont *les Ruggieri;* j'ai revu les endroits que vous me signalez et j'en ai reconnu les côtés faibles; en les relisant, j'ai trouvé qu'ils se ressentaient de l'état d'angoisse où j'étais en les écrivant, et de la faiblesse d'une tête qui avait trop produit. Vous n'avez que trop raison, il y aura beaucoup à retoucher. J'ignore ce qu'on aura dit de cette pauvre préface d'un livre qui s'appelle *Illusions perdues;* je vais faire la suite et compléter l'œuvre.

Votre existence solitaire et monotone, que vous me dépeignez avec tant de charme et de poésie, me tente beaucoup. C'est surtout après un voyage comme le mien qu'un pareil récit a du prix. Je vous dois le seul rire un peu homérique auquel je me sois laissé aller depuis longtemps; que vous êtes bonne de m'avoir communiqué ce passage de votre lettre à votre cousine en réponse à la sienne, dont vous avez eu la bonté de me copier les sucreries d'oratoire! En dépit de vos admirations pour elle, je continue à vous affirmer que vous êtes dans la plus complète erreur en croyant être aimée d'elle. Je ne crois pas cette femme-là sincère; je ne sais en vérité que lui répondre, car je suis aussi bête quand je n'ai rien dans le cœur, que je le suis souvent quand il est trop plein.

CXC.

A LA MÊME.

Paris, 15 juin 1838.

Voilà huit jours que je suis de retour, et voilà huit jours que je fais de vains efforts pour reprendre mes travaux; ma tête se refuse à tout travail intellectuel, je la sens pleine d'idées et rien ne peut en sortir; je suis incapable de fixer ma pensée, de la contraindre à considérer un sujet sous toutes ses faces et à en déterminer la marche. Je ne sais quand cette imbécillité cessera, mais peut-être est-ce l'accoutumance qui me manque. Quand un ouvrier a laissé ses outils pendant quelque temps, sa main s'est engourdie, elle a fait pour ainsi dire divorce avec l'outil ; il faut qu'il recommence petit à petit cette fraternité due à l'habitude et qui lie la main à l'outil, autant que l'outil à la main.

18 juin.

Je suis allé hier au soir voir *la Camaraderie*, et je trouve beaucoup d'habileté dans cette pièce. Scribe connaît le métier, mais il ignore l'art. Il a du talent, mais il n'a pas le génie dramatique, et, d'ailleurs, il manque complétement de style. J'ai rencontré Taylor, le commissaire royal près le Théâtre-Français, qui vient de rapporter, pour un million, quatre cents tableaux d'Espagne, et des plus beaux. En quelques minutes, il a été convenu qu'il se chargerait de faire recevoir, répéter et jouer une pièce de moi au Théâtre-Français, sans que, jusqu'au moment de nommer l'auteur, on pût en savoir le nom, me donner autant de répétitions que j'en voudrais, enfin m'épargner les ennuis qui accompagnent la réception et la représentation d'une pièce. Maintenant, laquelle faire? Oh! combien quelques conversations avec vous me seraient nécessaires, car vous êtes la seule personne, à présent que je suis séparé par la mort de l'amie qui avait élevé, suivi, fortifié mes essais, vous êtes le seul être et le seul conseil en qui j'aie foi. Oui, les personnes de qui le cœur est aussi noble que la naissance, qui ont contracté l'habitude des nobles sentiments et des choses élevées en tout, celles-là seulement devraient être mes juges et mes critiques. Voici déjà quelque temps que je me suis habitué à penser avec vous, à vous mettre en second dans mes idées, à vous les communiquer telles qu'elles me viennent, en vous en soumettant la direction, et vous ne sauriez croire quelle douceur j'éprouve, après cette lacune de voyage, à venir vous dire, comme jadis, la vie de ma pensée; car, pour celle du cœur, il n'en est pas besoin, malgré certains passages mélancoliques et pénibles que j'eusse voulu retrancher de mon existence et pour lesquels je suis sûr d'avance de votre indulgente pitié; vous savez trop bien que tout ce qui n'est pas vous n'est que surface, sottise et vains palliatifs de l'absence. Les âmes haut situées ne changent pas; comme les cimes que je viens de voir tantôt, les nuages les couvrent, les accidents de la lumière et du jour les éclairent différemment, mais leur neige reste pure, éclatante, éternelle...

Adieu pour aujourd'hui, car il faut que je compulse mes pensées sur le théâtre et que je me mette à voyager dans les limbes dramatiques pour savoir à quoi je donnerai la vie ou la mort. Si cette affaire est de la dernière importance pour mes intérêts financiers, elle n'est pas moins grave pour ma réputation d'écrivain. Je vais fermer ma lettre pour vous l'envoyer. Si j'ai manqué à vous écrire pendant mon voyage, vous vous apercevrez à la fréquence de mes lettres que je sais réparer les fautes d'omission.

La loi sur la garde nationale va me faire prendre un parti violent, celui de me mettre dans une campagne à deux lieues de Paris. Mais, cette fois, je serai dans une maison à moi. Puis me voici obligé très-sérieusement à travailler mes seize heures par jour, pendant trois ou quatre mois. Si au moins les signatures de complaisance données à cette pauvre bête de Werdet ne me causaient pas de chagrin, je serais presque tranquille sous le rapport financier.

A bientôt; vous aurez encore une longue lettre cette semaine. Mes souvenirs à tout ce qui vous entoure : vous saurez distinguer ce qu'il y a là de moins indigne de vous pour vous.

CXCI.

A MADAME ZULMA CARRAUD, A FRAPESLE.

1838.

M. H. de Balzac, aux Jardies, par Sèvres (Seine-et-Oise).

Voilà mon adresse pour bien longtemps, trois fois chère, car ma maison est presque achevée, et j'y demeure. Trois chambres au-dessus l'une de l'autre : le rez-de-chaussée faisant salon, le premier chambre à coucher et le second mon cabinet de travail ; le tout, mis en communication par une échelle à laquelle on donne le nom d'escalier, compose l'habitation de votre ami. Tout alentour une allée qui serpente, dans un petit arpent de Paris, et entourée de murs, mais où l'on ne plantera des fleurs, des arbres et des arbustes qu'au mois de novembre prochain. Puis, à soixante pieds de là, un corps de logis où sont les écuries, remises, cuisines, etc., un grand appartement et des chambres de domestiques ; voilà les Jardies.

Le bâton de perroquet sur lequel je suis perché, le jardinet et le bâtiment des communs, tout est situé au milieu de la vallée de Ville-d'Avray, mais sur la commune de Sèvres, côte à côte avec l'embarcadère du chemin de fer de Versailles, sur le revers du parc de Saint-Cloud, à mi-côte, au midi ; la plus belle vue du monde, une pompe que doivent envelopper des clématites et autres plantes grimpantes, une jolie source, le futur monde de *nos* fleurs, le silence et quarante-cinq mille francs de dettes de plus ! Vous comprenez ! Oui, la folie est faite et complète ! Ne m'en parlez pas, il faut la payer, et maintenant je passe les nuits!

J'ai été en Sardaigne, je ne suis pas mort, j'ai trouvé les douze cent mille francs que j'avais devinés, mais le Génois s'en était déjà emparé par un *biglietto reale* expédié trois jours avant mon arrivée. J'ai eu comme un éblouissement, et tout a été dit. Je suis resté trois mois à finir les affaires du comte Visconti, pour que mon voyage ne fût pas inutile, et suis revenu depuis un mois, accablé d'affaires, de travaux et de distractions. Chaque bout de terre qu'il me faut comporte dix propriétaires, dix contrats, dix négociations. Je suis dans un guêpier et ne puis ôter qu'une guêpe à la fois. Je vous raconterai mon voyage quelque jour; il est curieux, allez!

Je mène de front à la fois le théâtre et la librairie, le drame et le livre. C'est vous dire pourquoi je ne vous ai pas écrit; mais ce que je puis vous dire, c'est le plaisir que m'a fait votre souvenir digne des amis du Monomotapa.

Je sais qu'Auguste arrive; il a éprouvé beaucoup de déceptions, et je voudrais qu'il trouvât ce que je lui dois, afin de lui prouver que je comprends tout ce que vaut un ami comme lui et un cœur comme le sien. C'est en tête de mes obligations; quoique je sois étreint par une nécessité qui n'a jamais desserré un seul bouton de sa camisole d'acier depuis ma naissance, j'ai plus que jamais foi dans mon travail; j'ai promesse de vingt mille francs d'un théâtre pour la pièce que je fais, et je vais organiser mes travaux dramatiques sur la plus grande échelle, car là désormais est la recette. Les livres ne donnent plus rien.

Voilà le bulletin de ma situation. Tout est pire, le travail et la dette. Je suis seulement moins chèrement et plus près de Paris que je ne l'étais partout où je l'ai habité. Dix minutes et dix sous m'y conduisent à tout moment. Je ne crains plus ni visites ni dérangements et suis chez moi. Là, tout est bonheur. Aussi ai-je puisé dans cette manière de vivre une énergie nouvelle, car je veux être ainsi, isolé mais tranquille à tout prix. Tout est préparé pour une vie médiocre comme pour une vie élégante, pour la vie des amis et l'éloignement des faux sentiments. A cinq cents pas des Jardies commencent les bois de Versailles, où je vais à pied en me promenant. Vous ne sauriez croire combien tout est frais, joli, et combien tout sera gracieux autour de moi en quelques années; mais il faut énormément gagner d'argent.

Addio, cara! une autre fois, je vous en dirai plus long. Aujourd'hui, je suis pressé. Je ne voulais que répondre au pressement délicat de vos mains soyeuses, et je vous ai écrit presque quatre pages; mais le moyen de faire autrement avec une sœur! Je souhaite vivement le succès de ce que vous me dites, et vous voyez pourquoi par ma lettre, hélas!... Maintenant que je vais imiter Frapesle, je n'irai plus me reposer là; mais j'irai vous voir et j'aurai le mérite d'y aller bien entièrement pour vous. J'avais quelques scrupules de cœur en m'y délassant de Paris et y faisant la convalescence de ma cervelle fatiguée.

Baisez Yorik au front. Mille gracieuses choses au commandant. Ne m'oubliez pas dans votre prochaine lettre auprès de notre ami Périollas. Quant à vous, je vous baise saintement les mains et ne vous parle plus d'une amitié qui vous est connue. *Addio, a rivedersi.* Dites au commandant que je puis, à présent, exiger visite pour visite. J'ai une chambre d'ami, ou *j'aurai,* car les plâtres sont encore trop frais pour habiter, et je suis là malgré le médecin.

Tout à vous de cœur.

CXCII.

A LA MÊME.

Les Jardies, 1838.

Cara,

Mille tendres mercis pour votre bonne lettre ; car, quelque pressé que soit ce pauvre laboureur, il gardera plutôt son grain à la main pour venir dire à une aussi vive et sérieuse amitié : « Je la sens par tous les pores ! »

N'ayez aucun remords des heures de Frapesle ; ils étaient deux contre moi là-bas, et le Génois s'était mis en règle dès mon départ par la corruption auprès des gens de cour ; le mal était fait quand je suis parti.

Ce serait un des bonheurs de ma vie d'avoir M. Périollas auprès de moi ; c'est un de ces caractères que j'ai remarqués, estimés, et il y en a très-peu. Il a eu un élan, un jour, en apprenant mes malheurs, que j'ai compté comme dix ans d'amitié ; aussi, malgré la rareté de nos entrevues, avais-je le projet d'inscrire son nom comme celui du commandant en tête de quelque Scène de vie militaire. Je lui suis redevable de quelques précieux renseignements. C'est un des rares gens à qui je reconnaisse le talent d'écrire à un très-haut degré ; je le prendrais volontiers pour un de mes conseils.

N'ayez pas peur de venir aux Jardies tant que vous voudrez ; car, quoiqu'on y travaille beaucoup, jamais vous n'y serez que bienvenue, et vous ne romprez pas la solitude, car vous êtes de ces esprits qui la meublent. Hélas! la tranquillité, jamais! Vous serez effrayée quand je vous dirai que, depuis mon retour, c'est des quatre volumes, des trois ou quatre comédies faites ou en train, puis des exigences d'argent à épouvanter, des ennuis à périr! Et je vous jure que j'ai donné la démission de toutes mes espérances, de tous mes luxes, de toutes mes ambitions! Je veux une vie de curé, une vie simple et paisible. Une femme de trente ans qui aurait trois ou quatre cent mille francs et qui voudrait de moi, pourvu qu'elle fût douce et bien faite, me trouverait prêt à l'épouser; elle payerait mes dettes, et mon travail en cinq ans l'aurait remboursée. Il faudrait faire là encore des sacrifices énormes; mais il vaut mieux se marier que de périr, et je n'ai pas la sûreté de la vie : il est impossible qu'à mon âge on soutienne les travaux auxquels il faut me livrer sans courir à quelque épuisement qui équivaut à la mort. Je ne vis plus que pour satisfaire à des obligations sacrées.

J'attends quelque succès au théâtre; mais je n'ai pas encore eu le temps de méditer les pièces, ou de les exécuter comme je voudrais les voir. Enfin, quoique la muse laborieuse soit une compagne qui fait supporter la solitude, le besoin d'un être qui ne me quitte plus se fait sentir. Mais j'entrevois ce besoin à travers le brouillard de mes travaux, et ils sont si énormes, d'ici à quatre ou cinq mois, que je ne sais pas si j'ai deux heures de loisir pur à moi.

Soignez-vous bien. Ne m'en voulez point si je ne vous envoie pas les deux volumes qui contiendront *la Femme supérieure, la Maison Nucingen* et *la Torpille :* il est possible que je ne le puisse pas; je n'ai plus aucun exemplaire à moi.

Adieu; aimez toujours bien ce pauvre Honoré; vous êtes une des seules âmes qui le connaissent, et songez que les deux lignes publiques de la dédicace ne sont pas la millième partie des grandes et belles choses qu'il pense de vous, car il a l'orgueil de croire vous connaître mieux que personne. Mille bonnes amitiés au *dear* commandant, et tout à vous.

J'ai eu à me louer de Pérémé pour une négociation relative au théâtre, et il est bien comme moi sincère admirateur des qualités d'âme d'Auguste, amitié à part[1].

Embrassez Yorik.

CXCIII.

A MADAME HANSKA, A VIERZSCHOVNIA.

Sèvres, aux Jardies, juillet 1838.

Je reçois aujourd'hui votre numéro 44, et j'y réponds, ainsi qu'aux trois lettres que j'ai trouvées rue des Batailles, en arrivant il y a un mois.

D'abord, chère comtesse, sachez que la « veuve Durand » n'existe plus : la pauvre femme a été tuée par les petits

1. Pérémé (d'Issoudun) était le compatriote et l'ami d'Auguste Borget, et comme une pièce de lui avait été jouée au théâtre de la Renaissance (salle Ventadour), Balzac, lorsqu'il avait eu l'idée d'aborder la scène avec son *École des ménages,* s'était fait présenter au directeur de ce théâtre par l'ami de son ami.

journaux, qui ont poussé l'indignité envers moi jusqu'à trahir un secret qui, pour tout homme d'honneur, devait être sacré. Sachez donc que je suis établi pour toujours à Sèvres, et que mon bouge s'appelle les Jardies; ainsi donc, *à M. de Balzac, aux Jardies, à Sèvres,* est et sera pour longtemps mon adresse.

Vous l'aviez bien prédit dans votre dernière lettre : j'ai dû passer ici un mois, rien qu'à me retourner pour me faire une place sur mon fumier; encore suis-je dans des plâtres neufs, au milieu des maçons, des terrassiers, des peintres et autres ouvriers. Je suis arrivé plein de ce livre que vous savez, qui n'existe pas, qui n'a jamais été fait et que je voudrais pouvoir faire, et j'ai trouvé ici les plus sots intérêts mercantiles : les deux volumes de la réimpression de *la Femme supérieure,* auxquels il manque quelques feuilles pour pouvoir se vendre et qu'il faut compléter par le commencement de *la Torpille.* J'ai trouvé l'entrepreneur de ma maison aux abois, j'ai trouvé la meute de mes dettes, des ennuis de tout genre; j'en ai eu pour un mois à aller, venir, etc. J'ai d'abord eu pour une semaine à me reposer; mon retour a été fatigant, j'ai risqué d'avoir une ophthalmie sur le mont Cenis, car j'ai quitté la plus grande chaleur de la Lombardie, et, quelques heures après, j'ai eu vingt degrés de froid dans les Alpes, de la neige et un vent glacial.

7 août.

Quinze jours d'interruption, et cette lettre est constamment restée sous mes yeux, sur ma table, sans que je puisse vous dire que sur le mont Cenis le vent chassait une poussière fine qui piquait les yeux et y jetait des grains aveuglants; et je sais que mes lettres, où je vous raconte si minutieusement ma vie, vous font presque autant de plaisir que j'en ressens à vous les écrire. Seulement, en vous écrivant, il me semble que je vous parle, que vous m'écoutez, même que vous me répondez; je vous entends, votre voix me soutient et me rafraîchit, tandis que la mienne vous communique mes ennuis, mes vertiges, mes mécomptes, mes terreurs, mes lassitudes, mes travaux. Votre existence est calme, douce, religieuse; elle se déroule lentement comme une source vive sur son lit de gravier blanc entre deux rives vertes et fleuries; la mienne est un torrent; du bruit et des pierres toujours et sans cesse. J'ai vraiment honte de cet échange où je n'apporte que des troubles et vous des trésors de paix. Vous êtes patiente et je suis révolté, vous êtes résignée et je suis découragé, parfois même désespéré... Vous n'avez donc pas compris le dernier cri que j'ai jeté à Milan; j'ai eu là double nostalgie, et je n'avais pas, contre la plus horrible des deux, la ressource plus horrible encore de mes luttes que j'ai ici. Ici, le combat moral et physique, la dette et la littérature, ont quelque chose d'étourdissant, d'entraînant; vous le voyez, je suis interrompu à un mot, au milieu d'une nuit, et je ne puis reprendre notre causerie qu'à quinze jours de là.

J'ai un monde de choses à vous dire, et, en premier lieu, ôtez de votre douce vie tranquille une préoccupation comme celle de la recherche d'un houka. Figurez-vous que tout vient de mon ignorance; j'ai cru que vous habitiez près de Moscou, et j'ai cru Moscou le marché principal de ces choses-là, voilà tout; puis je voulais tenir de vous un meuble qui est, dit-on, un chasse-chagrin ; s'il vous avait causé le moindre souci, il me serait devenu insupportable à voir.

Je suis donc ici, aux Jardies, malgré l'ordonnance de mon docteur, qui m'a positivement défendu d'habiter des plâtres neufs. Ma maison est située sur le revers de la montagne ou plutôt de la colline de Saint-Cloud, adossée au parc du Roi, à mi-côte, au midi. Au couchant, l'embrasse tout Ville-d'Avray ; au midi, je vois sur la route qui passe au bas des collines où commencent les bois de Versailles, et, au levant, je plane au-dessus de Sèvres et mes yeux s'étendent sur un immense horizon au bas duquel gît Paris, dont la fumeuse atmosphère estompe le bord des célèbres coteaux de Meudon et de Bellevue, par-dessus lesquels je vois les plaines de Montrouge et la route d'Orléans qui conduit à Tours. C'est d'une étrange magnificence et d'un ravissant contraste. Le fond de la vallée de Ville-d'Avray a toute la fraîcheur, l'ombre, les hauteurs, la verdure d'une de ces vallées suisses qui vous plaisaient tant ; elle est, de plus, ornée de délicieuses fabriques. Le côté opposé à celui que je vous décris brille par des lignes d'horizon qui, à l'extrémité, ont l'apparence de la pleine mer... Des bois et des forêts partout ; au nord, les beaux arbres de l'habitation royale. Au bout de ma propriété est l'embarcadère du chemin de fer de Paris à Versailles, dont le remblai comble la vallée de Ville-d'Avray, sans rien m'ôter de mes points de vue. Ainsi, pour dix sous et en dix minutes, je puis passer des Jardies à la Madeleine, en plein Paris ! tandis qu'à Chaillot et à la rue Cassini, il me fallait une heure et quarante sous au moins.

Aussi, grâce à cette circonstance, les Jardies ne seront jamais une folie, et leur prix un jour sera doublé. J'ai la valeur d'un arpent, terminé au midi par une terrasse de cent cinquante pieds et entouré de murs. Il n'y a encore rien de planté; mais, cet automne, je compte faire de ce petit coin de terre un Éden de plantes, de senteurs et d'arbustes. A Paris et aux environs, on obtient tout ce qu'on veut en ce genre, pourvu qu'on ait de quoi le payer. J'aurai des magnolias de vingt ans, des tilleuls de seize ans, de grands peupliers, de grands bouleaux rapportés avec leurs mottes, du chasselas venu dans des paniers pour être récolté dans l'année. Oh ! cette civilisation est admirable ! véritablement, si la paix et la prospérité progressive de ce règne continuent sous les règnes suivants, on ne saurait prévoir à quel degré de bien-être et de béatitude matérielle atteindra ce bienheureux pays, surtout si les circonstances n'entravent pas la marche de la nature, qui l'a traité avec une si maternelle prédilection.

Aujourd'hui, mon terrain est nu comme la main; au mois de mai prochain, ce sera surprenant. J'ai à acquérir deux arpents autour de moi pour avoir des potagers, vergers, etc.; il faudrait pour cela une trentaine de mille francs mais je veux les gagner pendant cet hiver.

La maison est un bâton de perroquet; il y a une chambre à chaque étage, et il y a trois étages. Au rez-de-chaussée, une salle à manger et un salon; au premier, une chambre à coucher et un cabinet de toilette; au second, le cabinet de travail où je vous écris en ce moment, au milieu de la nuit. Le tout est flanqué d'un escalier qui ressemble beaucoup à une échelle. Il y a tout autour une galerie pour se promener à couvert et qui règne aussi par conséquent au premier étage; elle est soutenue par des pilastres en briques. Ce petit pavillon à l'italienne est peint en briques avec des chaînes en pierre aux quatre coins, et l'appendice où est la cage de l'escalier est peint en coutil rouge rayé de blanc. Il n'y a place que pour moi. A soixante pieds en arrière, vers le parc de Saint-Cloud, sont les communs composés, au rez-de-chaussée, d'une cuisine et d'une office, garde-manger, etc., d'une écurie, d'une remise et d'une sellerie salle de bain, bûcher, etc., etc. Au premier, un vaste appartement à louer si je veux, et, au second, des chambres de domestiques et une d'ami. J'ai une source d'eau qui vaut la célèbre source de Ville-d'Avray, car c'est la même nappe, et mon promenoir environne carrément toute la propriété.

Rien n'est encore meublé, mais tout ce que je possède à Paris va venir petit à petit ici. J'ai pour le moment l'ancienne cuisinière de ma mère, et son mari, pour me servir, car je suis encore pour au moins un mois au milieu des maçons, des peintres et autres ouvriers; et je travaille, ou vais travailler pour payer tout cela. Quand l'intérieur sera achevé, je vous le décrirai.

Je vais rester là jusqu'à ce que ma fortune soit faite, et je m'y plais déjà tant, que, quand j'aurai acquis le capital de ma tranquillité, je crois que j'y finirai mes jours en paix, donnant, sans tambour ni trompette, démission de toutes mes espérances, de mes aspirations, ambitions, de tout enfin... La vie que vous menez, cette vie de solitude et de campagne a toujours eu beaucoup d'attrait pour moi; j'ai voulu davantage, parce que je n'avais rien du tout et qu'une fois dans le domaine des illusions, il ne coûtait pas plus au jeune homme de faire tout grand; aujourd'hui, l'insuccès en toute chose a lassé mon caractère, je ne dis pas mon cœur, qui espérera toujours... quand même !... Que j'aie un cheval, des fruits en abondance, la vie matérielle assurée, voilà ma place au soleil acquise et non payée, mais tracée; car je paye des intérêts de capitaux, au lieu de payer des loyers, voilà le changement de front que j'ai opéré; je suis chez moi, au lieu d'être chez un assommant propriétaire; c'est un grand point de gagné pour ma tranquillité privée et quotidienne, mais il n'y a là aucune amélioration pour l'état général de mes affaires. Ma dette et mes ennuis d'argent restent les mêmes; seulement, le redoublement de mon courage est maintenant puisé dans la médiocrité de mes désirs. A demain donc pour vous continuer mes bavardages et vous les envoyer avec mes amitiés, hommages et souvenirs.

Mercredi 8 août.

Il y a beaucoup de choses auxquelles j'ai besoin de répondre; mais vos dernières lettres sont restées à Paris, et, avant que je puisse y aller, vous auriez trop de retard. Ce sera donc pour une autre lettre qui suivra promptement celle-ci; mais, entre autres choses qui m'ont frappé, j'ai été tristement atteint par l'excessive mélancolie de vos idées religieuses; vous m'écrivez sévèrement comme si je ne croyais à rien, et comme si vous vouliez m'envoyer à la grande Chartreuse pour essayer de me convertir. Depuis quelque temps, le sens de vos lettres est toujours : « La terre ne m'intéresse plus, je n'ai rien à y faire. » Vous ne sauriez croire combien d'inductions peut-être mal fondées je tire de cet état; mais, comme vous me le dites avec tant de sincérité, vous ne m'exprimez que ce que vous sentez; autrement, vous seriez fausse ou méfiante, et l'on doit être tout vérité avec un vieil ami comme moi. Dussé-je vous déplaire, je vous dirai avec confiance que je ne suis pas satisfait et que je voudrais vous voir dans d'autres idées; aller ainsi à Dieu, c'est renoncer au monde, et je ne comprends pas pourquoi vous y renonceriez lorsque vous avez tant de liens qui vous y attachent et tant de devoirs à y remplir. Il n'y a que les âmes faibles ou coupables qui prennent ce parti-là... Les réflexions que je fais à ce sujet ne sont pas de nature à vous être communiquées; elles sont d'ailleurs très-égoïstes et ne regardent que moi. C'est comme celles que j'ai exprimées de Milan; elles vous ont déplu, puisqu'elles vous troublent, dites-vous; et, de celles-là, j'en ai le cœur affaissé... Je vois clairement que le bonheur ne m'arrivera jamais; et qui n'a pas quelque amertume en ayant cette pensée-là continuellement et sans cesse au cœur? J'ai été bien malheureux dans ma jeunesse, mais madame de Berny a tout soldé par un dévouement absolu qui n'a été compris dans toute son étendue que quand la terre a eu repris sa proie. Oui, j'ai été gâté par cette femme admirable; je le reconnais en travaillant à perfectionner ce qu'elle n'a fait qu'ébaucher en moi. J'allais vous parler de quelques nouvelles contrariétés, mais il faut encore me taire; il y a je ne sais dans laquelle de mes lettres une promesse que je me suis faite de ne plus vous parler de mes ennuis, de ne vous écrire que dans les moments où je vois tout en rose, et de confier mes lamentations aux nuages qui passent et qui vont au nord; ils vous parleront quand vous les verrez bien gris. Combien de confidences noires n'ai-je pas étouffées !... Il y a, croyez-le bien, des coins que je vous cache, et c'est ceux-là où vous seriez bien étonnée en y pénétrant et y trouvant, malgré tant d'agitations, de préoccupations, de travaux, de voyages et même, comme vous dites, *de dissipation intérieure,* une idée fixe, un désir plus intense chaque jour et qui certes a peu de puissance puisqu'il ne déplace pas les montagnes, miracle promis à la foi. Bien souvent mes amis m'ont vu pâlir au bruit d'un coup de fouet trop retentissant et m'élancer à la fenêtre; ils me demandaient ce que j'avais, et je me rasseyais palpitant et sombre pour quelques jours. Ces fiévreux soubresauts, coupés de violences intérieures me cassent et me brisent; il y a des jours où je me figure que ma destinée se décide, qu'il m'arrive une chose heureuse ou malheureuse, qu'elle se prépare et que je n'y suis pas. C'est des folies de poëte, qui ne sont comprises que par eux. Il y a des jours où je prends la vie réelle et tout ce qui m'entoure pour un rêve, tant l'existence que je mène est pour moi contre nature.

Maintenant, tout cela va-t-il cesser au milieu des champs qui me calment toujours?... Aurai-je assuré la vie matérielle sous laquelle je veux comprimer la vie du cœur, que je vois inutile et perdue malgré les dix belles années qui me restent? car ma passion est d'un absolu dont vous ne sauriez vous faire une idée; il lui faut tout ou rien. Je suis là-dessus comme un lycéen au premier jour de sa sortie du lycée. Que vous dirai-je?... je suis très à plaindre et ne veux pas être plaint; je n'ai jamais rien fait qui pût démontrer l'absurdité des niais mensonges de l'opinion, qui me prête si généreusement les bonnes grâces des plus charmantes femmes de Paris et auxquels ont donné lieu les coquetteries de madame de Castries et de quelques autres. J'accepte même l'accusation de fatuité; enfin, je voudrais accumuler niaiserie sur niaiserie pour cacher l'homme vrai, qui n'est qu'à une seule idée, à un seul sentiment et à tout ce qui s'y rapporte.

Je suis en ce moment en train de faire une portion de mon livre d'amour[1], qui sera détachée. Je veux tâcher de peindre une âme de jeune fille avant l'invasion de cet amour qui la conduira au couvent; j'ai trouvé juste de lui faire abhorrer les carmélites au commencement de sa jeunesse, où elle ne rêve que le monde et ses fêtes, sans se douter que le malheur la ramènera au couvent qui sera pour elle un asile et un refuge, après avoir été un ennui et un tourment. Comme elle a passé huit années au couvent, elle arrive à Paris aussi étrangère que le Persan de Montesquieu, et je lui ferai juger et dépeindre le Paris moderne par la puissance de l'idée, au lieu de me servir de la méthode dramatique de nos romans; c'est une donnée nouvelle, et, si je réussis à l'exécuter comme je l'entends je vous réponds que vous serez contente de moi.

Cependant, il m'est fort difficile de reprendre ma vie de travail, de me lever à minuit et d'écrire jusqu'à cinq heures après midi; voici la première matinée que je passe sans sommeiller entre six et huit heures. Six mois d'interruption ont fait bien du ravage dans ma vie littéraire; il y a des

1. Ce fragment, qui devait être intitulé *Sœur Marie-des-Anges*, n'a jamais été écrit.

forces qui viennent de l'habitude, et, quand l'habitude est rompue, adieu la force! J'espère rester trois ou quatre mois ici à travailler, afin de réparer les brèches faites par mon absence, et, si mes pièces de théâtre réussissent, peut-être aurai-je, au-dessus de mes dettes, gagné le capital nécessaire à l'eau de ma table, à mon pain quotidien, à mes fleurs et à mes fruits. Le reste viendra peut-être avec le temps. Je ne saurais vous dire combien ma maison d'opéra-comique, ce pavillon qui s'avance sur le théâtre et où les amants se donnent toujours rendez-vous, a réveillé en moi d'idées bourgeoises et ménagères; on serait si heureux là, avec tous les avantages de Paris et sans aucun de ses inconvénients. Je suis là tranquille comme à Saché, ayant en plus la possibilité d'être à Paris en quinze minutes, le temps de réfléchir seulement à ce qu'on y va faire. — Mon Dieu, mon Dieu !... avez-vous lu, dans les *Lettres d'un voyageur*, l'endroit du *Moulin-Joli?*... j'ai vu cette gravure chez *Elle*, sans savoir encore à quel passage terrible sa vue avait donné lieu, terrible pour les gens dépareillés; eh bien, les Jardies sont le Moulin-Joli, sans la femme qui grave. Si vous ne connaissez pas cette histoire lisez-la; c'est ce que George Sand a le mieux conté.

Je vous envoie tous mes hommages avec ces fleurs d'âme qui sont si exactement les mêmes, que j'ai peur de vous en fatiguer. Mille bons souvenirs à tout ce qui vous entoure, particulièrement à la chère enfant qui est votre bonheur et votre joie, ou plutôt qui est votre vie même, votre vie tout entière. Je ne puis vous envoyer d'autographe cette fois-ci, grâce à un petit désastre d'intérieur: j'avais une jolie lettre de Manzoni, on vient de me la brûler pour allumer le feu! Voilà plusieurs fois qu'on a brûlé ainsi chez moi des papiers précieux.

Les journaux vous auront dit la fin déplorable de cette pauvre duchesse d'Abrantès; elle a fini comme a fini l'Empire. Quelque jour, je vous expliquerai cette femme-là, ce sera une bonne soirée de château à Vierzschovnia. Je vais pouvoir répondre à vos bucoliques sur vos belles plantes, vos fleurs et vos gazons, par des idylles sur les miens; mais, hélas! il y a la différence de la quantité! Vous avez cent mille arpents là où j'ai des pieds carrés. N'oubliez pas de me parler de votre santé, de votre beauté, de vos études, enfin de ce que vous faites au fond de vos steppes; vous le ferez, si vous vous doutez le moins du monde du prix immense que j'attache aux plus menues minuties de votre existence de châtelaine régnante. Allons, il le faut, *addio!*

CXCIV.

A MADAME LA DUCHESSE DE CASTRIES, A PARIS.

Sèvres, aux Jardies, 1838.

Dans ce moment, je suis ici occupé avec des ouvriers à achever une vraie maison d'opéra-comique où je veux travailler loin du monde et où ceux qui m'aiment sauront me trouver s'ils le veulent; je vous ai dit que je me préparais à une entière solitude, au cas où j'échouerais dans mon voyage, et j'ai échoué. J'ai trouvé au retour tant de travaux et si peu de maison, tant d'argent à payer et si peu d'ouvrage dans mon portefeuille, que je travaille en ce moment depuis minuit jusqu'à cinq heures du soir. Ma position est si peu comprise par les personnes dont la vie est tout arrangée et qui font ce qu'elles veulent, que je ne saurais en parler sans exciter l'étonnement et peut-être même l'incrédulité.

Vous voyez qu'il m'est difficile de vous obéir et d'aller vous trouver à Dieppe; j'ai une santé de fer, parce que je ne me suis jamais ébréché qu'au service des muses, ce que vous ne voulez jamais croire. A l'horizon du paysage qui se déploie sous mes fenêtres, j'ai la plaine de Montrouge, qui fait l'effet d'une mer calme; la mer agitée est au dedans de moi; j'ai donc en moi un petit Dieppe portatif. Mais, quant à vous, la perte est irréparable, et, lorsque j'aurai le bonheur de vous revoir, vous ne pourrez, en amie sincère, que me dire : « Vous avez eu raison de rester là! » quand je vous aurai dit surtout, en murmurant à votre oreille, les raisons qui m'y clouent.

Je vous envoie mille tendres et affectueux hommages, et vous savez combien ils sont vifs et sincères, malgré la querelle que vous ne voulez pas faire finir entre vous et le plus dévoué de vos serviteurs.

CXCV.

A M. LE MARQUIS DE BELLOY[1], A PARIS.

Les Jardies, 1838.

Mon cher de Belloy,

Pas un sou, beaucoup de travail, vos six heures par jour en trois fois, voilà ce qui vous attend à Sèvres, si vous

1. *Gambara* luiest dédié.

voulez venir y réaliser des choses qui ne sont plus des brouillards, mais des traités conclus et dont le produit relatif dépendra de ce brillant esprit que vous avez la fatale imprudence de jeter aux vents.

Moi, je suis à l'œuvre, et je renonce à qui n'en voudra pas; j'ai chaussé le grand collier du travail parce que l'autre me pèse trop!

Votre tout dévoué,

LE MAR { TYR. / IN. / RI. / A BOUT, etc.

Je puis vous assez mal loger, vous prendre en pension pour quarante sous par jour, et vous aurez, pour trente-cinq francs, du bois pour tout un mois. Trois mois de travaux assidus vous sauveraient en vous prouvant combien le résultat serait proche. Mon plus grand regret est de ne pas avoir les cent francs qui vous seraient nécessaires. Mais faites cela sagement, et venez dimanche; Grammont en sera. Je ne prétends pas vous asservir à une règle aussi dure que la mienne, et vous n'aurez de travail que par échappées de deux heures.

CXCVI.

A M. ÉMILE DE GIRARDIN,
DIRECTEUR GÉRANT DU JOURNAL *LA PRESSE*, A PARIS.

Sèvres, novembre 1838.

Monsieur,

Vous ignoriez, je le vois, que les conditions de mon marché ont été plus qu'accomplies par moi. Vous vous étiez engagé à prendre, sans les discuter ni en rien retrancher, trois articles de moi dont les dimensions étaient déterminées, et ces clauses sont écrites de votre main. Moi, j'étais engagé à ne rien donner à d'autres grands journaux quotidiens, pendant un certain délai qui est expiré depuis deux ans.

Mes deux premiers articles ont dépassé, l'un (*la Vieille Fille*) du triple les dimensions dites, et l'autre (*la Femme supérieure*) du quintuple. J'ai dix lettres qui me réclament *la Maison Nucingen*, dernier article dû, qui me pressent d'achever les corrections; et il a été deux mois en épreuves sous vos yeux. Je suis parti en janvier pour un long voyage, ayant donné depuis cinquante jours le bon à tirer. Je suis revenu en juillet dernier, et mes éditeurs m'ont appris que *la Presse* refusait d'insérer ce qu'elle était tenue d'insérer, sans que j'en eusse été prévenu.

C'était un procès gagné d'avance, par les conditions écrites que j'ai; mais la situation du gérant de *la Presse* était telle aux yeux du public, qu'en le faisant, j'aurais paru me joindre à ses ennemis. D'ailleurs, un procès gagné coûte tant de soins, que j'ai la plus excessive répugnance à en embarrasser ma vie.

J'ai donc offert, en remplacement, *la Torpille*, déjà acceptée avant *la Maison Nucingen*; et, pour éviter toute difficulté, j'ai communiqué le manuscrit, et, le manuscrit lu, on a composé cette œuvre. Elle a été de nouveau refusée, comme *la Maison Nucingen*. Ici, la patience aurait échappé à tout le monde. Désireux d'en finir, j'ai envoyé, dans la semaine du refus, le manuscrit du *Curé de village*, dont les dimensions sont les mêmes que celles des deux ouvrages rebutés.

S'il y a de la générosité, elle est trop de mon côté pour que j'en abuse. Il y a longtemps que *le Curé de village* aurait paru, si l'on avait, à *la Presse*, mis l'empressement de M. Véron au *Constitutionnel* : il a envoyé chercher les épreuves chez moi, et s'est occupé d'avoir ce qu'il voulait. J'ai les épreuves du *Curé de village* depuis un mois environ : *elles m'ont été envoyées un mois après la remise du manuscrit.* Si *la Presse* veut les envoyer chercher, elles seront prêtes dimanche 2 décembre.

Il n'a rien paru de moi dans *le Figaro*.

La Presse est le seul journal qui m'ait envoyé les stupides réclamations des gens qui ne comprennent pas une œuvre, et qui ont traité de *bavardages* ce que je faisais pour eux.

Je suis fâché, monsieur, que vous ayez vu autrement les choses, mais je n'en suis pas étonné. Ce que madame O'Donnell vous proposait était une manière d'égaliser un marché où, par le fait, je suis lésé ; mais c'est dans cette affaire le second refus, et il n'y a pas d'autre moyen de la terminer que de publier au plus tôt *le Curé de village*; c'est à quoi je me prêterai de grand cœur. Pour y arriver, il faut que je sache si vous m'enverriez par la poste, affranchies, les épreuves, et si je vous les retournerais de même, ou si vous enverriez à mes ordres un de vos porteurs.

Quels que soient mes sentiments à votre égard, monsieur, vous ne trouverez jamais rien chez moi qui ne soit conforme aux règles les plus strictes de la justice, et je puis certes ajouter de la plus haute délicatesse ; car je vous laisserai toujours ignorer combien j'y ai sacrifié à propos de votre refus de *la Maison Nucingen;* mais, moi plus que tout autre, j'ai égard aux droits de l'amitié, même brisée.

CXCVII.

A M. LE MARQUIS DE CUSTINE[1], A PARIS.

Sèvres, 10 février 1830.

Cher marquis,

Je suis tout à fait inhabile à juger les êtres ou les choses qui me font plaisir, et j'ai beau vous écrire d'*Éthel* deux jours après l'avoir lu, je suis trop sensible aux beautés pour m'attacher aux défauts, et cependant il y a peut-être des défauts; mais c'est, je crois, des vices de composition, de métier; j'aime mieux donc vous savoir écrivain qu'auteur.

J'ai été surtout frappé de cette belle lutte entre deux caractères, dont l'un épure l'autre; c'est d'autant plus beau pour moi que *Béatrix,* à laquelle je travaille, est le sujet renversé : c'est la femme coupable (je prends le mot dans le sens vulgaire) épurée par l'amour d'un jeune homme, épurée par la douleur, comme Éthel fait de Gaston. Votre livre doit plaire énormément aux femmes; il est d'un homme qui sent vivement, qui jouit à toute heure de toute sa vie, qui comprend les luttes intestines de la passion. La victoire de l'amour sur les sens était une donnée magnifique, et vous l'avez bien posée;

1. *L'Auberge rouge* lui est dédiée.

j'aurais mieux aimé pour cette œuvre le vieux système du roman par lettres; mais dans cette époque vous avez dû préférer le récit. Les journalistes ne vous rendront pas justice. Ils abaisseront tant qu'ils pourront les courtines de velours rouge sous lesquelles vous avez mis, comme Titien, votre Vénus, et ils feront leur métier, ces eunuques du feuilleton.

Je n'aurais pas le courage de critiquer un livre où, de deux pages en deux pages, je trouve des choses comme : *L'espérance est l'imagination des malheureux*. C'est pour moi ma vie écrite en cinq mots; c'est plus que ma vie, c'en est la métaphysique, c'est ce qui m'a fait vivre et me soutient encore aujourd'hui.

Vous appartenez beaucoup plus à la littérature *idée* qu'à la littérature *imagée*; vous tenez en cela au XVIIIe siècle par l'observation à la Chamfort, et à l'esprit de Rivarol par la petite phrase coupée. Pour moi, je regrette que vous n'ayez pas commencé par la peinture de votre monde parisien, que vous ne l'ayez pas coupée par l'arrivée d'Éthel en disant ce qui s'est passé en Angleterre, et que, de là, vous n'ayez pas couru au dénoûment. Vous n'avez plus à refaire *Éthel;* ceci s'adresse au manuscrit, et non à l'imprimé, au premier roman que vous ferez, et non à celui-ci. D'ailleurs, elle est ce qu'elle est. Vous assujettirez peut-être le public à votre manière; mais ce procédé donne, comme disent les marchands, une chose moins *avantageuse,* qui flatte moins l'œil.

Pour moi, le livre est dans l'anagramme d'*Éthel :* c'est *le thé* d'un homme de cœur et d'esprit. Vous savourez, au coin d'un bon feu, une délicieuse liqueur, et l'on médit de l'Angleterre, ce que j'adore; on assassine d'esprit les gens que l'on n'aime pas; on vante merveilleusement les bons cœurs que l'on aime, tout en admirant la madone d'un grand peintre accrochée là, devant vous, dans un superbe cadre, et à laquelle on revient toujours.

Madame de Fresnes est une ravissante création. Gaston n'est pas assez libertin. Si madame de Montlhéry existe, je voudrais la cravacher!

Ne me rappelez pas au souvenir de Savardy quand vous le verrez, et sachez que vous êtes mon créancier de quelques heures de bonheur qui ont nuancé de fleurs le canevas de ma vie travailleuse. Je crois que je mourrai insolvable avec vous.

CXCVIII.

A M. LOUIS DESNOYERS,
DIRECTEUR DE LA PARTIE LITTÉRAIRE
DU JOURNAL *LE SIÈCLE*, A PARIS.

Les Jardies, 1839.

Mon cher monsieur Desnoyers,

Mon beau-frère est venu : il a modifié votre plan d'acte d'après ses idées, qui diffèrent peu des vôtres. *L'argent* n'est plus une difficulté. Le journal aura deux ans d'existence. Dépêchez-vous de me donner une réponse pour le cautionnement, afin que nous avisions.

Votre lettre est venue à temps : j'allais courir après vous. J'ai besoin de vous voir pour une pièce de théâtre à brocher en peu de jours, et qui, je crois, nous donnerait *nummos et gloria patri!*

Tout à vous de cœur.

Venez toujours sur les cinq heures, et dînez. Vous savez que je fais peu de façons. C'est pour moi une économie de temps et un moyen de vous avoir plus longtemps.

CXCIX.

A MADAME LAURE SURVILLE, A PARIS.

1839.

Tranquillise-toi, ma Laure bien-aimée : il est dans les probabilités que, cette semaine, j'aurai pu réunir les deux mille francs qui me sont indispensables. J'essayerai alors de te rendre tout ce que je te dois; ma pauvre mère en souffrira; mais, avec elle, je sais que bientôt je pourrai réparer les plaies. Aujourd'hui, il faut se tirer d'affaire.

Je tâcherai de ne plus rien emprunter à ce bon Surville; car, si par hasard il connaissait les angoisses que j'ai déjà supportées, il ne serait pas aussi fort contre elles que je l'ai été et que je le serai.

Je suis seul contre tous mes ennuis, et, jadis, j'avais pour les combattre avec moi la plus douce et la plus courageuse personne du monde; une femme qui, chaque jour, renaît dans mon cœur, et dont les divines qualités me font trouver pâles les amitiés qui lui sont comparées. Je n'ai plus de conseil pour les difficultés littéraires, je n'ai plus d'aide dans les difficultés de la vie, et, quand je doute de quelque chose, je n'ai plus d'autre guide que cette fatale pensée : « Que dirait-elle si elle vivait ?... » Les esprits de ce genre sont rares. L'intimité qui m'eût été si chère entre toi et moi m'est interdite par tes devoirs de femme et de mère ; à force de voir faire la littérature, tu l'aurais comprise, tu l'aurais apprise, et nous étions sûrs d'arriver ensemble au bout de la vie ; car le sens littéraire s'acquiert. Il n'y a que madame Zulma qui, parmi les personnes auxquelles je pourrais me fier, ait la haute intelligence nécessaire pour jouer un pareil rôle : jamais esprit plus extraordinaire n'a été plus étouffé ; elle mourra dans son coin, inconnue ! — George Sand serait bientôt mon amie ; elle n'a aucune petitesse en l'âme, ni aucune de ces basses jalousies qui obscurcissent tant de talents contemporains ; Dumas lui ressemble en ce point ; mais elle n'a pas le sens critique. — Madame Hanska est tout cela ; mais je ne puis peser sur sa destinée, et, le pourrais-je, je ne le ferais pas, à moins qu'elle ne connût bien quelle vie elle embrasserait. La personne actuelle, c'est la tendresse la plus entière, mais ce n'est pas le sang bleu qui conçoit ; il y a bien des comparaisons qui lui sont funestes.

Quittons tous ces sujets. Sache que ma tendresse fraternelle est sans bornes et que le temps l'avive chaque jour.

Allons, adieu, chère et bien chère Laure ; je travaille à en mourir peut-être ! Je devrais faire assurer ma vie pour laisser, en cas de mort, une petite rente à ma mère, toutes dettes payées. Mais pourrais-je supporter ces frais ?

CC.

A M. LOUIS DESNOYERS, A PARIS.

1839.

Mon cher monsieur Desnoyers,

Par extraordinaire, j'assiste aujourd'hui à un dîner diplomatique de bons enfants qui veulent rire et boire. Or, comme je suis hébété de travail, je n'ai pas le courage de me refuser à cette débauche. Je ne serai donc pas chez moi.

Venez dimanche matin, de bonne heure.

Tout à vous.

CCI.

A MADAME LAURE SURVILLE, A PARIS.

Les Jardies, 1839.

Ma chère Laure,

Je sais comme tu te tourmentes pour moi; eh bien, j'espère que, cette semaine, j'aurai terminé le fameux remboursement, et que j'aurai même de quoi éteindre toutes les misères pressantes, à une dizaine de mille francs près. Tout est en bon chemin. J'irai t'en dire deux mots vendredi ou samedi.

La Renaissance capitule et me donnerait quinze mille francs d'avance ; j'ai fini par les amener sur ce terrain. Nous nous verrons un des trois jours dits. J'ai écrit la semaine passée cinquante-cinq feuilles d'impression; il en faut autant celle-ci ; je n'ai dormi que quarante-cinq heures depuis dix jours, mais ce n'est pas sans danger.

Je voudrais avoir, *au meilleur marché possible,* de la futaine blanche à matelas, pour quatre matelas de trois pieds et demi de largeur ; du coutil blanc pour un lit de plume que j'ai à refaire, et pour deux traversins. Dis-moi, je t'en prie, quelle somme cela ferait. Les cardeuses me demandent ces fournitures. Ah ! il me faudrait aussi des lisérés bleus.

Mille tendres choses à vous tous.

Vienne un succès à la Renaissance, et peut-être n'aurai-je plus de dettes dans dix mois !...

CCII.

A M. A. PÉRÉMÉ, A PARIS.

Paris, février 1839.

Mon cher maître,

Il m'est impossible d'être à deux heures à notre rendez-vous, car je viens pour l'assemblée des auteurs, qui commence à onze heures pour midi, et qui certes ne sera pas terminée à deux heures. Tout ce que je puis vous promettre, c'est d'être chez vous à cinq heures. Vous me mènerez où vous voudrez, si vos affaires sont finies.

Tout à vous.

Décidément, on m'a parlé d'une petite Nathalie qu'ils ont à la Renaissance et qui ferait mon ingénue. Je suis bien content qu'ils aient madame Théodore. Ils devraient maintenant prendre Henry Monnier; ils ne savent pas quel trésor il est! Il n'a manqué à Monnier que des auteurs. Il aurait un rôle dans ma pièce, et vous savez que j'ai deux grands rôles pour lui. S'ils l'avaient, je referais un rôle d'épicier à son intention.

Ainsi Nathalie, madame Théodore et madame Albert seraient les trois femmes importantes. Frédérick, Monnier, Saint-Firmin, seraient les trois grands rôles d'homme. — Guyon doublerait Frédérick en cas d'insubordination. — Je réponds ainsi d'une chose extraordinaire, si ces gens-là veulent m'écouter; et, si l'on veut y mettre du dévouement, la première représentation peut se donner le 20 mars. — Atala Beauchêne aurait aussi un rôle.

CCIII.

A MADAME ZULMA CARRAUD, A FRAPESLE.

Les Jardies, mars 1830.

Chère,

Pour le moment, ce que vous me demandez est absolument impossible; mais, dans deux ou trois mois, rien ne sera plus facile. A vous, ma sœur d'âme, je puis confier mes derniers secrets; or, je suis au fond d'une effroyable misère. Tous les murs des Jardies se sont écroulés par la faute du constructeur, qui n'avait pas fait de fondations; et tout cela, quoique de son fait, retombe sur moi, car il est sans un sou, et je ne lui ai encore donné que huit mille francs en à-compte. Ne me croyez pas imprudent, *cara;* je devrais être bien riche en ce moment; j'ai fait des miracles de travail; mais tous mes travaux intellectuels ont croulé avec mes murs. Je viens de m'abattre comme un cheval fourbu; j'aurais bien besoin d'aller à Frapesle me reposer.

La Renaissance m'avait promis six mille francs de prime pour lui faire une pièce en cinq actes; Pérémé avait été l'entremetteur, tout était convenu. Comme il me fallait six mille francs à la fin de février, je me mets à l'œuvre, je passe seize nuits et seize jours au travail, ne dormant que trois heures sur les vingt-quatre; j'emploie vingt ouvriers à l'imprimerie, et j'arrive à écrire, faire et composer *l'École des ménages*, en cinq actes, et à pouvoir la lire le 25 février. Mes directeurs n'avaient pas d'argent, ou peut-être Dumas, qui leur avait fait faux bond et avec lequel ils s'étaient fâchés, leur est-il revenu; ils n'écoutent pas ma pièce et la refusent. Ainsi me voilà échiné de travail, seize jours de perdus, six mille francs à payer, et rien! Ce coup m'a abattu, je n'en suis pas encore remis. Ma carrière au théâtre aura les mêmes événements que ma carrière littéraire; ma première œuvre sera refusée. Il faut un courage surhumain pour ces terribles ouragans de malheur. Cependant, l'avenir commence à se rapprocher; mes volumes à trois francs cinquante, in-dix-huit, contenant un ouvrage, se vendent assez bien, et il se pourrait que, dans quelques mois, tout changeât. Vous connaissez mon courage indompté; mais la nature physique plie maintenant sous son cavalier, le cerveau.

Vous pensez bien que, si je n'ai pu vous aller voir lors de votre voyage à Versailles, c'est que j'étais dans des travaux irrémissibles; à peine alors pouvais-je aller voir la *iva.* Je n'ai pas de halte ni de bivac dans mes campagnes. lors, je faisais *la Fille d'Ève, Béatrix, le Grand Homme de rovince,* en tout cinq volumes in-octavo, et je publiais *le Curé de village*[1]. Jugez de ce qu'était ma vie.

Enfin, je ne vous ferai pas attendre pour la somme que vous me demandez, et je vous l'enverrai dès que je l'aurai, au risque de remettre des créances pressantes. D'ailleurs, je vais faire un effort et tenter un emprunt; il faut enfin courber le front sous les fourches caudines de l'argent.

Adieu, chère, bien chère ! et croyez que, si je ne vous écris pas souvent, mon amitié ne s'endort pas; car plus nous avançons dans la vie, plus des liens aussi précieux que le sont les nôtres se resserrent.

Mille choses amicales au commandant. J'espère que Yorik va bien. Ne croyez pas que ce que vous prenez pour une campagne et qui n'est que mon atelier me rende injuste pour Frapesle !

Si vous écrivez à Auguste, ne m'oubliez pas.

CCIV.

A M. HENRY BEYLE, A PARIS.

Ville-d'Avray, 20 mars 1839.

Monsieur,

J'ai déjà lu dans *le Constitutionnel* un article tiré de *la Chartreuse,* qui m'a fait commettre le péché d'envie. Oui, j'ai été saisi d'un accès de jalousie, à cette superbe et

1. Dans *la Presse.*

vraie description de bataille que je rêvais pour les Scènes de la Vie militaire, la plus difficile portion de mon œuvre; et ce morceau m'a ravi, chagriné, enchanté, désespéré. Je vous le dis naïvement. C'est fait comme Borgognone et Wouwermans, Salvator Rosa et Walter Scott. Ainsi ne vous étonnez pas si je saute sur votre offre, si j'envoie chercher le livre, et comptez sur ma probité pour vous dire ma pensée. Le fragment va me rendre exigeant, et avec vous on peut tirer des lettres de change de curiosité sans trop de crainte.

Je suis un lecteur si enfant, si charmé, si complaisant, qu'il m'est impossible de dire mon opinion après la lecture; je suis le plus bénin critique du monde, et fais bon marché des taches qui sont au soleil; ma froideur et mon jugement ne me reviennent que quelques jours après.

Mille compliments gracieux.

CCV.

A MADAME DE BALZAC, A VIARMES (SEINE-ET-OISE).

Lundi matin, 1830.

Je suis bien touché de ton offre, ma chère mère, et j'aurais voulu courir pour t'embrasser; mais je n'y aurai recours qu'au dernier moment, car je désire vivement que tu rembourses tout ce que tu dois, afin que, lorsque je pourrai te faire une pension, — ce qui ne tardera pas, — tu jouisses en paix du peu que je te donnerai avec tant de bonheur.

Je travaille avec un si cruel acharnement, que je ne puis

quitter mon cabinet. Sans ces circonstances, je comptais pour ta fête aller t'embrasser. Loin de là, je serai forcé de remettre ma visite jusqu'à la veille de mon départ et tout dépend de mes travaux.

Mille tendresses à tous.

CCVI.

A LA MÊME.

Mercredi, mars ou avril 1839.

Ma chère mère,

Je ne veux pas entendre un seul reproche de ma conscience à ton égard, et je suis même fâché de t'avoir instruite de la position d'Henry et des obligations qui en résultent pour moi, comme des circonstances extrêmement déplorables où je me trouve. Je ne puis pas espérer avoir d'argent avant le 1er mai; mais, le 1er de ce mois, tu peux venir me voir et tu toucheras cent cinquante francs par mois, à dater de cette époque. Quoi qu'il m'en arrive, ce sera fait, et à ta disposition. Ce n'est, je le sais, que le nécessaire; mais je te le dois, au péril de tout. Si tu veux me dire où tu seras, je te les enverrai, car je ne voudrais même pas te donner la peine de venir.

Trouve ici, ma chère mère, l'expression de mon respect filial.

CCVII.

A M. HENRY BEYLE, A PARIS.

Ville-d'Avray, 6 avril 1839.

Monsieur,

Il ne faut jamais retarder de faire plaisir à ceux qui nous ont donné du plaisir. *La Chartreuse* est un grand et beau livre; je vous le dis sans flatterie, sans envie, car je serais incapable de le faire, et l'on peut louer franchement ce qui n'est pas de notre métier. Je fais une fresque et vous avez fait des statues italiennes. Il y a *progrès* sur tout ce que nous vous devons. Vous savez ce que je vous ai dit sur *le Rouge et le Noir*. Eh bien, ici, tout est original et neuf.

Mon éloge est absolu, sincère. Je suis d'autant plus enchanté de vous écrire ce qui est dans cette page, que beaucoup d'autres, tenus pour spirituels, sont arrivés à un état complet de sénilité littéraire.

Cela posé, voici non pas les *critiques*, mais les *observations :*

Vous avez commis une faute immense en posant *Parme;* il fallait ne nommer ni *l'État,* ni *la ville,* laisser l'imagination trouver le prince de Modène et son ministre, ou tout autre. Jamais Hoffmann n'a manqué d'obéir à cette loi, sans exception dans les règles du roman, lui l'écrivain le plus fantasque! Laissez tout indécis comme réalité, tout devient réel; en disant Parme, aucun esprit ne donne son consentement.

Il y a des longueurs; je ne les blâme pas, ceci ne regarde pas les gens d'esprit, les hommes supérieurs; ils sont pour vous, et ça leur va; mais je parle pour le *pecus :* il s'éloignerait. Il n'y a plus de longueurs passé le premier volume. Cette fois, vous avez été parfaitement clair. Ah! c'est beau comme l'italien, et, si Machiavel écrivait de nos jours un roman, ce serait *la Chartreuse.*

Je n'ai pas dans ma vie adressé beaucoup de lettres d'éloges; ainsi vous pouvez croire à ce que j'ai le plaisir de vous dire. Il faudra, si la supériorité du livre vous permet de voir promptement la deuxième édition, avoir le courage de reporter à la fin, en quelques développements nécessaires, les longueurs à supprimer au commencement. Cela tourne trop court, eu égard au *Tasse* et à ses magnificences. Puis il manque le côté physique dans la peinture de quelques personnages; mais c'est un rien, quelques touches.

Vous avez expliqué l'âme de l'Italie.

Vous voyez que je ne vous en veux pas du mensonge que vous avez écrit sur mon exemplaire, et qui m'a fait passer quelques nuages sur le front; car, sans avoir peur d'être pris par vous pour un homme vulgaire, je sais tout ce qui me manque et vous le savez aussi; c'est de cela qu'il faut me parler. Vous voyez que je vous traite en ami.

CCVIII.

A MADAME DE BALZAC, A VIARMES.

Mercredi, 1839.

Ma mère bien-aimée,

Je reçois ta lettre seulement aujourd'hui, car je ne puis aller aux Jardies et je suis à peu près errant comme un chien sans maître. Il m'est également impossible d'aller à Viarmes avant lundi prochain. Si, d'ici là, Laure et toi, vous venez à Paris, mets-moi un mot chez Buisson[1]; car nous avons à causer très-sérieusement et très-longuement sur la dernière lettre que tu m'as adressée, et à laquelle il m'est impossible de répondre par écrit; j'ai trop de choses à te dire, et je veux absolument causer avec toi. Si tu étais venue le vendredi aux Jardies, je t'y attendais.

Je t'embrasse de toutes les forces d'un cœur plus souffrant qu'aucun de ceux qui ont souffert; je suis accablé chaque jour de désastres qui vont croissant. — Mille tendresses à Laure et à ses petites. J'ai été chez Surville hier; il venait de partir et j'allais lui parler. Je n'ai pas eu une minute pour respirer cette semaine.

CCIX.

A M. MERLE, A PARIS.

Paris, 1839.

Mon cher Merle,

Pouvez-vous nous indiquer, si vous ne pouvez pas le

1. Tailleur qui demeurait rue Richelieu, 104, et dans la maison duquel Balzac avait un pied-à-terre.

donner, le numéro où vous rapportez le mot de Buloz au roi ?

Nous pouvons en faire une affaire grave.

Mille amitiés.

CCX.

A M. LOUIS DESNOYERS, A PARIS.

Paris, 20 avril 1839.

Mon cher Desnoyers,

Je suis mis en demeure, par justice, de déménager de Chaillot[1], où j'ai une bibliothèque de quatre mille volumes précieux et le mobilier fantastique dont on a tant causé ! Je suis donc pris depuis deux jours, et j'en ai pour deux autres jours encore.

Donnez moins de *Béatrix,* et ménagez-moi deux ou trois jours de repos; cela me permettra d'arriver. Je suis exténué; je fais, pendant la journée, un métier de commissionnaire; il faut que j'aille tout replacer à Ville-d'Avray, et la nuit, je suis assailli d'épreuves de Souverain, pour le *Grand Homme de province à Paris.*

J'ai des corrections et des ajoutés à faire au chapitre de *Claude Vignon;* ne le donnez pas sans une nouvelle copie. L'auteur et le journal ont été courageux : nous allons recueillir dans les troisième et quatrième parties.

Mille compliments.

1. Rue des Batailles, n° 12.

CCXI.

AU MÊME.

1830.

Mon cher Desnoyers,

Quant à des fautes de français, — qui nous échappent à tous en général, et qui m'échappent très-souvent à moi en particulier, car plus on écrit, plus on a de chances pour en faire, — il ne peut y avoir de doute sur *la nécessité* où vous êtes de les enlever. C'est ce que font les protes, et je ne veux pas assimiler vos augustes fonctions à celles, plus humbles, du prote. Ici commencent les remercîments que l'on doit à un rédacteur en chef, quand on n'est pas imbécile à force d'amour-propre.

Je ne suis rentré hier qu'à onze heures, à cause d'une affaire grave qui m'avait fait sortir à l'heure même de mon coucher. Je n'ai pu aller à l'imprimerie : les fautes sont restées; mais il sera pardonné à qui a beaucoup péché!

Si vous me demandez une autorisation écrite de vous laisser enlever les fautes de français, je vous la donne d'autant plus volontiers, qu'elle est extrêmement utile pour moi qui ne puis parvenir à les ôter toutes qu'à coups d'épreuves, et qui en trouve toujours!

Mille compliments.

CCXII.

A M. HIPPOLYTE SOUVERAIN, A PARIS.

Les Jardies, 11 juin 1839.

Monsieur Souverain,

Il y a d'horribles fautes dans *Béatrix*, et c'est la dernière fois que j'abandonnerai la lecture de mes épreuves. Vous vous souciez d'un livre comme un épicier de ses pruneaux. C'est fort mal à vous autres libraires!

Si par hasard vous veniez me voir, voulez-vous vous charger de prendre chez votre voisin[1] un Byron, deux exemplaires de *la Peau de chagrin*, qu'il doit m'envoyer, et de lui demander de plus un *Père Goriot?*

CCXIII.

A M. VICTOR HUGO, A PARIS[2].

Paris, 19 juillet 1839.

Monsieur et cher collègue,

Nous avons l'honneur de vous annoncer que, dans sa séance de ce jour, le comité[3] vous a nommé, ainsi que M. Gozlan et moi, pour décider une chose grave relative à la littérature et à notre société; j'ai donc l'honneur de

1. L'éditeur Edmond Werdet.
2. *Illusions perdues* lui est dédié.
3. Le comité de la Société des gens de lettres.

vous proposer de venir déjeuner aux Jardies chez moi, à Sèvres, pour pouvoir mûrir à notre aise, sous les ombrages des bois, ce projet qui est immense. M. Gozlan a accepté.

Ainsi, sans réponse, je compterai sur vous; au cas contraire, ayez la complaisance de prévenir M. Gozlan du *non*.

Trouvez ici mes sincères hommages d'admiration.

Pour arriver aux Jardies, on prend l'omnibus de Sèvres, au Carrousel et on se fait arrêter à l'arcade de Ville-d'Avray. Les Jardies sont sur la route de Ville-d'Avray, après l'arcade du chemin de fer.

CCXIV.

A M. HIPPOLYTE SOUVERAIN, A PARIS.

Les Jardies, dimanche 22 juillet 1839.

Monsieur,

Comme, au lieu de mettre en vente *Béatrix,* dont vous avez livraison depuis deux mois, et que vous vouliez publier sans retard, vous avez subitement arrêté l'impression, je n'ai pas pressé *Massimilla Doni;* si cependant vous la voulez, et il y paraît d'après votre lettre, elle sera terminée pour dimanche prochain.

Je ne suis d'ailleurs libre de tout mal que depuis dix jours; j'ai eu des rechutes, et je souffrirai, disent les médecins, pendant deux mois encore; mais je puis travailler.

D'ici à un mois, vous aurez les nouvelles et les trois ouvrages que je vous dois aux termes de nos traités. Je vous prie d'avoir la complaisance de redemander, chez M. Plon, mon premier volume du *Grand Homme*, et les douze premières feuilles corrigées du tome II, que madame de Girardin lui a renvoyées par mégarde et que j'ai déjà envoyé chercher plusieurs fois; et, enfin, de me compléter, en bonnes feuilles, ce même tome II, qui me tient lieu de copie et me sert pour mes corrections.

Je serai vraisemblablement mardi à Paris, et vous pourrez faire remettre cela rue Richelieu ; jeudi, vous aurez toute la correction de *Massimilla*.

Quand je vous verrai, je reviendrai sur le retard de *Béatrix*, qui est surtout contraire à vos intérêts, et qui rendra plus difficile à établir la différence entre une vente d'œuvre réimprimée d'après un journal, et celle d'une œuvre entièrement inédite. Le *Grand Homme* aurait entraîné beaucoup de *Béatrix*, et *Béatrix* ira par elle seule et n'entraînera pas de *Grand Homme!*

CCXV.

A M. VICTOR HUGO, A PARIS.

1839.

Mon cher et illustre maître,

Nous avons besoin de nous entendre avant la dernière séance du comité; car il s'agit de le renouveler à l'assemblée générale.

Or, vu l'indisposition de Desnoyers, je vous prie de venir *demain jeudi à midi précis*, dans le salon de Théophile Gautier, rue de Navarin, 14. Nous prendrons ensemble les mesures les meilleures.

Votre tout dévoué.

CCXVI.

A M. LE PROCUREUR DU ROI, EN SON PARQUET.

Paris, le 1er septembre 1839.

Monsieur,

Je sais que le comité de la Société des gens de lettres a dû vous dénoncer un fait de diffamation grave, commise envers moi, en vous transmettant le corps du délit[1]; mais, comme vous ne seriez pas suffisamment saisi, j'ai l'honneur, monsieur le procureur du roi, de me porter par cette lettre partie plaignante auprès de vous et partie civile. M. Benazet, avoué de la

1. Il s'agissait d'une lithographie publiée par la *Gazette des Écoles*, et qui représentait Balzac dans une cellule de Clichy, vêtu d'une robe de moine et assis à une table sur laquelle on voyait des bouteilles de vin et un verre à champagne. Du bras gauche il tenait une pipe qu'il fumait, et du bras droit il entourait la taille d'une jeune femme. Au bas de cette lithographie, on lisait : *Le révérend père dom Seraphitus Mysticus Goriot, de l'ordre régulier des frères de Clichy, mis dedans par tous ceux qu'il y avait mis, reçoit, dans sa solitude forcée, les consolations de Sancta Seraphita* (SCÈNES DE LA VIE CACHÉE, pour faire suite à celles DE LA VIE PRIVÉE).

Société, sera constitué et fera les diligences nécessaires.

Trouvez ici, monsieur le procureur du roi, l'expression de mon profond respect.

CCXVII.

A M. LOUIS DESNOYERS, A PARIS.

Les Jardies, 6 décembre 1839.

Mon cher Desnoyers,

Je n'ai reçu que ce matin jeudi votre envoi, par suite de la maladresse de la personne qui l'a fait. On a mis un nom qui n'était pas celui de *Louis Brouet*, mon jardinier, et l'on a dit, pendant deux jours, au bureau des messageries, qu'il n'y avait pas de boîte à cette adresse. Puis, hier, on a fait signer mon jardinier, et on lui a dit qu'il y avait bien un paquet adressé à un *Louis Bro* ou *Brou*, mais que ce n'était pas lui.

L'excessive sévérité janséniste du directeur m'a obligé d'envoyer en ambassade un de mes amis — car je n'ai même pas le temps d'aller à Sèvres! — pour obtenir ce paquet que j'ai reconnu être le mien; et il a fallu dire ce qu'il contenait et le prouver.

Vous voyez combien de pareils oublis entraînent de retards. S'il en arrive deux autres semblables, nous n'aboutirons jamais. Vous avez des porteurs; vous devriez, comme ce digne *Constitutionnel*, en mettre un à mes ordres, qui irait et viendrait.

Je vous renverrai copie et épreuves par un libraire que j'attends demain vendredi, et vous trouverez sur cette épreuve l'indication de ma maison, qui est entre Sèvres et Ville-d'Avray.

Mille compliments.

FIN

TABLE

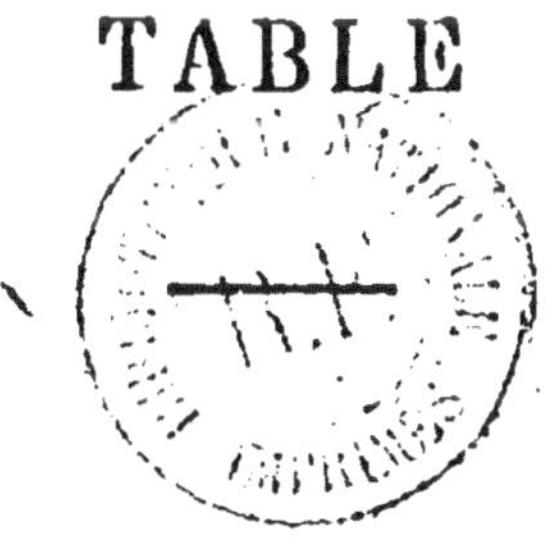

1819.

1820.

1821.

1822.

1825.

1827.

1828.

1829.

1830.

1833.

1834.

1835.

1836.

1837.

1838.

1839.

FIN DE LA TABLE DU TOME PREMIER

F. Aureau. — Imprimerie de Lagny.